Wirtschaft – Schnell erfasst

Detlef Kröger, Gannertshofen, Deutschland
Reihenherausgeber

Wirtschaftliche Kenntnisse sind in Studium, Beruf und Gesellschaft von besonderer Bedeutung. Die Reihe „**Wirtschaft - Schnell erfasst**" setzt genau hier an und stellt in jedem Band ein Teilgebiet der Wirtschaftswissenschaften gut nachvollziehbar, kompakt und kompetent dar.

Durch die **verständliche Sprache**, die **Übersichtlichkeit der Darstellung** und die **Konzentration auf das Wesentliche** werden auch komplexe und umfassende Bereiche gut und gründlich präsentiert.

Zielgruppen der Buchreihe sind Studierende, die BWL oder VWL als Haupt- oder Nebenfach studieren sowie alle, die sich schnell einen Überblick zum aktuellen Stand des ausgewählten Faches oder einfach den „wirtschaftlichen Durchblick" verschaffen wollen.

Weitere Bände in dieser Reihe http://www.springer.com/series/6975

Claudia Kocian-Dirr

Betriebswirtschaftslehre – Schnell erfasst

Claudia Kocian-Dirr
Hochschule Neu-Ulm (HNU)
Neu-Ulm, Deutschland

ISSN 1861-7719   ISSN 2363-9490   (electronic)
Wirtschaft – Schnell erfasst
ISBN 978-3-662-54289-7   ISBN 978-3-662-54290-3   (eBook)
https://doi.org/10.1007/978-3-662-54290-3

Die Deutsche Nationalbibliothek verzeichnet diese Publikation in der Deutschen Nationalbibliografie; detaillierte bibliografische Daten sind im Internet über http://dnb.d-nb.de abrufbar.

Springer Gabler
© Springer-Verlag GmbH Deutschland, ein Teil von Springer Nature 2019
Das Werk einschließlich aller seiner Teile ist urheberrechtlich geschützt. Jede Verwertung, die nicht ausdrücklich vom Urheberrechtsgesetz zugelassen ist, bedarf der vorherigen Zustimmung des Verlags. Das gilt insbesondere für Vervielfältigungen, Bearbeitungen, Übersetzungen, Mikroverfilmungen und die Einspeicherung und Verarbeitung in elektronischen Systemen.
Die Wiedergabe von allgemein beschreibenden Bezeichnungen, Marken, Unternehmensnamen etc. in diesem Werk bedeutet nicht, dass diese frei durch jedermann benutzt werden dürfen. Die Berechtigung zur Benutzung unterliegt, auch ohne gesonderten Hinweis hierzu, den Regeln des Markenrechts. Die Rechte des jeweiligen Zeicheninhabers sind zu beachten.
Der Verlag, die Autoren und die Herausgeber gehen davon aus, dass die Angaben und Informationen in diesem Werk zum Zeitpunkt der Veröffentlichung vollständig und korrekt sind. Weder der Verlag noch die Autoren oder die Herausgeber übernehmen, ausdrücklich oder implizit, Gewähr für den Inhalt des Werkes, etwaige Fehler oder Äußerungen. Der Verlag bleibt im Hinblick auf geografische Zuordnungen und Gebietsbezeichnungen in veröffentlichten Karten und Institutionsadressen neutral.

Lektorat: Margit Schlomski
Cartoons: Dirk Meissner

Springer Gabler ist ein Imprint der eingetragenen Gesellschaft Springer-Verlag GmbH, DE und ist ein Teil von Springer Nature.
Die Anschrift der Gesellschaft ist: Heidelberger Platz 3, 14197 Berlin, Germany

Vorwort

Das schönste Kompliment von meinen Studierenden lautet: Betriebswirtschaftslehre kann ja richtig Spaß machen! Ja, kann sie. Und da wir alle jeden Tag mit vielen Produkten und Dienstleistungen zu tun haben, ist es wirklich interessant, hinter die Kulissen – also in die Betriebe – zu schauen.

Das vorliegende Buch *Betriebswirtschaftslehre – schnell erfasst* habe ich für meine Studierenden geschrieben. Sie studieren in interdisziplinären Studiengängen, wo die Betriebswirtschaftslehre eine von mehreren Säulen darstellt, z. B. Wirtschaftsinformatik oder Informationsmanagement. Ziel ist es also, eine kompakte Betriebswirtschaftslehre zu präsentieren, um ein gutes betriebswirtschaftliches Fundament zu haben.

Da ich mich seit vielen Jahren mit den sogenannten Digital Natives beschäftige, setze ich in meinen Vorlesungen und in meinen Blended-Learning-Konzepten bewusst auf die grafische Vermittlung von Inhalten. Da es zu dieser Vermittlung immer sehr gutes Feedback gibt, habe ich diese Erfahrung aus meiner Vorlesungspraxis in die Gestaltung dieses Buches einfließen lassen. Deshalb enthält das vorliegende Buch viele Grafiken, denn ein Bild sagt mehr als tausend Worte. Die Grafiken sind wie ein Fast Track durch das Buch und können als Grundgerüst angesehen werden. Es sollte nach vertiefter Lektüre möglich sein, anhand der Grafiken die Inhalte des Buches abzurufen.

Gerade durch die Kompaktheit und durch die Anschaulichkeit hoffe ich, dass auch Praktikerinnen und Praktiker Vergnügen, Verständnis und Anschauungspraxis durch dieses Buch finden werden. Im besten Falle hoffe ich zu erreichen, dass meine Leserinnen und Leser erkennen, wie sie selbst im Wirtschaftskreislauf eingebunden sind und „mitspielen".

Zu fast allen betriebswirtschaftlichen Begriffen gibt es unterschiedliche Auffassungen, verschiedene Definitionen und Ansichten. In *Betriebswirtschaftslehre – schnell erfasst* habe ich es mir zur Aufgabe gemacht, die verständlichsten und gebräuchlichsten Verwendungen herauszuarbeiten. Das war auch die größte Herausforderung bei der Erstellung dieses Buches: immer konsequent an der Devise „weniger ist mehr" zu arbeiten. So stecken hinter einzelnen Definitionen und Abschnitten ganze Bücher, die zur schnellen Erfassung stark komprimiert wurden. So habe ich – gemäß der Entscheidungstheorie – eine Präferenzordnung festlegt, die ganz dem Motto des Buches gewidmet ist.

Ein Hinweis für Dozentinnen und Dozenten, die dieses Buch in ihrer Lehre einsetzen möchten: Das vorliegende Buch ist so konzipiert, dass es für eine Vorlesung der ABWL sowie für eine Vorlesung der SBWL verwendet werden kann. Für eine ABWL-Vorlesung mit vier SWS eignen sich ▶ Kap. 1 bis 3 und

Teile von ▶ Kap. 4. Für eine SBWL-Vorlesung, in der die betrieblichen Funktionen vertieft werden, eignen sich ▶ Kap. 4 und insbesondere ▶ Kap. 5. Das Methoden-Kit in ▶ Kap. 6 erlaubt es, einige elementare Methoden auszuwählen und zu üben. Wiederholungsfragen sowie Übungs- und Vertiefungsfragen mit Musterlösungen liefern in allen Kapiteln zusätzliches Anschauungsmaterial.

Ich bedanke mich herzlich bei meinen studentischen Hilfskräften Herrn Rico Hilbig und Frau Mareike Jankowski. Herr Hilbig hat mich tatkräftig und sehr engagiert bei der Korrektur meiner Manuskripte unterstützt. Frau Jankowski hat meinen Abbildungen durch ihre sehr motivierte Überarbeitung einen echten Mehrwert hinzugefügt und für das Corporate Design der Abbildungen gesorgt.

Bei meinem Mann Thomas Dirr bedanke ich mich ganz herzlich für sein aufmunterndes Lächeln, die Musik und die vielen stärkenden Teller Pasta, die mich bei meinem Buchprojekt begleitet haben.

Bei Dirk Meissner bedanke ich mich für seine treffenden Cartoons, die er für mein Buch erstellt hat. Auf diese Weise bereichern sich Kunst und Wissenschaft, was mir immer sehr am Herzen liegt.

Auf Verlagsseite gilt mein besonderer Dank Frau Margit Schlomski und Frau Maren Wiedekind.

Claudia Kocian-Dirr
Neu-Ulm

Juli 2018

Inhaltsverzeichnis

1	**Betriebswirtschaftslehre**.	1
1.1	**Erkenntnisobjekt und Aufgaben**	4
1.1.1	Bedürfnis, Bedarf und Nachfrage	5
1.1.2	Wirtschaften im Betrieb als Erkenntnisobjekt	6
1.1.3	Einordnung im Wissenschaftssystem	8
1.1.4	Aufgaben als Wissenschaft	10
1.1.5	Abgrenzung zur Volkswirtschaftslehre	12
1.2	**Untergliederung**	14
1.2.1	Allgemeine Betriebswirtschaftslehre	15
1.2.2	Spezielle Betriebswirtschaftslehre	15
1.3	**Basiskonzepte**	15
1.3.1	Ökonomistisches Basiskonzept	17
1.3.2	Sozialwissenschaftliches Basiskonzept	17
1.4	**Menschenbilder in der Historie**	18
1.4.1	Taylorismus und Economic Man	19
1.4.2	Human-Relations-Bewegung und Social Man	21
1.4.3	Human-Resource-Modell und Complex Man	23
1.4.4	Digitalisierung und Virtual Man	24
1.5	**Typologie von Unternehmen und Produkten**	25
1.5.1	Produzierende Unternehmen und Dienstleistungsunternehmen	25
1.5.2	Mittelstand und Großunternehmen	30
1.5.3	Einzelunternehmen, Personen- und Kapitalgesellschaften	32
1.5.4	Profit- und Non-Profit-Unternehmen	33
1.5.5	Start-ups und etablierte Unternehmen	33
1.6	**Wiederholungsfragen**	34
1.7	**Vertiefungs- und Übungsfragen mit Musterlösungen**	35
1.8	**Musterlösungen**	36
	Literatur	39
2	**Das Unternehmen in der Wertschöpfungskette**	41
2.1	**Betrieblicher Leistungsprozess**	43
2.2	**Produktionsfaktoren**	45
2.3	**Funktionen und Prozesse**	49
2.3.1	Realgüterbereich	49
2.3.2	Dispositiver Bereich	51
2.3.3	Finanzbereich	51
2.3.4	Geschäftsprozesse: von der Aufbau- zur Ablauforganisation	52
2.3.5	Prozesslandkarte	55
2.4	**Anspruchsgruppen: Stakeholder und Shareholder**	57
2.5	**Wertschöpfung in der Lieferkette**	59
2.6	**Wiederholungsfragen**	63
2.7	**Vertiefungs- und Übungsfragen**	64

2.8	Musterlösungen	64
	Literatur	69
3	**Konstitutive Entscheidungen**	**71**
3.1	Betriebliche Entscheidungen und ihre Dimensionen	73
3.1.1	Entscheidungen und ihre Dimensionen	74
3.1.2	Entscheidungstheorien: Ökonomie versus Psychologie	77
3.2	Unternehmenszweck (Mission)	83
3.3	Standortwahl und Standortfaktoren	86
3.4	Rechtsformwahl: Einzelunternehmen, Personen- und Kapitalgesellschaften	89
3.4.1	Grundlagen: BGB, HGB und Spezialgesetze	90
3.4.2	Einzelunternehmen: Kaufleute und freie Berufe	93
3.4.3	Personengesellschaften	97
3.4.4	Kapitalgesellschaften	103
3.4.5	Mischformen und Innengesellschaft	112
3.5	Unternehmensverbindungen	116
3.5.1	Ziele, Dauer, Richtung und Intensität	118
3.5.2	Kooperationsformen	119
3.5.3	Konzentrationsformen	123
3.6	Wiederholungsfragen	127
3.7	Vertiefungs- und Übungsaufgaben	129
3.8	Musterlösungen	133
	Literatur	140
4	**Unternehmensführung und Controlling**	**143**
4.1	Management und Unternehmensstrategie	145
4.1.1	Management	146
4.1.2	Unternehmensziele	152
4.1.3	Unternehmensstrategie und strategisches Management	156
4.1.4	Normstrategien auf der Basis von Analysetools	161
4.2	Unternehmensleitbild und Corporate Governance	176
4.2.1	Handlungsebenen: normativ, strategisch, operativ	176
4.2.2	Unternehmensleitbild und -kultur	178
4.2.3	Corporate Governance und Compliance	182
4.3	Ökonomisches Prinzip, Kennzahlen und Controlling	183
4.3.1	Ökonomisches Prinzip, Effektivität und Effizienz	183
4.3.2	Kennzahlenbasiertes Controlling	186
4.4	Wiederholungsfragen	191
4.5	Übungs- und Vertiefungsfragen	192
4.6	Musterlösungen	194
	Literatur	198
5	**Betriebliche Funktionen im Detail**	**201**
5.1	Das Unternehmen und seine Bereiche	204
5.2	Realgüterbereich: die Leistungserstellung	205

Inhaltsverzeichnis

5.2.1	Innovationsmanagement	205
5.2.2	Materialwirtschaft und Logistik	212
5.2.3	Produktionswirtschaft	224
5.2.4	Marketing	233
5.3	**Finanzbereich: die monetäre Seite**	248
5.3.1	Rechnungsgrößen: Auszahlung, Ausgabe, Aufwand, Kosten	249
5.3.2	Externes und internes Rechnungswesen	251
5.3.3	Buchführung – externes Rechnungswesen	252
5.3.4	Kostenrechnung – internes Rechnungswesen	259
5.3.5	Investition und Finanzierung	264
5.4	**Dispositiver Bereich: Strategie, Systeme und Strukturen**	272
5.4.1	Personalmanagement	272
5.4.2	Organisation	279
5.4.3	Informationsmanagement	289
5.5	**Wiederholungsfragen**	305
5.6	**Vertiefungs- und Übungsfragen**	308
5.7	**Musterlösungen**	311
	Literatur	319
6	**Methoden-Kit**	323
6.1	Werkzeuge für die BWL	325
6.2	**ABC-Analyse**	326
6.3	**Ansoff-Matrix**	328
6.4	**Branchenstrukturanalyse nach Porter**	329
6.5	**Break-even-Analyse**	330
6.6	**Lebenszyklusanalyse**	332
6.7	**Mind-Mapping**	334
6.8	**Morphologische Analyse**	336
6.9	**Nutzwertanalyse**	338
6.10	**Portfolio-Analyse**	340
6.11	**Prozesslandkarte**	342
6.12	**SWOT-Analyse**	345
6.13	**Visualisierung**	347
6.14	**Wertkette nach Porter**	347
6.15	**Wertschöpfungskette**	350
	Literatur	353

Betriebswirtschaftslehre

1.1	**Erkenntnisobjekt und Aufgaben – 4**	
1.1.1	Bedürfnis, Bedarf und Nachfrage – 5	
1.1.2	Wirtschaften im Betrieb als Erkenntnisobjekt – 6	
1.1.3	Einordnung im Wissenschaftssystem – 8	
1.1.4	Aufgaben als Wissenschaft – 10	
1.1.5	Abgrenzung zur Volkswirtschaftslehre – 12	

1.2 Untergliederung – 14
1.2.1 Allgemeine Betriebswirtschaftslehre – 15
1.2.2 Spezielle Betriebswirtschaftslehre – 15

1.3 Basiskonzepte – 15
1.3.1 Ökonomistisches Basiskonzept – 17
1.3.2 Sozialwissenschaftliches Basiskonzept – 17

1.4 Menschenbilder in der Historie – 18
1.4.1 Taylorismus und Economic Man – 19
1.4.2 Human-Relations-Bewegung und Social Man – 21
1.4.3 Human-Resource-Modell und Complex Man – 23
1.4.4 Digitalisierung und Virtual Man – 24

1.5 Typologie von Unternehmen und Produkten – 25
1.5.1 Produzierende Unternehmen und Dienstleistungsunternehmen – 25
1.5.2 Mittelstand und Großunternehmen – 30
1.5.3 Einzelunternehmen, Personen- und Kapitalgesellschaften – 32
1.5.4 Profit- und Non-Profit-Unternehmen – 33
1.5.5 Start-ups und etablierte Unternehmen – 33

© Springer-Verlag GmbH Deutschland, ein Teil von Springer Nature 2019
C. Kocian-Dirr, *Betriebswirtschaftslehre – Schnell erfasst*, Wirtschaft – Schnell erfasst,
https://doi.org/10.1007/978-3-662-54290-3_1

1.6	Wiederholungsfragen – 34
1.7	Vertiefungs- und Übungsfragen mit Musterlösungen – 35
1.8	Musterlösungen – 36
	Literatur – 39

Betriebswirtschaftslehre

Imagine no possessions, I wonder if you can.
John Lennon

Was hat die Betriebswirtschaftslehre mit Fröschen zu tun?

Wer schnell einen praxisorientierten Überblick bekommen möchte, worum es in der Betriebswirtschaftslehre genau geht, was der Unterschied zur Volkswirtschaftslehre ist, wie man Unternehmen einteilen kann oder welche grundlegenden Konzepte und Menschenbilder die Betriebswirtschaftslehre kennt, ist hier genau richtig.

Alles ist einprägsam in Abbildungen und Übersichtsdarstellungen visualisiert und mit Beispielen erläutert.

Zum Abschluss des Kapitels gibt es Wiederholungs- und Übungsfragen mit Musterlösungen, um das erworbene Wissen zu überprüfen und anzuwenden.

Lernziele dieses Kapitels

Studierende können anhand dieses Kapitels
- das Erkenntnisobjekt sowie die Aufgaben der Betriebswirtschaftslehre als Wissenschaft erläutern und sie von der Volkswirtschaftslehre abgrenzen,
- die Untergliederung der Betriebswirtschaftslehre beschreiben,
- die zwei zentralen Basiskonzepte der Betriebswirtschaftslehre in Theorie und Praxis aufzeigen,
- die moderne Geschichte der BWL anhand des vorherrschenden Menschenbildes in vier Etappen skizzieren,
- eine Typologie von Unternehmen und von Gütern visualisieren und ihre Ausprägungen aufzeigen.

Cartoon: © Dirk Meissner

1.1 Erkenntnisobjekt und Aufgaben

Betriebswirtschaftslehre ist spannend, nützlich und geht uns alle an. Denn wir alle kaufen und verwenden täglich unzählige Produkte von Kleidung über Nahrung bis zum Smartphone, die in Betrieben hergestellt wurden. Oder wir nehmen Dienstleistungen in Anspruch, z. B. ein Girokonto, einen Haarschnitt, ein Essen im Restaurant oder den Strom aus der Steckdose.

Wir alle sind Kundinnen und Kunden und beeinflussen durch unser Nachfrageverhalten, was in Betrieben entwickelt, produziert und verkauft wird.

1.1.1 Bedürfnis, Bedarf und Nachfrage

Unsere unerfüllten Wünsche sowie unser tatsächlicher oder empfundener Mangel werden im Fachjargon der Betriebswirtschaftslehre Bedürfnis genannt. Wir Menschen haben unbegrenzte Bedürfnisse. Zusätzlich werden z. B. durch Werbung bislang ungekannte Bedürfnisse geschaffen.

Bedürfnisse basieren auf unerfüllten Wünschen oder Mangel

Existenzbedürfnisse haben das Ziel, das menschliche Leben durch Nahrung, Kleidung und eine Behausung zu sichern. Wahlbedürfnisse gehen über die Lebensnotwendigkeit hinaus. Sie lassen sich in Grund- und Luxusbedürfnisse unterscheiden. Grundbedürfnisse machen das Leben einfach und angenehmer und sichern einen bestimmten Lebensstandard durch Kultur, Sport, Reisen oder Haushaltsgegenstände. Luxusgüter wie Schmuck oder Luxusautos gehen darüber hinaus. Die Einordnung, ob Grund- oder Luxusbedürfnis, hängt stark von den Normen einer Gesellschaft ab (vgl. Thommen et al. 2017, S. 4).

Bedürfnisse sind unbegrenzt

Kann die Bedürfnisbefriedigung durch Güter erfolgen und wird sie durch eine Entscheidung des Menschen mit Kaufkraft ausgestattet, entsteht der quantifizierbare Bedarf. Dieser Bedarf äußert sich dann auf dem Markt in Form einer Nachfrage, so dass ein spezielles Produkt ausgewählt und bezahlt wird (vgl. z. B. Capaul und Steingruber 2010, S. 12 ff.).

Bedarf = Bedürfnis + Kaufkraft

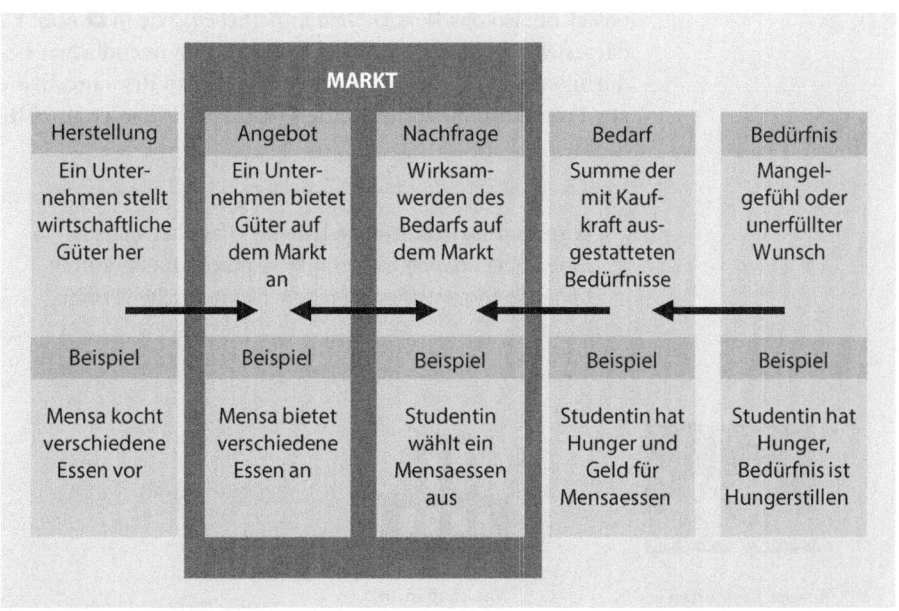

◘ Abb. 1.1 Vom Bedürfnis zur Nachfrage (modifiziert nach Capaul und Steingruber 2010, S. 15)

Markt: Angebot und Nachfrage

Die Nachfrage wird von Betrieben befriedigt, denn für unsere Bedürfnisbefriedigung kaufen wir Produkte oder Dienstleistungen, die in Betrieben erstellt und angeboten werden. Auf dem Markt treffen dann Angebot und Nachfrage aufeinander (vgl. ◘ Abb. 1.1).

1.1.2 Wirtschaften im Betrieb als Erkenntnisobjekt

Erfahrungsobjekt Betrieb

Genau hier setzt das Interesse der Betriebswirtschaftslehre (BWL) an: Als Wissenschaft betrachtet sie das Erfahrungsobjekt *Betrieb*.

Betrieb

> Ein **Betrieb** ist eine planvoll organisierte Wirtschaftseinheit, in der Ressourcen wie Materialien, Maschinen und Menschen kombiniert werden, um Güter und Dienstleistungen für Fremdbedarfe herzustellen und abzusetzen (vgl. Wöhe et al. 2016, S. 27).

Erkenntnisobjekt Wirtschaften in Betrieben

Das Ziel der Betriebswirtschaftslehre ist, neue Erkenntnisse darüber zu gewinnen, wie Betriebe Güter und Dienstleistungen möglichst wirtschaftlich erstellen können. Das Erkenntnisobjekt ist also das *Wirtschaften in Betrieben*. Wie in ◘ Abb. 1.2 dargestellt, vermittelt sie dabei zwischen den unendlichen Bedürfnissen der Verbraucher und den knappen Ressourcen, die zur Produktion benötigt werden (vgl. z. B. Wöhe et al. 2016, S. 33).

> **Wirtschaften in Betrieben** bedeutet das planvolle Verfügen über knappe Güter und Ressourcen zur Bedürfnisbefriedigung entsprechend dem ökonomischen Prinzip.

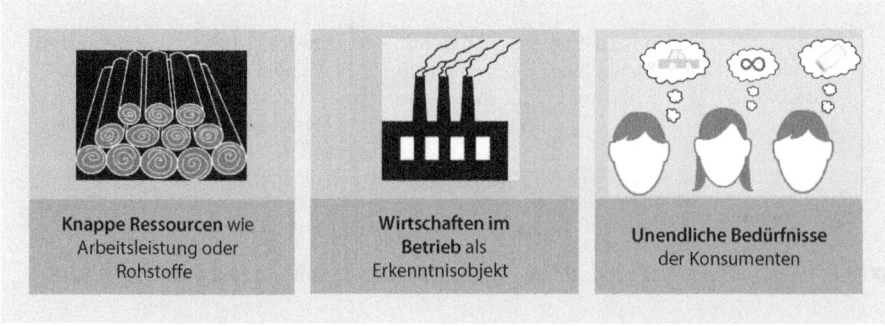

◘ Abb. 1.2 Wirtschaften in Betrieben

1.1 · Erkenntnisobjekt und Aufgaben

Das ökonomische Prinzip hat mehrere Ausprägungen, z. B das Minimumprinzip oder das Maximumprinzip. Beim Minimumprinzip soll ein Ziel (Output) mit dem geringstmöglichen Mitteleinsatz erreicht werden. Beim Maximumprinzip soll mit gegebenen Mitteln (Input) der größtmögliche Erfolg erreicht werden.

Das ökonomische Prinzip steht in engem Zusammenhang mit betrieblichen Kennzahlen und Controlling und wird deshalb in ▶ Abschn. 4.3.1 nochmals aufgegriffen und detailliert erläutert.

Ökonomisches Prinzip

> Das **ökonomische Prinzip** besagt, dass das Verhältnis aus Input (z. B. Rohstoffe und menschliche Arbeitsleistung) und Output (z. B. Güter und Dienstleistungen) optimiert wird (vgl. z. B. Thommen et al. 2017, S. 46).

Das ökonomische-rationale Prinzip wird – je nach betriebswirtschaftlichem Basiskonzept (vgl. ▶ Abschn. 1.3) – ergänzt um das Humanprinzip, das den humanen Umgang mit der Belegschaft anstrebt, sowie um das ökologische Prinzip, das die geringstmögliche Umweltbelastung einfordert. Der Begriff der Nachhaltigkeit beispielsweise unterstreicht, „[…] Gewinne bereits umwelt- und sozial verträglich zu erwirtschaften" (Pufé 2014, S. 16).

Humanprinzip, Ökologisches Prinzip, Nachhaltigkeit

Auch das Suffizienzprinzip wird dem ökonomischen Prinzip mehr und mehr gegenübergestellt. Es propagiert eine neue, genügsamere Form der Bedürfnisbefriedigung, die einen weniger aufwendigen Wirtschafts- und Lebensstil anstrebt. Damit verbunden ist ein Wertewandel in der Gesellschaft, die sich von maßlosem Wachstum auf ein Zufriedensein mit dem Ausreichenden begnügt (vgl. Durning 1992). Dabei müssen Verbraucherinnen und Verbraucher mehr und mehr erkennen, dass sie nicht nur über Konzerne urteilen, sondern dass sie durch ihre Nachfrage Unternehmen stark beeinflussen können.

Suffizienzprinzip

Haushalte konsumieren Güter zur Deckung des eigenen Bedarfes. Im Gegensatz dazu sind Betriebe Wirtschaftseinheiten, in denen zur Deckung fremder Bedarfe Güter produziert und abgesetzt werden (vgl. ◘ Abb. 1.3).

Haushalte

Dabei werden Betriebe und Unternehmen voneinander abgegrenzt.

Betriebe und Unternehmen

> **Unternehmen** produzieren zur Deckung von Fremdbedarf, sind mehrheitlich in privatem Eigentum und streben meist nach dem Prinzip der Gewinnmaximierung (vgl. z. B. Vahs und Schäfer-Kunz 2015, S. 2 ff.).

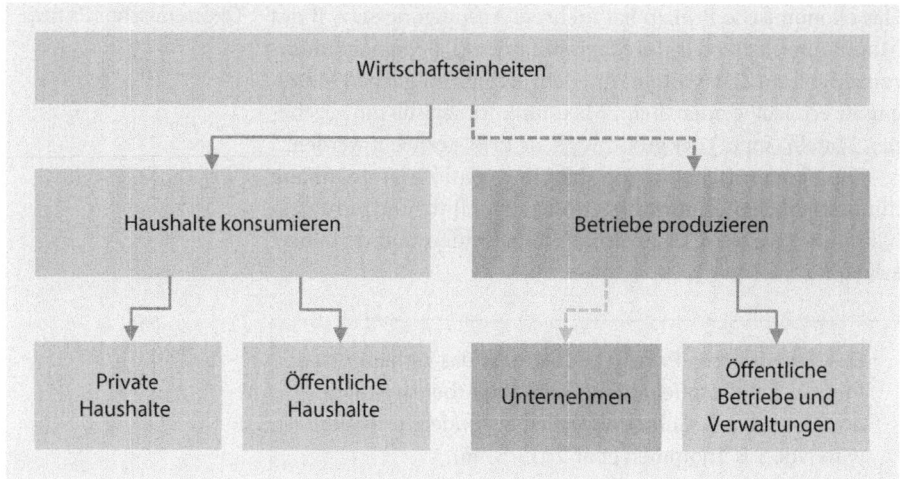

☐ Abb. 1.3 Haushalte und Betriebe (modifiziert nach Wöhe et al. 2016, S. 29)

Setzt man nun die Definitionen und Erläuterungen zusammen, kann man Betriebswirtschaftslehre wie folgt definieren:

Definition der Betriebswirtschaftslehre

> **Betriebswirtschaftslehre (BWL)** ist die Wissenschaft, die sich mit Betrieben als Einzelwirtschaften beschäftigt. Betriebe verfolgen die Fremdbedarfsdeckung. Um Leistungen zu erstellen und abzusetzen, setzen sie knappe Ressourcen wirtschaftlich (= ökonomisch) ein.

1.1.3 Einordnung im Wissenschaftssystem

Wissenschaft

Jede Wissenschaft zielt darauf ab, systematisch und nachvollziehbar Erkenntnis zu gewinnen und dabei anerkannte Methoden und Regeln zu verwenden. Karl Raimund Popper, einer der bekanntesten Vertreter der Wissenschaftstheorie, betonte dabei stets, dass alle Erkenntnisse nur vorläufiger Natur sind (vgl. Popper 1994).

Einordnung im Wissenschaftssystem

☐ Abb. 1.4 zeigt auf, wie die Betriebswirtschaftslehre im System der Wissenschaft eingeordnet wird. Eine Wissenschaft kann rein theoretisch oder praktisch-angewandt sein. Demnach wird unterschieden in Idealwissenschaften, die abstrakte Denkmodelle untersuchen (z. B. Mathematik), und Realwissenschaften, die sich auf konkrete Gegenstände wie Menschen, Tiere oder Gesteine beziehen (vgl. z. B. Bardmann 2014, S. 66).

1.1 · Erkenntnisobjekt und Aufgaben

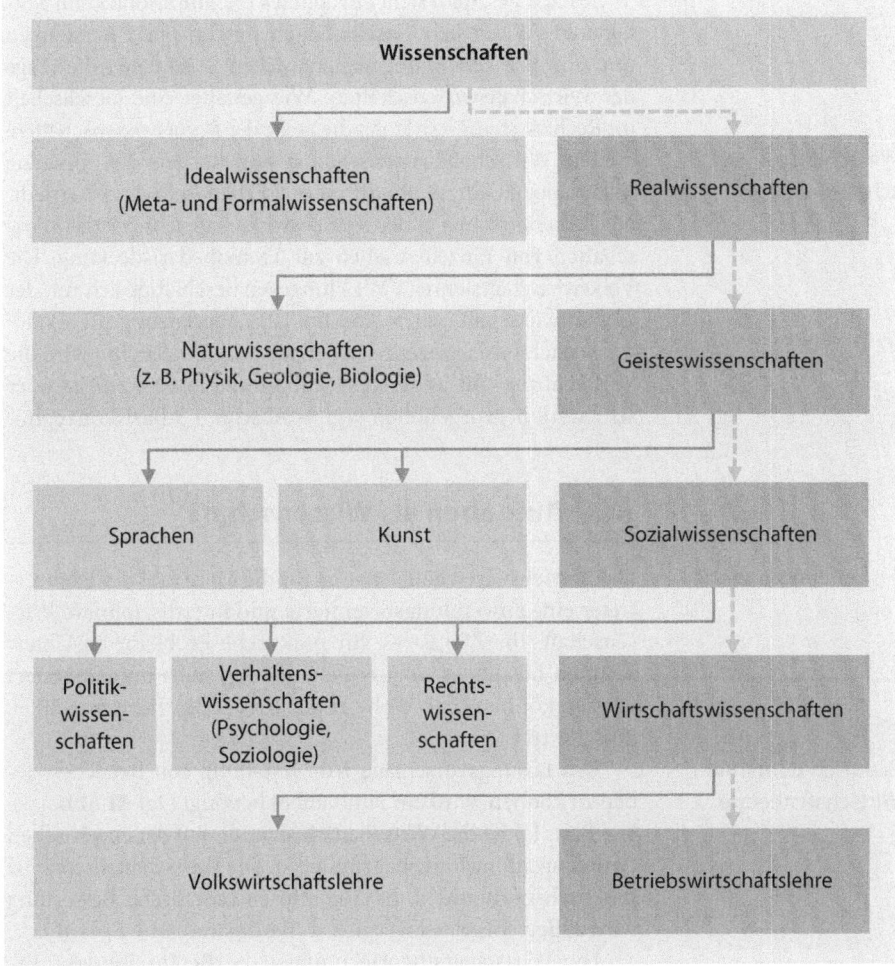

Abb. 1.4 Einordnung der Betriebswirtschaftslehre im Wissenschaftssystem

Die Realwissenschaften lassen sich unterteilen in Naturwissenschaften und Geisteswissenschaften. Die Naturwissenschaften erforschen Naturerscheinungen und -gesetze, z. B. in der Physik oder in der Biologie.

Realwissenschaften

Die Geisteswissenschaften können unterteilt werden in Sozialwissenschaften, Sprachen, Kunst u. a. Sie werden auch Kulturwissenschaften genannt, da sie die Deutung der Kulturen der Welt in Sprache, Kunst und Religion untersuchen.

Geisteswissenschaften

Die Sozialwissenschaften betrachten die soziale Ordnung, die der Mensch bewusst oder unbewusst in der Welt geschaffen hat, z. B. in Staat, Recht, Wirtschaft und Gesellschaft. Sie untersuchen auf theoriegeleiteter oder empirischer Basis die Phänomene des gesellschaftlichen Zusammenlebens der Menschen.

Sozialwissenschaften

Je nach Disziplin steht ein anderes Erkenntnisobjekt im Mittelpunkt: Wie gehen Gesellschaften mit knappen Ressourcen um, um ihre Versorgung sicherzustellen? – so lautet die Frage der Wirtschaftswissenschaften. Wie gestaltet eine Gesellschaft ihr Rechtssystem? – so lautet die Frage der Rechtswissenschaften.

Wirtschaftswissenschaften

Die Wirtschaftswissenschaften untersuchen den Umgang mit knappen Gütern, um die menschlichen Bedarfe zu befriedigen. Erkenntnisobjekt der Betriebswirtschaftslehre ist das Wirtschaften von Einzelbetrieben zur Fremdbedarfsdeckung. Die Volkswirtschaftslehre (VWL) hingegen beschäftigt sich mit der Gesamtwirtschaft (vgl. ▶ Abschn. 1.1.5 Abgrenzung zur VWL).

Je nach Basiskonzept der Betriebswirtschaftslehre wird die Verflechtung mit anderen Nachbardisziplinen weniger oder sehr stark hervorgehoben (vgl. ▶ Abschn. 1.3 Basiskonzepte).

1.1.4 Aufgaben als Wissenschaft

Anwendungsorientierung

Die Betriebswirtschaftslehre ist für die Mehrzahl der Fachvertreter eine anwendungsorientierte und interdisziplinäre Wissenschaft. Ihr Ziel ist es, für praktische Probleme in Unternehmen Lösungen aufzuzeigen, die dort auch implementiert werden können (vgl. Wöhe et al. 2016, S. 37; Thommen et al. 2017, S. 16 f.).

Praktisch-normative Wirtschaftstheorie

Um Lösungsvorschläge zur Gestaltung von Betrieben geben zu können, wird ein Fundament benötigt (vgl. ❒ Abb. 1.5). Die Basis bildet die Wirtschaftstheorie, die auf der empirischen Grundlagenforschung begründet ist. Die Wirtschaftstheorie ist praktisch-normativ, d. h. eine ethisch-moralische Bewertung wird außen vorgelassen (vgl. z. B. Bardmann 2014, S. 47 ff.).

Die Wirtschaftstheorie umfasst die Beschreibungs-, Erklärungs- und die Prognosefunktion:

Beschreibungsfunktion

— Die Beschreibungsfunktion beobachtet und beschreibt die betriebliche Realität. Dazu werden als wichtige Voraussetzung Definitionen und Begriffe vereinbart, um Klarheit und Präzision sicherzustellen.

Erklärungsfunktion, Theorie, Modell

— Die Erklärungsfunktion liefert Erklärungen über die Zusammenhänge von Ursachen und Wirkungen in der betrieblichen Wirklichkeit. Dazu werden Theorien und Modelle verwendet.
— Theorien versuchen, die Realität durch die Formulierung von Gesetzmäßigkeiten und Hypothesen zu erklären. Die Prinzipal-Agent-Theorie untersucht z. B. Beziehungen zwischen Geschäftspartnern, die durch einen Informationsvorsprung auf einer Seite der Beziehung gekennzeichnet sind.

1.1 · Erkenntnisobjekt und Aufgaben

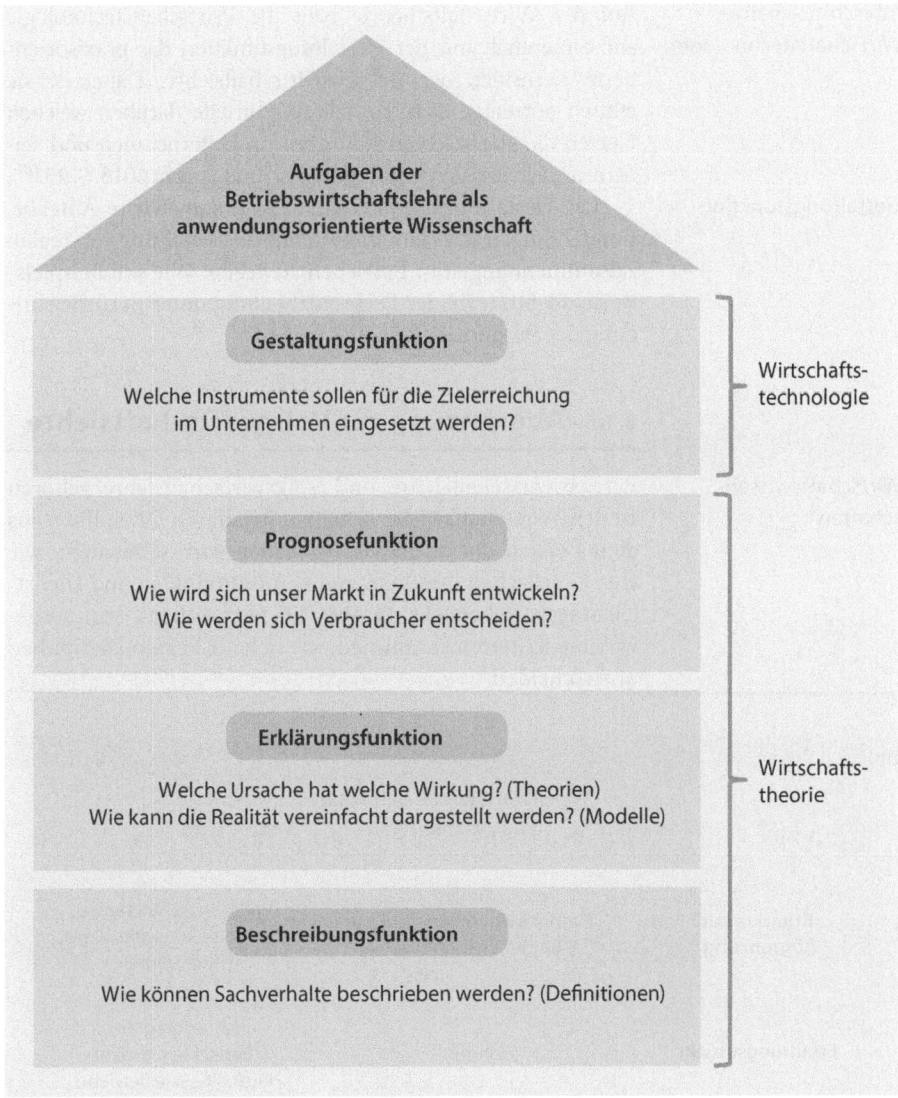

○ Abb. 1.5 Aufgaben der Betriebswirtschaftslehre als Wissenschaft

- Modelle sind vereinfachte Abbilder der Realität, die von unwichtigen Details abstrahieren. Entscheidungsmodelle zeigen z. B. auf, wie ein Konsument Entscheidungen unter Unsicherheit trifft.
- Die Prognosefunktion kann nun auf der Basis von Theorien und Modellen das Eintreten von Ereignissen in der betrieblichen Zukunft vorhersagen. Wie wird sich beispielsweise die demografische Entwicklung für die Personalabteilung bemerkbar machen?

Prognosefunktion

Ethisch-normative Wirtschaftstechnologie

Auf der Wirtschaftstheorie baut die Wirtschaftstechnologie auf: Sie enthält mit der Gestaltungsfunktion das praxisorientierte Kernstück der Betriebswirtschaftslehre. Dabei ist sie ethisch-normativ, d. h. sie fällt Werturteile darüber, welchen Nutzen die angestrebten Lösungen im Unternehmen und seinem Umfeld erzielen (vgl. Balderjahn und Specht 2016, S. 25 ff.).

Gestaltungsfunktion

Die Gestaltungsfunktion hat die pragmatische Aufgabe, Empfehlungen über eine zielorientierte Gestaltung von realen Zusammenhängen in Betrieben zu geben. Wie soll beispielsweise die Strategie der Personalabteilung unter Berücksichtigung der Prognosen gestaltet werden?

1.1.5 Abgrenzung zur Volkswirtschaftslehre

Wirtschaftswissenschaften

Betriebswirtschaftslehre und Volkswirtschaftslehre gehören zu den Wirtschaftswissenschaften. Bei diesen Disziplinen aus dem Bereich der Sozialwissenschaften wird untersucht, wie eine Gesellschaft ihre Versorgung mit Produkten und Dienstleistungen sicherstellt. ◘ Abb. 1.6 fasst anhand von ausgewählten Kriterien zusammen, wie sich die beiden Disziplinen unterscheiden.

Wirtschaftswissenschaften
(engl.: Economics)

Kriterien zur Abgrenzung	Betriebswirtschaftslehre Betriebsökonomie	Volkswirtschaftslehre Nationalökonomie, bzw. Weltökonomie
Erfahrungsobjekt	Betrieb	Insb. aggregierte Bereiche, z. B. alle Haushalte, alle Betriebe
Erkenntnisobjekt	Wirtschaften im Betrieb	Vor allem wirtschaftliche Zusammenhänge von Gesellschaften
Geburtsjahr	ca. 1900	ca. 1776
Perspektive	„Froschperspektive"	„Vogelperspektive"

◘ Abb. 1.6 Betriebs- und Volkswirtschaftslehre

1.1 · Erkenntnisobjekt und Aufgaben

Studiert man im angelsächsischen Bereich Betriebswirtschaftslehre, so nennt sich das Studium *Business Administration, Business Studies* oder *Management Studies*. Der zugehörige Master-Abschluss ist dann der *Master of Business Administration (MBA)*.

Bei diesem Studium ist das Erfahrungsobjekt der einzelne Betrieb. Unter dem Fokus des ökonomischen Prinzips wird das Erkenntnisobjekt *Wirtschaften im Betrieb* untersucht. Die Fragestellung lautet, wie Betriebe mit knappen Ressourcen rational-ökonomisch umgehen sollen, um die Bedarfe der Konsumenten zu befriedigen.

Das Geburtsjahr der modernen Betriebswirtschaftslehre liegt um 1900 herum (vgl. Wöhe et al. 2016, S. 13 ff.). Durch die Industrialisierung herrschte ein akuter Bedarf an Führungskräften für Betriebe. Die Nationalökonomie (Volkswirtschaftslehre) brachte aber keine Absolventen hervor, die dafür ausgebildet waren. Deshalb wurden 1898 in Leipzig, St. Gallen, Aachen und Wien Handelshochschulen gegründet – gegen den Widerstand der Universitäten. Sie werden als die ersten betriebswirtschaftlichen Hochschulen angesehen. Und so etablierte sich die Betriebswirtschaftslehre ab 1900 nach und nach als eigenständiges Lehr- und Forschungsgebiet (vgl. Bardmann 2014, S. 49 ff.).

Aus der Perspektive der Volkswirtschaftslehre hat die Betriebswirtschaftslehre die sogenannte Froschperspektive, da sie einzelne Betriebe in ihren einzelnen Bestandteilen betrachtet. Die Volkswirtschaftslehre selbst beansprucht für sich die Vogelperspektive. Sie betrachtet die wirtschaftlichen Zusammenhänge im Großen und Ganzen.

Die Schwesterdisziplin Volkswirtschaftslehre ist viel älter als die Betriebswirtschaftslehre. Sie hat ihre Ursprünge in der Nationalökonomie im 18. Jahrhundert. Adam Smith und sein Buch *The Wealth of Nations* aus dem Jahr 1776 markieren das Geburtsjahr der VWL. Ihr Ziel ist es, die Gesetzmäßigkeiten der wirtschaftlichen Realität zu erfassen und zu erklären. Dabei betrachtet sie vor allem aggregierte Bereiche: Wie hoch ist die Sparquote aller Haushalte? Welche Parameter beeinflussen die gesamtwirtschaftlichen Aktivitäten? Wie hoch ist die Staatsquote?

Eines haben Betriebswirtschaftslehre und Volkswirtschaftslehre jedoch gemeinsam: die Betrachtung einzelwirtschaftlicher Aspekte. Dieser Bereich der VWL nennt sich Mikroökonomie. Man könnte sagen, die Mikroökonomie ist eine Art volkswirtschaftliche Betriebswirtschaftslehre.

Die Trennung zwischen den beiden Schwesterdisziplinen ist eine Besonderheit im deutschsprachigen Raum. In

---

Master of Business Administration (MBA)

Betriebswirtschaftslehre – Wirtschaften im Betrieb

Handelshochschulen ab 1898

Frosch- und Vogelperspektive

Volkswirtschaftslehre

Mikroökonomie

Economics

den meisten anderen Ländern studiert man *Economics* und spezialisiert sich auf einen bestimmten Bereich aus den Wirtschaftswissenschaften.

1.2 Untergliederung

Die Betriebswirtschaftslehre als Lehr- und Forschungsgebiet wird unterteilt in die Allgemeine Betriebswirtschaftslehre sowie in die Spezielle Betriebswirtschaftslehre (vgl. ◘ Abb. 1.7).

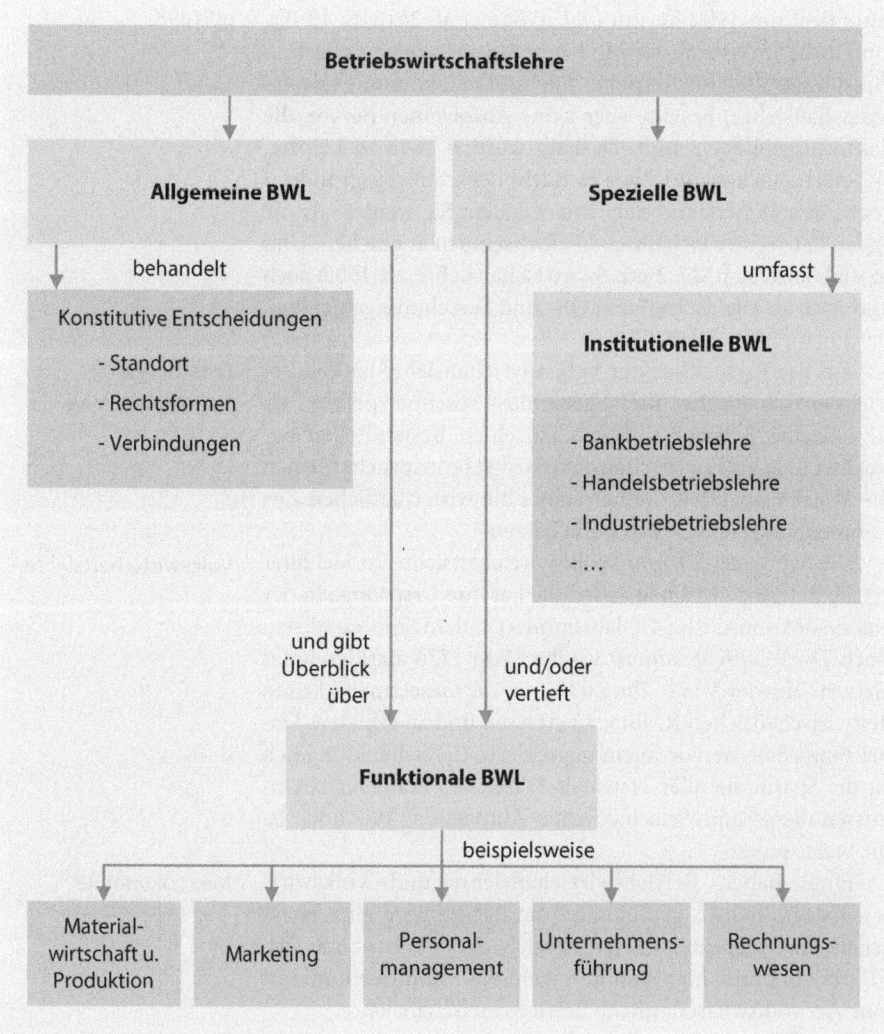

◘ Abb. 1.7 Untergliederung der BWL

1.2.1 Allgemeine Betriebswirtschaftslehre

Die Allgemeine BWL beschäftigt sich mit Aspekten, die für alle Betriebe relevant sind. Dazu gehören zum einen die sogenannten konstitutiven Entscheidungen wie die Standortwahl oder die Wahl der Rechtsform.

Zum anderen gehört der Überblick über die Funktionen eines Betriebes dazu. Dieser Bereich wird auch funktionale BWL genannt. Die funktionale Gliederung der Betriebswirtschaftslehre orientiert sich an den Bereichen eines Unternehmens, z. B. Materialwirtschaft, Produktion, Marketing und Unternehmensführung (vgl. Thommen et al. 2017, S. 18 f.).

Allgemeine Betriebswirtschaftslehre

Funktionale Betriebswirtschaftslehre

1.2.2 Spezielle Betriebswirtschaftslehre

Die spezielle BWL (SBWL) lässt sich untergliedern in die institutionelle BWL, in die Vertiefung der einzelnen Funktionen der BWL sowie die genetische BWL.

Die institutionelle BWL untersucht die Besonderheiten von Branchen wie Industrie, Handel, Banken, Versicherungen, Tourismus oder öffentliche Verwaltung.

Institutionelle Betriebswirtschaftslehre

Die funktionale BWL untersucht spezifische Funktionen eines Unternehmens. So kann man sich im Studium der BWL an den meisten Hochschulen einen oder mehrere Schwerpunkte suchen und z. B. Marketing, Rechnungslegung oder Personalmanagement vertiefen.

Die genetische BWL orientiert sich am Lebenslauf von Unternehmen. Sie untersucht insbesondere die Entscheidungen, die in den Phasen Gründung, Wachstum und Auflösung getroffen werden müssen (vgl. Wöhe et al. 2016, S. 45 f.):

Genetische Betriebswirtschaftslehre

- In der Gründungsphase müssen der Standort, die Rechtsform und die Organisation der Leistungserstellung festgelegt werden.
- In der Wachstumsphase sind Entscheidungen zum weiteren Ausbau des Unternehmens notwendig.
- In der Auflösungsphase müssen Entscheidungen über die Veräußerung des Vermögens getroffen werden.

1.3 Basiskonzepte

Eine Spaltung der Betriebswirtschaftslehre in zwei unterschiedliche, noch immer bestehende Lager geschah im deutschsprachigen Raum um 1970 herum. Edmund Heinen attackierte das jahrzehntelang propagierte Modell des *Homo*

Basiskonzepte der BWL

Oeconomicus und des damit verbundenen ökonomistischen Ansatzes und stellte den verhaltenswissenschaftlichen Ansatz in den Mittelpunkt seiner Veröffentlichungen (vgl. z. B. Balderjahn und Specht 2016, S. 35 ff.).

Seither herrschen in der Betriebswirtschaftslehre zwei fundamentale Basiskonzepte vor. Ein Basiskonzept zeigt auf, an welchen Grundwerten sich eine Wissenschaft ausrichtet.

Die folgende Unterteilung stellt Basiskonzepte der ersten Ordnung innerhalb der BWL dar und ist für eine schnelle Erfassung ein guter Einstieg. Wer sich vertiefen möchte in spezielle Basiskonzepte, wie den entscheidungsorientierten Ansatz nach Edmund Heinen oder den institutionenorientierten Ansatz, kann dies bei Balderjahn und Specht 2016, S. 38 ff. sowie bei Wöhe et al. 2016, S. 15 ff. tun.

◘ Abb. 1.8 stellt die wesentlichen Unterschiede der beiden grundlegenden Konzepte der BWL gegenüber. In den beiden

Kriterien zur Abgrenzung	Ökonomistisches Basiskonzept	Sozialwissenschaftliches Basiskonzept
Menschenbild	Economic Man	Social, Complex und Virtual Man
BWL als	autonome Wissenschaft	spezielle Sozialwissenschaft
Ethik	praktisch-normative BWL: Verzicht auf ethische Bewertung	ethisch-normative BWL: Integration ethischer Aspekte
Vorrangig sind	Shareholder (Eigentümer)	alle Stakeholder (Anspruchsgruppen) können partizipieren
Unternehmensziel	langfristige Gewinnmaximierung	Maximierung des Gemeinwohls (ökonomisch, sozial und ökologisch)

◘ Abb. 1.8 Betriebswirtschaftliche Basiskonzepte (in Anlehnung an Balderjahn und Specht 2016, S. 36)

folgenden Abschnitten werden die beiden Basiskonzepte ausführlich erläutert.

1.3.1 Ökonomistisches Basiskonzept

Die Kunstfigur des *Homo Oeconomicus* entstammt der Volkswirtschaftslehre und wurde von der BWL in ihren Anfängen um 1900 übernommen. Homo Oeconomicus zu sein bedeutet, streng und beschränkt rational zu handeln und ausschließlich auf den eigenen Vorteil bedacht zu sein. Dieses Menschenbild des opportunistischen Egoisten liegt dem ökonomistischen Basiskonzept zugrunde.

Egoistisches Menschenbild

Das ökonomistische Basiskonzept sieht die BWL als eine eigenständige Wissenschaft und beschränkt sich auf die Untersuchung des *Wirtschaftens im Betrieb*. Die Beurteilung von Handlungen basiert stets auf dem ökonomischen Prinzip in einem marktwirtschaftlichen Wettbewerb. Die Untersuchung, z. B. von psychologischen oder sozialen Aspekten, wird den Nachbarwissenschaften überlassen aus Angst vor Dilettantismus bei einem interdisziplinären Ansatz.

BWL als eigenständige Wissenschaft

Das ökonomische Basiskonzept bewertet alle Handlungen im Unternehmen nach dem ökonomischen Prinzip. Es verzichtet auf ethische und moralische Bewertung und sieht sich damit als wertfreie Wissenschaft.

Verzicht auf ethische und moralische Bewertung

Das ökonomistische Basiskonzept bevorzugt die Anspruchsgruppe der Eigentümer (Shareholder). Sie tragen die Verantwortung für die Führung sowie das Risiko des Scheiterns und müssen entsprechend vergütet werden.

Vorrangstellung der Eigentümer

Das ökonomistische Basiskonzept stellt die Gewinnmaximierung bzw. die Steigerung des Unternehmenswertes in den Vordergrund: Weil die Eigentümer auch für schlechte Zeiten vorsorgen müssen und weil sie nach dem ökonomischen Prinzip handeln, ist ihr Ziel die Gewinnmaximierung. Normativ-ethische Fragen wie Lohngerechtigkeit bleiben – wie schon beschrieben – außen vor.

Gewinnmaximierung als oberstes Ziel

1.3.2 Sozialwissenschaftliches Basiskonzept

Der verhaltenswissenschaftliche Ansatz sieht den Menschen als soziales Wesen, das auf das Gemeinwohl bedacht ist. Der Mensch handelt nicht nur aus extrinsischer Motivation wie Geld, sondern auch aus intrinsischer Motivation, weil er sich für eine gemeinsame Sache einsetzen möchte.

Begrenzter Egoismus

BWL als spezielle Sozialwissenschaft	Betriebswirtschaftslehre wird hier als eine spezielle Sozialwissenschaft mit Schnittstellen insbesondere zu Verhaltenswissenschaften wie Soziologie und Psychologie angesehen. Wirtschaften wird als ein Ausschnitt sozialen Handels angesehen; Betriebe werden als sozio-ökonomische Systeme betrachtet, so dass Wirtschaften nur durch die Öffnung zu den Sozialwissenschaften untersucht werden kann. Besonders deutlich wird dies, wenn man an Marketingthemen wie Konsumentenverhalten oder Personalthemen wie Motivation und Führung denkt.
Ethische und moralische Maßstäbe, Corporate Social Responsibility (CSR)	Das sozialwissenschaftliche Konzept berücksichtigt die soziale, ethische und moralische Verantwortung von Betrieben. Dies wird heute unter Schlagworten wie *Corporate Social Responsibilty (CSR)* oder *Good Corporate Citizenship (GCC)* diskutiert. Heutzutage werden zusätzlich zu sozialen auch ökologische Aspekte wie Umweltschutz betrachtet. Damit ist dieses Basiskonzept komplexer und wagt sich auf Felder, die im ökonomistischen Konzept als unlösbar bewertet werden.
Berücksichtigung aller Stakeholder	Das sozialwissenschaftliche Basiskonzept beschreibt, dass Unternehmen gemeinsam mit ihren Stakeholdern freiwillig soziale Aspekte und Umweltfragen in ihre Unternehmenstätigkeit integrieren. Bei diesem sogenannten Harmoniemodell wird versucht, alle Stakeholder an den Aktivitäten des Unternehmens teilhaben zu lassen.
Ziel ist es, das Gemeinwohl zu steigern	Das sozialwissenschaftliche Basiskonzept möchte durch Partizipationsrechte aller Stakeholder die Maximierung des Gemeinwohls erreichen.

1.4 Menschenbilder in der Historie

Die Geschichte der Betriebe in den Industriestaaten wird im Folgenden mithilfe des vorherrschenden Menschenbilds in Anlehnung an Schein erläutert (vgl. Schein 1980). Dabei werden für die schnelle Orientierung vier Epochen verwendet.

Menschenbilder   Menschenbilder sind modellhafte Vorstellungen zum menschlichen Wesen. Es gibt sie in allen Wissenschaften, z. B. Theologie, Biologie oder Psychologie. In der Betriebswirtschaftslehre bündeln Menschenbilder die Annahmen über Bedürfnisse, Motive, Erwartungen, Fähigkeiten und Ziele der in Unternehmen tätigen Menschen (vgl. Jung et al. 2016, S. 67 f.).

Für den sozialwissenschaftlichen Ansatz der BWL sind die Menschenbilder insbesondere im Bereich der Arbeits- und Organisationspsychologie oder ab den 1960er-Jahren für das Konsumentenverhalten im Marketing relevant. Ziel ist es, das

1.4 · Menschenbilder in der Historie

Verhalten von Menschen im Hinblick auf die Unternehmensziele zu beeinflussen, z. B. um eine motiviertere Belegschaft oder eine konsumfreudigere Kundschaft zu haben.

◘ Abb. 1.9 gibt einen kompakten Überblick über Epochen und Menschenbilder. Diese vier Epochen werden in den folgenden vier Abschnitten im Detail erläutert.

1.4.1 Taylorismus und Economic Man

Die Anfänge der modernen Betriebe und der modernen Betriebswirtschaftslehre datieren von 1900 bis 1930 und waren vom Taylorismus geprägt.

1900–1930: Taylorismus

Durch die zunehmende Industrialisierung im 19. Jahrhundert wuchs der Bedarf an Arbeiterinnen und Arbeitern sowie an qualifizierten Führungskräften in den Fabriken, die immer größer wurden und einer wirtschaftlichen Organisation bedurften. So gilt der Beginn des 20. Jahrhunderts als Startpunkt in die standardisierte Massenproduktion. Durch die immense Nachfrage nach Automobilen führte beispielsweise Henry Ford im Jahr 1913 das erste motorisierte Fließband in der Fertigung ein.

Industrialisierung, Massenproduktion

Der amerikanische Ingenieur Frederick Winslow Taylor hatte 1911 ein Buch mit dem Titel *The Principles of Scientific Management* (Die Grundsätze wissenschaftlicher Betriebsführung) veröffentlicht, das ein Millionenpublikum faszinierte. Endlich schien es möglich, in Fabriken die Produktivität zu steigern – auch mit ungelernten Arbeitskräften. In den Vereinigten Staaten fehlte z. B. eine Lehrlings- und Meisterausbildung, was in einem geringen Bildungsniveau bei den Arbeitskräften resultierte (vgl. Vahs und Schäfer-Kunz 2015, S. 310).

Produktivität trotz ungelernter Arbeitskräfte

Im Taylorismus wurde der Betrieb als technisches System angesehen (vgl. ◘ Abb. 1.9). Mitarbeiter waren Produktionsfaktoren, die nur als maschinenähnliche Ausführungsgehilfen angesehen wurden. Sie mussten sich an das technische System anpassen, um gemeinsam mit den Maschinen den Output der Fabriken zu erhöhen. Gefühle wurden als Hindernis für die Aufgabenerfüllung angesehen. Man spricht auch vom mechanistischen Menschenbild im Taylorismus.

Mechanistisches Menschenbild

Das Höchstmaß an Produktivität sollte durch die folgenden Prinzipien erreicht werden (vgl. Kauffeld und Sauer 2014, S. 17):

— Arbeitsteilung bis in kleinste Tätigkeitselemente für eine möglichst kurze Anlernzeit der Arbeiter,
— Auswahl der am besten geeigneten Arbeiter,

Prinzipien im Taylorismus, Funktionsmeisterprinzip

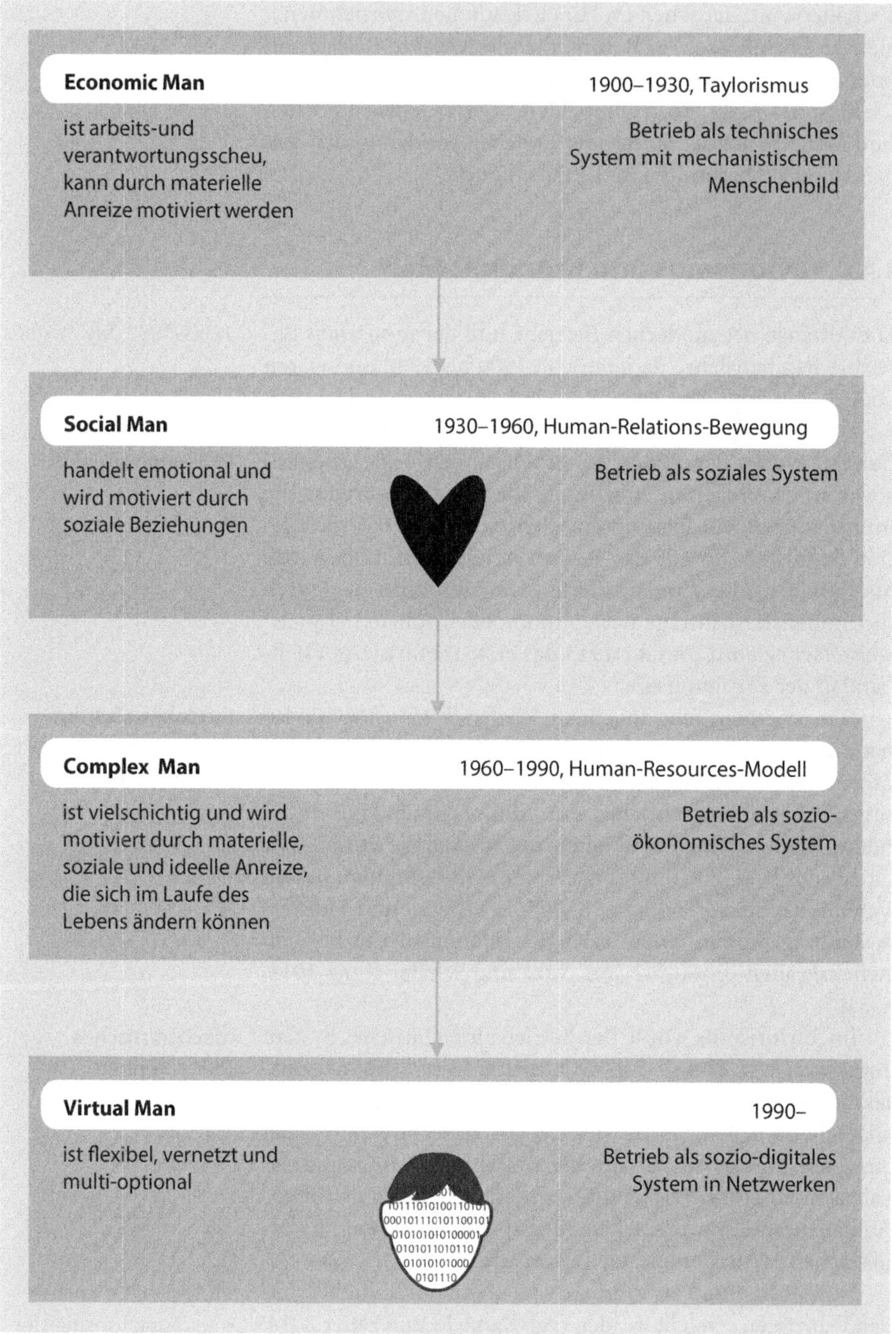

Economic Man	1900–1930, Taylorismus
ist arbeits- und verantwortungsscheu, kann durch materielle Anreize motiviert werden	Betrieb als technisches System mit mechanistischem Menschenbild

Social Man	1930–1960, Human-Relations-Bewegung
handelt emotional und wird motiviert durch soziale Beziehungen	Betrieb als soziales System

Complex Man	1960–1990, Human-Resources-Modell
ist vielschichtig und wird motiviert durch materielle, soziale und ideelle Anreize, die sich im Laufe des Lebens ändern können	Betrieb als sozio-ökonomisches System

Virtual Man	1990–
ist flexibel, vernetzt und multi-optional	Betrieb als sozio-digitales System in Netzwerken

Abb. 1.9 Epochen und Menschenbilder der modernen Betriebe

1.4 · Menschenbilder in der Historie

- Festlegung eines *one best way* zur Ausführung einer Tätigkeit durch systematische Zeit- und Bewegungsstudien,
- optimale Gestaltung von Arbeitsplätzen,
- Trennung von Kopf- und Handarbeit, d. h. sogenannte Funktionsmeister planten als Vorgesetzte z. B. die Arbeitsreihenfolge, während die Arbeiter nur ausführten,
- Einführung individueller Anreizsysteme wie Akkordlohn.

Das vorherrschende Menschenbild war der Homo Oeconomicus oder Economic Man (auch Rational Economic Man). Dieses Menschenbild geht von einem verantwortungs- und arbeitsscheuen Menschen aus, der rational und egoistisch handelt, um seinen materiellen Nutzen zu maximieren. Er ist also vor allem durch materielle Anreize motivierbar. — Economic Man, Homo Oeconomicus

Charly Chaplins Film *Modern Times* aus dem Jahr 1936 ist ein satirisches Bild der Zeit und kritisiert die Rationalisierung sowie die Entfremdung der Menschen in den Fabriken. — Entfremdung und Entmenschlichung

Natürlich gab es auch in dieser Zeit Menschen, die andere Ideale verfolgten. Robert Bosch beispielsweise war die Aus- und Weiterbildung sowie die gerechte Bezahlung seiner Mitarbeiter ein besonderes Anliegen. Bereits 1906 führte er als einer der Ersten in Deutschland den achtstündigen Arbeitstag ein (vgl. Robert-Bosch-Stiftung 2017). — Auch damals gab es schon Querdenker

Auch heute begegnet uns der Taylorismus noch in vielfältigen Managementansätzen, und zwar immer, wenn es darum geht, Effizienz zu erhöhen durch Minimierung von Verlusten oder durch Optimierung von Prozessen. Als Beispiel sei Six Sigma genannt, wo im Rahmen des Qualitätsmanagements Prozesse mit statistischen Methoden gemessen, analysiert und verbessert werden. Auch im Geschäftsprozessmanagement werden Prozesse gestaltet und dann überwacht, um effizienter zu sein (vgl. Kauffeld und Sauer 2014, S. 19). Der Akkordlohn in der Fertigung oder die leistungsabhängige Bezahlung sind weitere Ausprägungen dieses Ansatzes. — Tayloristische Ansätze bestehen fort

1.4.2 Human-Relations-Bewegung und Social Man

Ein Paradigmenwechsel vom Economic Man zum Social Man geschah um das Jahr 1930 herum und prägt die folgende Epoche von 1930 bis 1960, die mit dem Begriff des — Human-Relations-Bewegung

| | Human-Relations-Ansatzes zusammengefasst wird (vgl. ◘ Abb. 1.9).
Hawthorne-Studien | Hintergrund sind die sogenannten Hawthorne-Studien. Sie wurden in den Jahren 1927 bis 1932 von den drei Wissenschaftlern Mayo, Roethlisberger und Dickson in den Hawthorne-Werken der Western Electric Company durchgeführt. In diesen Studien wurde – noch ganz unter dem Einfluss der mechanistischen Zeitstudien – der Einfluss unterschiedlicher Umweltbedingungen auf die Arbeitsleistung untersucht. Dazu wurden z. B. die Beleuchtung oder die Arbeitszeit variiert. Doch egal, was verändert wurde, fast jegliche Veränderung der Umweltbedingungen führte zu einer Verbesserung der Arbeitsleistung. Die Forscher waren erstaunt und kamen zu den folgenden Schlüssen (vgl. Kauffeld und Sauer 2014, S. 20 f.).

Leistungssteigerung durch soziale Beziehungen (Hawthorne-Effekt)

Das Leistungsverhalten der Arbeiterinnen wurde durch soziale Beziehungen und die zwischenmenschliche Kommunikation beeinflusst. Die Arbeiterinnen gewannen z. B. Zufriedenheit durch die Beachtung und die Aufmerksamkeit, die ihnen durch die Forscher entgegengebracht wurde. Sie identifizierten sich stärker mit dem Unternehmen, als in Interviews mit den Führungskräften nach ihrer Meinung gefragt wurde. Außerdem wurde klar, wie stark die Normen von Arbeitsgruppen die Produktivität beeinflussten.

Betrieb als soziales System, Hawthorne-Effekt i. e. S.

Durch diese Ergebnisse rückte die motivatorische und emotionale Bedeutung sozialer Beziehungen in den Mittelpunkt. Der Betrieb wurde als soziales System begriffen. Fortan wurde der Begriff des *Hawthorne-Effekts* dafür verwendet, dass durch soziale Faktoren enorme Leistungssteigerungen möglich sind.

Social Man

Da in dieser Epoche insbesondere die sozialen Beziehungen im Vordergrund standen, spricht man vom Menschenbild des Social Man. Das Unternehmen wurde entsprechend als soziales System betrachtet.

Hawthorne-Effekt i. w. S.

In späteren Jahren kam vielfach Kritik aufgrund methodischer Mängel an den Hawthorne-Studien auf, z. B. die Konzentration auf eine rein weibliche Gruppe oder die regelmäßige Rückmeldung der Leistungen. Dies ist die zweite und weitere Bedeutung des *Hawthorne-Effekts*: Personen können in Versuchen ihr natürliches Verhalten ändern, wenn sie wissen, dass sie Teilnehmer an einer Untersuchung sind. Dadurch werden Untersuchungsergebnisse verfälscht.

Da die tayloristische Arbeitsteilung weiterhin beibehalten wurde und lediglich soziale Strukturen verändert wurden,

1.4.3 Human-Resource-Modell und Complex Man

Zur schnellen Erfassung versinnbildlicht in diesem Buch der Complex Man das Menschenbild der Epoche von 1960 bis 1990, in der das Unternehmen als sozio-ökonomisches System angesehen wird (vgl. ◘ Abb. 1.9).

Human-Resource-Modell

Nach dem zweiten Weltkrieg schritten die Industrialisierung sowie die Globalisierung – z. B. durch Medien wie der Fernseher, später durch das Flugnetz – rapide voran. Das Ausbildungsniveau aller Mitarbeiterinnen und Mitarbeiter verbesserte sich stark. Das Lohnniveau stieg ebenfalls kräftig an. Anstatt der materiellen Bedürfnisbefriedigung und der sozialen Anerkennung rückten verstärkt neue Bedürfnisse nach Entfaltung der eigenen Persönlichkeit und Humanisierung der Arbeit in den Vordergrund (vgl. Capaul und Steingruber 2010, S. 150).

Persönlichkeitsentfaltung, Humanisierung der Arbeit

Anfang der 1960er-Jahre festigten Vertreter wie McGregor, Maslow und Argyris den sogenannten humanistischen Ansatz mit dem Human-Resource-Modell. Man spricht auch von der Humanisierung der Arbeit. Das Human-Resource-Modell besagt, dass der Mensch materielle Anreize, soziale Anreize, aber zusätzlich auch ideelle Anreize benötigt. Diese ideellen Anreize hängen mit der menschlichen Arbeitsressource zusammen, die nun in den Mittelpunkt des Interesses gestellt wurde.

Humanistischer Ansatz, Human-Resource-Modell

Ideelle Anreize entstehen, wenn der Mensch sich als Arbeitskraft entfalten kann, weil seine Tätigkeit seinen Bedürfnissen und Talenten entspricht. Er strebt nach Selbstverwirklichung und Förderung der Persönlichkeit in der Arbeit – bei einem hohen Maß an Autonomie und Kontrolle. Schein bezeichnet diesen Typus als *Self-Actualizing Man*, der sich-selbst-verwirklichende Mensch (vgl. Schein 1980).

Self-Actualizing Man

Da zusätzlich zum Anspruch der Selbstverwirklichung jeder Mensch unterschiedliche Potenziale, Bedürfnisse, Werte und Ziele hat und diese sich im Laufe des Lebens verändern können, spricht man ab den 1970er-Jahren vom Menschenbild des Complex Man. Der Complex Man stellt hohe Ansprüche an Organisation und Führungskräfte eines Unternehmens.

Complex Man

Human Resource Management

Schlagworte in Unternehmen für den Complex Man lauten Job Enrichment, Zielvereinbarungen, Personalentwicklung, dezentrale Entscheidungsstrukturen oder flache Hierarchien, um die Humanressourcen oder Humankapital optimal einzusetzen, zu fördern und zu entwickeln.

1.4.4 Digitalisierung und Virtual Man

Digitalisierung

Neue Informations- und Kommunikationstechnologien, wie Smartphones, mobiles Internet und soziale Netzwerke, haben seit den 1990er-Jahren ein neues Zeitalter eingeleitet. Insbesondere die Verbreitung des World Wide Web (WWW) ab dem Jahre 1993 sowie die Einführung des Apple iPhone im Jahre 2007 können als zentrale Meilensteine für die revolutionäre Veränderung von Geschäftsmodellen und Werten in Unternehmen und Gesellschaft angesehen werden. Das Unternehmen ist nun ein sozio-digitales System in Netzwerken (vgl. ◘ Abb. 1.9).

Neue Kommunikationstechnologien führen zu neuen, schnelleren Formen der Zusammenarbeit und zu neuen Formen der Kommunikation in Arbeit und Freizeit. Mitarbeiterinnen und Mitarbeiter in Unternehmen sind in der Informations- und Wissensgesellschaft mit einem hohen Maße an Komplexität und schnellen Veränderungen konfrontiert.

Multioptionsgesellschaft, Filterblase

Gross prägte bereits 1994 den Begriff der *Multioptionsgesellschaft* (Gross 1994). Dies führt zu ständigem Entscheidungsbedarf, einem permanenten Gefühl der Unsicherheit und oftmals zum Burnout durch die 24/7-Erreichbarkeit. Als Konsequenz sucht sich der Mensch seine Filterblase in sozialen Netzwerken, wo ihm Algorithmen nur Inhalte präsentieren, die für ihn angenehm sind (vgl. Pariser 2011).

Homo Zappiens, Homo Digitalis

Das Menschenbild ist der Virtual Man, der auch Homo Zappiens oder Digital Man genannt wird. Veen und Vrakking charakterisieren den Virtual Man
- durch die Fähigkeit, sich flexibel und mühelos an neue Technologien anzupassen,
- eine Neigung zu Kooperation und Aktivität in Netzwerken sowie
- durch eine Präferenz für Bilder und Symbole (Veen und Vrakking 2006).

Virtual Man

Der Virtual Man kann mehrere Identitäten z. B. durch Avatare haben. Es ist aber auch denkbar, dass Persönlichkeiten in der virtuellen Realität existieren, die in der Realität kein Pendant haben (vgl. Kocian 1999, S. 58 ff.). Die Leistungsfähigkeit des

Menschen wird zukünftig verstärkt durch Informationstechnik erweitert, z. B. durch Augmented Reality in der Fertigung oder durch die Implantation von Chips.

1.5 Typologie von Unternehmen und Produkten

Unternehmen können nach unterschiedlichen Kriterien eingeteilt werden. So entsteht eine Unternehmenstypologie (vgl. ◘ Abb. 1.10). Durch diese Einteilung ist es zum einen möglich, die Realität zu strukturieren und einen besseren Überblick über die Vielfalt an Unternehmen zu erhalten. Zum anderen gelten für jede Unternehmenskategorie spezifische Merkmale. Auf dieser Basis können Best Practices (bewährte Lösungen) entwickelt und diskutiert werden.

Unternehmenstypologie

Für Studierende ist die Typologie ebenfalls eine Möglichkeit, ein Unternehmen für das Praxissemester, für die Bachelorarbeit oder für die ersten Bewerbungen zu analysieren: Wie groß ist das Unternehmen (Betriebsgröße)? In welcher Branche ist das Unternehmen tätig (Art der erstellten Leistung)? Wird der Konsument bedient (B2C) oder ist der Abnehmer ein Unternehmen (B2B)? In einem jungen Internetunternehmen mit 25 Mitarbeitern wird das Praxissemester sicherlich anders gestaltet sein als in einem etablierten Stahlkonzern mit 50.000 Mitarbeitern.

Um die Unterschiedlichkeit von Unternehmen zu verstehen, steht an erster Stelle die Unterteilung nach der Art der erstellten Leistung. So ergibt sich eine Unterteilung in Produktions- und Dienstleistungsunternehmen. Aus dieser Unterteilung ergeben sich bei weiterer Untergliederung die Branchen. Daneben werden Unternehmen nach Betriebsgröße, Rechtsformen, Unternehmensziel oder Lebenszyklusphase klassifiziert (vgl. z. B. Thommen et al. 2017, S. 21 ff.).

◘ Abb. 1.10 gibt für jedes Kriterium einige Ausprägungen an zum besseren Verständnis der Kategorie. Im Anschluss an die Abbildung werden die einzelnen Betriebstypen kurz erläutert.

1.5.1 Produzierende Unternehmen und Dienstleistungsunternehmen

◘ Abb. 1.11 gibt zum Einstieg einen Überblick über die Typologie der Güter. Zunächst sind die Wirtschaftsgüter von den freien Gütern abzugrenzen. Freie Güter werden von der

Freie Güter vs. Wirtschaftsgüter

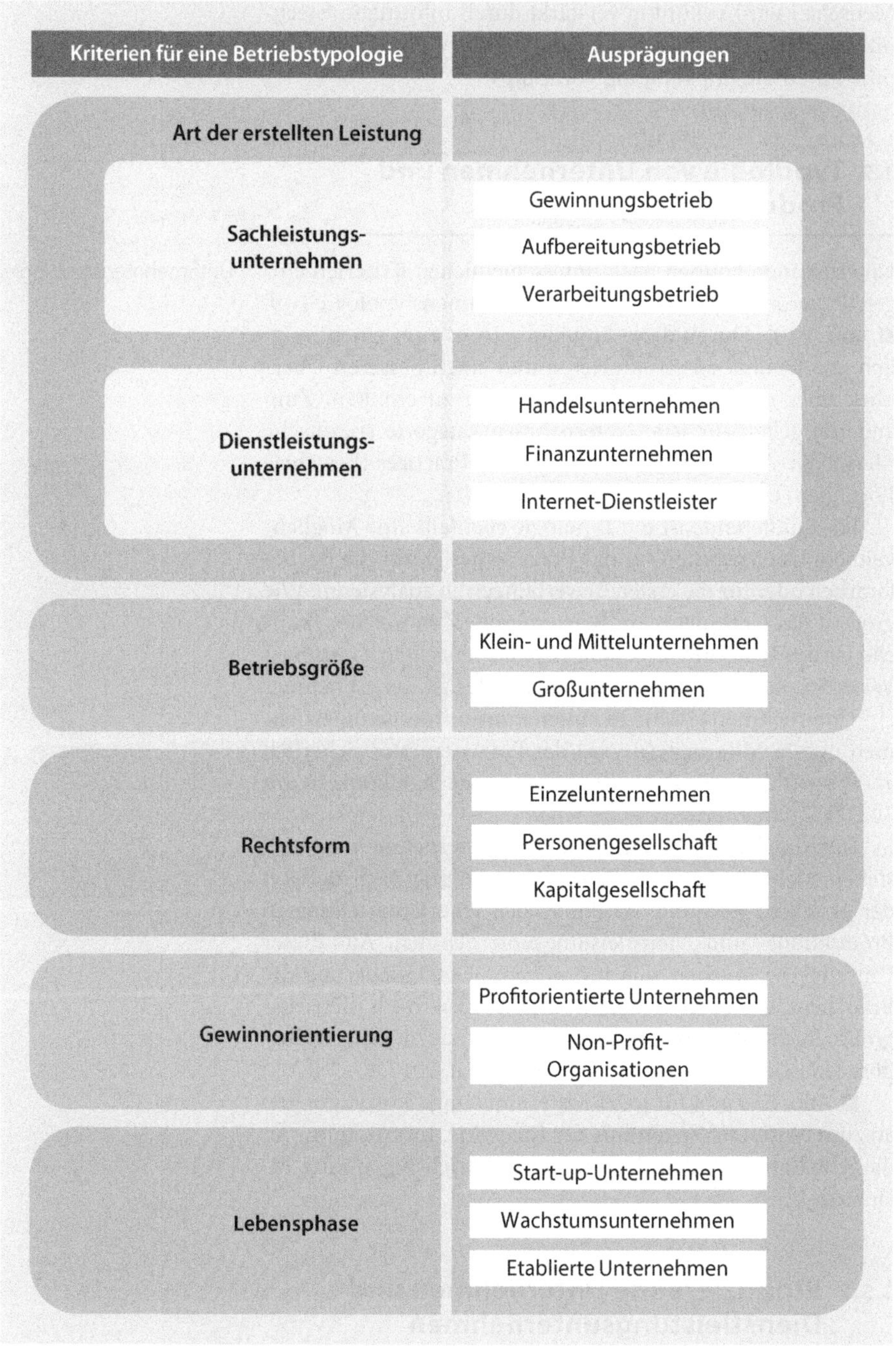

Kriterien für eine Betriebstypologie	Ausprägungen
Art der erstellten Leistung	
Sachleistungsunternehmen	Gewinnungsbetrieb
	Aufbereitungsbetrieb
	Verarbeitungsbetrieb
Dienstleistungsunternehmen	Handelsunternehmen
	Finanzunternehmen
	Internet-Dienstleister
Betriebsgröße	Klein- und Mittelunternehmen
	Großunternehmen
Rechtsform	Einzelunternehmen
	Personengesellschaft
	Kapitalgesellschaft
Gewinnorientierung	Profitorientierte Unternehmen
	Non-Profit-Organisationen
Lebensphase	Start-up-Unternehmen
	Wachstumsunternehmen
	Etablierte Unternehmen

Abb. 1.10 Typologie von Unternehmen

1.5 · Typologie von Unternehmen und Produkten

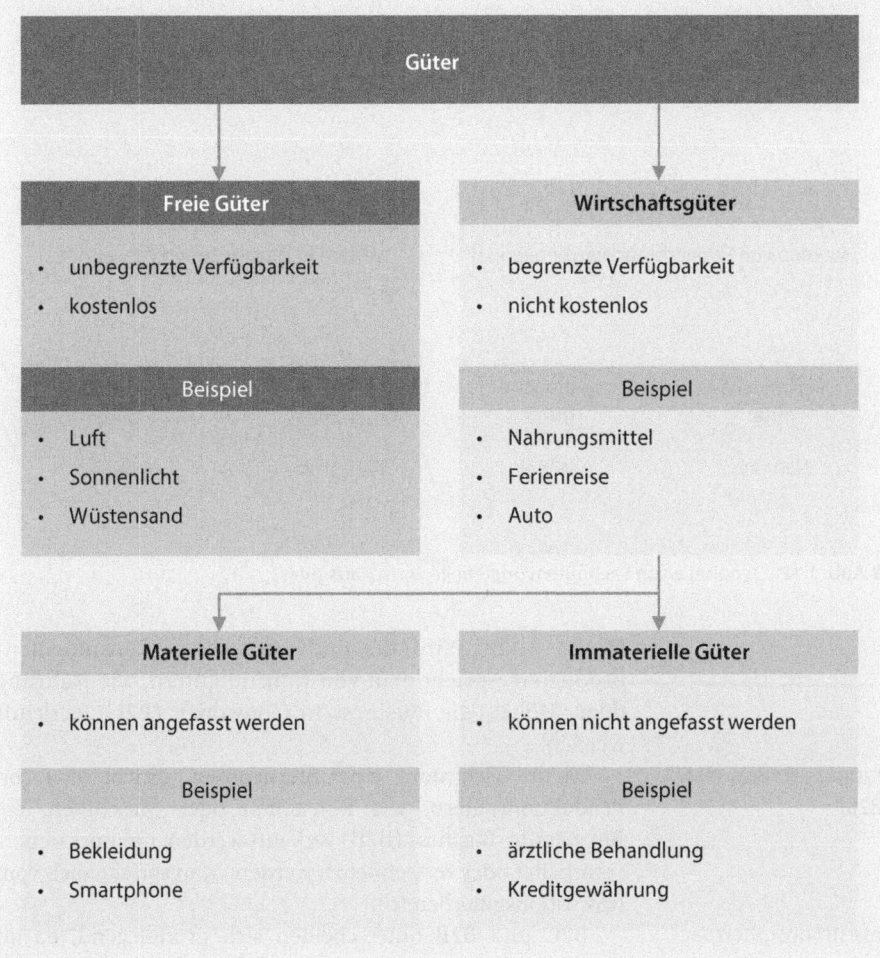

◘ **Abb. 1.11** Typologie der Güter (vgl. Capaul und Steingruber 2010, S. 16)

Natur in ausreichender Menge zur Verfügung gestellt und sind gratis, z. B. Luft oder Sonnenlicht. Wirtschaftsgüter sind beschränkt vorhanden. Auf dem Markt kann aufgrund ihrer Knappheit ein Preis für sie erzielt werden.

Wirtschaftsgüter werden dann in materielle und immaterielle Güter unterteilt. Materielle Güter werden auch Sachgüter genannt und werden in Sachleistungsunternehmen produziert. Sachgüter kann man anfassen und z. B. auch lagern. Immaterielle Güter kann man nicht anfassen und nicht lagern.

Materielle vs. immaterielle Güter

Sachgüter, die von produzierenden Unternehmen hergestellt werden, können weiter unterteilt werden (vgl.

Business-to-Consumer (B2C)

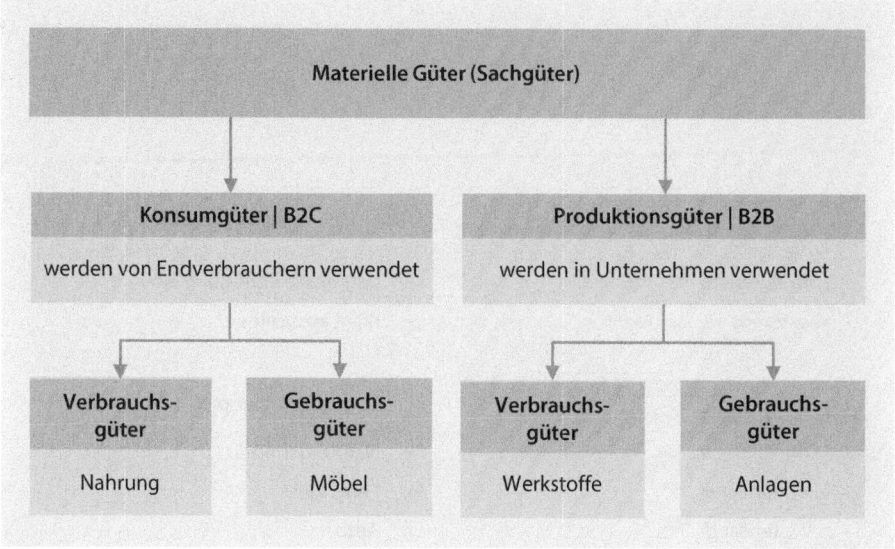

● Abb. 1.12 Typologie von Sachgütern (materielle Wirtschaftsgüter)

● Abb. 1.12). Wird für Endverbraucher (Konsumenten) produziert, spricht man von Konsumgütern, wie Nahrung oder Möbel, die Business-to-Consumer (B2C) verkauft werden.

Business-to-Business (B2B)

Ist die Zielgruppe ein Unternehmen, spricht man von Produktionsgütern, wie Rohstoffen oder Maschinen, die Business-to-Business (B2B) verkauft werden, um dort weiterverarbeitet oder verwendet zu werden. Man spricht auch vom Investitionsgüterbereich.

Investitionsgütermarketing, Organizational Buying

B2C und B2B unterscheiden sich grundlegend, da im B2B-Bereich bei Investitions- und Kaufentscheidungen die Güter häufig erklärungsbedürftig sind. Außerdem sind stets viele Personen in eine Entscheidung eingebunden. Man spricht auch von organisationalem Beschaffungsverhalten (vgl. hierzu z. B. Backhaus und Voeth 2015).

Gebrauchs- und Verbrauchsgüter

Sowohl Konsum- als auch Produktionsgüter können danach unterschieden werden, ob sie verbraucht oder gebraucht werden. Gebrauchsgüter für Konsumenten, wie Heizanlagen oder Autos, sind meist beratungsintensiver und können seltener einfach über den Ladentisch oder über das Internet verkauft werden.

Für den B2B-Bereich gilt dies umso mehr. Hier werden die Verbrauchsfaktoren, wie Material oder Energie, auch Repetierfaktoren genannt, da sie immer wieder durch die Materialwirtschaft bestellt werden müssen. Die Gebrauchsfaktoren,

1.5 · Typologie von Unternehmen und Produkten

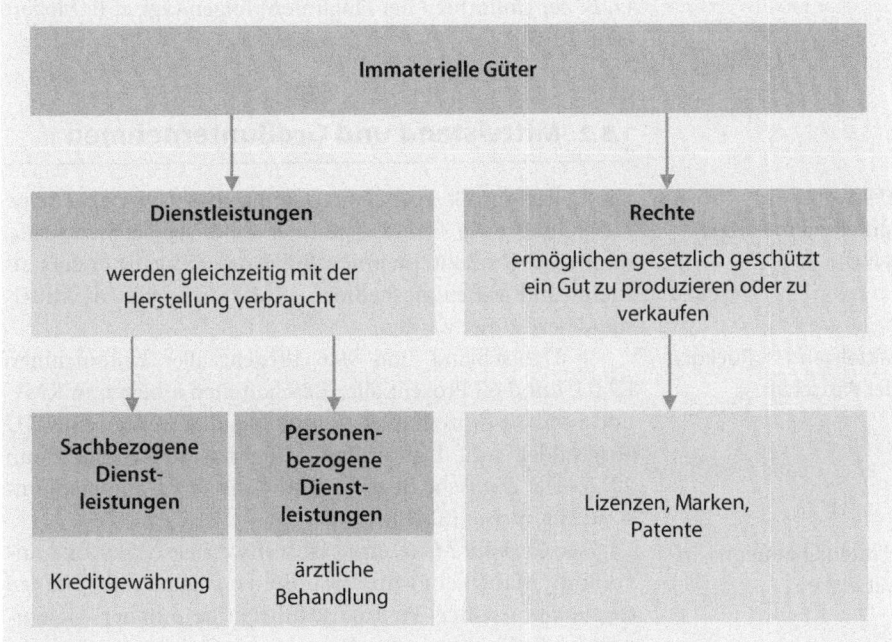

☐ Abb. 1.13 Typologie von immateriellen Wirtschaftsgütern, insb. Dienstleistungen

wie Fabriken oder Großrechner, sind die Potenzialfaktoren: Sie stehen dem Unternehmen nach einer Investitionsentscheidung mit ihrem Potenzial lange Zeit zur Verfügung (vgl. ▶ Abschn. 2.2).

Dienstleistungsunternehmen bieten immaterielle Güter an. Außer den Dienstleistungen gehören zu den immateriellen Gütern Rechte, wie Patente oder Lizenzen (vgl. ☐ Abb. 1.13). Mit diesen Rechten erhält ein Unternehmen das gesetzlich geschützte Recht, Produkte zu produzieren oder z. B. unter einem bestimmten Namen zu verkaufen.

Immaterielle Güter wie Patente und Lizenzen

Besondere Herausforderungen im Dienstleistungsbereich sind, dass Dienstleistungen nicht lagerbar sind (z. B. ein Flug oder ein Friseurtermin), denn Herstellung und Verbrauch finden gleichzeitig statt. Hinzu kommt, dass Dienstleistungen schwer rückgängig gemacht werden können und dass der Kunde den sogenannten externen Faktor darstellt, der die Qualität der Leistung mit beeinflusst, z. B. bei der Nachbehandlung einer Operation.

Dienstleistungen hängen auch vom Kunden ab

Da das Produkt nicht greifbar ist, versuchen Dienstleister, andere materielle Gegenstände in der realen Welt für sich sprechen zu lassen. So haben Dienstleister häufig sehr repräsentative Räume oder die Belegschaft muss einem Dresscode

Dienstleistungen verständlich machen

(z. B. bei Uniformen bei Fluglinien) folgen (vgl. z. B. Meffert et al. 2015).

1.5.2 Mittelstand und Großunternehmen

Klein- und Mittelunternehmen (KMU)

Die Betriebsgröße eines Unternehmens sagt viel über seine Flexibilität sowie seine Eigentümer- und Managementstrukturen aus. Großunternehmen funktionieren ganz anders als Klein- und Mittelunternehmen (KMU), die auch als Mittelstand bezeichnet werden.

Mittelstand ist Rückgrat der Wirtschaft

In Deutschland sind 99,6 Prozent aller Unternehmen KMU. Rund 60 Prozent aller Beschäftigten arbeiten in KMU und rund 80 Prozent aller Auszubildenden werden in KMU ausgebildet (vgl. Institut für Mittelstandsforschung Bonn 2017). Der englische Begriff für KMU ist small and medium-sized enterprises (SME).

Hidden Champions im Mittelstand

Der *German Mittelstand* ist weltweit geschätzt und anerkannt. Manch ein Mittelständler ist sogenannter *Hidden Champion* (stiller Weltmarktführer, heimlicher Gewinner), z. B. Fischerwerke, Wanzl oder Steiff, d. h. sie sind vom Marktanteil her Nummer 1, 2 oder 3 auf dem Weltmarkt. In der Öffentlichkeit sind sie oftmals kaum bekannt.

Der Mittelstand kann quantitativ (nach Zahlen) und qualitativ (nach besonderen Eigenschaften) von Großunternehmen abgegrenzt werden.

Quantitative Abgrenzung nach Zahlen

Quantitative Abgrenzungen sind wichtig für statistische Zwecke oder für die Mittelstandsförderung, z. B. bei der Vergabe von Subventionen. In Deutschland gilt traditionell die Grenze von 500 Beschäftigten als Obergrenze bei einem Jahresumsatz unter 50 Mio. €. Die Europäische Kommission setzt eine Grenze von 250 Beschäftigten und führt zum Umsatz noch die Bilanzsumme an (vgl. Institut für Mittelstandsforschung Bonn 2017). ◘ Abb. 1.14 gibt einen Überblick, wie innerhalb des Mittelstands Kleinst-, Klein- und Mittelunternehmen abgegrenzt werden.

Qualitative Abgrenzung

Qualitativ kann der Mittelstand von Großunternehmen durch die Einheit von Eigentum und Leitung definiert werden. Diese Betrachtungsweise ist wichtig für das Verständnis des Mittelstands und für die Erarbeitung von Konzepten für diese Zielgruppe.

Einheit von Eigentum und Leitung

Das Institut für Mittelstandsforschung Bonn versucht auch diese Definition zu operationalisieren (vgl. Institut für Mittelstandsforschung Bonn 2017).

1.5 · Typologie von Unternehmen und Produkten

Unternehmenstyp	Beschäftigte pro Jahr	Jahresumsatz	Bilanzsumme
Kleinstunternehmen	< 10	≤ 2 Mio. €	≤ 2 Mio. €
Kleine Unternehmen	10 - 49	≤ 10 Mio. €	≤ 10 Mio. €
Mittlere Unternehmen	50 - 249 (EU) 50 - 499 (D)	≤ 50 Mio. €	≤ 50 Mio. €

◘ Abb. 1.14 KMU-Grenzwerte der Europäischen Kommission und des Instituts für Mittelstandsforschung Bonn

---

In einem **mittelständischen Unternehmen**
– halten bis zu zwei natürliche Personen oder ihre Familienangehörigen mindestens 50 % der Anteile eines Unternehmens und
– diese natürlichen Personen gehören der Geschäftsführung an.

Operationalisierung der Definition für den Mittelstand

Dadurch, dass diese Personen im eigenen Namen, auf eigene Rechnung sowie auf eigenes Risiko handeln, sind sie „souverän" im eigenen Betrieb, so dass z. B. auch familiäre Ziele verfolgt werden können. Wolfgang Grupp von Trigema bietet z. B. jedem Kind von Mitarbeiterinnen und Mitarbeitern einen Arbeitsplatz in seiner Firma an. Obwohl Trigema über 1000 Mitarbeiterinnen und Mitarbeiter beschäftigt, haftet Wolfgang Grupp persönlich bis ins Privatvermögen, da er die Rechtsform des eingetragenen Kaufmanns beibehalten hat.

Familiäre Ziele können verfolgt werden

Mittelständische Unternehmen werden aus diesem Grund synonym als Familienunternehmen (auch eigentümer- oder familiengeführte Unternehmen) bezeichnet. Damit zählen dann z. B. auch Unternehmen mit 500 und mehr Beschäftigten oder mehr als 50 Mio. € Jahresumsatz zum Mittelstand nach qualitativer Abgrenzung, wenn sie die oben genannten Kriterien erfüllen.

Familienunternehmen

Der deutsche Mittelstand besitzt viele Stärken. Die Unternehmen sind in ihrer Heimatregion fest verankert. Die

Inhaber pflegen engen Kontakt zu allen Stakeholdern. Hervorzuheben ist die hohe Innovationskraft, die auf ihrer Kundennähe und ihrer Flexibilität basiert (vgl. Institut für Mittelstandsforschung Bonn 2017; Kocian 1999).

Großunternehmen können demnach quantitativ abgegrenzt werden durch Mitarbeiteranzahl, Umsatz und Bilanzsumme (vgl. ◘ Abb. 1.14). Qualitativ ist in Großunternehmen das Auseinanderfallen von Eigentümern und Unternehmensführung festzustellen. Durch ihre Massenproduktion können sie Skaleneffekte erreichen und Preisführer sein. Organisatorisch sind sie oftmals durch lange Entscheidungswege und mangelnde Anpassungsfähigkeit gekennzeichnet. Umgangssprachlich werden Großunternehmen auch als Konzerne bezeichnet.

1.5.3 Einzelunternehmen, Personen- und Kapitalgesellschaften

Die Rechtsform sagt viel über die innere Ordnung in einem Unternehmen sowie über die rechtlichen Beziehungen mit der Umwelt aus.

Einzelunternehmen

Einzelunternehmen werden von einer einzelnen natürlichen Person geführt. Diese Person hat die alleinige Geschäfts- und Vertretungsbefugnis. Dafür haftet sie aber auch alleine und unbeschränkt bis ins Privatvermögen. Unternehmen dieser Rechtsform sind aufgrund dieser Fakten stets inhaberzentriert.

Personengesellschaft

Personengesellschaften werden von mindestens zwei natürlichen und/oder juristischen Personen gegründet und geführt. Je nach Gesellschaftsvertrag haben alle gemeinsam oder einzeln die Geschäfts- und Vertretungsbefugnis. Immer jedoch haften alle Personen gesamtschuldnerisch und unbeschränkt bis ins Privatvermögen. Deshalb sind Personengesellschaften häufig Familienunternehmen, die wiederum souverän in ihren Entscheidungen sind.

Kapitalgesellschaft

Kapitelgesellschaften haften nur mit dem Gesellschaftsvermögen. Niemand haftet mehr persönlich. Kapitalgesellschaften wurden zu Beginn der Industrialisierung geschaffen, um finanzielle Ressourcen von vielen Personen zu bündeln. Um geschäftsfähig zu sein, werden sogenannte Drittorgane wie Geschäftsführer/in oder Vorstand eingesetzt, die für die Gesellschafter die Geschäfte führen und das Unternehmen nach außen vertreten. Je nach Rechtsform haben diese Organe mehr oder weniger Freiheiten.

1.5.4 Profit- und Non-Profit-Unternehmen

Die Gewinnorientierung eines Unternehmens entscheidet, ob es sich um ein Profit- oder ein Non-Profit-Unternehmen handelt (vgl. z. B. Wöhe et al. 2016, S. 30 f.).

Bei Profit-Unternehmen steht je nach Basiskonzept (vgl. ▶ Abschn. 1.3) die Gewinnerzielungsabsicht oder gar die Gewinnmaximierung im Vordergrund. Gewinnerzielung ist erforderlich, um u. a. eine Risikovorsorge für etwaige Jahre mit Verlusten zu treffen. Profit-Unternehmen müssen sich selbst erhalten und so zumindest eine Kostendeckung erzielen. Ansonsten werden sie mittel- und langfristig vom Markt verdrängt. Die Mitarbeit und der eigene Beitrag sind in einem Profit-Unternehmen also stets von Gewinn- und Kostenüberlegungen begleitet.

Profit-Unternehmen

Bei Non-Profit-Organisationen (NPO) stehen nicht die finanziellen Ziele, sondern soziale, kulturelle, ökologische, politische oder wissenschaftliche Ziele im Vordergrund. NPOs müssen sich nicht selbst erhalten und finanzieren sich z. B. aus Mitgliedsbeiträgen (z. B. Vereine), Spenden (z. B. Greenpeace) oder werden von Staatsbeiträgen, wie der UN (z. B. Kinderhilfswerk UNICEF) oder der Kirche (z. B. Caritas), finanziert. Die Mitarbeit in einer NPO wird also stets von anderen als profitorientierten Zielen motiviert. Diese Motivation ist auch erforderlich, da die Lohnzahlungen und Gehälter oftmals unter denen der freien Wirtschaft liegen.

Non-Profit-Unternehmen

1.5.5 Start-ups und etablierte Unternehmen

Die Lebenszyklusphase ist wichtig für die Dynamik und für die Innovationskraft, die im Unternehmen vorgefunden werden kann (vgl. z. B. Thommen et al. 2017, S. 37 f.).

Existenzgründer befinden sich unmittelbar nach der Gründung in einer frühen Phase der Entwicklung. Über den richtigen Standort, die richtige Rechtsformen und die anzubietenden Leistungen wurde vielleicht gerade entschieden. Unsicherheit liegt vor, da noch kein fester Kundenstamm besteht, das Produkt eventuell noch in einer letzten Erprobungsphase steckt oder Qualitätsschwankungen unterliegt. Flache Hierarchien erleichtern die Kommunikation. Der bzw. die Gründer sind meist völlig überlastet, da noch keine organisatorischen Strukturen aufgebaut werden konnten.

Existenzgründer

Start-up-Unternehmen sind eine Untergruppe der Existenzgründer. Sie zeichnen sich durch besonders hohe Innovationskraft, durch hohes Wachstumspotenzial und durch Skalierbar-

Start-up-Unternehmen

keit ihres Geschäftsmodells aus (vgl. Gabler Wirtschaftslexikon 2018). Beispiele sind IT-Unternehmen, Technologieunternehmen oder innovative Dienstleister. Euphorie und Dynamik sind die vorherrschenden Züge in diesen Unternehmen.

Während man bei einer neuen Malerwerkstatt von einer Existenzgründung spricht, wäre die Gründung eines IT-Unternehmens mit weltweit vermarktbaren Services über die Cloud ein Start-up.

Gründerkultur

Generell ist Deutschland von der Gründungskultur her anderen Ländern unterlegen, da hier die Angst vor dem Scheitern tief verwurzelt ist. Anders als in den USA, insbesondere im Silicon Valley, wo ein gescheiterter Gründer gefeiert und zur Gründung des zweiten Unternehmens ermutigt wird, muss man in Deutschland hart für eine zweite Chance kämpfen.

Wachstumsunternehmen

Wachstumsunternehmen haben bereits die ersten Monate überlebt und müssen nun weitere Kunden gewinnen und neue Produkte anbieten. Das Wachstum kann aus interner Kraft oder über Unternehmensverbindungen wie Franchising oder strategische Allianzen (vgl. ▶ Kap. 3) geschehen. Auch die Neugestaltung von Strukturen und Prozessen aufgrund der gewachsenen Belegschaft kann die Geschäftsleitung stark beschäftigen, um dem Flaschenhals-Syndrom zu entgehen. Hohe Entscheidungsgeschwindigkeit, Bereitschaft zum Risiko und vergleichsweise geringere Ressourcen sind die Charakteristika dieser Phase.

Etablierte Unternehmen

Etablierte Unternehmen existieren schon einige Jahre am Markt und haben ihr Produktportfolio sowie ihren Kundenstamm aufgebaut. Die Ressourcen, wie finanzielle Ressourcen oder Mitarbeiterkapazitäten, sind gesichert. Oftmals geht es um den Erhalt oder Ausbau des Marktanteils. Die Innovationskraft, Risikofreudigkeit und Entscheidungsgeschwindigkeit sind deutlich zurückgegangen und bewegen sich meist innerhalb der Grenzen des bestehenden operativen Geschäftsmodells (vgl. Eckert 2017, S. 1 ff.).

Unternehmen in Insolvenz

Insolvenz (Konkurs) bedeutet Zahlungsunfähigkeit. Kann ein Unternehmen seinen Zahlungsverpflichtungen nicht mehr nachkommen, kommen mehrere Möglichkeiten in Betracht: Insolvenzverfahren, Auflösung oder Verkauf des Unternehmensvermögens.

1.6 Wiederholungsfragen

 1. Erläutere das Erkenntnisobjekt der Betriebswirtschaftslehre (BWL). Lösung ▶ Abschn. 1.1.2

1.7 · Vertiefungs- und Übungsfragen mit Musterlösungen

❓ 2. Gib eine kurze Definition für die Betriebswirtschaftslehre an. Lösung ▶ Abschn. 1.1.2

❓ 3. Grenze Betrieb und Unternehmen voneinander ab. Lösung ▶ Abschn. 1.1.2

❓ 4. Skizziere anhand einer Grafik die Aufgaben der BWL als Wissenschaft. Gib zu jeder Aufgabe eine typische Fragestellung an. Lösung ▶ Abschn. 1.1.4

❓ 5. Erläutere den Unterschied zwischen Volkswirtschaftslehre (VWL) und BWL. Lösung ▶ Abschn. 1.1.5

❓ 6. Skizziere, wie die BWL unterteilt werden kann. Lösung ▶ Abschn. 1.2

❓ 7. Erläutere die Menschenbilder der Betriebswirtschaftslehre und beschreibe zu jedem Menschenbild das vorherrschende wirtschaftliche Umfeld. Lösung ▶ Abschn. 1.4

❓ 8. Erläutere die Basiskonzepte erster Ordnung. Lösung ▶ Abschn. 1.3

❓ 9. Gib vier Kriterien an, nach denen Unternehmen klassifiziert werden können. Lösung ▶ Abschn. 1.5

❓ 10. Beschreibe, welche Güter es gibt und wie sie sich weiterhin unterteilen lassen. Gib jeweils ein Beispiel an. Lösung ▶ Abschn. 1.5.1.

❓ 11. Wie viele Beschäftigte hat ein Klein- und Mittelunternehmen (KMU) nach deutschem, herkömmlichem Verständnis und nach EU-Empfehlung? Lösung ▶ Abschn. 1.5.2.

❓ 12. Welche weiteren Kriterien zur Abgrenzung eines KMU gibt es noch? Lösung ▶ Abschn. 1.5.2.

1.7 Vertiefungs- und Übungsfragen mit Musterlösungen

1. Erläutere anhand von zwei Meldungen einer typischen Nachrichtensendung, wie heute journal oder Tagesthemen, den Unterschied zwischen Volkswirtschaftslehre (VWL) und BWL?

2. Skizziere, wie die BWL unterteilt werden kann. Gibt zu jedem Teilbereich drei Beispiele an.
3. Nimm Stellung zu folgender Aussage: „Der Taylorismus ist eine Organisationsform, die der Vergangenheit angehört."
4. Gib zu jedem Basiskonzept erster Ordnung ein beispielhaftes Unternehmen oder eine Marke an.
5. Beschreibe das Basiskonzept, nach dem Du selbst konsumierst.
6. Gib vier Kriterien an, nach denen Unternehmen klassifiziert werden können. Gib jeweils ein Beispielunternehmen an.
7. Ein Unternehmen hat 25.000 Mitarbeiter. Die Geschäftsleitung sowie alle Aktien sind in der Hand einer Familie. Um welche Größenordnung handelt es sich bei diesem Unternehmen? Begründe Deine Antwort.
8. Erstelle einen morphologischen Kasten zur Betriebswirtschaftslehre. Wähle dafür z. B. die folgenden Parameter: Definition, Aufgaben als Wissenschaft, Unterteilung, Basiskonzepte, Menschenbilder, Typologie von Unternehmen. Informationen zur Erstellung eines morphologischen Kastens findest Du im Methoden-Kit in
▶ Abschn. 6.8.

1.8 Musterlösungen

1. Typische volkswirtschaftliche Meldungen wären „Das Bruttoinlandsprodukt ist im letzten Jahr um 3 Prozentpunkte gestiegen" oder „Die Sparquote aller Haushalte ist gleich geblieben". Typische betriebswirtschaftliche Meldungen sind „Die Porsche-AG konnte ihr Jahresergebnis um 15 Prozentpunkte steigern" oder „Ein neues Kartell in der Bierbranche wurde aufgedeckt".
2. Die Betriebswirtschaftslehre kennt zwei große Unterbereiche:
   Die allgemeine Betriebswirtschaftslehre befasst sich mit Aspekten, die jedes Unternehmen betreffen, z. B.: Welchen Standort soll ich wählen? Welche Rechtsform soll ich wählen? Durch welche Formen der Zusammenarbeit mit anderen Unternehmen kann ich mein Geschäft ausweiten?
   Die spezielle Betriebswirtschaftslehre betrachtet Branchen oder Funktionen im Detail. Beispiele für Branchen sind die Finanzbranche, die Handelsbranche oder die IT-Branche. Beispiele für Funktionen sind Marketing, Personalmanagement oder Materialwirtschaft.

1.8 · Musterlösungen

Diese Beispiele zeigen auch die Schwerpunkte auf, die man in einem BWL-Studium typischerweise wählen kann.

3. Der Taylorismus ist in der Vergangenheit – vor über 100 Jahren – entstanden. Auch heute arbeiten Menschen noch am Fließband, auch wenn sich die Bedingungen dort stark verbessert haben. Eine andere Form von Taylorismus findet sich im Prozessmanagement wieder: Mitarbeiter müssen Prozesse so abarbeiten, wie es beispielsweise eine Standardsoftware wie SAP vorsieht. Auch hier gibt es keine Freiheiten in der Bearbeitung und die Bearbeitungsdauer wird über die IT erfasst und ausgewertet. Deshalb spricht man hier vom versteckten Taylorismus.

4. Fairtrade ist ein Gütesiegel, das nur Unternehmen erhalten können, die sich an bestimmte ökologische, ökonomische und soziale Standards halten. Somit wird der sozialwissenschaftliche Ansatz verfolgt, bei dem alle Stakeholder und ihre Bedürfnisse berücksichtigt werden.

    Primark ist ein Unternehmen, das für Gewinnmaximierung zulasten der Näherinnen und Näher steht. Hier wird ganz klar der ökonomistische Ansatz verfolgt.

5. Bist Du ein/e Schnäppchenjäger/in? Feilschst Du gerne, um den Preis noch nach unten zu treiben? Sind Dir die Bedingungen, unter denen Dein Produkt hergestellt wurde, eher gleichgültig? Dann konsumierst Du eher nach dem ökonomistischen Basiskonzept, da Du ethisch-moralische Aspekte nicht beachtest und der Preis im Vordergrund steht.

    Gehst Du in den Bioladen? Kaufst Du lieber Produkte, die nach fairen Standards gefertigt wurden? Bist Du bereit, dafür auch mehr zu bezahlen? Dann konsumierst Du eher nach dem sozialwissenschaftlichen Basiskonzept, das alle Stakeholder eines Unternehmens – auch die Lieferanten – unter den Hut des Gemeinwohls bringen möchte.

6. Unternehmen können klassifiziert werden nach
    - Art der erstellten Leistung: Sachleistungen (Rolf Benz Sofas) oder Dienstleistungen (Steigenberger Hotels),
    - Betriebsgröße: Großunternehmen (IBM), mittlere Unternehmen (KFZ-Zulieferer mit 200 Beschäftigten), kleine Unternehmen (Handwerksbetrieb),
    - Rechtsform: Einzelunternehmen (Schöllhorn e. K.), Personengesellschaft (Dreihäupl OHG), Kapitalgesellschaft (Daimler AG), Mischformen (Henkel AG & Co. KGaA),

— Gewinnorientierung: Profit-Unternehmen (Lufthansa AG), Non-Profit-Unternehmen (Oxfam Deutschland e. V.),
— Lebensphase: Start-ups (neu gegründetes IT-Unternehmen), Wachstumsunternehmen (Tesla), etablierte Unternehmen (Douglas GmbH).
7. In quantitativer Hinsicht handelt es sich aufgrund der hohen Mitarbeiterzahlen um ein Großunternehmen. Da jedoch Eigentum und Leitung in der Hand einer Familie sind, liegt nach qualitativer Hinsicht ein mittelständisches Unternehmen vor.
8. Morphologischer Kasten für die Betriebswirtschaftslehre (◘ Abb. 1.15).

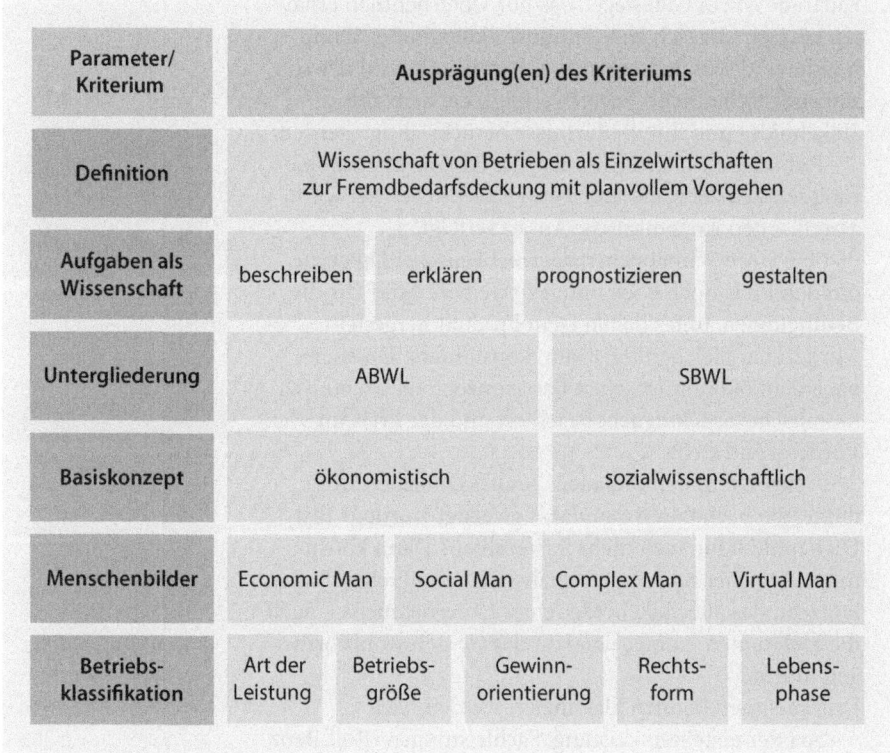

◘ Abb. 1.15 Morphologischer Kasten für die Betriebswirtschaftslehre

Literatur

Backhaus, K., & Voeth, M. (2015). *Handbuch Business-to-Business-Marketing* (2., vollst. überarb. Aufl.). Wiesbaden: Springer Gabler.
Balderjahn, I., & Specht, G. (2016). *Einführung in die Betriebswirtschaftslehre* (7., überarb. Aufl.). Stuttgart: Schäffer-Poeschel.
Bardmann, M. (2014). *Grundlagen der Allgemeinen Betriebswirtschaftslehre* (2. Aufl.). Wiesbaden: Springer Gabler.
Capaul, R., & Steingruber, D. (2010). *Betriebswirtschaft verstehen. Das St. Galler Management-Modell*. Oberentfelden: Sauerländer.
Durning, A. T. (1992). *How much is enough? The consumer society and the future of the earth*. New York: Norton.
Eckert, R. (2017). *Lean Startup in Konzernen und Mittelstandsunternehmen*. Wiesbaden: Springer Gabler.
Gabler Wirtschaftslexikon. (2018). Start-up-Unternehmen. http://wirtschaftslexikon.gabler.de/definition/start-unternehmen-42136/version-265490. Zugegriffen am 02.07.2018.
Gross, P. (1994). *Die Multioptionsgesellschaft*. Frankfurt a. M.: Suhrkamp.
Institut für Mittelstandsforschung Bonn. (2017). Mittelstandsdefinition. http://www.ifm-bonn.org/definitionen. Zugegriffen am 15.11.2017.
Jung, R. H. et al. (2016). *Allgemeine Managementlehre* (6., neu bearb. u. erw. Aufl.). Berlin: Erich Schmidt.
Kauffeld, S., & Sauer, N. C. (2014). Vergangenheit und Zukunft der Arbeits- und Organisationspsychologie. In S. Kauffeld (Hrsg.), *Arbeits-, Organisations- und Personalpsychologie für Bachelor* (2., überarb. Aufl., S. 15–29). Berlin/Heidelberg: Springer.
Kocian, C. (1999). *Virtuelle Kooperationsmodelle im Mittelstand*. Wiesbaden: Gabler.
Meffert, P., et al. (2015). *Dienstleistungsmarketing* (8., vollst. überarb. u. erw. Aufl.). Wiesbaden: Springer.
Pariser, E. (2011). *The filter bubble: What the internet is hiding from you*. New York: Penguin Press.
Popper, K. R. (1994). *Alles Leben ist Problemlösen*. München: Piper.
Pufé, I. (2014). Was ist Nachhaltigkeit? Dimensionen und Chancen. *Aus Politik und Zeitgeschichte – Nachhaltigkeit 31–32*(64), 16. Bonn: Bundeszentrale für politische Bildung.
Robert-Bosch-Stiftung. (2017). Der Unternehmer. http://www.bosch-stiftung.de/content/language1/html/8618.asp. Zugegriffen am 02.11.2017.
Schein, E. H. (1980). *Organisationspsychologie*. Wiesbaden: Gabler.
Thommen, J.-P., et al. (2017). *Allgemeine Betriebswirtschaftslehre* (8., vollst. überarb. Aufl.). Wiesbaden: Springer Gabler.
Vahs, D., & Schäfer-Kunz, J. (2015). *Einführung in die Betriebswirtschaftslehre* (7., überarb. Aufl.). Stuttgart: Schäffer-Poeschel.
Veen, W., & Vrakking, B. (2006). *Homo Zappiens. Growing up in a digital age*. London: Network Continuum Education.
Wöhe, G., et al. (2016). *Einführung in die Allgemeine Betriebswirtschaftslehre* (26., überarb. u. akt. Aufl.). München: Vahlen.

Das Unternehmen in der Wertschöpfungskette

2.1 Betrieblicher Leistungsprozess – 43

2.2 Produktionsfaktoren – 45

2.3 Funktionen und Prozesse – 49
2.3.1 Realgüterbereich – 49
2.3.2 Dispositiver Bereich – 51
2.3.3 Finanzbereich – 51
2.3.4 Geschäftsprozesse: von der Aufbau- zur Ablauforganisation – 52
2.3.5 Prozesslandkarte – 55

2.4 Anspruchsgruppen: Stakeholder und Shareholder – 57

2.5 Wertschöpfung in der Lieferkette – 59

2.6 Wiederholungsfragen – 63

2.7 Vertiefungs- und Übungsfragen – 64

2.8 Musterlösungen – 64

Literatur – 69

© Springer-Verlag GmbH Deutschland, ein Teil von Springer Nature 2019
C. Kocian-Dirr, *Betriebswirtschaftslehre – Schnell erfasst*, Wirtschaft – Schnell erfasst,
https://doi.org/10.1007/978-3-662-54290-3_2

> Es ist nicht der Unternehmer, der die Löhne zahlt –
> er übergibt nur das Geld.
> Es ist das Produkt, das die Löhne zahlt.
> Henry Ford

Was können Unternehmen vom Boxenstopp in der Formel 1 lernen?

Dieses Kapitel ist ideal für alle, die schnell einen Überblick darüber bekommen wollen, wie ein Unternehmen aufgebaut ist und wie es funktioniert. Außerdem lernen Sie alle Stakeholder kennen, also alle, die ein bestimmtes Interesse an einem Unternehmen haben. Darüber hinaus werden Sie verstehen, wie Güter in der Wertschöpfungskette entstehen, nämlich durch die Zusammenarbeit von vielen Betrieben (Supply Chain Management).

Alles ist einprägsam in Abbildungen und Übersichtsdarstellungen visualisiert und mit Beispielen erläutert.

Zum Abschluss des Kapitels gibt es Wiederholungs- und Übungsfragen mit Musterlösungen, um das erworbene Wissen zu überprüfen und anzuwenden.

Lernziele dieses Kapitels

Studierende können anhand dieses Kapitels
- die Funktionsweise eines Unternehmens im Überblick erläutern,
- die Produktionsfaktoren eines Unternehmens darlegen,
- die wesentlichen Funktionen eines Unternehmens beschreiben,
- den Unterschied zwischen Funktionen und Prozessen aufzeigen und eine Prozesslandkarte erarbeiten,
- die Stakeholder und Shareholder eines Unternehmens erklären,
- die Wertschöpfungskette innerhalb einer Branche darstellen.

◘ Cartoon: © Dirk Meissner

2.1 Betrieblicher Leistungsprozess

Unternehmen kaufen Produktionsfaktoren wie Arbeitsleistung, Materialien und Maschinen ein, um diese in der Produktion gemäß dem ökonomischen Prinzip zu Produkten und Dienstleistungen für Fremdbedarfe zu kombinieren. Dabei sind sie in ihre Umwelt eingebettet und mit anderen Wirtschaftseinheiten über den Geld- und Güterkreislauf verbunden (vgl. z. B. Wöhe et al. 2016, S. 28 f.).

◘ Abb. 2.1 gibt einen Überblick über die grundlegende Funktionsweise eines Unternehmens.

Geld- und Güterkreislauf

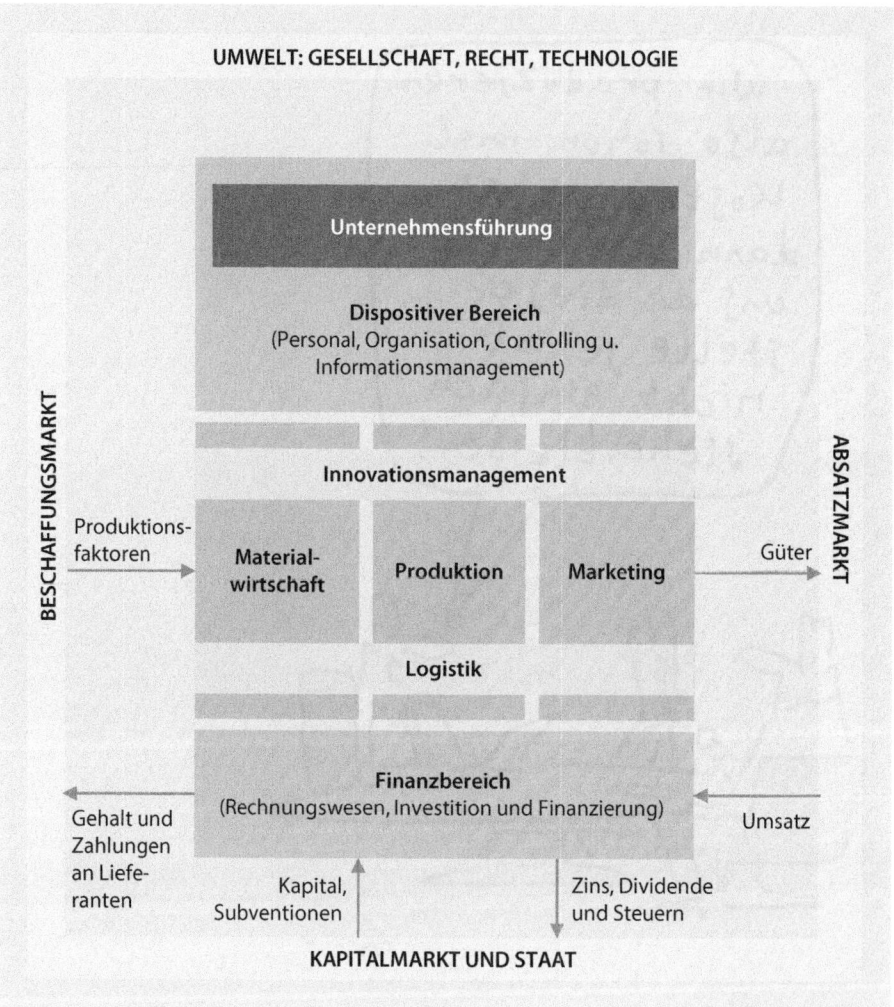

☐ **Abb. 2.1** Leistungsprozess mit Geld- und Güterströmen

Leistungserstellung

Materialwirtschaft, Produktion, Marketing, Logistik, Innovationsmanagement

Wir betrachten zuerst die Leistungserstellung. Hier werden die Produkte eines Unternehmens, wie Sachgüter oder Dienstleistungen, hergestellt. Man nennt dies auch den Realgüterbereich.

1. Über den Beschaffungsmarkt kauft ein Unternehmen die benötigten Produktionsfaktoren ein, z. B. Maschinen und Materialien. Die zuständige Funktion ist die Materialwirtschaft.
2. In der Produktion werden die Produktionsfaktoren zu Produkten umgewandelt.
3. Die Produkte werden am Absatzmarkt angeboten und verkauft. Die zuständige betriebswirtschaftliche Funktion ist das Marketing.

4. Die Logistik sorgt dafür, dass Materialien und Produkte zur richtigen Zeit, in der korrekten Menge an der richtigen Stelle sind.
5. Das Innovationsmanagement sorgt für neue, innovative Produkte. Diese Funktion wird auch Forschung & Entwicklung (F&E) genannt.

Die mengenorientierte Leistungserstellung wird durch den werteorientierten Finanzbereich unterstützt.

Finanzbereich

1. Durch den Verkauf von Produkten und Dienstleistungen am Absatzmarkt erzielt ein Unternehmen Umsatz, auch Umsatzerlöse genannt.
2. Die Umsatzerlöse werden im Rechnungswesen dafür verwendet, Lieferanten, Arbeitskräfte u. a. zu bezahlen.
3. Für große Investitionen beschafft sich der Bereich Finanzierung am Kapitalmarkt finanzielle Mittel, z. B. durch die Aufnahme eines Kredits oder durch die Ausgabe von Aktien.
4. Dafür bezahlt das Unternehmen Zinsen oder Dividende.
5. Der Staat erhält Steuern.
6. Das Unternehmen erhält vom Staat eventuell Subventionen.

Rechnungswesen, Investition, Finanzierung

Der dispositive Bereich umfasst die Unternehmensführung sowie weitere planende, steuernde oder überwachende Funktionen.

Dispositiver Bereich

1. Die Unternehmensführung ist gefordert, stets die Umwelt mit ihren rechtlichen, soziokulturellen und technologischen Entwicklungen zu analysieren, um erfolgreiche Strategien zu entwickeln.
2. Personalmanagement, Organisation, Controlling und Informationsmanagement setzen die Vorgaben der Unternehmensführung um bzw. unterstützen diese.

Personalmanagement, Organisation, Controlling und Informationsmanagement

2.2 Produktionsfaktoren

Um Produkte und Dienstleistungen zu erstellen, werden im Unternehmen die sogenannten Produktionsfaktoren kombiniert (vgl. ◘ Abb. 2.2). Wer an dieser Stelle an Arbeit, Boden und Kapital denkt, hat Vorkenntnisse aus der Volkswirtschaftslehre. Diese Produktionsfaktoren haben sich für die wissenschaftliche Disziplin der Betriebswirtschaftslehre verändert: Aus Boden wurden die Werkstoffe, die aus dem Boden gewonnen werden. Aus Kapital wurden die Betriebsmittel, die für die industrielle Produktion notwendigerweise gekauft werden müssen.

Produktionsfaktoren

Betriebswirtschaftliche Produktionsfaktoren
am Beispiel einer Schönheitsklinik

Elementarfaktoren
gehen unmittelbar in betriebliche Leistung ein.

Werkstoffe	Betriebsmittel	Ausführende Arbeiten
werden beim Produktionsprozess verbraucht und können den Produkten direkt zugeordnet werden.	werden beim Produktionsprozess gebraucht und gehen nicht direkt ins Produkt ein.	sind alle Tätigkeiten, die direkt in der Produktion eingesetzt werden.
Beispiel	*Beispiel*	*Beispiel*
Narkosemittel, Tupfer, Silikonkissen	Gebäude, Computer, Narkosegerät	OP und Versorgung der Patienten nach OP

Dispositive Faktoren
ergänzen die Elementarfaktoren.

Zur Leistungserstellung bedarf es einer optimalen Koordination der Elementarfaktoren.

Beispiel

Die Klinikleitung plant, wie viele OPs im nächsten Jahr durchgeführt werden, organisiert die Arbeitseinsätze von Ärzt/innen und Pflegepersonal und kontrolliert diese.

Informationen
sind notwendig zum zielgerichteten Handeln.

Beispiel
Marktforschungsdaten

Externer Faktor
wird vom Auftraggeber zur Verfügung gestellt und kann vom Unternehmen nicht disponiert werden.

Beispiel
Patient/in

◻ Abb. 2.2 Produktionsfaktoren (modifiziert nach Capaul und Steingruber 2010, S. 24)

Werkstoffe, Betriebsmittel, Arbeitsleistung, Informationen

Produktionsfaktoren sind Elemente wie Werkstoffe, Betriebsmittel, Arbeitsleistung und Informationen, die im betrieblichen Leistungserstellungsprozess miteinander kombiniert werden.

2.2 · Produktionsfaktoren

Zur leichteren Einprägung kann man sich auch die Begriffe Material, Maschinen, Menschen und Information merken.

Die heute gebräuchliche Unterteilung der Produktionsfaktoren geht zurück auf Erich Gutenberg (Gutenberg 1979): Er unterschied die drei Produktionsfaktoren Arbeit, Werkstoffe und Betriebsmittel, die in der Produktion kombiniert und eingesetzt werden. Arbeit wurde unterteilt in ausführende und führende (dispositive) Arbeit. In der modernen Betriebswirtschaftslehre werden diese Faktoren um Information/Wissen sowie um den externen Produktionsfaktor ergänzt (vgl. Thommen et al. 2017, S. 5, Meffert et al. 2015, S. 31 ff.).

Elementarfaktoren sind unmittelbar mit dem Produktionsprozess verbunden. Zu den Elementarfaktoren gehören die ausführende Arbeit am Erzeugnis sowie Betriebsmittel und Werkstoffe.

Werkstoffe werden bei der Produktion verbraucht, da sie als Bestandteil in die hergestellten Produkte eingehen. Deshalb müssen sie ständig neu beschafft werden. Sie werden auch als Repetierfaktoren (to repeat: wiederholen) bezeichnet. Werkstoffe können weiter unterteilt werden (◘ Abb. 2.3):
- Rohstoffe sind die Hauptbestandteile des Produkts.
- Hilfsstoffe sind Nebenbestandteile und wertmäßig von geringerer Bedeutung.

Leichter zu merken: Material, Maschinen, Menschen, Informationen

Gutenbergs Produktionsfaktoren wurden erweitert

Elementarfaktoren

Werkstoffe = Repetierfaktoren

Werkstoffe
am Beispiel von Appenzeller Käse

Rohstoffe	Hilfsstoffe	Betriebsstoffe	Fremdbauteile
sind Hauptbestandteile des Produkts.	werden als Nebenbestandteil für das Produkt verbraucht und sind wertmäßig von geringer Bedeutung.	werden bei der Herstellung verbraucht, gehen aber nicht in das Produkt ein.	werden dazugekauft und gehen ohne Veränderung in das Produkt ein.
Beispiel	Beispiel	Beispiel	Beispiel
Milch	Gewürze	Energie für den Betrieb der Zentrifuge	Etiketten

◘ Abb. 2.3 Unterteilung von Werkstoffen (Capaul und Steingruber 2010, S. 24)

- Betriebsstoffe werden verbraucht, gehen aber nicht ins Produkt ein.
- Fremdbauteile sind eine Unterart der Rohstoffe (vgl. Bloech und Lücke 2006, S. 186). Sie werden dazugekauft und gehen ohne Veränderung in das Produkt ein.

Betriebsmittel = Potenzialfaktoren

Betriebsmittel werden für den Produktionsprozess gebraucht und gehen nicht in das Produkt ein. Sie werden deshalb auch als Potenzialfaktoren bezeichnet, da sie dem Unternehmen für längere Zeit zur Verfügung stehen. Beispiele sind Maschinen, Roboter, Gebäude, Computer, aber auch immaterielle Betriebsmittel, wie Patente oder Lizenzen.

Ausführende Arbeit

Ausführende Arbeit kann direkt der Produktion zugeordnet werden.

Dispositive Faktoren optimieren den Einsatz der elementaren Faktoren

Der dispositive Faktor *Unternehmensführung* optimiert laut Gutenberg den Einsatz der Elementarfaktoren. Aus der Unternehmensführung, die über die Kombination und den Einsatz der Elementarfaktoren entscheidet, werden in der modernen Betriebswirtschaftslehre Personalmanagement, Organisation, Controlling und Informationsmanagement abgeleitet (vgl. z. B. Wöhe et al. 2016, S. 48). Mit diesen Funktionen kann die Unternehmensführung effizient planen und ihre Entscheidungen umsetzen und kontrollieren.

Gutenbergs System ist stark für Industriebetriebe ausgelegt. Durch die heutige Informations- und Dienstleistungsgesellschaft wurde die Aufnahme neuer Produktionsfaktoren erforderlich.

Handelsware

Handelsunternehmen beispielsweise beziehen von ihren Lieferanten die sogenannte Handelsware, die sie dann ohne wesentliche Bearbeitung weiterverkaufen.

Produktionsfaktor Information/Wissen

Der Produktionsfaktor Information/Wissen ist zwar implizit im dispositiven Faktor der Unternehmensführung enthalten, wird aber dennoch als expliziter vierter Produktionsfaktor hinzugefügt. Informationen müssen heute gewonnen, bewertet und weiterverarbeitet werden. Wissen ist notwendig für das zielgerichtete Handeln (vgl. Thommen et al. 2017, S. 8).

Business Intelligence, Data Scientists

Internetkonzerne wie Facebook und Google arbeiten vorwiegend mit den Informationen und dem Wissen, die sie aus den Daten ihrer weltweiten Benutzer gewinnen. Data Scientists bearbeiten den Rohstoff des 21. Jahrhunderts – die Daten – um sich neue Wettbewerbsvorteile (Business Intelligence) zu erschließen (vgl. ▶ Abschn. 5.4.3. Informationsmanagement).

Kundinnen und Kunden als externer Produktionsfaktor/ externer Faktor

Der externe Produktionsfaktor ist im Bereich der Dienstleistungsproduktion besonders wichtig (vgl. Maleri und Frietzsche 2008). Hier stellt der Auftraggeber den externen Faktor für die Erbringung einer Dienstleistung bereit und wirkt bei

2.3 · Funktionen und Prozesse

der Leistungserstellung teilweise mit. Der externe Faktor kann der Kunde selbst sein, z. B. bei einem Haarschnitt, bei einer Operation, bei einer Reise oder bei einer Beratung. Der externe Faktor kann aber auch ein Gut sein, das der Kunde bereitstellt, z. B. das Auto in der Reparaturwerkstatt. Der externe Produktionsfaktor ist sehr viel schwerer zu disponieren und kann aufgrund der Individualität der Kunden stark variieren.

2.3 Funktionen und Prozesse

Im Folgenden werden zuerst die klassischen betriebswirtschaftlichen Funktionen prägnant erläutert. Anschließend wird die Prozessperspektive in Unternehmen vertieft, da Leistungen in Prozessen erstellt werden.

Wer sich in die betrieblichen Funktionen, wie Materialwirtschaft, Finanzierung oder Organisation, vertiefen möchte, kann dies in den Kapiteln ▶ Kap. 4 (Unternehmensführung und Controlling) und ▶ Kap. 5 (Betriebliche Funktionen im Detail) tun.

Die Mehrzahl der Unternehmen ist noch heute nach den betriebswirtschaftlichen Funktionen gegliedert. Diese Funktionen spiegeln sich im Unternehmen in den Bereichen wider. ◘ Abb. 2.4 gibt einen Überblick über diese Funktionen. Die Funktionen unterscheiden sich danach, ob sie zur Leistungserstellung (Realgüterbereich), zum Finanzbereich oder zum dispositiven Bereich gehören.

2.3.1 Realgüterbereich

Der Kernprozess der Leistungserstellung wird auch Realgüterbereich genannt. Im Folgenden werden die Funktionen kurz erläutert (vgl. z. B. Vahs und Schäfer-Kunz 2015, S. 570 ff.).

In der Materialwirtschaft erfolgt die Beschaffung und Lagerhaltung von Werkstoffen (Repetierfaktoren). Dieser Bereich wird auch als Supply Management bezeichnet. In manchen Büchern wird die Logistik ebenfalls der Materialwirtschaft zugeordnet.

Die Logistik stellt die Versorgung mit Gütern zum richtigen Moment am richtigen Ort sicher. Dazu gehören z. B. Lagerhaltungs-, Transport- und Umschlagssysteme.

In der Produktion erfolgt die Herstellung von Gütern oder Leistungen durch Transformation der Produktionsfaktoren. Für Industriebetriebe ist dies leicht vorstellbar, z. B. bei der Herstellung von Autos oder von Lebensmitteln. Doch der

Leistungserstellung = Realgüterbereich

Materialwirtschaft verantwortet Werkstoffe (= Repetierfaktoren)

Logistik sichert griffbereite Güter

Produktionswirtschaft: Hier entsteht das Produkt

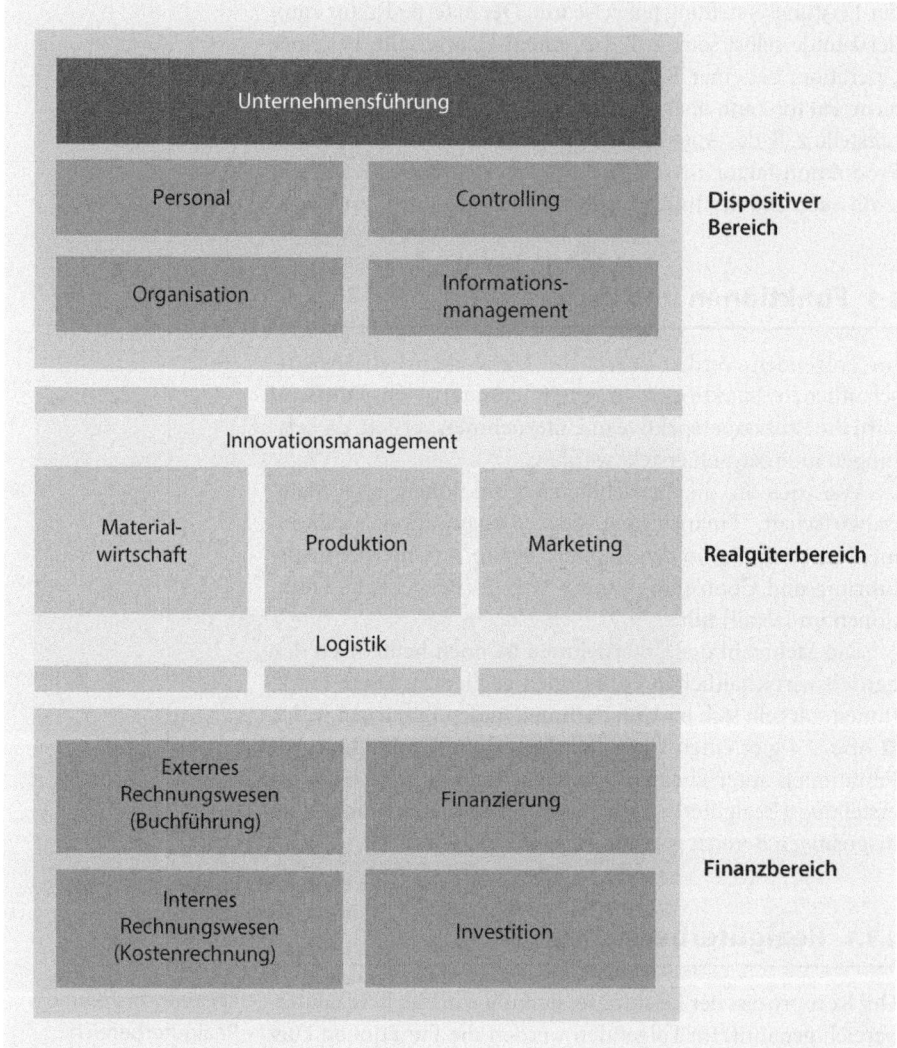

◘ Abb. 2.4   Betriebliche Funktionen im Überblick

Marketing schafft und befriedigt Bedürfnisse

Begriff ist auch übertragbar auf immaterielle Güter, so spricht man auch von der Dienstleistungsproduktion.

Das Marketing beschäftigt sich mit der Ausrichtung des Leistungsprogramms an den Wünschen der Kunden bzw. des Marktes (Bedürfnisse befriedigen und schaffen), mit der Gestaltung der Kundenbeziehungen und mit dem Absatz, also mit dem Verkauf der Produkte. Man spricht hier auch vom Marketing im engeren Sinne. Denn Marketing wird auch als marktorientierte Unternehmensführung angesehen, d. h. als Marketing im weiteren Sinne.

Das Innovationsmanagement umfasst alle systematischen Aktivitäten zur Erfindung und Entwicklung neuer Produkte oder Prozesse. Dieser Bereich wird auch Forschung & Entwicklung (F&E) genannt.

Innovationsmanagement = Forschung & Entwicklung (F&E) heckt Neuigkeiten aus

2.3.2 Dispositiver Bereich

Der dispositive Bereich ist nicht mit der direkten Leistungserstellung befasst, sondern plant, steuert und organisiert durch die im Folgenden beschriebenen Funktionen (vgl. z. B. Vahs und Schäfer-Kunz 2015, S. 214 ff.).

Dispositiver Bereich

Die Unternehmensführung verantwortet die grundlegende Gestaltung und Steuerung eines Unternehmens mit dem Ziel, alle Funktionen auf die gemeinsamen Unternehmensziele auszurichten.

Unternehmensführung stellt die Weichen

Die Funktion der Organisation legt die sinnvolle Gliederung und Abstimmung der betrieblichen Tätigkeiten in Strukturen (Aufbau) und Prozessen (Ablauf) fest.

Organisation legt Aufbau und Abläufe fest

Das Personalmanagement umfasst die Planung, die Beschaffung und den Einsatz der Mitarbeiterinnen und Mitarbeiter eines Unternehmens. Personalmanagement wird auch Human Resource Management (HRM) genannt.

Personalmanagement für das Humankapital

Das Controlling erarbeitet Kennzahlen, die es aus dem externen und internen Rechnungswesen sowie aus externen Daten gewinnt. Diese Kennzahlen, wie *Ist-Umsatz im Vergleich zum Plan-Umsatz im 1. Quartal des Jahres*, dienen der Steuerung des Unternehmens durch die Unternehmensführung (Management). Das Controlling kann somit als ein Bindeglied zwischen Unternehmensführung und Rechnungswesen angesehen werden. Aufgrund dieser Zweiseitigkeit wird das Controlling teils auch dem internen Rechnungswesen zugeordnet (vgl. Thommen et al. 2017, S. 202).

Controlling ist Number Crunching und mehr

Das Informationsmanagement ist zuständig für die strategische und operative Erkennung und Nutzung des Potenzials von Informationen, von Wissen und der dazu benötigten Informationstechnologien.

Informationsmanagement, denn Daten, Informationen und Wissen bringen Wettbewerbsvorteile

2.3.3 Finanzbereich

Der Finanzbereich wird auch Nominalbereich genannt. Dieser Bereich hat die Zahlen, also die wertemäßige Erfassung der Vorgänge im Unternehmen, im Blick und umfasst die folgenden Funktionen.

Finanzbereich

Das Finanzsystem wird in externes Rechnungswesen und internes Rechnungswesen unterteilt. Dem internen Rechnungswesen werden stets die Kostenrechnung, teils auch Investition und Finanzierung zugeordnet (vgl. Thommen et al. 2017, S. 201).

Externes Rechnungswesen = Finanzbuchhaltung/Buchführung dokumentiert alle Geschäftsvorfälle in Zahlen

Das externe Rechnungswesen mit der Erstellung von Bilanz sowie Gewinn- und Verlustrechnung (GuV) ist gesetzliche Pflicht. Der Gesetzgeber verlangt von Unternehmen, dass alle Zahlen in der Finanzbuchhaltung transparent dokumentiert und dargestellt werden, um Geschäftspartnern (z. B. Banken oder Lieferanten, im weiteren Sinne allen Stakeholdern) Einblick in die Geschäfte zu geben und auch, um die Steuerlast korrekt zu berechnen.

Internes Rechnungswesen = Kostenrechnung schafft Transparenz über Wirtschaftlichkeit

Die Kostenrechnung zeigt dem Unternehmen intern auf, ob mit der Erstellung und dem Verkauf von Produkten kaufmännisch gewirtschaftet wird, d. h. welches Produkt wie zum Erfolg beiträgt. Es wird auch der Begriff der Kosten- und Leistungsrechnung verwendet.

Finanzierung heißt Kapital beschaffen, einsetzen und zurückzahlen

Der Bereich der Finanzierung kümmert sich um die Beschaffung, den Einsatz und die Rückzahlung von Kapital für Investitionen.

Investition bedeutet Anlagevermögen zu kaufen

Der Bereich der Investition beschäftigt sich mit der zielgerichteten Umwandlung von Kapital in Vermögensgegenstände, z. B. Potenzialfaktoren wie Maschinen oder Werkzeuge sowie Finanzbeteiligungen.

2.3.4 Geschäftsprozesse: von der Aufbau- zur Ablauforganisation

Aufbauorganisation

Taylor lehrte vor rund 100 Jahren in seinem Werk *Principles of Scientific Management* (1913), dass durch Arbeitsteilung die Produktivität und damit die Effizienz im Industriebetrieb erhöht werden kann (vgl. ▶ Abschn. 1.4 Menschenbilder in der Historie). Die Konzentration auf die optimale Erfüllung einer einzelnen Aufgabe führte zur funktionsorientierten Aufbauorganisation in Unternehmen.

Silo-Effekt

In einem Industrieunternehmen können diese Funktionen durch die Säulen dargestellt werden. Sie enthalten die typischen Funktionen Marketing, Beschaffung, Lager etc. (vgl. ◘ Abb. 2.5). Die Gefahr besteht darin, dass sich jede Abteilung selbst optimiert und das Gesamte – oder noch schlimmer: den Kunden – aus den Augen verliert. Man nennt dies auch den Silo-Effekt, da jeder Bereich nur noch sich selbst sieht.

Ablauforganisation, Geschäftsprozesse

Leistungen von Unternehmen werden jedoch in Prozessen erstellt. Ziel von Geschäftsprozessen ist es, die Bedürfnisse

2.3 · Funktionen und Prozesse

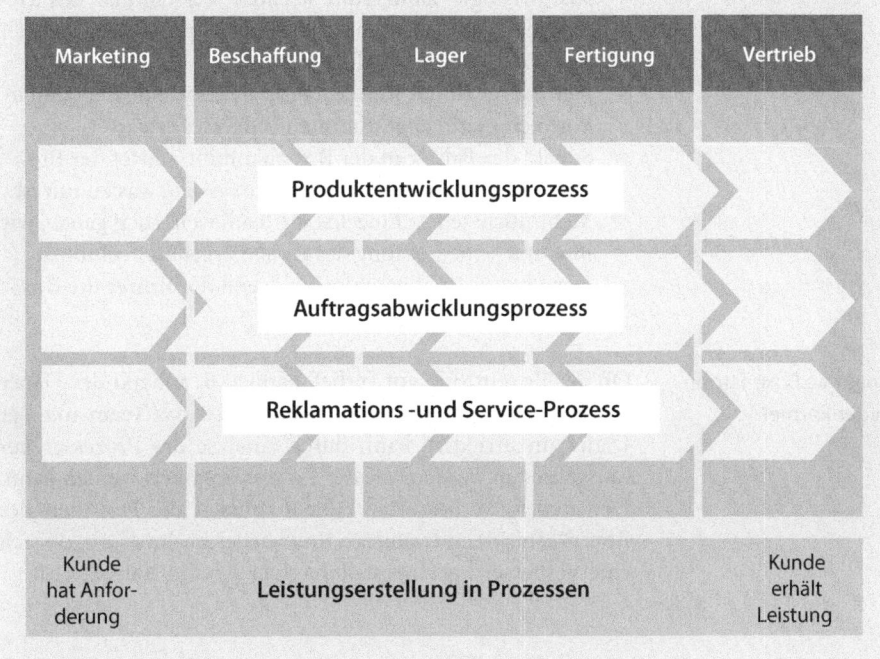

◘ Abb. 2.5 Funktionen und Prozesse (modifiziert nach Schmelzer und Sesselmann 2013, S. 53 f.)

und Anforderungen von Kunden und weiteren Stakeholdern zu erfüllen. Deshalb beginnen und enden Geschäftsprozesse beim Kunden. Aufgrund dieser Betrachtungen *vom Kunden zum Kunden* werden sie auch als *End-to-End-Prozesse* oder kundenfokussierte Prozesse bezeichnet (vgl. Schmelzer und Sesselmann 2013, S. 53 f.).

> Ein **Geschäftsprozess** besteht aus der funktionsüberschreitenden Verknüpfung von Aktivitäten, die von Kunden erwartete Leistungen erzeugen. Prozesse bündeln die Aktivitäten vieler Abteilungen.

Geschäftsprozessmanagement bedeutet, dass Abläufe im Unternehmen gestaltet und organisiert, ausgeführt, überwacht, kontrolliert und kontinuierlich verbessert werden (vgl. Scheer 1996).

Geschäftsprozessmanagement ist evolutionär

Als Analogie kann zum leichten Verständnis des Geschäftsprozessmanagements der Boxenstopp in der Formel 1 herangezogen werden (vgl. ◘ Abb. 2.6):
- Der Fahrer ist der Kunde, der in der Box eine Leistung in Form eines gut abgestimmten Prozesses erwartet.
- Sobald der Fahrer in der Box ankommt, startet der Prozess. Jeder der Techniker weiß nun genau, was zu tun ist.
- Mehr noch: jede/r Einzelne im Team weiß auch genau, wie ihre und seine Leistung das Gesamtergebnis beeinflusst.
- Der Prozess ist abgeschlossen, wenn der Fahrer die Box wieder verlassen kann.

Analogie Boxenstopp in der Formel 1

Ob der Boxenstopp gut verlief, kann z. B. anhand der Dauer des Boxenstopps kontrolliert werden. Ist das Team mit der Dauer unzufrieden, kann durch Analyse des Prozesses herausgefunden werden, wie der Prozess optimiert werden kann. Den neuen, verbesserten Ablauf müssen die Personen des Boxenteams dann trainieren und wieder nachmessen, ob sich eine Verbesserung eingestellt hat (vgl. Kocian 2008, S. 41 ff.).

Geschäftsprozessmanagement bedeutet

- Gestaltung, Organisation, Durchführung, Messung und Optimierung von Prozessen
- Konsequente Kundenorientierung
- Transparenz darüber, wie sich Einzelschritte zu einem Gesamtprozess zusammenfügen
- Verständnis und Kenntnis der von der eigenen Aktivität abhängigen Prozesse

◘ Abb. 2.6 Geschäftsprozessmanagement (Foto mit freundlicher Genehmigung vom BMW Motorsport PressClub)

2.3 · Funktionen und Prozesse

Vom Geschäftsprozessmanagement kann das Business Process Reengineering abgegrenzt werden: Während das Geschäftsprozessmanagement kontinuierlich betrieben wird (Continuous Process Improvement), bedeutet Reengineering oder Redesign, dass Prozesse im Unternehmen neu definiert und ausgerichtet werden mit einem großen Ausmaß an Veränderungen (vgl. Hammer und Champy 1994).

Business Process Reengineering ist revolutionär

2.3.5 Prozesslandkarte

In der Praxis hat sich eine Methode herausgebildet, um einen Überblick über die Prozesse eines Unternehmens zu geben. Diese Methode nennt sich Prozesslandkarte (vgl. ◘ Abb. 2.7).

Prozesslandkarte

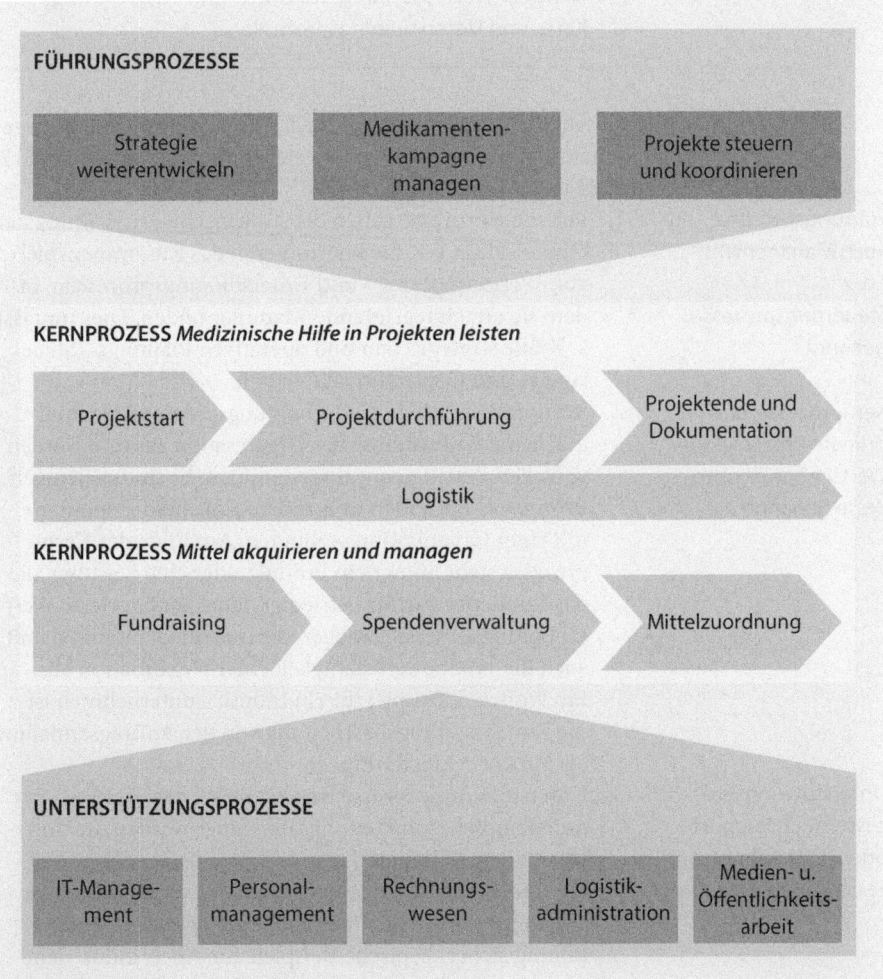

◘ Abb. 2.7   Prozesslandkarte *Ärzte ohne Grenzen*

Wertkette nach Porter als Vorläufer

Geschäftsprozesse werden je nach Anteil an der Wertschöpfung und nach Nähe zum Kerngeschäft unterteilt in die Prozessarten Führungsprozess, Kernprozess und Unterstützungsprozess. Der Marketing- und Strategiepapst Michael E. Porter war der Vorläufer dieser Denkweise mit seiner Wertkette (vgl. ▶ Abschn. 4.1.4.6). Er unterschied erstmals in primäre und sekundäre Aktivitäten und zeigte auf, dass es besonders wettbewerbskritische Bereiche im Unternehmen gibt, die allerhöchste Priorität erfordern (vgl. Porter 1985).

> Eine **Prozesslandkarte** gibt einen Überblick über die wesentlichen Prozesse eines Unternehmens. Die Prozesslandkarte unterscheidet drei Prozessarten nach ihrer Nähe zur Wertschöpfung des Unternehmens: Führungs-, Kern- und Unterstützungsprozesse.

Geschäftsprozesse werden nach ihrer Nähe zum Kerngeschäft in drei Prozessarten eingeteilt (vgl. z. B. Gadatsch 2017, S. 84 ff., Kocian 2007, S. 33):

Führungsprozesse, auch Management- oder Steuerungsprozesse genannt

1. Führungsprozesse geben die strategische Ausrichtung der Organisation vor. Sie koordinieren das Zusammenspiel von Wertschöpfungs- und Unterstützungsprozessen, indem sie eine integrierende Klammer bilden. Dies umfasst z. B. alle strategischen und operativen Planungs-, Steuerungs- und Controllingaktivitäten.

Kernprozesse, auch primäre Prozesse oder Wertschöpfungsprozesse genannt

2. Kernprozesse, auch Wertschöpfungsprozesse genannt, machen das „Business" der Organisation aus und werden von allen Beteiligten wahrgenommen. Es sind diejenigen Prozesse, die Kunden und andere Stakeholder spontan mit einer Organisation verbinden. Am Ende der Kernprozesse steht immer ein Produkt oder eine Leistung, die das Kundenbedürfnis befriedigt. Ideal konfigurierte Wertschöpfungsprozesse machen die Individualität und damit auch die Wettbewerbsfähigkeit einer Organisation aus. Ein typisches Beispiel für ein Industrieunternehmen ist die Kundenauftragsbearbeitung von der Auftragsannahme bis hin zur Auslieferung.

Unterstützungsprozesse, auch Support- oder ‚Querschnittsprozesse genannt

3. Unterstützungsprozesse tragen zur Wertschöpfung „nur" mittelbar bei. Vom Leitungsabnehmer werden die unterstützenden Aktivitäten am wenigsten wahrgenommen. Sie sind jedoch unerlässlich, um die Wertschöpfung zu erbringen und stellen ihre qualitativ hochwertige Erfüllung sicher. Typische Beispiele für einen Industriebetrieb sind Rechnungswesen oder Personalmanagement.

Allgemein kann man sagen, dass Unterstützungsprozesse häufig funktional strukturiert werden.

◘ Abb. 2.7 zeigt die Prozesslandkarte für die Non-Profit-Organisation *Ärzte ohne Grenzen* (Sektion Deutschland) auf. Die Hintergründe für die Prozesslandkarte können auf ▸ https://www.aerzte-ohne-grenzen.de nachgelesen werden.

Weitere Beispiele für Prozesslandkarten befinden sich im Übungsteil (vgl. ▸ Abschn. 2.7) sowie im Methoden-Kit in ▸ Kap. 6 (vgl. ▸ Abschn. 6.11).

2.4 Anspruchsgruppen: Stakeholder und Shareholder

Stakeholder, wie Kunden, Lieferanten oder Banken, bilden das Umfeld eines Unternehmens (vgl. ◘ Abb. 2.8). Die Betrachtung der Stakeholder ist in der modernen Betriebswirtschaftslehre ein zentrales Thema. Ein Meilenstein ist das Werk von Freeman zum Thema *Strategic Management. A Stakeholder Approach* (vgl. Freeman 1984).

Stakeholder

Der englische Begriff *stake* bedeutet Anspruch, Erwartung, Interesse oder Forderung, *holder* ist der Eigentümer oder Besitzer. Deshalb nennt man Stakeholder übersetzt auch Anspruchs- oder Interessensgruppen (vgl. Thommen et al. 2017, S. 14 f.).

Anspruchsgruppen, Interessensgruppen

> **Stakeholder** bringen einem Unternehmen einen spezifischen Beitrag und können dadurch Macht über das Unternehmen gewinnen. Im Gegenzug dazu haben sie Ansprüche und Forderungen gegenüber einem Unternehmen, da sie vom Handeln des Unternehmens betroffen sind.

Stakeholder bieten und fordern

Mit dem Stakeholderkonzept zielen Unternehmen darauf ab, die Interessen der Stakeholder so zu harmonisieren, dass alle angemessen am Erfolg teilhaben. Stakeholdermanagement hat eine noch aktivere Haltung. Es bedeutet, die Interessen aller Gruppen zu erfassen, in der Unternehmensstrategie zu verankern und die Umsetzung und Kontrolle beiderseits sicherzustellen (vgl. Thommen et al. 2017, S. 14).

Stakeholderkonzept, Stakeholdermanagement

Stakeholder können in interne und externe Anspruchsgruppen unterschieden werden. Interne Stakeholder agieren innerhalb des Unternehmens und sind ganz besonders vom Handeln des Unternehmens betroffen, wie Eigentümer, Management

Externe und interne Stakeholder

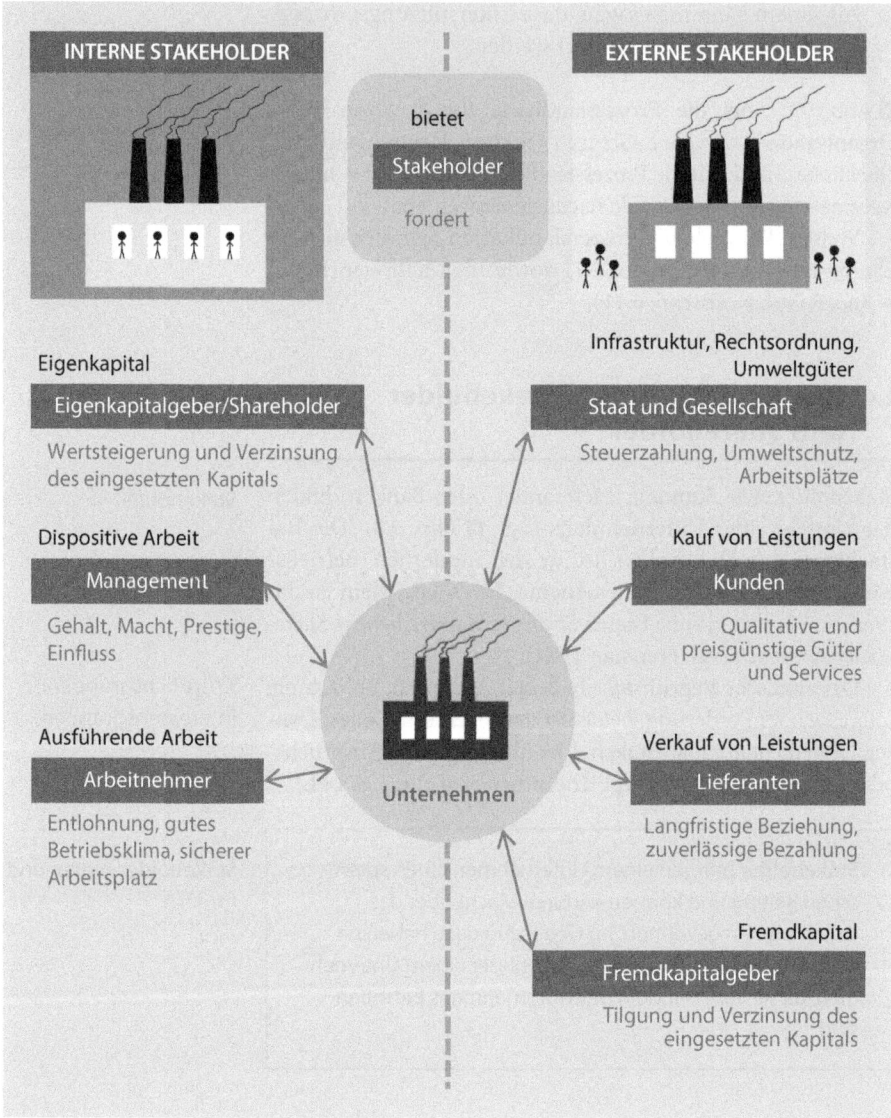

◘ Abb. 2.8 Stakeholder eines Unternehmens

Stakeholder vs. Shareholder

und Belegschaft. Externe Stakeholder wirken von außen auf das Unternehmen ein.

Eine ganz besondere Anspruchsgruppe bilden die sogenannten Shareholder, im weitesten Sinne die Anteilseigner eines Unternehmens. Der Begriff rührt her von den Aktionären einer Aktiengesellschaft – das sind die Shareholder im engeren Sinne – die dem Unternehmen Eigenkapital zur Verfügung stellen.

Ihr Beitrag zum Unternehmen ist die Bereitstellung von Kapital, wohl wissend, dass ein erhebliches Verlustrisiko besteht. Für die Übernahme dieses Risikos wird ein Anspruch erhoben. Der Anspruch an das Unternehmen ist eine Risikoprämie, d. h. das zur Verfügung gestellte Kapital ist durch Gewinne zu mehren und zu verzinsen. Wird ein Shareholderkonzept verfolgt, ist es die Aufgabe der Unternehmensführung, die Einkommens- und Vermögensposition dieser Anspruchsgruppe zu optimieren (vgl. Wöhe et al. 2016, S. 49 ff.).

Hier zeigt sich wieder der Gegensatz der beiden grundsätzlichen Basiskonzepte der Betriebswirtschaftslehre (vgl. ▶ Abschn. 1.3), die in Theorie und Praxis leidenschaftlich diskutiert und gelebt werden:

Ökonomistisches vs. sozialwissenschaftliches Basiskonzept

— Der ökonomistische Ansatz vertritt insbesondere die Interessen der Shareholder und repräsentiert die traditionelle Betriebswirtschaftslehre. Ziel eines Unternehmens ist damit die Gewinnmaximierung, die das Reinvermögen der Anteilseigner mehrt.
— Der sozialwissenschaftliche Ansatz vertritt die Interessen aller Stakeholder. Ziel ist es, alle am Unternehmenserfolg partizipieren zu lassen. Natürlich ist es ein anstrengendes Unterfangen, die Interessen von Belegschaft, Kundschaft, Lieferanten etc. in gemeinsamen Zielen zu formulieren und diese auch umzusetzen. Insbesondere verschiedene Fair Trade-Marken und familiengeführte Unternehmen, wie Trigema oder dm Drogeriemarkt, leben diesen Ansatz vor.

2.5 Wertschöpfung in der Lieferkette

Während bislang der Fokus auf einem Unternehmen lag, erfolgt nun eine Betrachtung der Zusammenarbeit von Unternehmen in der Wertschöpfungskette, z. B. innerhalb einer Branche. Somit verlässt die Betriebswirtschaftslehre aufgrund der Notwendigkeit ihr Erfahrungsobjekt *Einzelunternehmen* und betrachtet *unternehmensübergreifende Zusammenarbeit*.

Kollaboration wird immer wichtiger

Genauer betrachtet wurde die Lieferkette (engl.: Supply Chain) erstmals in den 1960er-Jahren. Dem Windelhersteller Procter & Gamble fiel auf, dass bei einer Änderung der Nachfrage der Endkunden stets eine Überreaktion entlang der Lieferkette auftrat. Der Systemtheoretiker Forrester vom Massachusetts Institute of Technology (MIT) nannte diesen Effekt bei seinen Untersuchungen den Peitscheneffekt (Bullwhip Effect): Bereits kleine Veränderungen der Endkundennachfrage führen zu Schwankungen der Bestellmengen bei der vorherigen Stufe *(upstream)*, die sich entlang der logistischen Kette

Lieferkette = Supply Chain

wie ein Peitschenhieb aufschaukeln können (vgl. Forrester 1961). Als Gründe wurden z. B. Auftragsbündelungen oder Sicherheitspuffer identifiziert.

Die Betrachtung der gesamten Lieferkette wurde ab 1993 forciert durch das World Wide Web, das völlig neue Modelle der Zusammenarbeit zwischen Unternehmen ermöglichte (vgl. Kocian 1999).

Innerhalb einer Branche (Wirtschaftszweig, z. B. Mineralölindustrie, PC-Industrie, Bekleidungsbranche) können verschiedene Produktionsstufen, auch Wertschöpfungsstufen genannt, unterschieden werden. Gemeinsam bilden sie die Lieferkette oder auch Wertschöpfungskette (engl.: Supply Chain). Die Wertschöpfung einer Stufe ist die Differenz zwischen Produktionswert und Vorleistungen.

◘ Abb. 2.9 zeigt auf, wie eine Branche grundsätzlich strukturiert werden kann.

Da in der Realität jedes Unternehmen meist mehrere Lieferanten und mehrere Abnehmer hat, spricht man auch vom Wertschöpfungsnetz (vgl. Eßig 2017, S. 11 ff.).

Wertschöpfung entsteht also in der Lieferkette (Supply Chain), indem Rohstoffe bis hin zu einem Endprodukt transformiert werden. Jede einzelne Stufe führt zu einer Wertsteigerung.

> Die **Wertschöpfungskette (Supply Chain)** bildet die logistische Kette vom ersten Lieferanten über alle Wertschöpfungsstufen hinweg bis zum Endverbraucher ab. Man spricht auch vom Wertschöpfungsnetz.

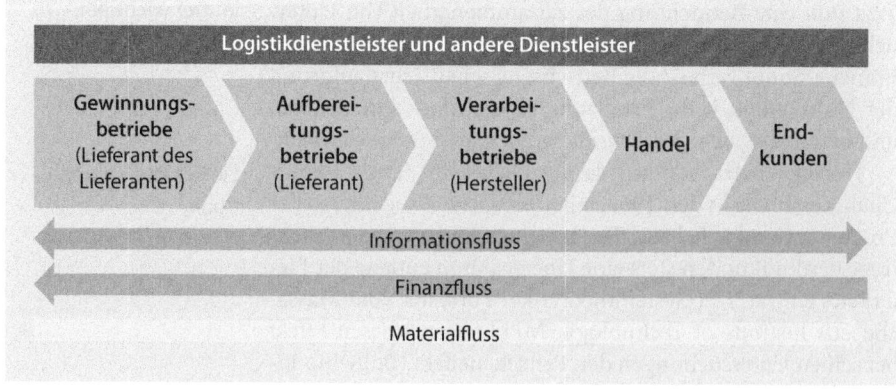

◘ Abb. 2.9 Wertschöpfungskette (modifiziert nach Knolmayer et al. 2009, S. 2)

2.5 · Wertschöpfung in der Lieferkette

Für die Veranschaulichung der Wertschöpfungskette gibt es unterschiedliche Darstellungsformen. ◘ Abb. 2.9 ist die moderne, horizontale Darstellung.

Doch auch die traditionelle Darstellung *von oben nach unten* (engl.: *downstream*) sollte bekannt sein, da diese Darstellung einige Begriffe in der Betriebswirtschaftslehre beeinflusst hat (z. B. horizontale Kooperation, vgl. dazu ► Abschn. 3.5.1).

Deshalb wird die traditionelle Darstellungsweise anhand eines Beispiels veranschaulicht und erläutert (vgl. ◘ Abb. 2.10):

- In Gewinnungsbetrieben werden Naturprodukte gewonnen. Bsp.: Ein Landwirt baut Getreide an und verkauft dieses an eine Mühle.
- Aufbereitungsbetriebe bereiten das Naturprodukt zu einem Zwischenprodukt auf. Bsp.: Eine Mühle stellt aus dem Getreide Mehl her und verkauft dieses an eine Brotfabrik.
- Verarbeitungsbetriebe verwenden die Zwischenprodukte, um ein Endprodukt herzustellen. Bsp.: Ein Brothersteller produziert Toastbrot aus Mehl und anderen Inhaltsstoffen.
- Im Handel wird das Endprodukt an den Kunden verkauft.
- Logistikdienstleister stellen den Materialfluss über die Wertschöpfungsstufen hinweg sicher.
- Während der Materialfluss *downstream* verläuft, sind Informations- und Finanzfluss in die andere Richtung verlaufend, nämlich *upstream*.

Das World Wide Web (WWW) ermöglicht seit den 1990er-Jahren die unternehmensübergreifende Zusammenarbeit von Unternehmen durch leistungsfähige IT-Systeme, sogenannte SCM-Systeme.

Supply Chain Management (SCM) bezeichnet die unternehmensübergreifende Integration aller Partner in der Wertschöpfungskette mit dem Ziel des reibungslosen Flusses von Gütern, Finanzen und Informationen (vgl. Knolmayer et al. 2009).	Supply Chain Management

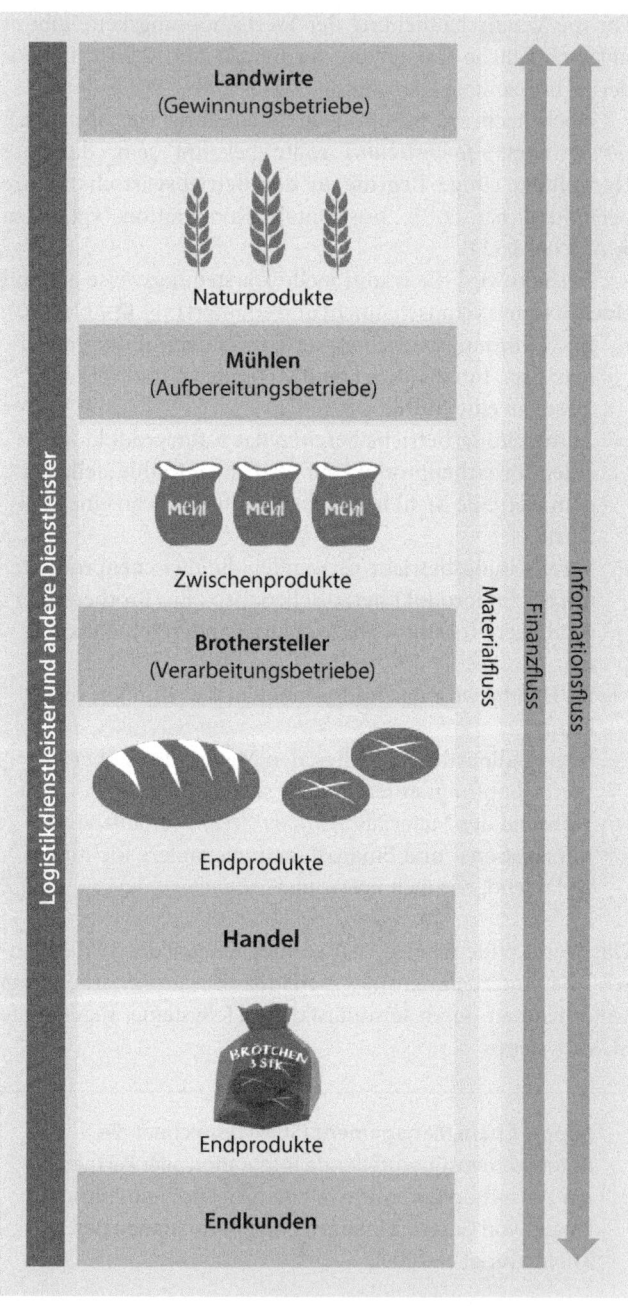

Abb. 2.10 Wertschöpfungskette in der traditionellen Darstellung

Supply Chain Management soll für alle Partner in der Wertschöpfungskette vorteilhaft sein. Dies wird am Beispiel der Autobranche erläutert:
- Produzenten wie BMW können sicher sein, dass die Zulieferer die benötigten Teile rechtzeitig liefern (Materialfluss).
- Lieferanten erhalten rechtzeitig die benötigten Informationen über Neubestellungen oder über geplante Absatzmengen für die kommenden Quartale, um ihre Aufträge einplanen zu können (Informationsfluss).
- Während Waren vom Hersteller zum Kunden fließen, verhält es sich mit dem Finanzfluss genau andersherum: Er fließt vom Kunden zum Hersteller. Supply Chain Management versucht daher, den Finanzmittelfluss übergreifend zu koordinieren und zu optimieren (Finanzfluss).

SCM optimiert Material-, Finanz- und Informationsflüsse

2.6 Wiederholungsfragen

1. Erläutere die grundsätzliche Funktionsweise eines Unternehmens. Lösung ▶ Abschn. 2.1.

2. Erläutere die betrieblichen Produktionsfaktoren. Lösung ▶ Abschn. 2.2

3. Erläutere kurz und prägnant die Funktionen eines Unternehmens. Ordne die Funktionen jeweils den drei grundsätzlichen Bereichen eines Unternehmens zu. Lösung ▶ Abschn. 2.3.

4. Was unterscheidet Funktionen von Prozessen? Lösung ▶ Abschn. 2.3.4

5. Welches Ziel hat eine Prozesslandkarte? Welche Prozessarten unterscheidet sie? Lösung ▶ Abschn. 2.3.5

6. Was unterscheidet Stakeholder von Shareholdern? Welche betriebswirtschaftlichen Basiskonzepte verbindet man mit den beiden Begriffen? Lösung ▶ Abschn. 2.4.

7. Skizziere den grundsätzlichen Aufbau einer Branche anhand der Wertschöpfungskette. Lösung ▶ Abschn. 2.5

2.7 Vertiefungs- und Übungsfragen

1. Erläutere die grundsätzliche Funktionsweise eines Unternehmens anhand eines Dienstleistungsunternehmens, z. B. Hotel, Steuerberater, Theater oder Fluglinie.
2. Erläutere die Produktionsfaktoren für die Herstellung von Gummibärchen. Schau Dir dazu die Inhaltsstoffe von Gummibärchen an.
3. Erstelle eine Prozesslandkarte für den Fußballverein Borussia Dortmund (▶ www.bvb.de).
4. Visualisiere und erläutere die Stakeholder einer Hochschule mit ihren jeweiligen Interessen.
5. Stelle die Wertschöpfungskette für die Möbelproduktion dar und verwende dazu einen Schrank als konkretes Beispiel.

2.8 Musterlösungen

1. Die grundsätzliche Funktionsweise eines Dienstleisters unterscheidet sich insbesondere im Bereich der Leistungserstellung von produzierenden Unternehmen. Die Bereiche der Unternehmensführung und der dispositiven Bereiche sowie der Finanzbereich sind gleich.
   Die Besonderheit von Dienstleistungsunternehmen ist im Bereich der Leistungserstellung, dass Produktion und Konsum zusammenfallen. In dem Moment, wo ein Theaterstück aufgeführt wird, muss es auch konsumiert werden. Es lässt sich nicht lagern.
2. Produktionsfaktoren von Haribo (◘ Abb. 2.11)
3. Prozesslandkarte (◘ Abb. 2.12)
4. Stakeholder einer Hochschule (◘ Abb. 2.13)
5. Wertschöpfungskette am Beispiel der Möbelbranche (◘ Abb. 2.14)

2.8 · Musterlösungen

Betriebswirtschaftliche Produktionsfaktoren
am Beispiel von Gummibärchen

Elementarfaktoren
gehen unmittelbar in betriebliche Leistung ein.

Werkstoffe
werden beim Produktionsprozess verbraucht und können den Produkten direkt zugeordnet werden.

Beispiel
Zucker, Gelatine, Bienenwachs, Carnaubawachs, Aromastoffe, Strom

Betriebsmittel
werden beim Produktionsprozess gebraucht und gehen nicht direkt ins Produkt ein.

Beispiel
Gebäude, Formpresse, Gabelstapler, Rechner

Ausführende Arbeiten
sind alle Tätigkeiten, die direkt in der Produktion eingesetzt werden.

Beispiel
Arbeiter/in, Produktdesignerin

Dispositive Faktoren
ergänzen die Elementarfaktoren.
Zur Leistungserstellung bedarfes einer optimalen Koordination der Elementarfaktoren.

Beispiel
Produktionsleitung
Vertriebsleitung
Unternehmensführung

Informationen
sind notwendig zum zielgerichteten Handeln.

Beispiel
Marktforschungsdaten, Rezepturen

Externer Faktor
wird vom Auftraggeber zur Verfügung gestellt und kann vom Unternehmen nicht disponiert werden.

Beispiel
nicht relevant, da kein Dienstleistungsunternehmen

Abb. 2.11 Produktionsfaktoren am Beispiel von Haribos Gummibärchen

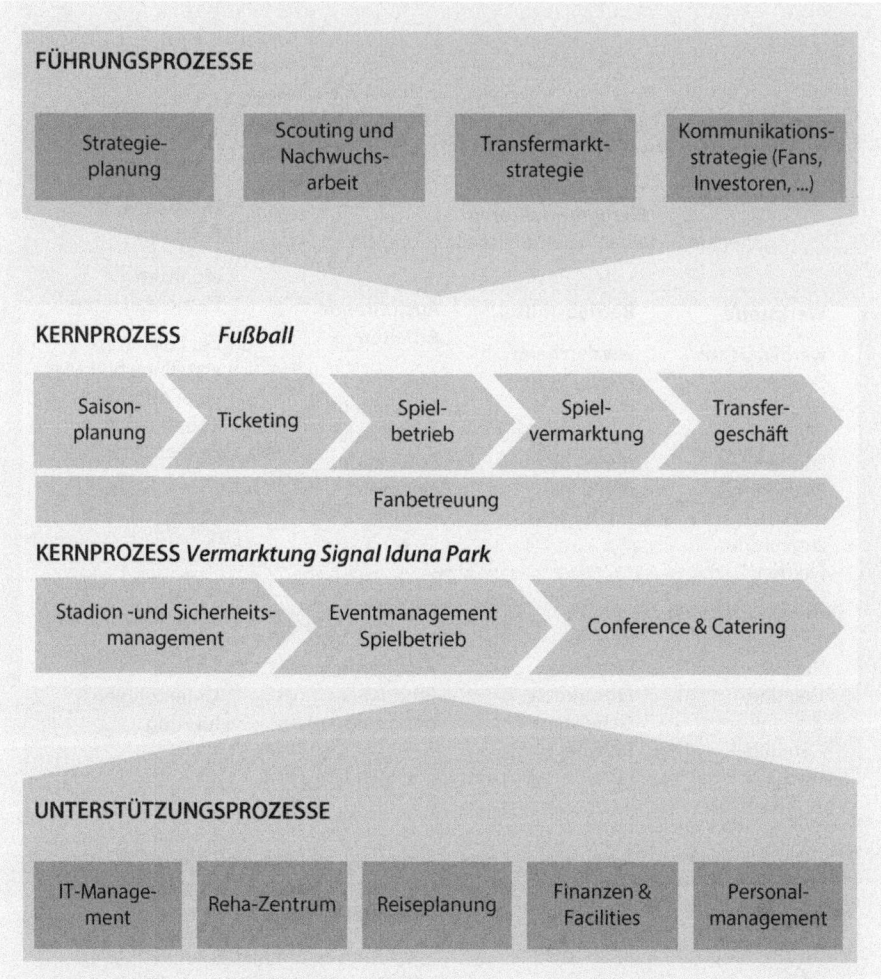

● Abb. 2.12 Prozesslandkarte am Beispiel von Borussia Dortmund

2.8 · Musterlösungen

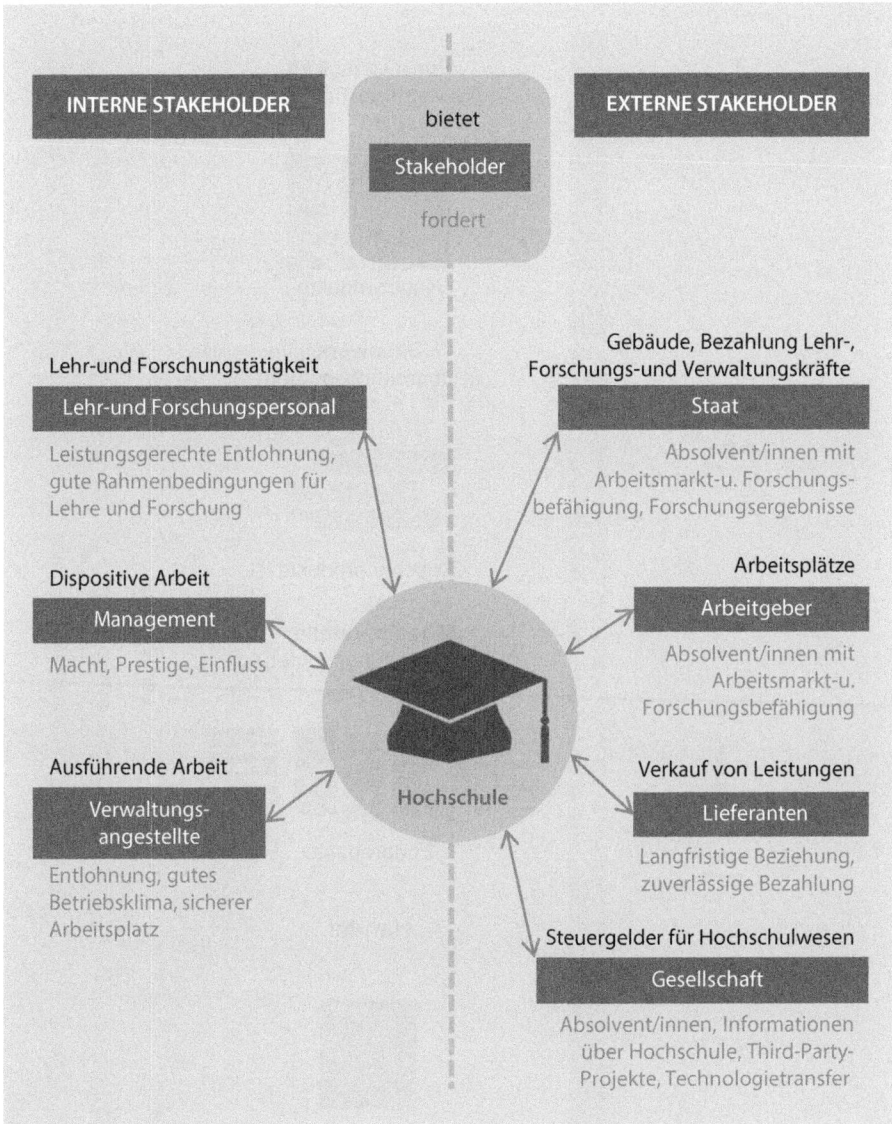

Abb. 2.13 Stakeholder einer Hochschule

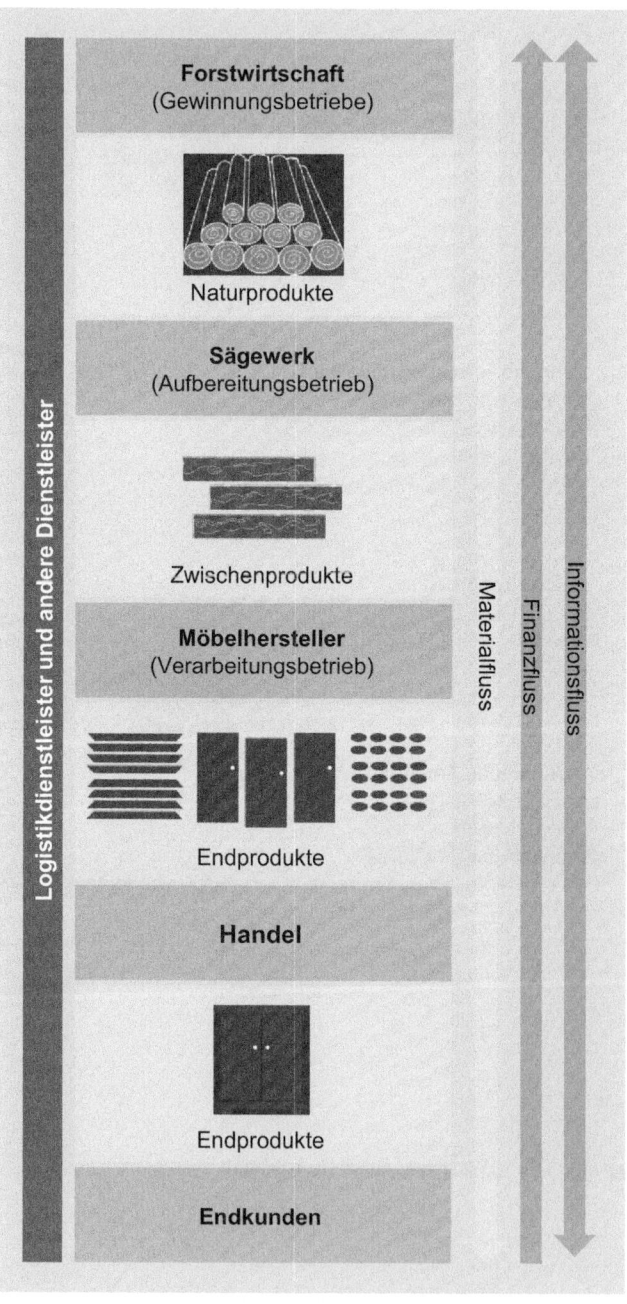

☐ Abb. 2.14 Wertschöpfungskette für die Möbelherstellung

Literatur

Bloech, J., & Lücke, W. (2006). Produktionswirtschaft. In F. X. Bea, et al. (Hrsg.), *Allgemeine Betriebswirtschaftslehre* (Bd. 3: Leistungsprozess. 9., neu bearb. u. erw. Aufl., S. 183–252). Stuttgart: Lucius & Lucius.
Capaul, R., & Steingruber, D. (2010). *Betriebswirtschaft verstehen. Das St. Galler Management-Modell*. Oberentfelden: Sauerländer.
Eßig, M. (2017). *Supply chain management*. München: Vahlen.
Forrester, J. (1961). *Industrial dynamics*. New York: Wiley.
Freeman, R. E. (1984). *Strategic management. A stakeholder approach.* New York: Cambridge University Press.
Gadatsch, A. (2017). *Grundkurs Geschäftsprozess-Management* (8., vollst. überarb. Aufl.). Wiesbaden: Springer Vieweg.
Gutenberg, E. (1979). *Grundlagen der Betriebswirtschaftslehre* (Bd. 1: Die Produktion, 23. Aufl.). Berlin: Springer.
Hammer, M., & Champy, J. (1994). *Business Reengineering. Die Radikalkur für das Unternehmen*. Frankfurt: Campus.
Knolmayer, G., et al. (2009). *Supply chain management based on SAP systems*. Berlin: Springer.
Kocian, C. (1999). *Virtuelle Kooperationen im Mittelstand. Dissertation.* Wiesbaden: Gabler.
Kocian, C. (2007). Prozesslandkarte für Hochschulen. *Die neue Hochschule (DNH), 2*, 32–36.
Kocian, C. (2008). Geschäftsprozessmanagement. In A. Weiand & T. Meuche (Hrsg.), *BWL in Fallstudien* (S. 41–59). Stuttgart: Schäffer-Peoschel.
Maleri, R., & Frietzsche, U. (2008). *Grundlagen der Dienstleistungsproduktion* (5., vollst. überarb. Aufl.). Berlin: Springer.
Meffert, P., et al. (2015). *Dienstleistungsmarketing* (8., vollst. überarb. u. erw. Aufl.). Wiesbaden: Springer.
Porter, M. E. (1985). *Competitive advantage*. New York: Free Press.
Scheer, A. W. (1996). *ARIS-House of business engineering*. Veröffentlichungen des Instituts für Wirtschaftsinformatik (IWi), Heft 133, Saarbrücken.
Schmelzer, H. J., & Sesselmann, W. (2013). *Geschäftsprozessmanagement in der Praxis* (8., überarb. u. erw. Aufl.). München: Hanser.
Thommen, J.-P., et al. (2017). *Allgemeine Betriebswirtschaftslehre* (8., vollständig überarb. Aufl.). Wiesbaden: Springer Gabler.
Vahs, D., & Schäfer-Kunz, J. (2015). *Einführung in die Betriebswirtschaftslehre* (7., überarb. Aufl.). Stuttgart: Schäffer-Poeschel.
Wöhe, G., et al. (2016). *Einführung in die Allgemeine Betriebswirtschaftslehre* (26., überarb. u. akt. Aufl.). München: Vahlen.

Konstitutive Entscheidungen

3.1 Betriebliche Entscheidungen und ihre Dimensionen – 73
3.1.1 Entscheidungen und ihre Dimensionen – 74
3.1.2 Entscheidungstheorien: Ökonomie versus Psychologie – 77

3.2 Unternehmenszweck (Mission) – 83

3.3 Standortwahl und Standortfaktoren – 86

3.4 Rechtsformwahl: Einzelunternehmen, Personen- und Kapitalgesellschaften – 89
3.4.1 Grundlagen: BGB, HGB und Spezialgesetze – 90
3.4.2 Einzelunternehmen: Kaufleute und freie Berufe – 93
3.4.3 Personengesellschaften – 97
3.4.4 Kapitalgesellschaften – 103
3.4.5 Mischformen und Innengesellschaft – 112

3.5 Unternehmensverbindungen – 116
3.5.1 Ziele, Dauer, Richtung und Intensität – 118
3.5.2 Kooperationsformen – 119
3.5.3 Konzentrationsformen – 123

3.6 Wiederholungsfragen – 127

3.7 Vertiefungs- und Übungsaufgaben – 129

3.8 Musterlösungen – 133

Literatur – 140

© Springer-Verlag GmbH Deutschland, ein Teil von Springer Nature 2019
C. Kocian-Dirr, *Betriebswirtschaftslehre – Schnell erfasst*, Wirtschaft – Schnell erfasst,
https://doi.org/10.1007/978-3-662-54290-3_3

> Eine Entscheidung ist die Festlegung auf eine Handlung, deren potenzieller Nutzen ihren potenziellen Schaden in einem größeren Maß übertrifft als die der alternativ zur Verfügung stehenden Handlungsweisen.
> George L. S. Shackle

Wäre Mr. Spock oder Captain Kirk der bessere Manager geworden?

In Betrieben werden täglich Entscheidungen getroffen über neue Produkte, Investitionen oder Personaleinstellungen. Dieses Kapitel zeigt Ihnen, welche Entscheidungsmodelle die Betriebswirtschaftslehre bereithält, um Entscheidungen zu unterstützen.

Außerdem erhalten Sie einen Überblick über Gründungsentscheidungen, die Unternehmenszweck (Mission), Standortfaktoren und Rechtsformen betreffen sowie über Entscheidungen, die die Zusammenarbeit zwischen Unternehmen betreffen, wie Franchising oder Fusionen. Wer Rechtsformen noch nicht versteht, wird sie nach der Durcharbeitung dieses Kapitels lieben.

Alles ist einprägsam in Abbildungen und Übersichtsdarstellungen visualisiert und mit Beispielen erläutert.

Zum Abschluss des Kapitels gibt es Wiederholungs- und Übungsfragen mit Musterlösungen, um das erworbene Wissen zu überprüfen und anzuwenden.

Lernziele dieses Kapitels

Studierende können anhand dieses Kapitels
- die besondere Rolle der Entscheidungsfindung und Entscheidungsarten in Unternehmen aufzeigen,
- den Unternehmenszweck (Mission) darlegen,
- Standortwahl und Standortfaktoren erläutern,
- Rechtsformenwahl anhand der unterschiedlichen Rechtsformen anwenden sowie
- Unternehmenszusammenschlüsse wie Kooperationen (z. B. Franchising) und Konzentrationen (z. B. Konzerne) beschreiben.

Cartoon: © Dirk Meissner

3.1 Betriebliche Entscheidungen und ihre Dimensionen

In diesem Abschnitt wird zuerst erläutert, was man unter betrieblichen Entscheidungen versteht und welche Dimensionen diese haben. Anschließend werden die beiden grundlegenden Entscheidungstheorien dargestellt und verglichen: einerseits die präskriptive Entscheidungstheorie, die die ökonomische Nutzenbetrachtung in den Vordergrund stellt, andererseits die deskriptive Entscheidungstheorie, bei der Erkenntnisse aus Psychologie und Soziologie einfließen (Behavioral Economics).

3.1.1 Entscheidungen und ihre Dimensionen

Entscheidung, Entscheidungsträger

Führungskräfte rechtfertigen ihre hohen Gehälter häufig mit der Begründung, sie müssten wichtige und verantwortungsvolle Entscheidungen treffen. Deshalb werden Führungskräfte auch Entscheidungsträger genannt. Ist eine Entscheidung erst einmal getroffen, geht sie in die nächste Phase der Realisierung, wo Ressourcen zum Teil langfristig gebunden werden (vgl. ◘ Abb. 3.1).

> Eine **Entscheidung** zu treffen, bedeutet die bewusste Auswahl zwischen mehreren Handlungsmöglichkeiten (nicht ganz korrekt auch *Alternativen* genannt) zur Erreichung von Zielen (Jung et al. 2016, S. 167).

Betriebliche Entscheidungen können unterteilt werden nach der Reichweite bzw. nach der Dimension, die sie haben. Man unterscheidet typischerweise zwischen konstitutiven, strategischen, taktischen und operativen Entscheidungen. Auch der von Gutenberg geprägte Begriff der *echten Führungsentscheidung* wird verwendet. Der Zusammenhang zwischen diesen Entscheidungen wird in ◘ Abb. 3.2 dargestellt und im Folgenden erläutert.

Konstitutive Entscheidungen wirken langfristig, beinhalten zahlreiche Folgeentscheidungen, können nicht oder nur schwer rückgängig gemacht werden und betreffen das Unternehmen als Ganzes. Es sind Entscheidungen zur Gründung, zum Wachstum und zur Liquidation eines Unternehmens (vgl. Wöhe et al. 2016, S. 205). Konstitutive Entscheidungen sind Teil der strategischen Entscheidungen.

Konstitutive Entscheidungen, genetische Betriebswirtschaftslehre

Zur Veranschaulichung werden in ◘ Abb. 3.3 typische konstitutive Entscheidungssituationen im Lebenszyklus eines Unternehmens eingeordnet, die in diesem Buch behandelt

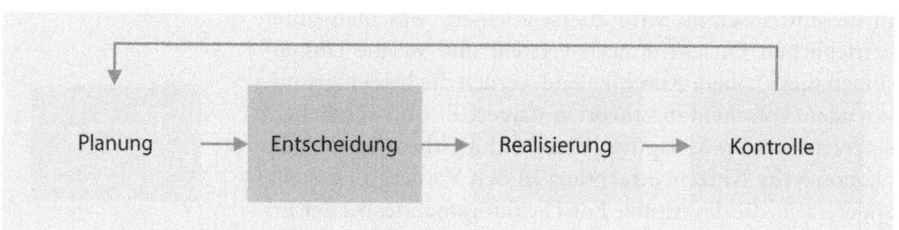

◘ **Abb. 3.1** Einordnung von Entscheidungen im Managementzyklus

3.1 · Betriebliche Entscheidungen und ihre Dimensionen

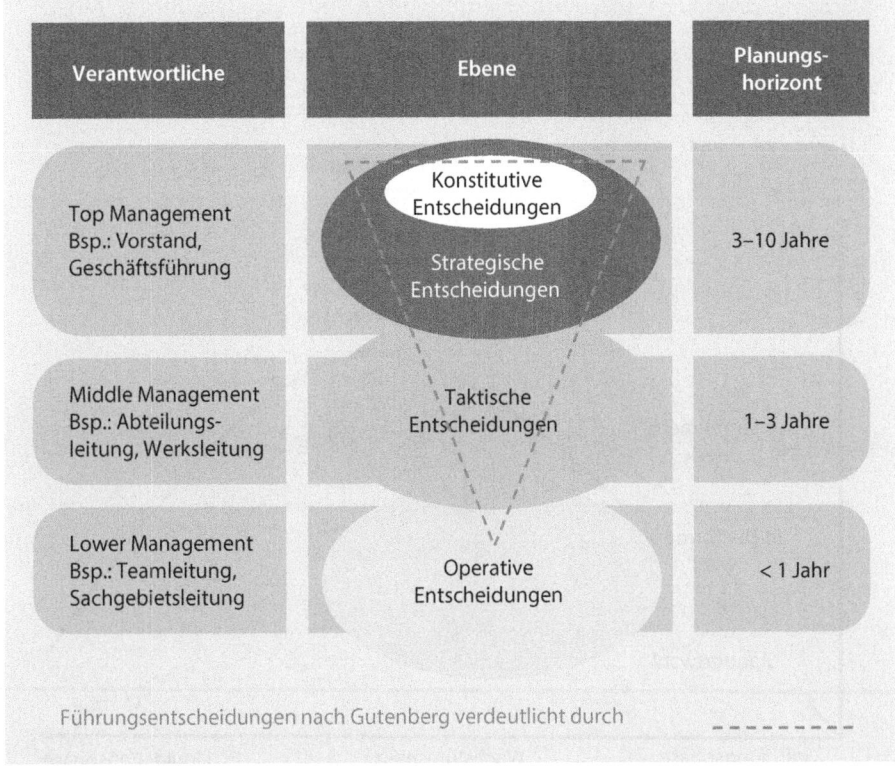

Abb. 3.2 Entscheidungen der Managementebenen

werden. Diese Entscheidungssituationen behandelt die genetische Betriebswirtschaftslehre.

> **Konstitutive Entscheidungen** sind Führungsentscheidungen, die für das Unternehmen von grundlegender Bedeutung sind. Sie sind nur einmal oder nur selten zu treffen, z. B. bei Gründung, Expansion oder Aufgabe eines Unternehmens.

Strategische Entscheidungen betreffen das Unternehmen als Ganzes und werden von der Unternehmensführung getroffen. Sie haben eine langfristige Tragweite und betreffen – je nach Branche – einen Zeitraum, der über drei oder mehr Jahre hinausgeht. Kürzere Zeiträume finden sich in der IT-Branche, längere Planungshorizonte beispielsweise im Anlagen- oder Maschinenbau. Typische strategische Entscheidungen geben vor allem einen Rahmen für alle weiteren taktischen und operati-

Strategische Entscheidungen sind langfristig

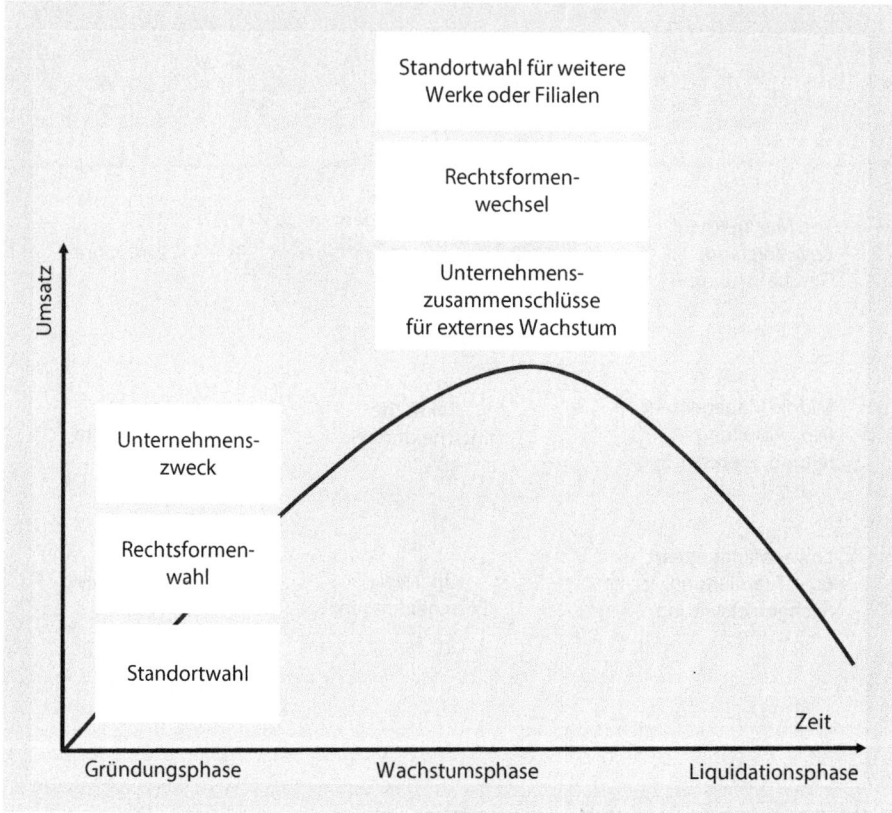

Abb. 3.3 Ausgewählte konstitutive Entscheidungen im Lebenszyklus eines Unternehmens

ven Entscheidungen vor. Sie betreffen z. B. die Errichtung neuer Produktionsstätten, die Erschließung neuer Absatzmärkte oder die grundsätzliche Planung des zukünftigen Produktportfolios (vgl. z. B. Vahs und Schäfer-Kunz 2015, S. 340 f.).

Taktische Entscheidungen sind mittelfristig

Taktische Entscheidungen betreffen organisatorische Untereinheiten des Unternehmens, z. B. Geschäftsbereiche oder Länder. Sie werden vom Middle Management getroffen. Je nach Branche liegt der Planungshorizont zwischen einem und drei Jahren. Man spricht auch von mittelfristigen Entscheidungen. Typische Beispiele sind Investitions- und Produktprogrammentscheidungen.

Operative Entscheidungen sind kurzfristig

Operative Entscheidungen betreffen konkrete Produkte, Mitarbeiter oder Lieferanten. Sie werden vom Lower Management getroffen. Der Planungshorizont liegt bei einem Jahr und darunter. Man spricht auch von kurzfristigen Entscheidungen. Typische Beispiele sind die Festlegung der optimalen Losgröße in der Fertigung oder die Zuordnung von Mitarbeitern zu einem konkreten Projekt.

3.1 · Betriebliche Entscheidungen und ihre Dimensionen

Der Begriff der *echten Führungsentscheidungen* umfasst nach Gutenberg die folgenden Unterpunkte (Gutenberg 1979, S. 59 ff.) und kann damit bis hin zu operativen Entscheidungen reichen:
1. Festlegung der Unternehmenspolitik auf weite Sicht,
2. Koordinierung der großen betrieblichen Teilbereiche,
3. Beseitigung von Störungen im laufenden Betriebsprozess,
4. geschäftliche Maßnahmen von außergewöhnlicher betrieblicher Bedeutsamkeit,
5. Besetzung der Führungsstellen im Unternehmen.

Echte Führungsentscheidungen nach Gutenberg

3.1.2 Entscheidungstheorien: Ökonomie versus Psychologie

Um Führungskräfte in ihrer Funktion als Entscheider zu unterstützen, wurden Entscheidungstheorien entwickelt. Entscheidungstheorien befassen sich mit dem zugrundeliegenden Entscheidungsverhalten von Individuen und Gruppen (vgl. Laux et al. 2014, S. 3 ff.). Dabei existieren zwei grundlegende Theorieansätze (vgl. ◘ Abb. 3.4):
— Der traditionelle Ansatz der Wirtschaftswissenschaften mit präskriptiven Modellen geht von einem rationalen Menschen aus – ähnlich wie Mr. Spock auf dem Raumschiff Enterprise (vgl. Beck 2014, S. 1).
— Der Ansatz der Verhaltensökonomie mit deskriptiven Modellen (Behavioral Economics) hingegen geht vom beschränkt rationalen Menschen aus, der Faustregeln gegenüber exakten Modellen bevorzugt – ähnlich wie Captain Kirk.

Entscheidungstheorien

Die Vertreter des traditionellen Ansatzes akzeptieren zunehmend die Erkenntnisse des verhaltenswissenschaftlichen Ansatzes und begreifen ihn als wertvolle Ergänzung. Letztendlich ist es wie auf der Enterprise: Das rationale Verhalten eines Mr. Spock, der ohne kognitive Einschränkungen sofort alle Alternativen erfasst und bewertet, wird flankiert durch das intuitive, scheinbar unlogische und faustregelbasierte Verhalten von Captain Kirk.

Die beiden Ansätze werden in den beiden folgenden Abschnitten im Detail erläutert.

3.1.2.1 Präskriptive Entscheidungstheorie (Entscheidungslogik)

Die präskriptive Entscheidungstheorie beschreibt, wie Menschen unter Annahme von rationalem Verhalten entscheiden sollten (präskriptiv = vorschreibend). Die Entscheidungsre-

Präskriptive Entscheidungstheorie

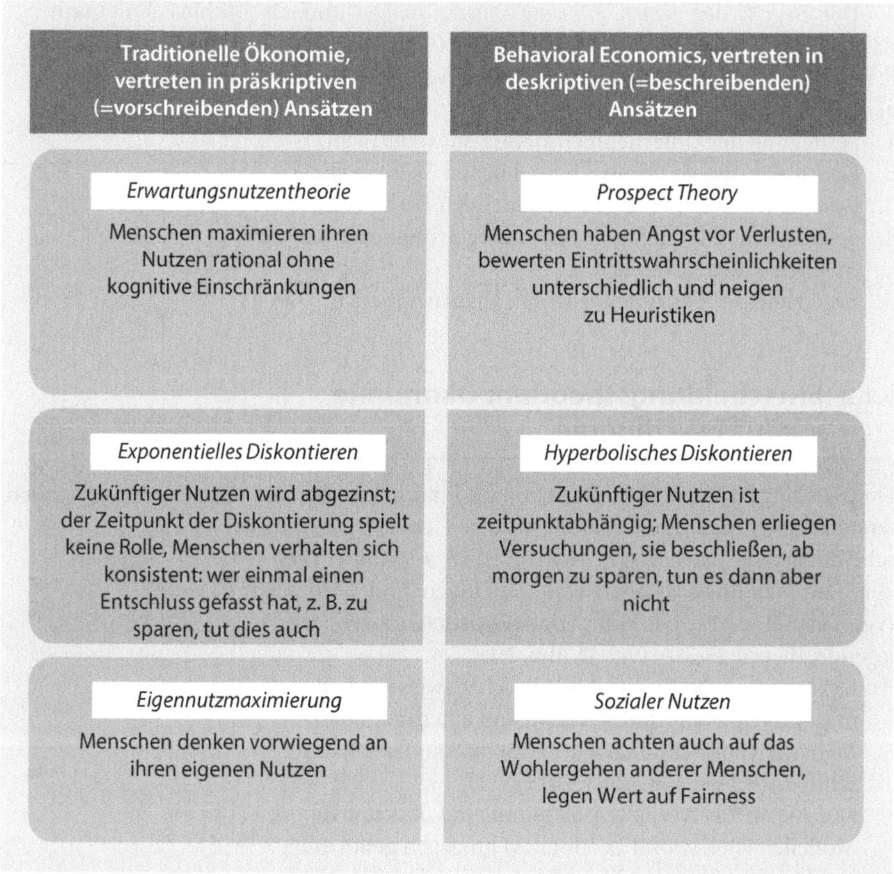

Traditionelle Ökonomie, vertreten in präskriptiven (=vorschreibenden) Ansätzen	Behavioral Economics, vertreten in deskriptiven (=beschreibenden) Ansätzen
Erwartungsnutzentheorie Menschen maximieren ihren Nutzen rational ohne kognitive Einschränkungen	**Prospect Theory** Menschen haben Angst vor Verlusten, bewerten Eintrittswahrscheinlichkeiten unterschiedlich und neigen zu Heuristiken
Exponentielles Diskontieren Zukünftiger Nutzen wird abgezinst; der Zeitpunkt der Diskontierung spielt keine Rolle, Menschen verhalten sich konsistent: wer einmal einen Entschluss gefasst hat, z. B. zu sparen, tut dies auch	**Hyperbolisches Diskontieren** Zukünftiger Nutzen ist zeitpunktabhängig; Menschen erliegen Versuchungen, sie beschließen, ab morgen zu sparen, tun es dann aber nicht
Eigennutzmaximierung Menschen denken vorwiegend an ihren eigenen Nutzen	**Sozialer Nutzen** Menschen achten auch auf das Wohlergehen anderer Menschen, legen Wert auf Fairness

◘ **Abb. 3.4** Entscheidungsmodelle aus Ökonomie und Psychologie (modifiziert nach Camerer 1999, S. 10576 zitiert in Beck 2014, S. 11)

geln nutzen dabei Kenntnisse aus der Mathematik, aus der Statistik und insbesondere aus der Stochastik (Wahrscheinlichkeitsrechnung). Ziel ist also, Entscheidungsträgern Ratschläge zu geben (vgl. Laux et al. 2014, S. 3 ff.).

Dieser Theorieansatz basiert auf der Überzeugung, dass durch Regeln und Modelle eine optimale Entscheidung zwischen mehreren Möglichkeiten getroffen werden kann. Das zugrunde liegende Menschenbild ist die Kunstfigur des Homo Oeconomicus, der sich rational, willensstark und eigennützig verhält. Psychologische und soziologische Einflüsse auf die Entscheidung werden ignoriert (vgl. dazu auch ► Abschn. 1.3 Basiskonzepte der Betriebswirtschaftslehre).

Der Homo Oeconomicus mit seinen Eigenschaften führt zu drei grundlegenden Theorien (vgl. Beck 2014, S. 2 und S. 11 ff.):

3.1 · Betriebliche Entscheidungen und ihre Dimensionen

1. Der Mensch ist unbegrenzt rational. Seine Urteilskraft ist frei von Wahrnehmungsverzerrungen oder Emotionen. So handelt er nach der **Theorie des ökonomischen Erwartungsnutzens**, den er maximiert.
2. Der Mensch ist unbegrenzt willensstark und verfolgt seine Nutzenoptimierung ohne Einschränkungen. Dies führt dazu, dass er nach der **Theorie des exponentiellen Diskontierens** handelt, d. h. zukünftige Beträge werden mittels eines Diskontierungssatzes auf die Gegenwart abgezinst. Seine Entscheidungen über Konsum oder Nicht-Konsum sind daher immer konsistent.
3. Der Mensch ist unbegrenzt egoistisch. Dies führt dazu, dass er nur seinen eigenen Nutzen im Sinn hat (**Theorie der Eigennutzmaximierung**).

Homo Oeconomicus, ökonomische Erwartungsnutzentheorie, Theorie des exponentiellen Diskontieren, Theorie der Eigennutzmaximierung

Bei den vorliegenden Modellen wird unterschieden zwischen Entscheidungen bei Sicherheit, bei (quantifizierbarem) Risiko sowie bei Unsicherheit. ◘ Abb. 3.5 gibt einen Überblick über ausgewählte Entscheidungsmodelle. Ein durchgängiges Beispiel mit der Anwendung dieser Modelle findet sich in Vahs und Schäfer-Kunz 2015, S. 51–96.

Die Nutzwertanalyse ist eine weit verbreitete Methode, um Entscheidungen unter Sicherheit bei mehreren Zielen zu treffen. Zur Verfügung stehende Alternativen werden anhand von mehrdimensionalen Kriterien (Zielen) bewertet. Die Bewertung findet statt auf der Basis eines Punktmodells. So können auch nicht-monetäre Aspekte bewertet werden.

Entscheidungen unter Sicherheit

Eine detaillierte Darstellung mit Übungsaufgaben und Musterlösungen dieser im Management häufig anzutreffenden Methode findet sich in ▶ Abschn. 3.7. und in ▶ Abschn. 6.9.

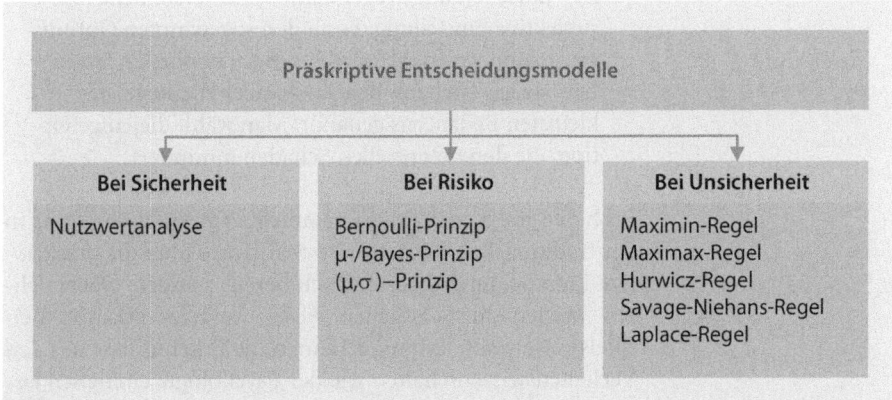

◘ Abb. 3.5   Ausgewählte präskriptive Entscheidungsmodelle

Entscheidungen unter Risiko

Entscheidungen unter Risiko beinhalten, dass Entscheidungsträger den Grad der Unsicherheit quantifiziert können. Eintrittswahrscheinlichkeiten der Umweltzustände sind objektiv (z. B. beim Wurf einer Münze) oder subjektiv (aufgrund von Schätzungen) bekannt.

- Bei der Bayes-Regel (auch µ-Regel genannt) wird diejenige Handlungsalternative gewählt, welche den größten mathematischen Erwartungswert hat.
- Die Laplace-Regel ist ein Sonderfall der Bayes-Regel. Hier nimmt man an, dass die Wahrscheinlichkeiten für das Eintreten der möglichen Ergebnisse bei allen Wahlmöglichkeiten gleich sind (Indifferenzprinzip). Die Wahlmöglichkeit, die dann das beste Ergebnis verspricht, wird ausgewählt.
- Beim Bernoulli-Prinzip wird zusätzlich die Risikoeinstellung des Entscheidungsträgers mitberücksichtigt.

Entscheidungen unter Unsicherheit

Entscheidung unter Unsicherheit bedeutet, dass Entscheidern die möglichen Umweltzustände bekannt sind. Jedoch sind die Wahrscheinlichkeiten nicht bekannt, mit denen diese Umweltzustände eintreten werden.

- Bei der Maximin-Regel geht man von einem pessimistischen Entscheider aus. Es wird immer der Wert gewählt, welcher beim Eintreten des ungünstigsten Umweltzustands am größten ist.
- Das Gegenteil ist die Maximax-Regel: Hier geht man von einem optimistischen Entscheider aus. Deshalb wird der Wert gewählt, welcher beim Eintreten des günstigsten Umweltzustands am größten ist.
- Die Hurwicz-Regel erlaubt Kompromisse zwischen pessimistischen und optimistischen Entscheidungsregeln. Der Entscheidungsträger kann seine persönliche und subjektive Einstellung durch den sogenannten Optimismusparameter in die Berechnungen einfließen lassen.
- Die Savage-Niehans-Regel wird auch die Regel des kleinsten Bedauerns genannt. Man wählt diejenige Option, die den potenziellen Schaden minimiert.

Bis heute gibt es vielfältige Literatur und große Verbreitung in der traditionellen Betriebswirtschaftslehre über die präskriptive Entscheidungstheorie. Doch bereits seit den 1960er-Jahren werden die Schwächen dieses Ansatzes erkannt. Beispielsweise wollte Edmund Heinen die Erkenntnisse aus den Verhaltenswissenschaften wie der Psychologie einfließen lassen (vgl. Balderjahn und Specht 2016, S. 34 f.). Er gilt als Begründer der entscheidungsorientierten Betriebswirtschaftslehre (Heinen 1976). Heute sind diese Erkenntnisse fester Bestandteil der sogenannten Behavioral Economics.

3.1.2.2 Deskriptive Entscheidungstheorie (Behavioral Economics)

Deskriptiv bedeutet beschreibend. Die deskriptive Entscheidungstheorie beschreibt, wie Menschen sich tatsächlich entscheiden. Man verwendet auch den Begriff empirisch-realistisch (die Empirie ist die Erfahrungswissenschaft). Die Beschreibung des Entscheidungsverhaltens nutzt dazu Erkenntnisse aus Psychologie und Soziologie. Dabei werden kognitive Prozesse bei der Entscheidungsfindung untersucht, z. B. bei der Informationsaufnahme und -verarbeitung. Ziel der Erkenntnisse über das Entscheidungsverhalten ist, Entscheidungen prognostizieren und ggfs. auch steuern zu können. Dies ist im Bereich Konsumentenverhalten besonders wichtig.

Deskriptive Entscheidungstheorie

Dieser Ansatz wird international als Behavioral Economics (Verhaltensökonomie) bezeichnet. Durch diesen Ansatz werden die Wirtschaftswissenschaften wieder mit den Verhaltenswissenschaften versöhnt. Und so schließt sich der Kreis, denn bereits Adam Smith beschrieb 1759 in seiner ersten Schrift die Motivationen der Menschen (vgl. Adam Smith Institute 2017).

Behavioral Economics = Verhaltensökonomie

Die empirische Betrachtung des Menschen führt zu folgenden Theorien (vgl. Beck 2014, S. 2 f.), die in ◘ Abb. 3.4 zusammengefasst sind:

Neue Erwartungsnutzentheorie, Theorie des hyperbolischen Diskontierens, Gemeinwohl

1. Der Mensch ist beschränkt rational. Heuristiken, z. B. Daumenregeln, sind die Antwort auf seine Fähigkeit, Informationen nur in eingeschränktem Maße aufzunehmen und zu verarbeiten. Oftmals liegen kognitive Verzerrungen vor. Dies führt zur Prospect Theory (Neue Erwartungsnutzentheorie).
2. Der Mensch ist nur begrenzt willensstark. Er verschiebt das Sparen, die Diät oder den Ausstieg aus dem Rauchen. Die dahinterliegende Theorie ist die des hyperbolischen Diskontierens, welches Zeitinkonsistenzen beschreibt.
3. Der Mensch ist begrenzt egoistisch. Dies führt dazu, dass er auch Gemeinwohl und Fairness im Sinn hat.

Die Prospect Theory (Neue Erwartungstheorie) wurde 1979 von den Psychologen Daniel Kahneman und Amos Tversky erstmals veröffentlich (Kahneman und Tversky 1979). Dafür erhielt Kahneman 2002 den Nobelpreis für Wirtschaftswissenschaften (Tversky war 1996 gestorben). Die Theorie

Prospect Theory

erlaubt die Beschreibung der Entscheidungsfindung in Situationen mit Unsicherheit. Demnach wird der ökonomische Erwartungsnutzen von vielen Individuen nicht als Entscheidungsgrundlage genutzt.

Die Prospect Theory zeigt auf, welche Verhaltensanomalien (also kein rationales „normales" Verhalten wie beim Homo Oeconomicus) Menschen aufgrund von kognitiven Verzerrungen aufzeigen und wie dadurch das Risikoverhalten von Menschen variiert.

— Beispielsweise ist für viele Menschen nicht das Gewinnen, sondern das Vermeiden von Verlusten eine entscheidende Motivation. Entscheidungsträger möchten demnach vor allem das Bedauern minimieren, weniger den möglichen Nutzen steigern.
— Mögliche Umweltzustände werden nicht mit ihrer objektiven Eintrittswahrscheinlichkeit gewichtet, sondern so, dass äußerst unwahrscheinlichen Ereignissen tendenziell ein zu hohes Gewicht und fast sicheren Ereignissen ein zu geringes Gewicht eingeräumt wird.

Framing

Außerdem kommt es bei Entscheidungsträgern darauf an, wie die Frage formuliert wird und welche Gefühle mit der jeweiligen Formulierung assoziiert werden (Framing-Effekt). Personen zeigen beispielsweise unterschiedliches Entscheidungsverhalten, wenn von 25 % Sterberate gesprochen wird, als wenn von 75 % Überlebensrate gesprochen wird.

Priming

Menschen entscheiden unterschiedlich, je nachdem, was sie vorher erlebt haben. Durch Priming werden Inhalte im Gedächtnis von Entscheidern aktiviert, die die Personen oft nicht durchschauen, ja nicht einmal bemerken. Auf das Thema *Geld* geprimte Menschen sind beispielsweise individualistischer als die Kontrollgruppe. Menschen, die auf das Thema *Altern* geprimt wurden, bewegen sich langsamer (vgl. Kahneman 2011, S. 55 f.).

Spieltheorie

Auch das Vorhandensein von weiteren Akteuren und deren Reaktionen auf die eigene Entscheidung wurde bei den deskriptiven Ansätzen aufgegriffen: In der Spieltheorie wird der Entscheider daran erinnert, dass er nicht nur die Folgen seiner eigenen Handlungen, sondern auch fremde Entscheidungen mitberücksichtigen muss.

Der Begriff *Spieltheorie* beruht auf dem Einfluss, den am Anfang der Spieltheorie den Gesellschaftsspielen zukam. Mit der Verleihung des Nobelpreises im Jahre 1994 an John Nash, John Harsanyi und Reinhart Selten wurde die Spieltheorie in der Weltöffentlichkeit als wichtiges Mittel zum Verständnis der modernen Geschäftswelt gewürdigt.

Das Gefangenendilemma ist eines der berühmtesten Beispiele aus der Spieltheorie. Es beschreibt eine simultane Entscheidungssituation, die zu einem sozialen Dilemma führt (vgl. Tucker 1950, S. 228).

Beispiel
Zwei Personen sind angeklagt, ein gemeinsames Verbrechen begangen zu haben. Sie werden separat von der Polizei verhört. Jeder Person wird Folgendes gesagt:
1. Wenn eine Person gesteht und die andere nicht, erhält die geständige Person einen Bonus und die nicht-geständige Person wird bestraft (Kronzeugenregelung).
2. Wenn beide gestehen, werden beide bestraft.
    Gleichzeitig haben beide guten Grund zu glauben, dass Folgendes gilt:
3. Wenn beide schweigen und keiner gesteht, werden beide freigesprochen.

Gefangenendilemma

In dieser Situation führt das individuell rationale Verhalten der einzelnen Gruppenmitglieder *(gestehen)* zu einem für die Gruppe insgesamt schlechten Ergebnis. Denn für beide zusammen gesehen, wäre es besser, zu schweigen. Letztendlich ist es eine Frage des Vertrauens, denn nur mit Vertrauen in das Schweigen des anderen wird man selbst schweigen können.

3.2 Unternehmenszweck (Mission)

Eine zentrale konstitutive Entscheidung ist die Frage nach dem Unternehmenszweck, auch *(Business) Mission* genannt. Der Unternehmenszweck gibt Antwort darauf, warum ein Unternehmen im Markt existieren sollte (vgl. Müller-Stewens und Lechner 2016, S. 224).

Unternehmenszweck, Mission

Herkömmlich wird der Unternehmenszweck im Gesellschaftsvertrag oder in der Satzung eines Unternehmens als *Gegenstand des Unternehmens* formuliert. Der Gegenstand des Unternehmens ist in jeder Mustervorlage für Unternehmensgründungen aufzufinden. Zugleich kann der Unternehmenszweck auch die Basis für den Firmennamen eines Unternehmens sein oder zumindest Inspiration dafür liefern. Die Mission sollte immer so formuliert werden, dass sich auch zukünftige Möglichkeiten eines Unternehmens noch einbinden lassen, sie sollte also nicht zu eng begrenzt sein.

Gegenstand eines Unternehmens

Mission Statement

Heutzutage wird der Unternehmenszweck meist auch als Mission Statement formuliert. Das hört sich moderner an, gemeint ist jedoch dasselbe. Einziger Unterschied ist, dass das Mission Statement häufig kürzer und marketingorientierter formuliert wird, so dass es als strategischer Kommunikationsbaustein für die Ansprache von Kunden, Mitarbeitern und anderen Stakeholdern verwendbar ist.

> Der **Unternehmenszweck (Mission)** erläutert die Daseinsberechtigung eines Unternehmens im Markt und benennt den positiven Beitrag (Value Proposition), z. B. in Form von Produkten oder Dienstleistungen für konkrete Zielgruppen, den ein Unternehmen für Kunden oder die Gesellschaft leisten will (vgl. z. B. Müller-Stewens und Lechner 2016, S. 224).

Beispiel
Googles Mission Statement lautet beispielsweise (Google 2017):
» „Organize the world's information and make it universally accessible and useful."

Beispiel
Ein Beispiel für ein Mission Statement im Bereich von Non-Government-Organisationen liefert *Ärzte ohne Grenzen* (Ärzte ohne Grenzen 2017):
» „Médecins Sans Frontières (MSF) is an international, independent, medical humanitarian organisation that delivers emergency aid to people affected by armed conflict, epidemics, natural disasters and exclusion from healthcare. MSF offers assistance to people based on need, irrespective of race, religion, gender or political affiliation."

Die Festlegung des Unternehmenszwecks fördert die Diskussion über Produkte, Dienstleistungen, Märkte und Kundengruppen – speziell bei Unternehmensgründungen. Deshalb ist die Mission in jedem Businessplan ein zentraler Punkt. Auch Fernsehformate wie *Die Höhle der Löwen* (*Sharks Tank* im US-Fernsehen) greifen diesen Moment auf, wo Gründerinnen und Gründer ihre Erfindung oder ihre Geschäftsidee in wenigen Sätzen überzeugend präsentieren müssen.

3.2 · Unternehmenszweck (Mission)

Der Unternehmenszweck ist eng verbunden mit den sogenannten strategischen Geschäftsfeldern (Strategic Business Units, SBU, auch Sparten, Tätigkeitsbereiche genannt). Mit der Festlegung von strategischen Geschäftsfeldern wird die Mission konkretisiert, da nun präzise Märkte bzw. Marktsegmente angegeben werden (vgl. Balderjahn und Specht 2016, S. 143 f.).

Strategische Geschäftsfelder, Strategische Geschäftseinheiten

> Ein **strategisches Geschäftsfeld** ist ein Tätigkeitsbereich eines Unternehmens. Dieser Tätigkeitsbereich konzentriert sich auf einen Markt oder ein Segment, das sich gut von anderen Bereichen abgrenzen lässt. Strategische Geschäftsfelder (externe Sicht) werden von strategischen Geschäftseinheiten (interne Organisation) bearbeitet und oft nach den angebotenen Produkten benannt.

Beispiel
In der Satzung der Daimler AG von 2017 ist der Gegenstand des Unternehmens festgehalten. § 2, Absatz 1 lautet (Daimler 2017a):
» „Gegenstand des Unternehmens ist die unmittelbare oder mittelbare Tätigkeit auf dem Gebiet der Entwicklung, der Herstellung und des Vertriebs von Erzeugnissen und der Erbringung von Dienstleistungen, insbesondere in folgenden Geschäftszweigen:
- Landfahrzeuge,
- Wasser-, Luft- und Raumfahrzeuge sowie sonstige Erzeugnisse der Verkehrs-, Luftfahrt-, Raumfahrt- und Meerestechnik,
- Motoren und andere technische Antriebe,
- elektronische Geräte, Anlagen und Systeme,
- Kommunikations- und Informationstechnik,
- Finanzdienstleistungen, Versicherungsvermittlungen und
- Verwaltung und Entwicklung von Immobilien."

Die Mission der Daimler AG wird wie folgt zusammengefasst: „Die Mobilität der Zukunft sicher und nachhaltig gestalten." (Daimler 2017b).
Die strategischen Geschäftsfelder des Daimler Konzern sind (Daimler 2017b):
1. Mercedes-Benz Cars,
2. Daimler Trucks,
3. Daimler Buses,
4. Mercedes-Benz Vans,
5. Daimler Financial Services.

3.3 Standortwahl und Standortfaktoren

Standortentscheidung, Standortwahl

Standortentscheidungen werden getroffen bei Unternehmensgründung, -expansion, -zentralisation und -dezentralisation. Die Entscheidung fällt darüber, an wie vielen und an welchen geografischen Orten welche Produkte eines Unternehmens hergestellt und abgesetzt werden sollen (vgl. Vahs und Schäfer-Kunz 2015, S. 97 ff.). Die Standortentscheidung hat konstitutiven Charakter, da sie viele Folgeentscheidungen beeinflusst.

Standort

> Der **Standort** eines Unternehmens ist der geografische Ort, an dem Güter erstellt oder Leistungen erbracht werden. Rechtlich wird der im Handelsregister eingetragene Sitz der Muttergesellschaft (Konzernholding) als Standort angesehen (vgl. Bea 2009, S. 366).

Grad der geografischen Ausbreitung

Die geografische Ausbreitung eines Unternehmens erfolgt häufig in Etappen und zeigt vier typische Standortkategorien auf (vgl. Thommen et al. 2017, S. 38 f.). Bei jedem Schritt müssen Standortentscheidungen getroffen werden:
1. Lokaler/regionaler Standort: Häufig werden Unternehmen in der Heimat der Gründer gegründet. Hier besteht ein Netzwerk aus Lieferanten, Kunden oder Bankkontakten, auf das man zurückgreifen kann. Die betriebliche Tätigkeit beschränkt sich auf einen Ort oder auf eine Region.
2. Nationaler Standort: Expandiert ein Unternehmen, ist der zweite Schritt häufig die Gründung von Filialen im eigenen Land, um den Vertrieb auszubauen oder die Gründung von weiteren Produktionsstandorten, um die Produktion auszuweiten.
3. Internationaler Standort: In einem dritten Schritt kommen dann z. B. Vertriebsniederlassungen im Ausland hinzu, um den internationalen Vertrieb sicherzustellen (z. B. Fielmann AG). Hierbei handelt es sich noch um rechtlich unselbstständige Unternehmen im Ausland.
4. Multinationaler Standort: Der vierte Schritt ist dann die Errichtung von Produktionsstandorten im Ausland, um z. B. Kosten- und Steuervorteile multinational zu nutzen (z. B. Daimler AG). Hierbei handelt es sich um rechtlich selbstständige Unternehmen. Häufig werden auf Druck des Gastlandes auch Joint Venture gegründet, wobei ein inländischer Partner ebenfalls Anteile am Unternehmenskapital hält.

3.3 · Standortwahl und Standortfaktoren

Ballen sich bestimmte Unternehmen in einem Gebiet, spricht man von Standortagglomeration. Im Silicon Valley ist die Agglomeration bedingt durch das vorhandene Potenzial an Arbeitskräften und Experten für IT. Absatzbedingte Agglomerationen zeigen sich bei der starken Konzentration von Handelsunternehmen außerhalb der Städte.

Ziele, die mit Standortentscheidungen verfolgt werden, können anhand der betriebswirtschaftlichen Funktionen hergeleitet werden (vgl. dazu ▶ Abschn. 2.3 Funktionen und Prozesse), z. B.:

- Beschaffung: Sicherung neuer oder kostengünstigerer Beschaffungsquellen durch neue Standorte im Ausland,
- Produktion: Ausbau der Produktionskapazitäten in Asien bei Einsatz von billigeren Arbeitskräften (z. B. adidas AG),
- Absatz/Vertrieb: Erschließung neuer Absatzmärkte durch Eröffnung von Filialen im Ausland (z. B. Louis Vuitton),
- Rechnungswesen: Verlagerung von Standorten in andere Länder zwecks Steuerersparnis (z. B. Amazon S.a.r.l. mit Sitz in Luxemburg); Vermeidung des Risikos von Wechselkursen durch Produktionsstandorte in den Absatzländern (z. B. SUVs von Daimler AG).

Standortagglomeration

Ziele von Standortentscheidungen

Lokal, regional bis hin zu multinational gilt es den optimalen Standort anhand von **Standortfaktoren** zu finden.

> **Standortfaktoren** sind entscheidungsrelevante Kriterien, anhand derer die Eignung eines Standortes überprüft wird, da sie großen Einfluss auf den Erfolg eines Unternehmens haben (vgl. Vahs und Schäfer-Kunz 2015, S. 111).

Dabei gibt es harte und weiche Standortfaktoren. Harte Standortfaktoren sind objektiv messbar und können in konkreten Zahlen ausgedrückt werden, z. B. Grundstückspreise oder Lohnkosten. Die harten Standortfaktoren sind in ◘ Abb. 3.6 untergliedert in absatzbezogene, beschaffungs-/produktionsbezogene und staatlich festgelegte Standortfaktoren.

Harte Standortfaktoren

Weiche Standortfaktoren sind nicht direkt monetär messbar, spielen aber für die Standortwahl eine große Rolle, z. B. die Lebensqualität oder das Image eines Standortes.

Weiche Standortfaktoren

Um auch weiche Standortfaktoren in die Standortentscheidung einfließen zu lassen, wird häufig eine Nutzwertanalyse verwendet. Psychologische oder soziologische

Weiche Standortfaktoren

- Lebensqualität, z. B. Freizeiteinrichtungen, Kriminalität
- Wirtschaftsklima, z. B. erwartetes Wachstum
- Politische Situation, z. B. sozialer Frieden
- Synergieeffekte z. B. durch andere Unternehmen mit ähnlicher Zielsetzung (Clusterbildung, Standortagglomeration)

Beschaffungs- und produktionsorientierte Standortfaktoren

- Verfügbarkeit von Werkstoffen
- Nähe zu Zulieferern
- Infrastruktur
- Kosten u. Qualifikation von Arbeitskräften
- Kosten, Verfügbarkeit u. Beschaffenheit von Grundstücken u. Immobilien

Absatzbezogene Standortfaktoren

- Lokale Nachfrage und Absatzinfrastruktur
- Konkurrenzsituation
- Zölle u. Einfuhrbeschränkungen, falls Absatzmarkt und Produktionsstandort in unterschiedlichen Ländern sind

Staatlich festgelegte Standortfaktoren

- Wirtschaftspolitik, z. B. Steuern (Hebesätze bei der Gewerbesteuer)
- Umweltschutzmaßnahmen
- Subventionen und Zuschüsse

◻ Abb. 3.6 Standortfaktoren

Aspekte können dort anhand eines Punkteschemas in die Entscheidung einfließen. Eine Übungs- und Vertiefungsaufgabe mit Musterlösung befindet sich in ► Abschn. 2.7 sowie in ► Abschn. 6.9.

Die Vorgehensweise multinationaler Unternehmen wie VW oder Zara bei der Standortbestimmung für ein neues Produktionswerk oder für einen neuen Flagship Store erfolgt schrittweise von einer Staatengemeinschaft (Europäische Union, NAFTA) über einen Staat, eine Region bis hin zum letztendlichen Grundstück (vgl. ◻ Abb. 3.7). Auf jeder Stufe können unterschiedliche Standortfaktoren festgelegt werden,

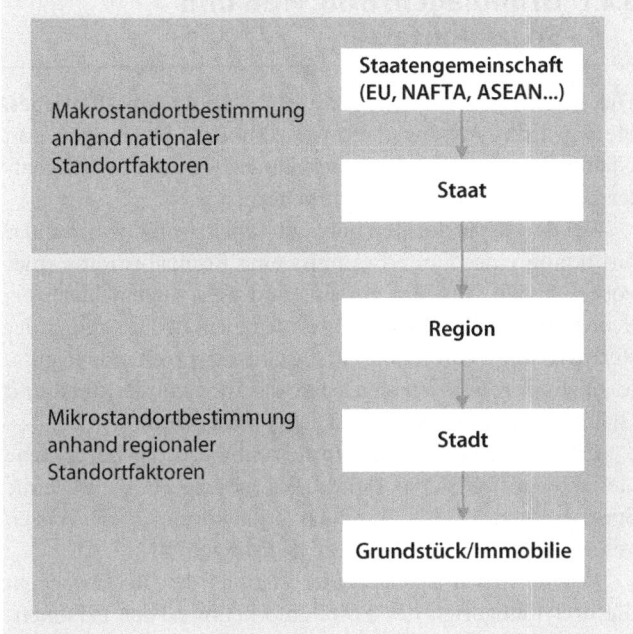

◘ Abb. 3.7 Stufen der Standortbestimmung (vgl. Bankhofer 2001, S. 118 zitiert in Vahs und Schäfer-Kunz 2015, S. 111)

anhand derer die Standortentscheidung getroffen wird (vgl. Vahs und Schäfer-Kunz 2015, S. 110).

3.4 Rechtsformwahl: Einzelunternehmen, Personen- und Kapitalgesellschaften

Entscheidungen über die Rechtsform werden getroffen bei der Gründung oder bei der Umfirmierung von Unternehmen. Die Wahl der Rechtsform hat konstitutiven Charakter, d. h. sie legt die Bedingungen für viele weitere Folgeentscheidungen fest.

Rechtsformenentscheidung, Rechtsformwahl

Bei den Rechtsformen ist es sehr hilfreich, einzelne Paragrafen in den entsprechenden Gesetzen nachzulesen – auch wenn wir keine Juristen werden wollen. Diese Gesetzestexte können jederzeit im Internet unter ► www.gesetze-im-internet.de nachgelesen werden. Die Webseite wird vom Bundesjustizministerium bereitgestellt.

In den folgenden Abschnitten werden zuerst die Grundlagen für die Rechtsformen erläutert. Danach werden Einzelunternehmen, die verschiedenen Personengesellschaften und die Kapitalgesellschaften erläutert. Den Abschluss bilden Mischformen und die Innenform der stillen Gesellschaft.

3.4.1 Grundlagen: BGB, HGB und Spezialgesetze

Rechtsform

Die Rechtsform ist das „rechtliche Kleid" eines Betriebes. Sie regelt das Außenverhältnis zu Kunden, Lieferanten und Gläubigern sowie das Innenverhältnis zwischen Gesellschaftern, Anteilseignern und Mitarbeitern.

Typenzwang

Bei den Rechtsformen herrscht Typenzwang, d. h. bei der Gründung eines Gewerbes muss eine Rechtsform aus einer vorgegebenen Auswahl gewählt und ggfs. angemeldet werden. Startet man ein Gewerbe ohne bewusste Festlegung der Rechtsform, so wird im Streitfalle eine entsprechende Rechtsform aus den Indizien abgeleitet, was für Gründerinnen und Gründer sehr unangenehme Folgen haben kann.

Grundlage der Rechtsformen

Grundlage für die Rechtsformen sind u. a. das Bürgerliche Gesetzbuch (BGB), das Handelsgesetzbuch (HGB) sowie die Spezialgesetze zu den einzelnen Rechtsformen, z. B. Aktiengesetz oder GmbH-Gesetz (vgl. Klunzinger 2012, S. 5).

Kategorien von Rechtsformen

Grundsätzlich unterscheidet man bei den Rechtsformen die drei Kategorien der Einzelunternehmen, der Personen- und der Kapitalgesellschaften (vgl. ◘ Abb. 3.8):

Einzelunternehmen, Personengesellschaft, Kapitalgesellschaft

- Einzelunternehmen werden von einer Inhaberin oder einem Inhaber geführt. Sie haben das alleinige Sagen im Unternehmen. Dafür haften sie aber auch unbeschränkt bis ins Privatvermögen. Rund 70 Prozent aller Unternehmen in Deutschland sind Einzelunternehmen.
- Personengesellschaften werden von den Gesellschaftern selbst geführt; dies nennt sich Selbstorganschaft. Faustregel ist, dass alle zusammen unbeschränkt bis ins Privatvermögen haften; und zwar jeder Einzelne gesamtschuldnerisch. Das bedeutet, Gläubiger können wählen, bei wem sie z. B. bestehende Schulden eintreiben.
- Kapitalgesellschaften sammeln Kapital durch Anteilseigner, um ein Gewerbe auf- oder auszubauen. Da die Willensbildung einer großen Personengruppe schwierig ist, werden sogenannte Drittorgane zur Geschäftsführung eingesetzt. Das bedeutet, die Geschäftsleitung kann durch Dritte besetzt werden, die unter Umständen gar keine Anteile am Unternehmen besitzen. Kapitalgesellschaften haften nur mit ihrem Gesellschaftsvermögen. Bei großen Kapitalgesellschaften ist noch ein Aufsichtsrat erforderlich, der die Geschäftsleitung überwacht.

Jede der Kategorien enthält unterschiedliche Rechtsformen, die dann noch zu Mischformen kombiniert werden können. ◘ Abb. 3.9 gibt einen Überblick über die Einteilung der Rechtsformen.

3.4 · Rechtsformwahl: Einzelunternehmen, Personen…

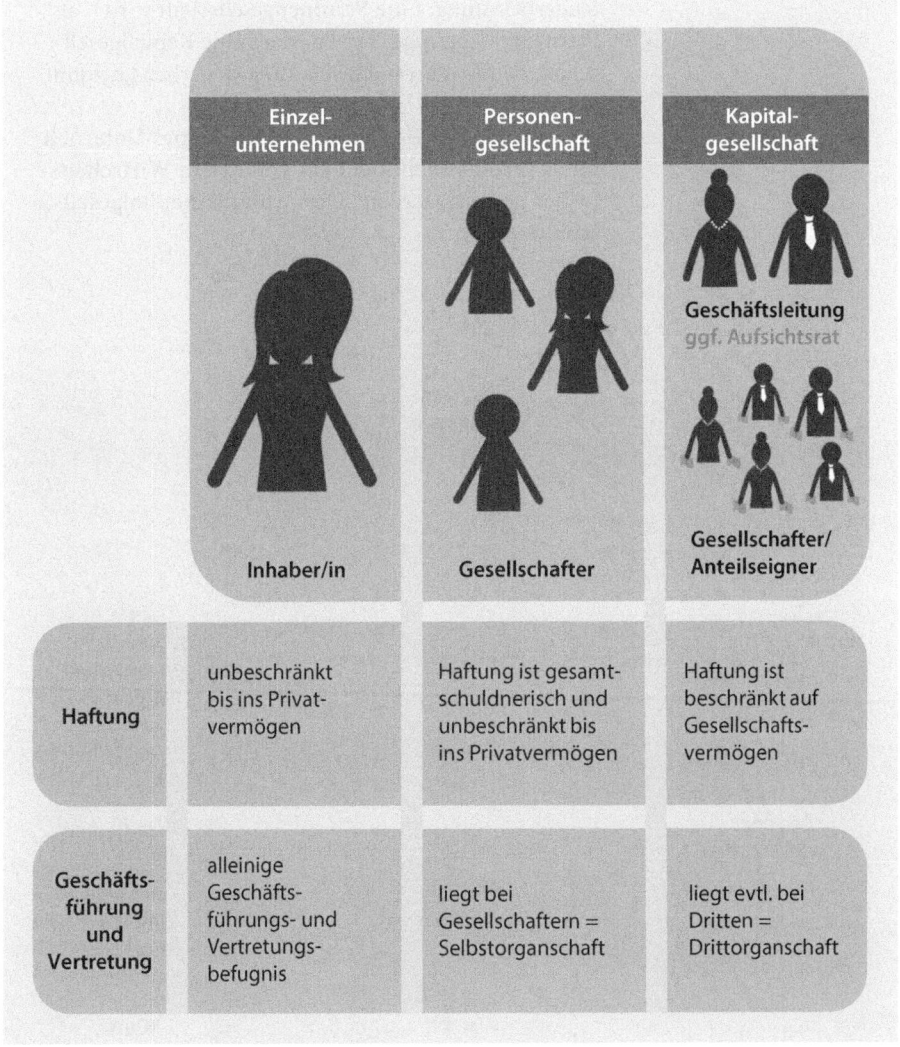

◘ Abb. 3.8 Überblick über Kategorien für Rechtsformen

Entscheidungsträger müssen bei der Wahl der Rechtsformen viele Kriterien heranziehen (vgl. Klunzinger 2012, S. 7), z. B.:

- Haftungsumfang: Soll z. B. die Gründerin oder der Gründer mit dem privaten Vermögen haften oder nur das Gesellschaftsvermögen?
- Leitung und Kontrolle: Wer führt das Unternehmen? Gibt es vorgeschriebene Kontrollgremien?
- Kapitalaufbringung: Welche Möglichkeiten der Eigen- und Fremdfinanzierung gibt es? Erlaubt die Rechtsform die Einbindung von Investoren?

Entscheidungskriterien bei der Rechtsformenwahl

- Steuerbelastung: Eine Personengesellschaft wird – als Faustregel – geringer besteuert als eine Kapitalgesellschaft, da die persönliche Haftung steuerlich „belohnt" wird.
- Publizität: Muss der Jahresabschluss eines Unternehmens veröffentlicht oder gar von einem Wirtschaftsprüfer geprüft werden? Dies trifft für Kapitalgesellschaften zu.

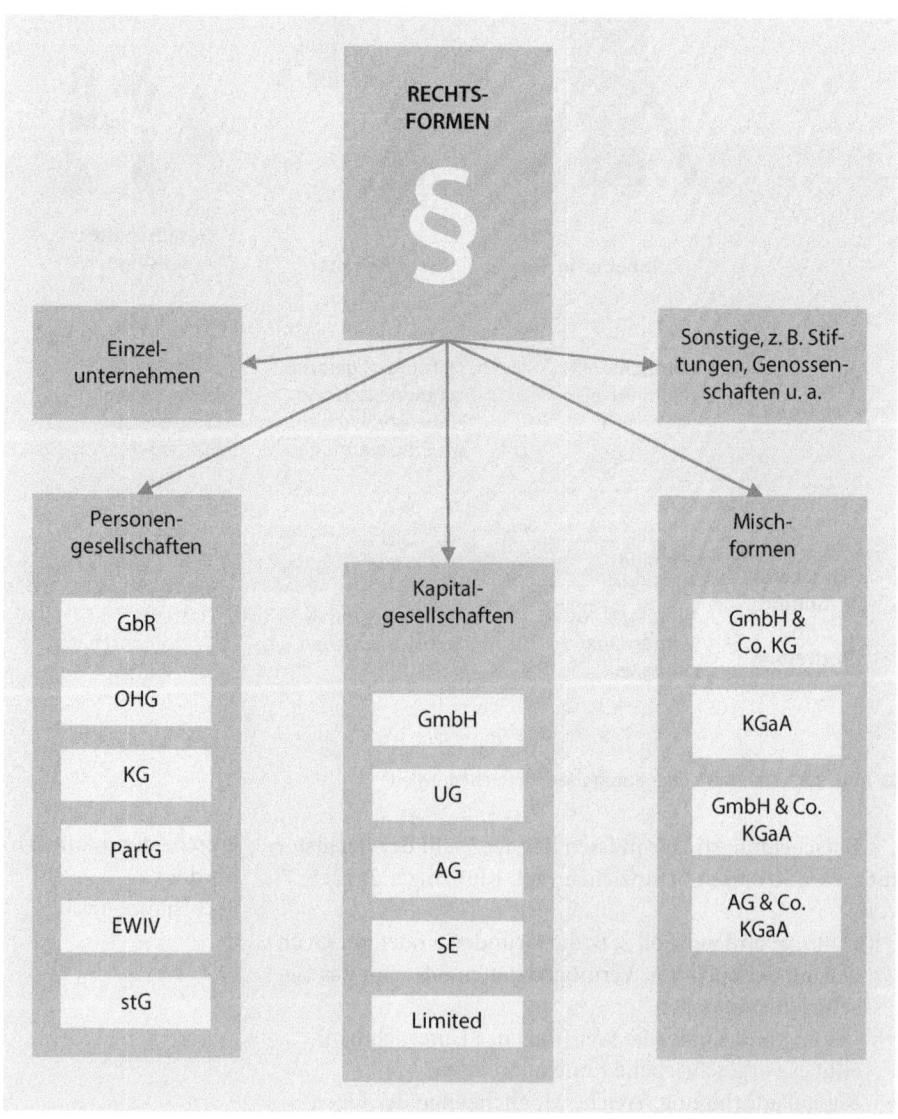

◘ Abb. 3.9   Überblick über Rechtsformen (modifiziert nach Klunzinger 2012, S. 4)

3.4 · Rechtsformwahl: Einzelunternehmen, Personen...

Im konkreten Fall hilft ein Beratungsgespräch mit Steuerberatern, Rechtsanwälten, Business Angels, Banken, Gründerzentren und Kammern. Leider findet dieses Gespräch oft viel zu spät statt, so dass viele Gründer in ihre Geschäftstätigkeit hineinstolpern und sich dann über die rechtlichen oder steuerlichen Konsequenzen wundern. Einen kompakten Überblick gibt auch die Seite des Bundesministeriums für Wirtschaft und Energie auf ▶ www.existenzgruender.de.

Business Angels, Gründerzentren und Berater bei Gründung

3.4.2 Einzelunternehmen: Kaufleute und freie Berufe

Ein Einzelunternehmen entsteht automatisch, wenn eine Person alleine ein Geschäft eröffnet oder anfängt gewerblich tätig zu werden. Einzelunternehmen können auch Arbeitnehmer beschäftigen.

Vorteile sind die völlige Unabhängigkeit und die Entscheidungsbefugnis durch die Selbstständigkeit. Nachteile sind volle Verantwortung, volles Risiko, unbeschränkte Haftung bis ins Privatvermögen und eventuell Finanzierungsschwierigkeiten.

Einzelunternehmen können weiter unterteilt werden. Dazu wird unterschieden nach Handelsgewerbe, Kleingewerbe und freien Berufen (vgl. ◘ Abb. 3.10).

Einzelunternehmen haben keine Gesellschafter, aber können Arbeitnehmer beschäftigen

Vor- und Nachteile

3.4.2.1 Kaufleute, Kleingewerbetreibende und das Handelsregister

(Einzel-)Kaufleute sind Ist- oder Kann-Kaufleute, die ein Handelsgewerbe ohne Gesellschafter betreiben, z. B. Einzelhändler oder Handwerksmeister. Sie unterliegen der Gewerbe- und der Einkommenssteuer.

Ist-Kaufleute, Kann-Kaufleute

Gewerbe ist der Teil der Wirtschaft, der selbstständig und nachhaltig zur Gewinnerzielung handelt. Ausnahmen sind Land- und Forstwirtschaft sowie die freien Berufe. Verkaufen wir z. B. auf uns gefallene Erbgegenstände unserer Oma auf eBay, begründet sich daraus kein Gewerbe, da wir nicht nachhaltig als Verkäufer auftreten.

Gewerbe

Um Ist-Kaufleute mit einem Handelsgewerbe von Kann-Kaufleuten mit einem Kleingewerbe zu unterscheiden, definiert der erste Paragraf des Handelsgesetzbuchs (HGB) Folgendes:

(1) Kaufmann im Sinne dieses Gesetzbuchs ist, wer ein Handelsgewerbe betreibt.

(2) Handelsgewerbe ist jeder Gewerbebetrieb, es sei denn, dass das Unternehmen nach Art oder Umfang einen in kaufmännischer Weise eingerichteten Geschäftsbetrieb nicht erfordert.

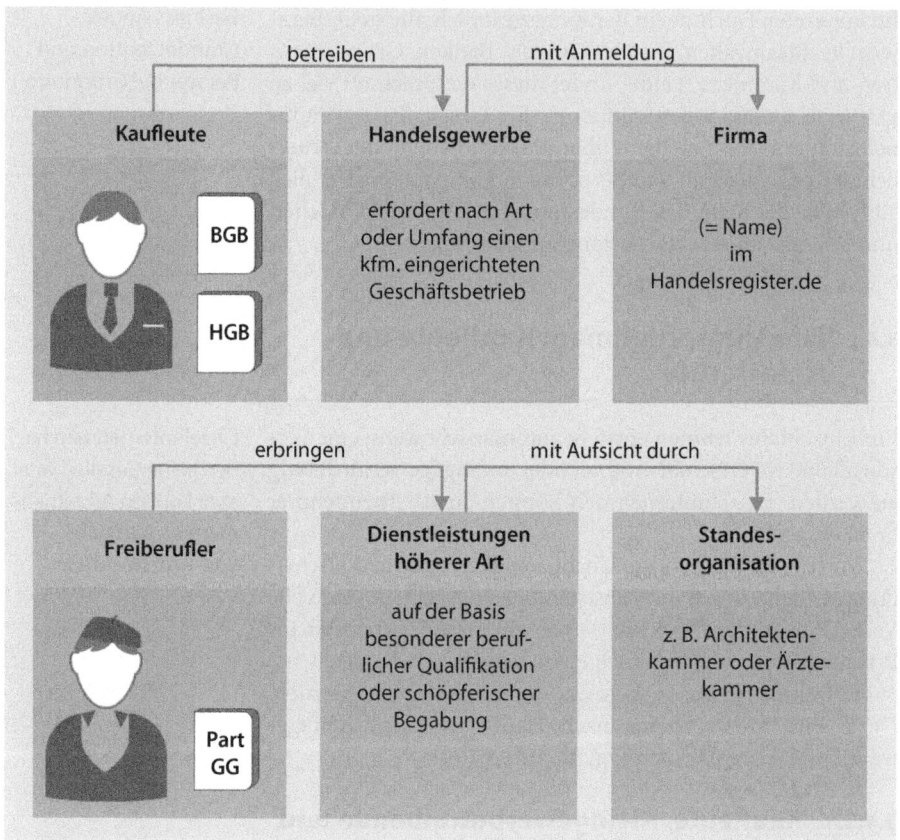

◘ Abb. 3.10 Gewerbe und freie Berufe

Kaufmännischer Geschäftsbetrieb

Ist-Kaufleute benötigen also einen nach Art oder Umfang in kaufmännischer Weise eingerichteten Geschäftsbetrieb. Leider gibt es keinen festen Kriterienkatalog, wodurch man sofort auf diesen kaufmännischen Geschäftsbetrieb schließen könnte. Indizien, wie eine Umsatzhöhe von über 300.000 Euro, eine große Belegschaft, Vertreterregelungen, Kredite, ein vielfältiges Produktspektrum oder Ähnliches weisen auf die Erfordernis – denn darauf kommt es an – eines kaufmännischen Geschäftsbetriebes hin. Letztendlich zählt aber immer das Gesamtbild (vgl. Nawratil 2015, S. 5 ff.).

Kaufleute sind Profis im Business

Die gesetzlichen Anforderungen an Kaufleute sind erheblich höher als die an den üblichen „BGB-Bürger". Ziel ist es, den Kunden Transparenz, Sorgfalt und Sicherheit im Geschäftsleben zu geben und die Kaufleute als Anbieter stärker in die Pflicht zu nehmen.

3.4 · Rechtsformwahl: Einzelunternehmen, Personen...

Deshalb müssen sich Ist-Kaufleute im öffentlich einsehbaren Handelsregister eintragen lassen (► www.handelsregister.de). Außerdem müssen sie auf allen Geschäftspapieren Pflichtangaben machen, z. B. Rechtsformzusatz, der Ort der Handelsniederlassung, das Registergericht und die Nummer, unter der die Firma in das Handelsregister eingetragen ist. Ihre Pflichten sind allesamt im Handelsgesetzbuch festgelegt.

Handelsregistereintrag, Geschäftspapiere

Kleine Einzelunternehmen, deren Betrieb keinen kaufmännischen Geschäftsbetrieb erfordert, nehmen eine Gewerbeanmeldung vor, betreiben aber kein Handelsgewerbe. Man nennt sie Nicht-Kaufleute oder Kleingewerbetreibende. Wählen sie jedoch bewusst die Anmeldung im Handelsregister, werden sie zum Kann-Kaufmann bzw. zur Kann-Kauffrau. Die Eintragung als Kaufmann bringt z. B. Vorteile wie Imagegewinn bei Lieferanten oder Banken (vgl. ◘ Abb. 3.11).

Nicht-Kaufleute, Kleingewerbetreibende, Kann-Kaufleute

Durch die Verpflichtung zur Eintragung hat die Eintragung im Handelsregister für Ist-Kaufleute deklaratorischen Charakter (Kaufleute kraft Betätigung), während sie für Kann-Kaufleute konstitutiven Charakter hat (Kaufleute kraft Eintragung).

Kaufleute kraft Betätigung, Kaufleute kraft Eintragung

Nach § 29 HGB sind alle Kaufleute verpflichtet, ihre Firma zum Handelsregister anzumelden. Die Firma ist gemäß § 17 HGB der Name, unter dem ein Kaufmann seine Geschäfte betreibt und die Unterschrift abgibt, klagen und verklagt werden kann. Die Firma muss nach § 18 HGB zur Kennzeichnung des Kaufmanns geeignet sein und Unterscheidungskraft besitzen.

Firma, Handelsregister

Sachfirmen, Personenfirmen, Mischfirmen und Fantasiefirmen sind zulässig. Für jede Rechtsform sind Rechtsformzusätze vorgegeben, z. B.:
- Sachfirma: Saarstahl AG,
- Personenfirma: Berta Müller GmbH,
- Mischfirma: Bäckerei Dreihäupl OHG,
- Fantasiefirma: Red Bull GmbH.

Die Firma ist im Register des zuständigen Amtsgerichts anzumelden:
- Abteilung A: Einzelunternehmen (e. K.), offene Handelsgesellschaften (OHG) und Kommanditgesellschaften (KG),
- Abteilung B: Aktiengesellschaften (AG), Kommanditgesellschaften auf Aktien (KGaA) und Gesellschaften mit beschränkter Haftung (GmbH).

Für Genossenschaften (e. G.) und Vereine (e. V.) gibt es gesonderte Register.

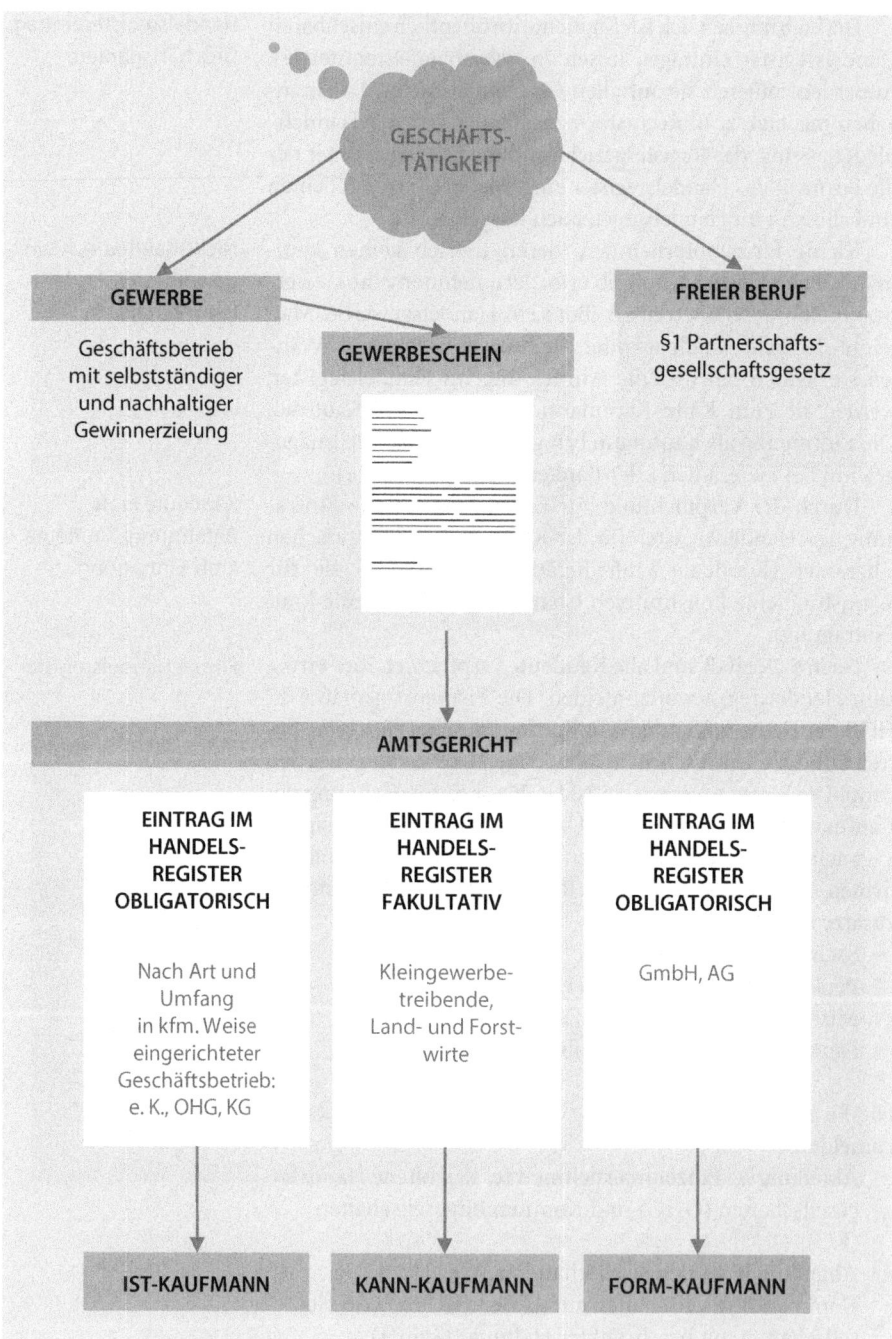

◘ Abb. 3.11 Ablauf einer Unternehmensgründung

3.4 · Rechtsformwahl: Einzelunternehmen, Personen...

Formkaufleute werden Kaufmann kraft Rechtsform. Dazu gehören z. B. die Gesellschaft mit beschränkter Haftung (GmbH) und die Aktiengesellschaft (AG). Gleichgültig wie hoch ihr Umsatz ist oder welchen Zweck sie verfolgen, diese Unternehmen sind immer Kaufleute.

Formkaufleute

3.4.2.2 Freiberufler

Das Gewerbe ist aufgrund von Traditionen und von gesetzlichen Anordnungen von den freien Berufen abzugrenzen. Die freien Berufe bezahlen keine Gewerbesteuer. Sie werden lediglich mit Einkommensteuer belegt.

Freie Berufe, Freiberufler

Nach § 1 Abs. 2 Partnerschaftsgesellschaftsgesetz (PartGG) haben die freien Berufe die persönliche, eigenverantwortliche und fachlich unabhängige Erbringung von Dienstleistungen höherer Art zum Inhalt. Dies geschieht auf der Grundlage besonderer beruflicher Qualifikation oder schöpferischer Begabung im Interesse der Auftraggeber und der Allgemeinheit.

Partnerschaftsgesellschaftsgesetz (PartGG)

Freie Berufe umfassen z. B. Ärzte, Heilpraktiker, Hebammen, Diplom-Psychologen, Rechtsanwälte, Ingenieure, Architekten, Dolmetscher, Übersetzer, Künstler, Lehrer oder Steuerberater, vorausgesetzt diese sind selbstständig tätig.

§ 1 PartGG sowie das Einkommensteuergesetz geben Auskunft darüber, wer zu den Freiberuflern gehört. Freie Berufe unterliegen nicht der Genehmigungspflicht durch das Gewerbeamt, sondern der Aufsicht ihrer Standesorganisation (Ärztekammer etc.). Details sind in den zugehörigen Gesetzen, wie Bundesrechtsanwaltsordnung, Steuerberatungsgesetz oder Wirtschaftsprüferordnung, zu finden.

3.4.3 Personengesellschaften

Personengesellschaften benötigen mindestens zwei Personen zur Gründung. Die Gesellschaft wird dabei von den Gesellschaftern selbst geführt (Selbstorganschaft). Das Stimmrecht erfolgt nach Köpfen. Die Gesellschafter haften persönlich, gesamtschuldnerisch, unmittelbar und unbeschränkt.

Personengesellschaft

Das hohe Risiko der Haftung wird vom Steuergesetzgeber „belohnt", indem Personengesellschaften nur Einkommensteuer bezahlen müssen – und z. B. keine Körperschaftssteuer wie Kapitalgesellschaften.

3.4.3.1 Gesellschaft bürgerlichen Rechts (GbR)

Eine Gesellschaft bürgerlichen Rechts (GbR) ist eine Personengesellschaft von mindestens zwei Personen zur Förderung eines gemeinsam verfolgten Zwecks, der nicht auf den Betrieb eines Handelsgewerbes gerichtet ist (vgl. BGB §§ 705 ff.).

Gesellschaft bürgerlichen Rechts (GbR) kann auch durch schlüssiges Handeln entstehen

	Der Vertrag kommt schriftlich, mündlich oder konkludent (schlüssiges Handeln, z. B. ein Hand-Shake) zustande.
BGB-Gesellschaft	Die GbR ist der Grundtyp für alle Personengesellschaften. Sie wird auch BGB-Gesellschaft genannt, da sie im Bürgerlichen Gesetzbuch geregelt ist (vgl. Klunzinger 2012, S. 17 ff.).
Musterverträge bei HWK und IHK, dennoch Beratung aufsuchen	Auf den Webseiten vieler Industrie- und Handelskammern finden sich von Juristen geprüfte Musterverträge, die bei der Gründung eine erste Orientierung geben. Dennoch empfiehlt sich immer eine individuelle Beratung durch Steuerberater, Anwälte oder Gründerzentren.

Die GbR kommt in der Praxis häufig vor:
- Gelegenheitsgesellschaften, wie Arbeitsgemeinschaften und Konsortien,
- Zusammenschlüsse von Nicht-Kaufleuten,
- Zusammenschlüsse von Freiberuflern, z. B. Ärzte in Gemeinschaftspraxen oder Architekten in Gemeinschaftsbüros,
- Mitfahrgemeinschaften.

Ein Vorteil der GbR ist die unkomplizierte Gründung. Außerdem ist kein Kapital zur Gründung erforderlich. Nachteilig ist, dass die Gesellschafter die volle Verantwortung und das volle Risiko tragen, denn jeder Einzelne haftet unbeschränkt und gesamtschuldnerisch bis ins Privatvermögen. Zudem liegt keine Firma vor, da diese gemäß § 17 HGB nur für Kaufleute vorgesehen ist.

| |
---|---
Gesamtschuldnerische Haftung | Gesamtschuldnerisch bedeutet, dass z. B. eine Bank oder ein Lieferant von jedem einzelnen Gesellschafter verlangen kann, dass er für die kompletten Schulden einsteht – auch mit seinem Privatvermögen. Notfalls müssen dann private Immobilien und andere Wertgegenstände verkauft werden. Nur im Innenverhältnis kann sich der Gesellschafter dann das Geld von seinen Mitgesellschaftern, den Kompagnons, holen.

Die Geschäftsführung (im Innenverhältnis) und die Vertretung (im Außenverhältnis) obliegen bei einer GbR allen Gesellschaftern gemeinschaftlich. Für jedes Geschäft ist damit die Zustimmung aller Gesellschafter erforderlich. Diese recht umständliche Regelung kann im Gesellschaftsvertrag anders geregelt werden (vgl. Klunzinger 2012, S. 32).

Das Gesellschaftsvermögen steht ebenfalls allen gemeinsam zu. Man spricht von Gesamthandsvermögen, über das der einzelne Gesellschafter nicht einfach verfügen kann – ebenfalls sehr unpraktisch.

Grundsätzlich wird die GbR für den Gesetzgeber zur OHG, wenn durch die Gesellschaft ein Handelsgewerbe – mit

3.4 · Rechtsformwahl: Einzelunternehmen, Personen...

Abb. 3.12 Überblick Gesellschaft bürgerlichen Rechts (GbR)

der Erfordernis des kaufmännischen Geschäftsbetriebs – betrieben wird (Abb. 3.12).

3.4.3.2 Offene Handelsgesellschaft (OHG) und EWIV

Wie bei der GbR handelt es sich bei der offenen Handelsgesellschaft (OHG) um eine Personengesellschaft, die durch den Zusammenschluss von mindestens zwei Personen entsteht. Da die GbR die Grundlage für alle Personengesellschaften ist, gelten für die OHG §§ 105–160 HGB und ergänzend §§ 705 ff. BGB.

Offene Handelsgesellschaft (OHG)

Allerdings hat die offene Handelsgesellschaft (OHG) ein anderes Ziel, denn sie ist eine Rechtsform für Kaufleute, die gemeinsam ein kaufmännisches Gewerbe betreiben möchten. Damit ist die Eintragung im Handelsregister Pflicht (vgl. Klunzinger 2012, S. 58 ff.).

Typisch ist, dass die Gesellschafter für die Schulden des Unternehmens mit ihrem persönlichen Vermögen haften – und zwar wie bei der GbR gesamtschuldnerisch, unbeschränkt und unmittelbar. Die Gesellschafter müssen kein Mindestkapital aufbringen. Sie sind Inhaber und Leiter des Unternehmens zugleich.

Alle Gesellschafter sind einzeln zur Führung der Geschäfte berechtigt. Im Gesellschaftsvertrag kann ein Gesellschafter explizit mit der Führung der Geschäfte beauftragt werden.

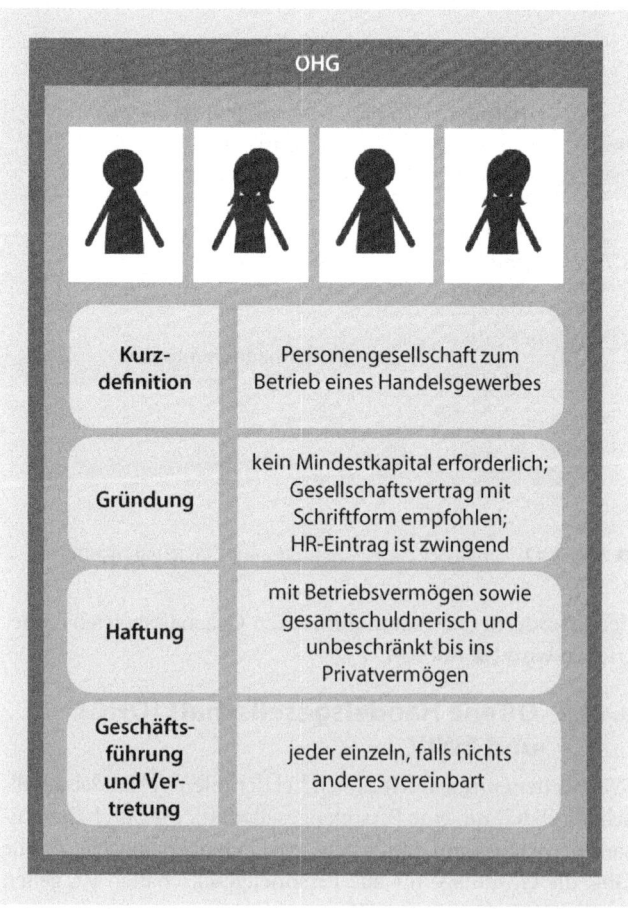

◘ Abb. 3.13 Überblick über die offene Handelsgesellschaft (OHG)

3.4 · Rechtsformwahl: Einzelunternehmen, Personen...

Kleingewerbetreibende haben auch hier die Möglichkeit, sich freiwillig in das Handelsregister eintragen zu lassen, um eine OHG zu gründen. Die Eintragung ist dann fakultativ. Die Eintragung hat konstitutive (rechtserzeugende) Wirkung.

Für Ist-Kaufleute, die gemeinsam ein Gewerbe betreiben wollen, ist die Eintragung obligatorisch (zwingend). Die Eintragung hat nur deklaratorischen (rechtsbezeugenden) Charakter.

Auch für die OHG halten Industrie- und Handelskammer gut vorbereitete Musterverträge für Gründerinnen und Gründer bereit (◘ Abb. 3.13).

Die Europäische wirtschaftliche Interessensvereinigung (EWIV) ist eine EU-weit geltende Rechtsform vergleichbar mit der Rechtsform der OHG.

Europäische wirtschaftliche Interessensvereinigung, EWIV

3.4.3.3 Kommanditgesellschaft

Die Kommanditgesellschaft (KG) ist eine Sonderform der offenen Handelsgesellschaft. Deshalb gelten für die KG im HGB §§ 161 ff. in Ergänzung zu den OHG- und BGB-Regelungen (§§ 105 ff. HGB und §§ 705 ff. BGB).

Die KG spielt bei den Rechtsformen eine große Rolle, da sie auch für die Mischformen geeignet ist. Außerdem ermöglicht sie es, Partner mit zusätzlichem Kapital aufzunehmen. Sie ist z. B. für Familienmitglieder interessant, die nicht persönlich haften wollen bzw. sollen. Die Kommanditgesellschaft trägt also bereits erste Züge einer Kapitalgesellschaft. Sie ist die einzige Personengesellschaft mit Gesellschaftern, die nur mit der Kapitaleinlage haften (vgl. Klunzinger 2012, S. 104 ff.). Diese Haftungsbeschränkung gilt aber erst ab Eintragung im Handelsregister.

Kommanditgesellschaft

Die KG besteht aus mindestens einem Unternehmer oder einer Unternehmerin, die unbeschränkt bis ins Privatvermögen haftet. Sie werden Komplementär oder Vollhafter genannt. Ihre Rechte und Pflichten sind die der Gesellschafter einer OHG (Einzelgeschäftsführung, aber auch unbeschränkte Haftung bis ins Privatvermögen, gesamtschuldnerisch und unmittelbar).

Komplementär, Vollhafter

Die weiteren Gesellschafter, die nur mit ihrer Kapitaleinlage haften, nennt man Kommanditisten oder Teilhafter. Diese beschränkte Haftung gilt aber erst ab dem Eintrag im Handelsregister, welcher obligatorisch ist (◘ Abb. 3.14).

Kommanditisten, Teilhafter

Die Gründung setzt den Abschluss eines Gesellschaftsvertrages zwischen mindestens einem Komplementär und einem Kommanditisten voraus. Der Gesellschaftsvertrag ist formfrei. Mindestkapital ist nicht vorgeschrieben.

Komplementäre haben alleiniges Entscheidungsrecht, falls ein Vertrag nichts anderes regelt. Die Kommanditisten sind von der Geschäftsführung ausgeschlossen. Ihnen können jedoch durch Vertrag entsprechende Rechte, z. B. Pro-

Prokura

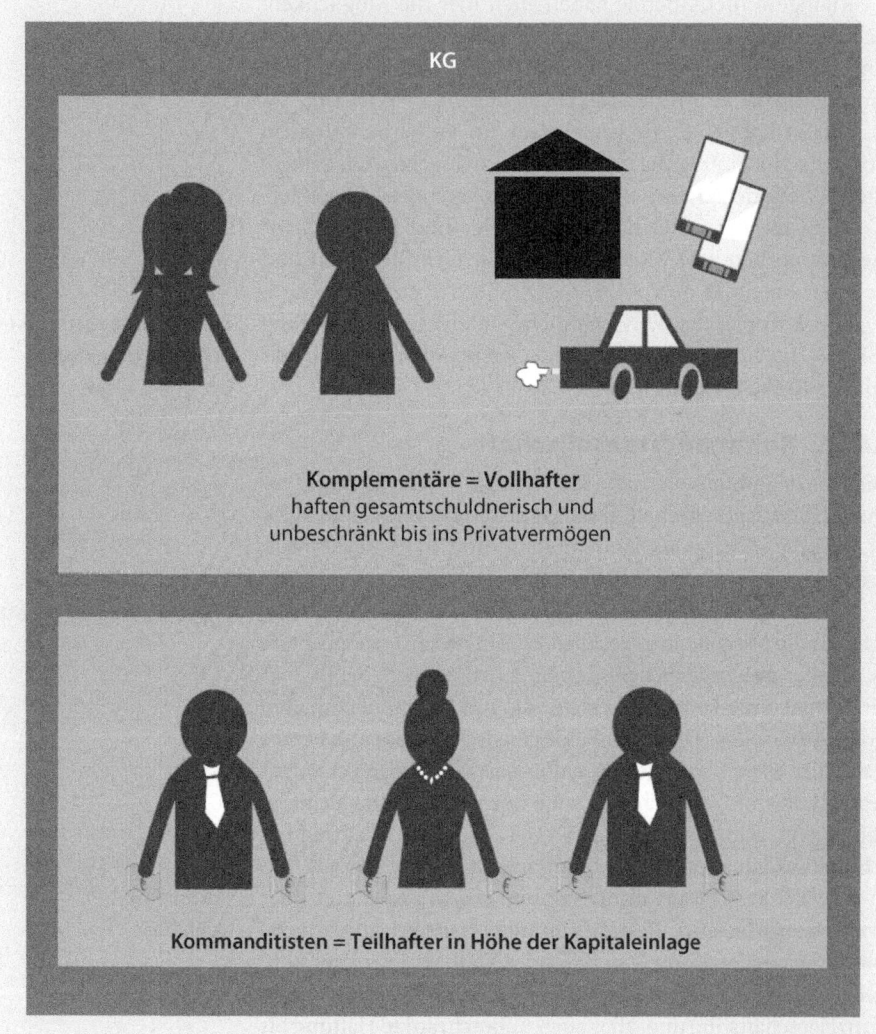

◘ Abb. 3.14 Überblick über die Kommanditgesellschaft (KG)

kura, erteilt werden. Prokura bedeutet nach § 49 HGB, dass eine Person berechtigt ist „zu allen Arten von gerichtlichen und außergerichtlichen Geschäften und Rechtshandlungen, die der Betrieb eines Handelsgewerbes mit sich bringt".

3.4.3.4 Partnerschaftsgesellschaft (PartG)

Partnerschaftsgesellschaft (PartG)

Die Partnerschaftsgesellschaft (PartG) ist eine Personengesellschaft, in der sich Angehörige freier Berufe zur Ausübung ihrer Berufe zusammenschließen können. Die Rechtsform wurde 1994 mit dem Gesetz über Partnerschaftsgesellschaf-

3.4 · Rechtsformwahl: Einzelunternehmen, Personen...

ten Angehöriger Freier Berufe (PartGG) neu geschaffen (vgl. Klunzinger 2012, S. 344 ff.).

Eine bestimmte Mindestausstattung mit Eigenkapital ist wie bei allen Personengesellschaften nicht gesetzlich vorgeschrieben. Da die Partnerschaft kein Handelsgewerbe ausübt, wird keine Firma im Sinne des HGB geführt. Nach § 2 PartGG führt sie dennoch einen Namen. Dieser muss den Namen mindestens eines Partners, den Zusatz „& Partner" oder „Partnerschaft" sowie die Berufsbezeichnungen aller in der Partnerschaft vertretenen Berufe enthalten, z. B. ▶ www.eidel-partner.de.

Die Partnerschaft muss im Partnerschaftsregister eintragen werden ebenso wie Veränderungen in der Gesellschaft, z. B. Ein- oder Austritt eines Partners.

Zur Führung der Geschäfte sind grundsätzlich alle Partner einzeln berechtigt und verpflichtet, es sei denn, im Partnerschaftsvertrag ist etwas anderes vereinbart.

Die Partner haften als Gesamtschuldner persönlich. Für berufliche Fehler allerdings haften neben dem Gesellschaftsvermögen nur diejenigen Partner, die mit der Bearbeitung eines Auftrags tatsächlich befasst waren. Für sonstige Verbindlichkeiten, die nicht mit der Ausführung eines Auftrages in Verbindung stehen (z. B. Bestellung von Büromaterial, Bezüge der Belegschaft, Mietzahlungen) haften demnach die Partner wie in einer Gesellschaft bürgerlichen Rechts (GbR) immer als Gesamtschuldner.

Die Partnerschaftsgesellschaft mit beschränkter Berufshaftung (PartG mbB oder PartGmbB) ist eine Variante der Partnerschaftsgesellschaft und keine eigene Rechtsform. Die Haftung für Schäden, die aus fehlerhafter Berufsausübung entstehen, ist hier auf das Gesellschaftsvermögen beschränkt. Die persönliche Haftung des einzelnen Partners ist damit ausgeschlossen. Somit wird eine Brücke zur beschränkten Haftung einer Kapitalgesellschaft geschlagen, die für Freiberufler aus steuerlichen Gründen weniger interessant ist (Gewerbesteuer).

PartG mbB

Die PartGmbB wurde 2013 eingeführt und steht derzeit Beratenden, Ingenieuren, Anwälten, Steuerberatern und Wirtschaftsprüfern offen. Die beschränkte Berufshaftung setzt das Unterhalten einer besonderen Haftpflichtversicherung voraus. Die persönliche Haftung der Partner für sonstige Verbindlichkeiten bleibt bestehen.

3.4.4 Kapitalgesellschaften

Bei Kapitalgesellschaften haftet das Kapital. Falls ein Unternehmen also insolvent (zahlungsunfähig) ist, haftet das Gesellschaftsvermögen den Banken für Kredite oder den Liefe-

Kapitalgesellschaften

ranten für offene Zahlungen. Mit dem Privatvermögen haftet keiner der Gesellschafter.

Diese Vorteile des geringeren Risikos belegt der Gesetzgeber mit einer höheren Steuerlast durch Gewerbe-, Körperschafts- und Kapitalertragssteuer auf ausgeschüttete Gewinne an Anteilseigner.

Außerdem haben Kapitalgesellschaften strengere Publizitätspflichten, denn sie müssen ihren Jahresabschluss im Bundesanzeiger veröffentlichen. Suchen Sie doch einfach mal auf ► www.bundesanzeiger.de eine GmbH oder AG, die Ihnen bekannt ist und staunen Sie, welche Informationen die Unternehmen hier offenlegen müssen.

Schließlich ist die Gründung einer Kapitalgesellschaft komplizierter, teurer und formell aufwendiger, da immer ein notarieller Vertrag erforderlich ist.

3.4.4.1 Gesellschaft mit beschränkter Haftung (GmbH)

Nur das Gesellschaftsvermögen haftet

Die Gesellschaft mit beschränkter Haftung (GmbH) gehört zu den Kapitalgesellschaften. Sie ist im GmbH-Gesetz regelt. Die GmbH ist für Gründerinnen und Gründer geeignet, die ihre Haftung beschränken möchten, denn es haftet nur das Gesellschaftsvermögen (vgl. Klunzinger 2012, S. 224 ff.).

Eine GmbH kann zu jedem beliebigen Zweck gegründet werden. Sie ist eine juristische Person – mit eigener Rechtspersönlichkeit – und gehört zu den Form-Kaufleuten. Das bedeutet, gleichgültig wie hoch der Umsatz ist oder welchen Zweck man verfolgt, das Unternehmen gehört zu den Kaufleuten kraft Rechtsform. Für unkomplizierte Standardgründungen stellt das GmbH-Gesetz als Anlage zwei Musterprotokolle zur Verfügung. Wie bei allen Gründungen empfiehlt sich auch hier eine individuelle Beratung bei Steuerberatern, Anwälten oder Gründerzentren.

Organe sind Gesellschafterversammlung, Geschäftsführung und ggfs. Aufsichtsrat

Die GmbH hat immer zwei Organe: Gesellschafterversammlung und Geschäftsführung. Dabei bestellt die Gesellschafterversammlung die Geschäftsführung und kann sie auch abberufen. Ab 500 Arbeiternehmern kommt noch ein drittes Organ hinzu: der Aufsichtsrat (vgl. ◘ Abb. 3.15).

Die Gründung erfolgt durch mindestens einen Gesellschafter. Im erforderlichen Gesellschaftsvertrag wird die Geschäftsführung festgelegt. Der Gesellschaftsvertrag muss durch einen Notar beurkundet werden. Das Mindeststammkapital beträgt 25.000 Euro. Mindestens 12.500 Euro müssen bei der Gründung in Form von Bar- oder Sacheinlagen geleistet werden.

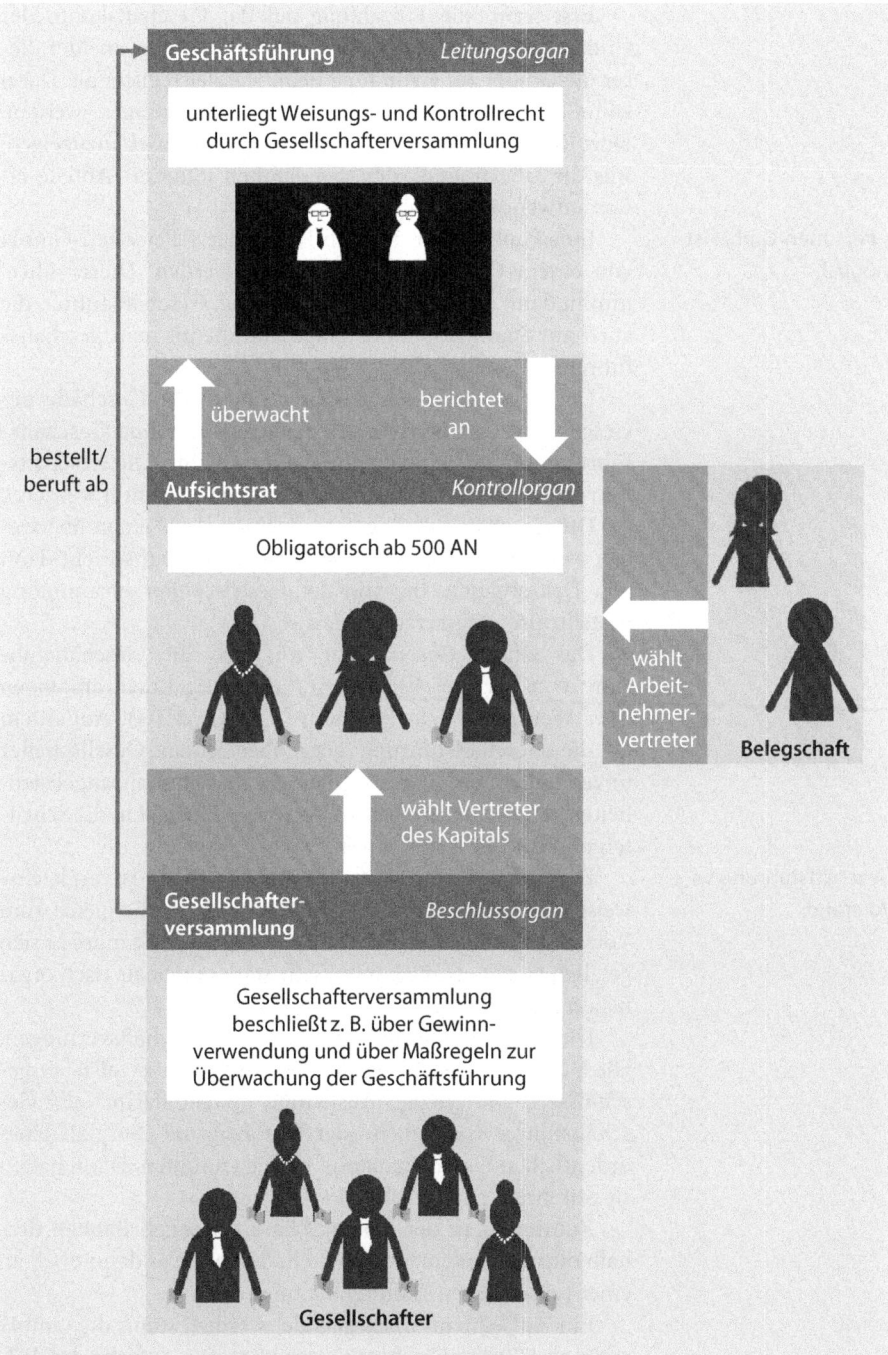

Abb. 3.15 Gesellschaft mit beschränkter Haftung (GmbH)

Erst wenn die Einzahlung auf das Geschäftskonto der GmbH beim Notar nachgewiesen werden kann, meldet dieser die GmbH zur Gründung beim Handelsregister an. Dann kann die GmbH im Handelsregister eingetragen werden. Dort ist fortan auch jeder Gesellschafterwechsel anzuzeigen, was die Übertragung der sogenannten (Stamm-)Anteile etwas aufwendiger macht.

1-Personen-GmbH ist möglich

Eine GmbH kann z. B. im Falle einer 1-Personen-GmbH von einem Gesellschafter gegründet werden. Dieser übernimmt dann auch die Geschäftsführung. Geschäftsführer, die auch am Stammkapital beteiligt sind, nennt man geschäftsführende Gesellschafter.

Der oder die Geschäftsführer führen die Geschäfte der Gesellschaft und vertreten sie nach außen. Ohne Geschäftsführung ist eine GmbH nicht handlungsfähig. Die Geschäftsführung muss durch natürliche Personen ausgefüllt werden.

Die Geschäftsführung kann auch an eine Person übertragen werden, die keine Stammanteile hält. Man spricht dann von Drittorganen, die von der Gesellschafterversammlung bestellt, also eingesetzt, werden.

Das GmbH-Gesetz sieht vor, dass die Geschäftsführung von der Gesellschafterversammlung Beschränkungen oder Weisungen erhalten kann (§ 46 GmbHG). Außerdem ist die Geschäftsführung gegenüber jedem Gesellschafter unverzüglich zur Auskunft über die Gesellschaftsangelegenheiten verpflichtet; sie hat auf Verlangen Einsicht in die Schriften und Bücher zu gewähren.

Geschäftsführung vs. Vorstand

Damit hat die Geschäftsführung einer GmbH vergleichsweise eine wesentlich schwächere Position im Vergleich zum Vorstand der AG. Die GmbH-Geschäftsführung muss es sich gefallen lassen, da die GmbH sehr stark personalistisch organisiert ist.

Die GmbH haftet nur mit ihrem Gesellschaftsvermögen. Die persönliche Haftung der Gesellschafter ist also ausgeschlossen. Die einzige Ausnahme besteht darin, falls Geschäftsführer vorsätzlich oder fahrlässig die „Sorgfalt eines ordentlichen Geschäftsmanns" verletzen sollten. Dann haften sie mit ihrem persönlichen Vermögen.

Zumindest in der Anfangsphase verlangen Banken deshalb oftmals weitere Sicherheiten, durch die es dann doch zu einer persönlichen Haftung kommen wird.

Ein Aufsichtsrat muss gebildet werden, wenn die GmbH mehr als 500 Arbeitnehmer beschäftigt. Die Aufgabe des Aufsichtsrats besteht in der Überwachung der Geschäftsführung (vgl. § 52 des GmbHG).

3.4.4.2 Unternehmergesellschaft (UG)

Die Unternehmergesellschaft (UG) ist keine eigenständige Rechtsform, sondern eine Unterform der GmbH. Sie ist für Gründerinnen und Gründer kleiner Unternehmen, insbesondere Dienstleister, geeignet, die ihre Haftung beschränken möchten und deren Unternehmen mit geringem Kapital auskommen. Die UG wurde 2008 als Alternative zur britischen Limited (Ltd.) eingeführt (vgl. Klunzinger 2012, S. 234 f.).

Unternehmergesellschaft, UG

Die Gründung erfolgt durch mindestens einen Gesellschafter. Das Stammkapital beträgt mindestens einen Euro. Um das geringe Haftungskapital auch in der Firmenbezeichnung zum Ausdruck zu bringen, muss die UG den Zusatz Unternehmergesellschaft (haftungsbeschränkt) führen.

Sie wird auch Mini-GmbH genannt.

Mini-GmbH

Aufgrund des niedrigen Mindestkapitals dürfen Gewinne nicht in voller Höhe ausgeschüttet werden. 25 Prozent des Gewinns müssen so lange in eine gesetzliche Rücklage fließen, bis das Mindeststammkapital von 25.000 Euro aufgebracht ist. Eine zeitliche Frist gibt es dafür nicht. Wenn die Gesellschaft keine Gewinne erzielt, muss sie auch nichts in die gesetzliche Rücklage einstellen.

Der Gesellschaft steht es frei, in eine „normale" GmbH umzufirmieren oder aber die Bezeichnung beizubehalten. Als UG besteht jedoch stets die Thesaurierungspflicht.

Ist Stammkapital in Höhe von 12.500 Euro erreicht, kann eine GmbH beim Handelsregister angemeldet werden, bei der nur die Hälfte des Stammkapitals von mindestens 25.000 Euro einbezahlt wird. Der Unterschied zwischen GmbH und UG läge im Insolvenzfall: Bei der GmbH besteht die Pflicht der Gesellschafter, den Fehlbetrag zu 25.000 Euro Stammkapital noch zu erbringen, in der UG hingegen nicht (vgl. Katins 2015).

3.4.4.3 Aktiengesellschaft (AG)

Die Rechtsform der Aktiengesellschaft (AG) entstand in der Phase der Frühindustrialisierung, wo zum ersten Mal eine Rechtsform geschaffen wurde, um ein *Kapitalsammelbecken* zu organisieren. Da aufgrund der vielen Gesellschafter eine schnelle Meinungsbildung unmöglich wurde, wurden sogenannte Drittorgane wie der Vorstand zur Leitung bestimmt. Dieser wird durch einen Aufsichtsrat überwacht. Die AG ist im Aktiengesetz (AktG) geregelt.

Kapitalsammelbecken

Die AG ist eine Kapitalgesellschaft, deren Grundkapital in Aktien zerlegt ist. Gesellschafter werden Aktionäre genannt. Die Aktien sind von Aktionär zu Aktionär übertragbar (fungibel), auch wenn die Aktien nicht an einer Börse gehandelt

Aktionäre, Shareholder in der Hauptversammlung: One share, one vote

werden. Die Aktionäre haften nur mit ihrer Kapitaleinlage. Ziel der Aktionäre ist es, Dividenden aus den Gewinnen der AG zu erhalten oder aus der Wertsteigerung der Aktie zu profitieren. Ihre Rechte nehmen sie durch Ausübung ihres Stimmrechts in der Hauptversammlung wahr. Je mehr Aktien, desto mehr Stimmrecht hat ein Anteilseigner (vgl. Klunzinger 2012, S. 151 ff.).

Bei der Gründung einer AG muss die Satzung, also der Gesellschaftsvertrag, notariell beurkundet werden. Dann werden die Organe der Aktiengesellschaft (Vorstand, Aufsichtsrat und Hauptversammlung der Aktionäre) bestellt. Der Aufsichtsrat muss aus mindestens drei Personen bestehen.

Die Gründer müssen das Grundkapital von mindestens 50.000 Euro aufbringen. Die Gründung muss von einem Dritten, z. B. einem Wirtschaftsprüfer geprüft werden. Dann muss die AG zum Handelsregister angemeldet und eingetragen werden. Dadurch wird die AG zur juristischen Person und die Aktionäre sind von ihrer persönlichen Haftung entbunden.

> Organe sind Hauptversammlung, Aufsichtsrat, Vorstand

Das Zusammenspiel der drei Organe einer AG ist in ◘ Abb. 3.16 dargestellt.
1. Vorstand: Er leitet die AG eigenverantwortlich und berichtet an den Aufsichtsrat. Einmal jährlich beruft er die Hauptversammlung ein.
2. Aufsichtsrat: Er beruft, berät und überwacht den Vorstand. Er kann den Vorstand auch abberufen. Der Aufsichtsrat besteht aus Vertretern der Aktionäre sowie aus Arbeitnehmervertretern. So werden sowohl die Interessen des Kapitals als auch die Interessen der Arbeitnehmer gewahrt.
3. Hauptversammlung der Aktionäre: Sie beschließt über grundlegende Aspekte wie Gewinnverwendung oder Entlastung der Leitung.

Die Vorteile einer AG im Vergleich zu Personengesellschaften sowie zur GmbH sind z. B.:
- Der Bestand des Unternehmens ist von seinen Eigentümern unabhängig.
- Aktien sind übertragbar (fungibel), so dass ein Gesellschafterwechsel leicht gelingt. Bei der GmbH ist jeder Gesellschafterwechsel beim Handelsregister anzuzeigen.
- Die Gesellschafter haften nur mit ihrer Kapitaleinlage.
- Alle Stakeholder eines Unternehmens können durch Aktienkauf am Erfolg beteiligt werden, z. B. Management, Mitarbeiter, Lieferanten, Fans, Kunden etc.

3.4 · Rechtsformwahl: Einzelunternehmen, Personen…

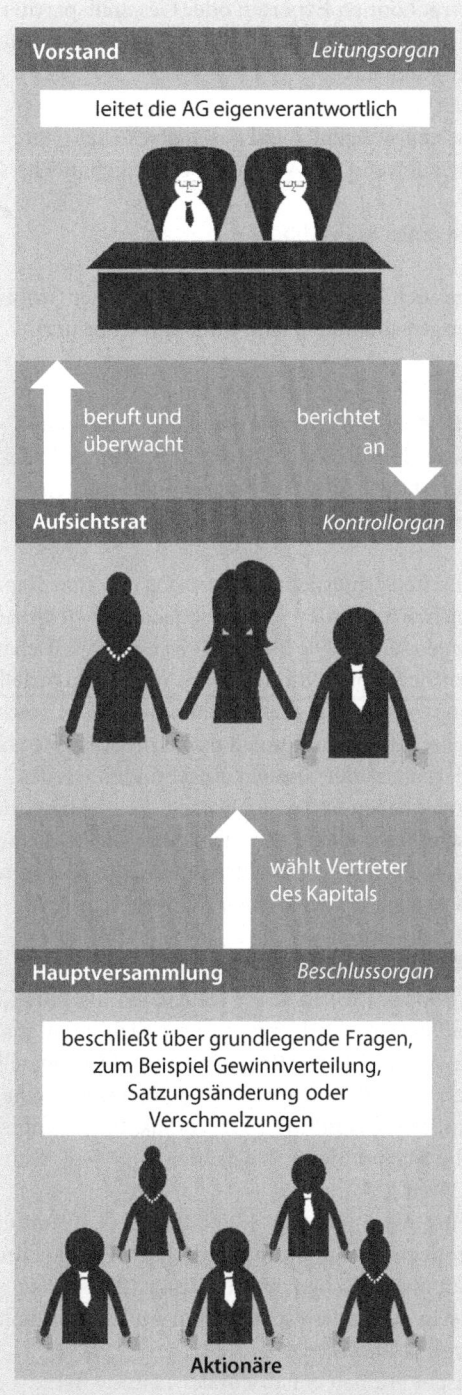

Abb. 3.16 Organe der Aktiengesellschaft

– Im Aufsichtsrat können Experten oder Geschäftspartner aufgenommen werden, die dem Vorstand mit Know-how zur Verfügung stehen.
– Aktiengesellschaften können sich durch Ausgabe neuer Aktien leicht neues Eigenkapital beschaffen. Dies trifft insbesondere zu, wenn die AG an der Börse gehandelt wird.
– Das Ansehen einer AG ist hoch.

Es gibt allerdings auch Nachteile, z. B. gegenüber einer GmbH:
– Die Gründungsformalitäten sind umfangreicher und teurer.
– Das Grundkapital ist höher (50.000 Euro).
– Ein Aufsichtsrat mit mindestens drei Mitgliedern muss eingerichtet werden.
– Der Vorstand ist dem Aufsichtsrat gegenüber rechenschaftspflichtig.

Kleine AG mit überschaubarem Gesellschafterkreis

Um mittelständischen Unternehmen den Zugang zum Kapitalmarkt zu erleichtern, wurde 1994 die sogenannte *kleine AG* im Aktiengesetz geschaffen. Die kleine AG ist eine Gesellschaft mit einer kleinen Zahl von Aktionären, die für die finanzielle Grundausstattung sorgen. In diesen überschaubaren, nicht anonymen Gesellschafterkreis können durch die Ausgabe von Aktien z. B. Lieferanten oder Kunden eingebunden werden.

1-Personen-AG ist möglich

Existenzgründer haben so die Möglichkeit, als alleiniger Aktionär und Vorstand eine kleine AG allein zu gründen. Sie benötigen jedoch zusätzlich drei Aufsichtsräte. Ein Mindestkapital von 50.000 Euro ist auch bei der kleinen AG vorgeschrieben.

3.4.4.4 Societas Europaea (SE)

Societas Europaea (SE)

Die Societas Europaea (SE) wird im Deutschen als Europäische Gesellschaft bezeichnet. Umgangssprachlich nennt man sie auch Europa-AG. Es ist eine Rechtsform für Aktiengesellschaften in der Europäischen Union und im Europäischen Wirtschaftsraum. Die Gründung setzt voraus, dass mindestens zwei Mitgliedstaaten der EU betroffen sind (vgl. Klunzinger 2012, S. 350 ff.).

Dualistischer Aufbau, monistischer Aufbau

Die SE ist eine supranationale Kapitalgesellschaft mit einem in Aktien zerlegten Kapital von mindestens 120.000 Euro. Die SE kennt den monistischen oder dualistischen Aufbau:
– Der dualistische Aufbau entspricht dem Aufbau der deutschen AG (vgl. ◘ Abb. 3.16).
– Der monistische Aufbau entspricht der Leitung bei US-amerikanischen, englischen und französischen Aktiengesellschaften (vgl. ◘ Abb. 3.17).

3.4 · Rechtsformwahl: Einzelunternehmen, Personen…

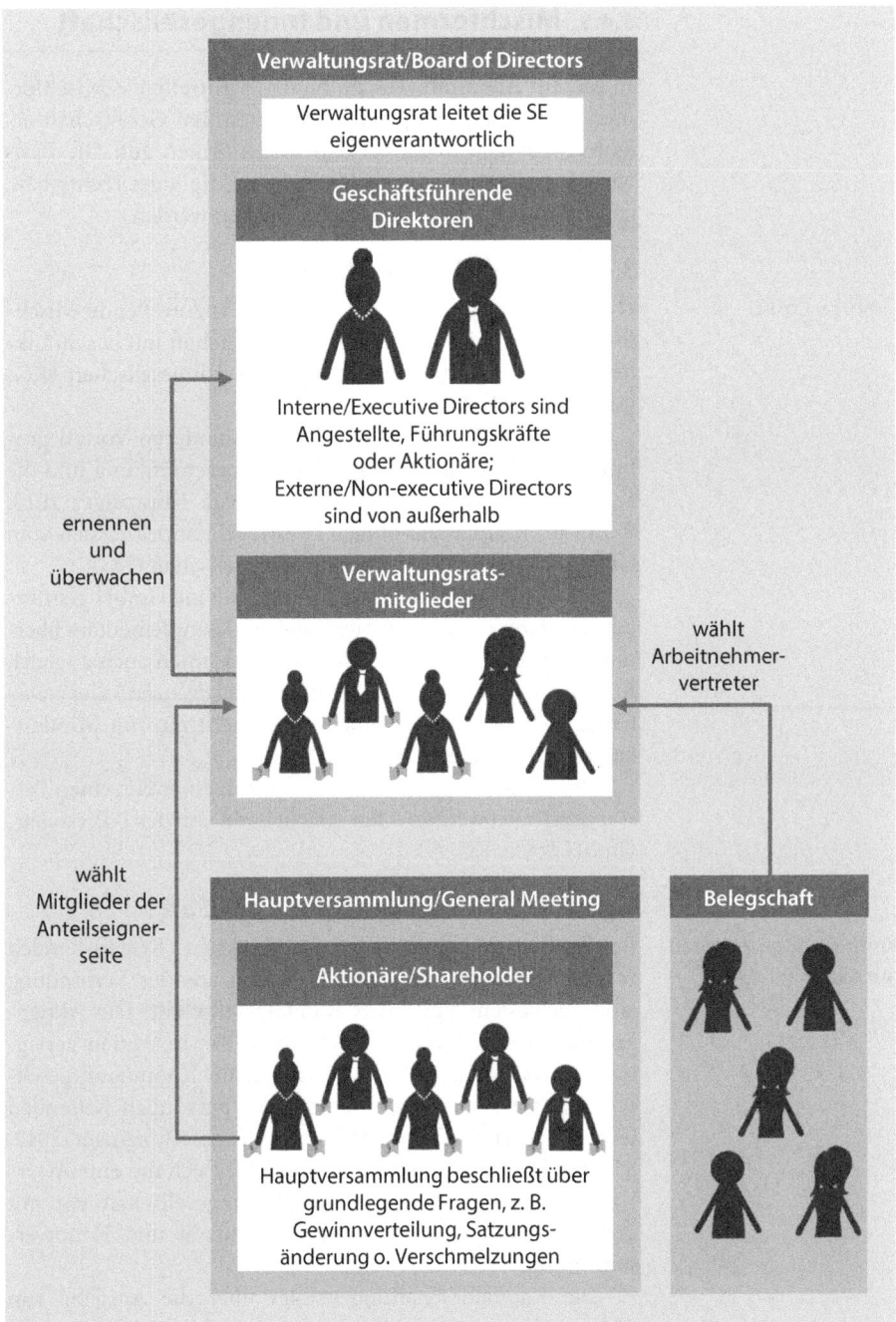

◘ Abb. 3.17 Organe der Societas Europaea (SE) in der monistischen Form

3.4.5 Mischformen und Innengesellschaft

In diesem Abschnitt werden häufig anzutreffende Mischformen sowie die Innengesellschaft der stillen Gesellschaft erläutert. Als Faustregel bei den Mischformen gilt: Die Basis wird festgelegt durch die Rechtsform, die ganz rechts bzw. ganz am Ende steht, wie wir gleich sehen werden.

3.4.5.1 GmbH & Co. KG

GmbH & Co. KG

Die GmbH & Co. KG ist eine häufig anzutreffende Mischform. Hier werden Elemente der Gesellschaft mit beschränkter Haftung (GmbH) und der Kommanditgesellschaft (KG) kombiniert (◘ Abb. 3.18).

Bei jedem Grundtyp wird vom besonderen Vorteil profitiert: Die GmbH liefert die Haftungsbeschränkung und die KG sorgt für eine Steuerentlastung (vgl. Klunzinger 2012, S. 313 ff.). Gemäß der obigen Faustregel handelt es sich vom Grundsatz her um eine Kommanditgesellschaft (KG).

Bei dieser Mischform wird zunächst eine GmbH gegründet, die dann in einer KG die Rolle des Komplementärs übernimmt. Die Gesellschafter der GmbH können auch zugleich Kommanditisten der KG sein (*personengleiche* oder *echte* GmbH & Co. KG), die GmbH wird meist nur mit Mindestkapital ausgestattet.

Die GmbH & Co. KG kann auch von einer einzelnen Person gegründet werden. Man spricht dann von der 1-Personen-GmbH & Co. KG.

3.4.5.2 KGaA und GmbH & Co. KGaA

Kommanditgesellschaft auf Aktien (KGaA)

Bei der Kommanditgesellschaft auf Aktien (KGaA) handelt es sich wiederum um eine Mischform aus der Verbindung einer Personen- und einer Kapitalgesellschaft: Die Aktiengesellschaft (AG) liefert das Element des in Aktien zerlegten Grundkapitals für die Haftung; die Kommanditgesellschaft (KG) steuert das Element des persönlich haftenden Gesellschafters (Komplementär) bei (vgl. Klunzinger 2012, S. 206 ff.). Vom Grundsatz her handelt es sich um eine AG.

Die Grundstruktur gibt die Aktiengesellschaft vor mit ihren drei Organen Vorstand, Aufsichtsrat und Hauptversammlung.

Die Kapitalbeschaffung erfolgt über die Ausgabe von Aktien (Kommandit-Aktionäre). Komplementäre ersetzen den Vorstand der klassischen AG und führen die Geschäfte der KGaA. Sie haften wie bei der KG persönlich und unbeschränkt mit ihrem gesamten Vermögen. Dadurch haben sie stärkere Rechte gegenüber den Kommanditaktionären und

3.4 · Rechtsformwahl: Einzelunternehmen, Personen…

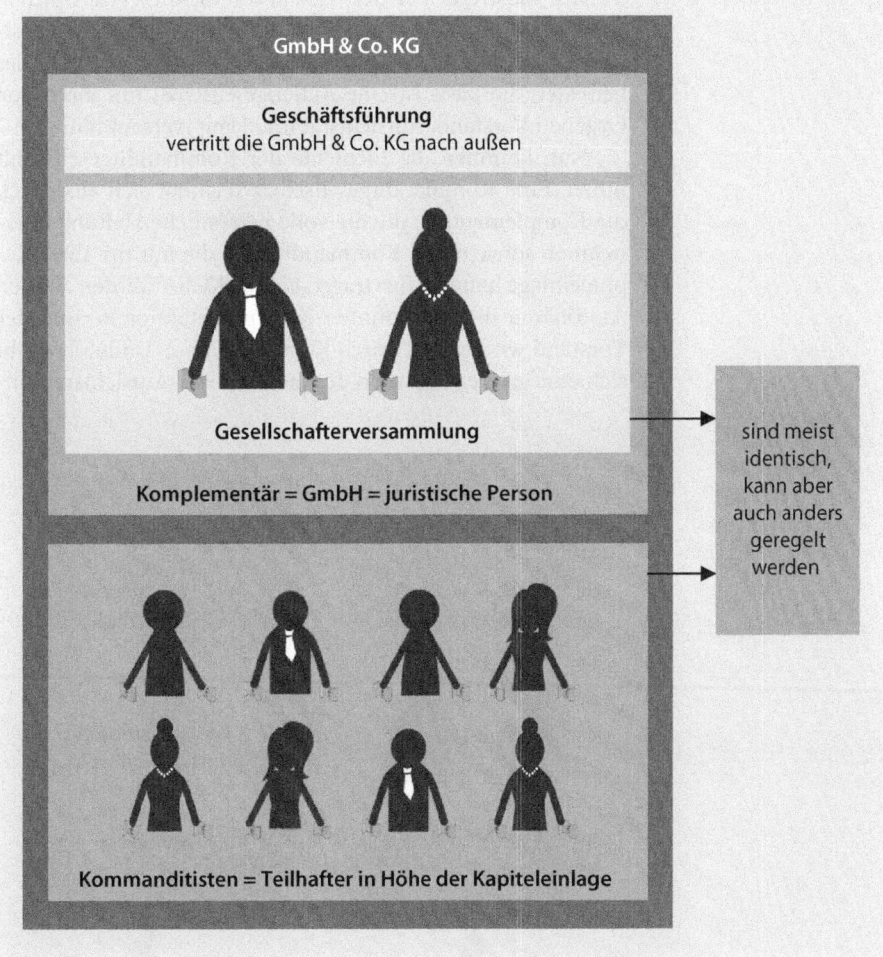

Abb. 3.18 Konstrukt der GmbH & Co. KG

dem Aufsichtsrat. Beispielsweise kann der Aufsichtsrat die Komplementäre nicht abberufen (wie dies bei einer AG möglich wäre).

Ein Beispiel ist die Merck KGaA (siehe Impressum von ▶ www.merck.de).

Die Rechtsform der *Kapitalgesellschaft & Co. KGaA* ist seit 1997 möglich. Der Bundesgerichtshof wollte mit seiner damaligen Entscheidung vor allem mittelständischen und familiengeführten Unternehmen den Börsenzugang eröffnen, ohne die Führung der Gesellschaft aus der Hand zu geben. Dies wird bei dieser Mischform erreicht, weil die Befugnisse des Aufsichtsrats eingeschränkt sind und damit Fremdaktionäre nur begrenzten Einfluss haben.

GmbH & Co. KGaA

Als Faustregel bei der Visualisierung dieses rechtlichen Konstrukts gilt wiederum: Die Basis der Rechtsform wird festgelegt durch den Zusatz ganz rechts, also *auf Aktien* (aA). Dies bedeutet, die Basis ist eine Aktiengesellschaft mit ihren drei Organen Vorstand, Aufsichtsrat und Hauptversammlung.

Nun kommen die Elemente der Kommanditgesellschaft hinzu. Eine Kommanditgesellschaft zeichnet sich aus durch die Komplementäre, die die volle persönliche Haftung übernehmen sowie durch Kommanditisten, die nur mit ihrer Kapitaleinlage haften. Übertragen auf die KGaA werden aus den Aktionären die sogenannten Kommanditaktionäre und der Vorstand wird ersetzt durch Komplementäre. Dadurch ergibt sich eine stärkere Position der Leitung. Der Aufsichtsrat hin-

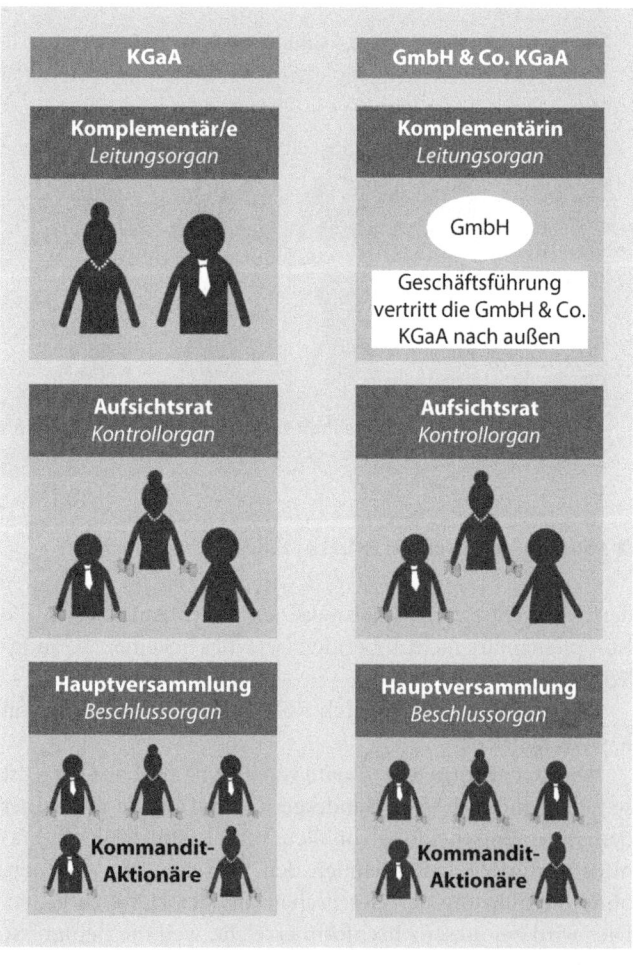

◘ Abb. 3.19 KGaA und GmbH & Co. KGaA

gegen wird geschwächt und ist nicht in der Lage, die Komplementäre zu berufen oder abzuberufen.

Im dritten Schritt werden die persönlich haftenden Komplementäre – in diesem Visualisierungsbeispiel in ◘ Abb. 3.19 – durch eine GmbH ersetzt. Diese juristische Person haftet nun mit ihrem Gesellschaftsvermögen. Die Geschäftsführer der GmbH vertreten nun die GmbH & Co. KGaA nach außen.

Ein prominentes Beispiel ist der Fußballverein Borussia Dortmund e. V., nachzulesen auf der Homepage ▶ www.bvb.de.

Anstatt der GmbH kann auch eine andere Kapitalgesellschaft, wie die Aktiengesellschaft (AG) oder Societas Europaea (SE), als Komplementärin gewählt werden. Bekannte Beispiele sind nachzulesen im Impressum von ▶ www.henkel.de oder ▶ www.bertelsmann.de.

3.4.5.3 Stille Gesellschaft (stG)

Die stille Gesellschaft (stG) betrifft nur das Innenverhältnis (vgl. §§ 230 ff. HGB), so dass kein Eintrag im Handelsregister notwendig ist. Die stille Gesellschaft wird den Personengesellschaften zugeordnet. Die Zahl der Gesellschafter der stG ist stets auf zwei beschränkt. Für jeden weiteren stillen Gesellschafter ist eine weitere stG zu gründen. Es können natürliche und juristische Personen beteiligt werden (vgl. Klunzinger 2012, S. 132 ff.).

Stille Gesellschaft (stG)

Die stille Gesellschaft ist für Kaufleute eine Möglichkeit, ihre Kapitalbasis aufzustocken. Sie ist auch eine Konstruktion für mittelständische Betriebe, wo die nachfolgende Generation als stille Gesellschafter eingebunden werden kann – zusätzlich zum Gehalt, so dass von den Gewinnen des Gewerbes profitiert werden kann.

Stille Gesellschafter stellen dem Inhaber dabei eine finanzielle Einlage zur Verfügung, die in das Vermögen des Inhabers übergeht. Die Gründung kann formlos geschehen, wobei die Schriftform empfohlen wird. Der fixierte Gesellschaftsvertrag geht dann den dispositiven gesetzlichen Bestimmungen vor.

Bei der typischen stillen Gesellschaft erhält der stille Gesellschafter eine Gewinnbeteiligung. Je nach Vereinbarung ist er auch am Verlust beteiligt. Keine Beteiligung hat er jedoch am Vermögen der Gesellschaft. Er nimmt nicht an der Geschäfts- oder Unternehmensführung teil und hat lediglich die Berechtigung, den Jahresabschluss zu überprüfen.

Dem atypischen stillen Gesellschafter stehen mehr Rechte zu. Er verfügt über Kontrollrechte und gilt daher als Mitunternehmer. Neben dem Gewinn und dem Verlust ist er anders als der typische stille Gesellschafter auch am Vermögen der Gesellschaft beteiligt, wobei eine Verlustbeteiligung auch ausnahmsweise ausgeschlossen werden kann.

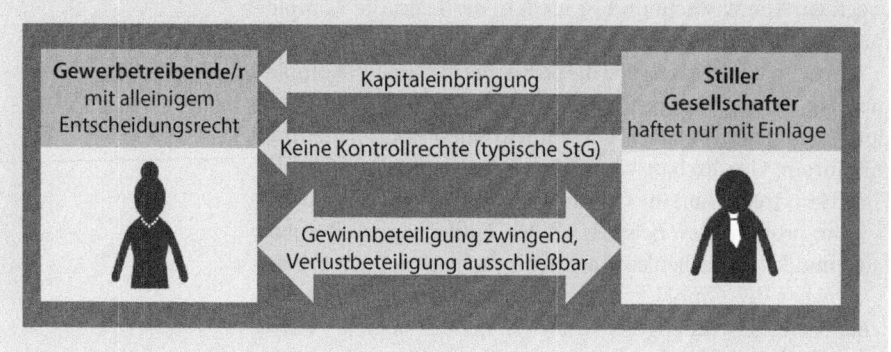

Abb. 3.20 Stille Gesellschaft

Von Anwälten entworfene Musterverträge zur Ausgestaltung einer stillen Gesellschaft stellen Handwerkskammer sowie Industrie- und Handwerkskammer oftmals kostenlos im Internet zur Verfügung. Eine individuelle Beratung durch Anwälte, Steuerberater etc. wird stets empfohlen (Abb. 3.20).

3.5 Unternehmensverbindungen

Die genetische Betriebswirtschaftslehre betrachtet Unternehmen entlang ihres Lebenszyklus. Konstitutive Entscheidungen müssen bei der Gründung getroffen werden. Hier gilt es, Rechtsform, Unternehmenszweck und Standort festzulegen, wie in den vorangegangenen Kapiteln beschrieben wurde.

> Unternehmensverbindungen, international Mergers & Acquisitions (M&A) genannt, sind das Ergebnis von konstitutiven Entscheidungen

Konstitutive Entscheidungen müssen aber auch im weiteren Verlauf getroffen werden. So wird ein Unternehmen vor die Wahl gestellt, wie es Wachstum bewerkstelligen möchte, wenn z. B. die Nachfrage nach den eigenen Produkten stark wächst, wenn dringend Bedarf an Innovationen herrscht oder wenn das Überleben des Unternehmens auf global hart umkämpften Märkten auf dem Spiel steht (vgl. Bea 2009, S. 418):

- Internes Wachstum ist z. B. durch Selbstfinanzierung möglich, indem Gewinne einbehalten werden und für Investitionen genutzt werden. Internes Wachstum geschieht meist langsamer. Man nennt es deshalb auch natürliches oder organisches Wachstum.
- Externes Wachstum ist möglich, indem sich ein Unternehmen mit anderen Unternehmen zusammenschließt. Dieses Wachstum, z. B. zur Befriedigung von Kunden-

3.5 · Unternehmensverbindungen

wünschen oder zur Gewinnung von neuen Produktideen, lässt sich in aller Regel schneller bewältigen.

> **Unternehmenszusammenschlüsse** werden international als Mergers and Acquisitions (M&A) bezeichnet. Dabei verbinden sich Unternehmen zur gemeinsamen Bewältigung von Aufgaben zu größeren Wirtschaftseinheiten. Je nach Form der Unternehmensverbindung können wirtschaftliche Autonomie und rechtliche Selbstständigkeit verloren gehen (vgl. Jansen 2016, S. 130; Wöhe et al. 2016, S. 237).

Der morphologische Kasten in ◘ Abb. 3.21 zeigt auf, nach welchen Kriterien (Parametern) Unternehmensverbindungen beschrieben werden können. Diese Kriterien sowie wesentliche Kooperations- und Konzentrationsformen werden in den folgenden Abschnitten erläutert.

Parameter	Ausprägungen								
Allgemeine Ziele	Wirtschaftlichkeit steigern		Verhandlungsmacht steigern			Risiken reduzieren			
Funktionsziele	Beschaffungs~	Produktions~	Marketing~		F&E~		Finanz~		...
Dauer	Begrenzt					Unbegrenzt			
Richtung	Horizontal			Vertikal			Lateral		
Intensität	Niedrig (Kooperationen)					Hoch (Konzentrationen)			
Formen in der Praxis	Kartell	ARGE	Verband	Strat. Netzwerk	Franchising	Joint Venture	Merger	Konzern	...

◘ Abb. 3.21 Morphologischer Kasten zu Unternehmensverbindungen

3.5.1 Ziele, Dauer, Richtung und Intensität

Ziele von Unternehmensverbindungen

Durch die Zusammenarbeit mit anderen Unternehmen werden allgemeine Ziele und funktionsbezogene Ziele verfolgt (vgl. ◘ Abb. 3.21).

Allgemein wird durch die Zusammenarbeit mit anderen Unternehmen immer ein Synergieeffekt angestrebt. Im Idealfall dient jede Zusammenarbeit dem Ziel der Gewinnmaximierung der Partner (vgl. Wöhe et al. 2016, S. 239 ff.):

- Das bedeutet, man möchte Kostenvorteile durch Rationalisierungen, z. B. im Personalbereich, erreichen und damit die Wirtschaftlichkeit verbessern.
- Oder man möchte die Verhandlungsmacht gegenüber Kunden oder Lieferanten stärken, um den Wettbewerb zu beeinflussen.
- Letztendlich dienen Zusammenschlüsse auch dazu, Risiken zu reduzieren, z. B. indem Forschung und Entwicklung auf mehrere Partner verteilt wird oder indem durch Aufkauf in andere Branchen vorgedrungen wird.

Auf die Funktionen eines Unternehmens bezogen, kann man die allgemeinen Ziele konkretisieren:

- Ein Beschaffungsziel ist es beispielsweise, durch höhere Abnahmemengen die Einkaufspreise zu drücken.
- Ein Produktionsziel ist es, die Produktionskapazitäten durch den Aufkauf eines Unternehmens zu erhöhen.
- Ein Marketingziel ist es, durch Kooperationen auf neue Vertriebswege zugreifen oder auch die Konkurrenz ausschalten zu können.

Dauer von Unternehmensverbindungen

Unternehmensverbindungen können dauerhaft oder zeitlich begrenzt sein. Die Dauer wird die konkrete und juristische Form der Zusammenarbeit beeinflussen, wie wir im kommenden Abschnitt sehen werden.

Kooperationsrichtung

Die Kooperationsrichtung bezieht sich auf das Verhältnis der Kooperationspartner in der Wertschöpfungskette. Hierzu muss man unbedingt wissen, dass die alte Darstellung der Wertschöpfungskette gemeint ist, wo die Wertschöpfungsstufen von oben nach unten verlaufen (vgl. ▶ Abschn. 2.5).

Horizontale Kooperationsrichtung

Im Falle der horizontalen Zusammenarbeit befinden sich die Unternehmen auf derselben Stufe in der Wertschöpfungskette (vgl. Bea 2009, S. 421). Schließen sich beispielsweise mehrere Händler oder mehrere Stahlwerke zusammen, spricht man horizontaler Zusammenarbeit.

Vorwärts- und Rückwärtsintegration, vertikale Zusammenarbeit

Bei der vertikalen Zusammenarbeit wählt das Unternehmen einen Partner aus der Vorstufe (Rückwärtsintegration) oder der Nachstufe (Vorwärtsintegration) der Wertschöpfungskette.

3.5 · Unternehmensverbindungen

- Ein PC-Hersteller kauft einen Hersteller von Festplatten auf (Rückwärtsintegration).
- Eine Ölraffinerie kauft ein Tankstellennetz auf, um den Vertrieb auszuweiten (Vorwärtsintegration).

Gibt es keinen sachlichen Zusammenhang, spricht man von lateraler oder diagonaler Zusammenarbeit (Trust-Bildung). Die Oetker-Gruppe umfasst beispielsweise ein breites Spektrum an Geschäftsfeldern von Nahrungsmitteln über Luxushotels, Logistikunternehmen bis hin zu Bankgeschäften.

Laterale Kooperation, Trust-Bildung

Bei der Intensität von Unternehmensverbindungen unterscheidet man zwischen Kooperationen und Konzentration (vgl. Bea 2009, S. 421):

Intensität von Verbindungen

- Bei Kooperationen bleiben rechtliche und wirtschaftliche Selbstständigkeit erhalten, lediglich im Kooperationsbereich wird die wirtschaftliche Selbstständigkeit eingeschränkt.
- Bei Konzentrationen ist das wichtigste Merkmal, dass sich durch die Verbindung eine Unterordnung unter einer einheitlichen Leitung ergibt, so dass – je nach Form – wirtschaftliche und rechtliche Unabhängigkeit verloren gehen können.

3.5.2 Kooperationsformen

Eine Möglichkeit, schnell die eigenen Ressourcen auszuweiten, bieten Kooperationen. Dabei bleiben rechtliche und wirtschaftliche Selbstständigkeit erhalten. Lediglich im Kooperationsbereich, z. B. im Bereich der Beschaffung oder des Vertriebs wird die wirtschaftliche Selbstständigkeit eingeschränkt, da sich die Unternehmen nun an ihre Kooperationsvereinbarung halten müssen (vgl. z. B. Bea 2009, S. 421).

Bei Kooperationen bleibt die rechtliche und wirtschaftliche Selbstständigkeit erhalten

> **Kooperation** bezeichnet die freiwillige Verbindung von Unternehmen. Die Unternehmen bleiben dabei rechtlich und wirtschaftlich selbstständig. Nur im Kooperationsbereich ist die wirtschaftliche Autonomie eingeschränkt.

Kooperationen werden meist über Verträge, seltener über Beteiligungen umgesetzt.

◘ Abb. 3.22 zeigt auf, welche konkreten Formen der Zusammenarbeit sich in der Praxis herausgebildet haben. Diese werden im Abschluss erläutert (vgl. Wöhe et al. 2016, S. 244 ff.; Vahs und Schäfer-Kunz 2015, S. 194 ff.; Bea 2009, S. 422 ff. sowie Thommen et al. 2017, S. 34 ff.).

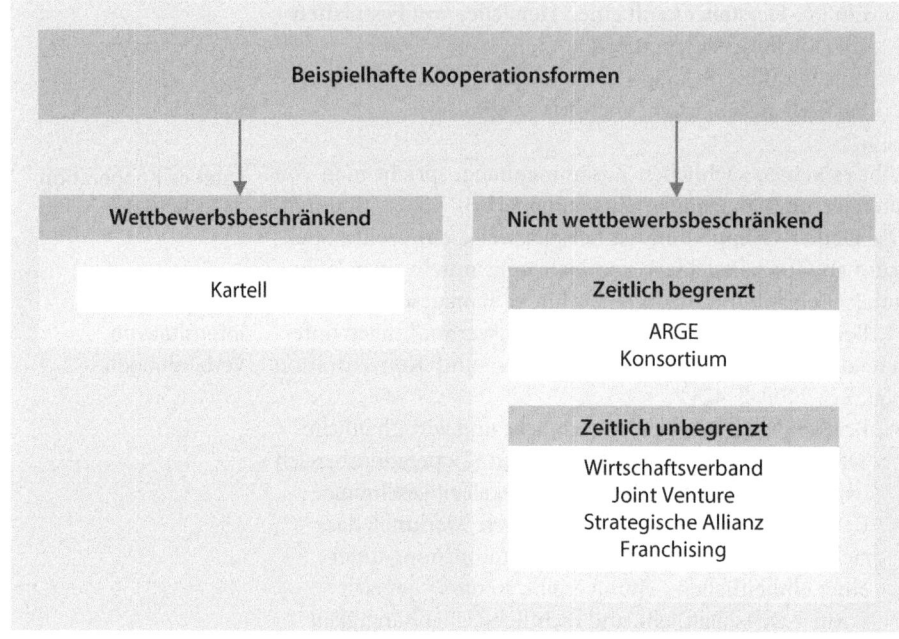

Abb. 3.22 Ausgewählte Kooperationsformen in der Praxis

> **Kartelle** sind Unternehmenszusammenschlüsse, deren Zweck die Beeinflussung des Marktes durch Einschränkung des Wettbewerbs ist.

Kartelle wollen den Wettbewerb beschränken

Kartelle sind in fast allen Staaten verboten. In Deutschland bildet die Grundlage das Gesetz gegen Wettbewerbsbeschränkungen (GWB), auch Kartellgesetz genannt. Ausnahmen kann es in berechtigten Fällen geben, z. B. für Mittelstandskartelle oder Rationalisierungskartelle.

Ein berühmtes Beispiel für ein Kartell ist die OPEC (► www.opec.org). Die Organization of the Petroleum Exporting Countries regelt Förder- und Produktionsmengen für Erdöl auf dem Weltmarkt. Durch die künstliche Verknappung oder Steigerung werden das Angebot und damit der Preis beeinflusst.

> **Arbeitsgemeinschaften (ARGE) und Konsortien** sind zeit- und projektbezogene Zusammenschlüsse von selbstständigen Partnern. Sie werden auch als Gelegenheitsgesellschaften bezeichnet.

3.5 · Unternehmensverbindungen

ARGEs trifft man häufig in der Baubranche an. Konsortien werden in der Bankenbranche, z. B. zur Ausgabe von Aktien, gebildet. Rechtlich basieren sie meist auf der Gesellschaft bürgerlichen Rechts (GbR).

Gelegenheitsgesellschaft, Arbeitsgemeinschaft (ARGE), Konsortium: stets zeit- oder projektbezogen

> Ein **Unternehmensverband** ist die freiwillige oder gesetzlich vorgeschriebene Vereinigung von Unternehmen. Der Verband fördert die Interessen der Mitglieder und vertritt sie gegenüber Dritten wie Regierung und Öffentlichkeit.

Unternehmensverbände umfassen Wirtschaftsverbände, berufsständische Vereinigungen und Kammern (z. B. Industrie- und Handelskammern) sowie Arbeitgeberverbände.

Unternehmensverband als Interessensvertretung und Sprachrohr

Wirtschaftsverbände schließen Unternehmen zur Wahrung gemeinsamer Interessen und Erfüllung gemeinsamer Aufgaben zusammen. Ein Ziel ist, in Berlin oder Brüssel Lobbyismus für die Mitglieder zu betreiben.

Der Bundesverband der Deutschen Industrie (BDI) beispielsweise transportiert die Interessen von 100.000 Unternehmen an die politisch Verantwortlichen. Für seine Mitglieder bietet er Informationen und wirtschaftspolitische Beratung für alle industrierelevanten Themen (▶ www.bdi.eu).

Wirtschaftsverband für Lobbyismus

> Ein **Joint Venture** (wörtlich übersetzt: gemeinsames Wagnis) ist ein gemeinsam gegründetes, rechtlich selbstständiges Unternehmen, an dem alle beteiligten Unternehmen Anteile halten und dies gemeinschaftlich leiten.

Joint Ventures sind besonders beliebt bei der Zusammenarbeit mit ausländischen Unternehmen. Oftmals sind sie aufgrund von Auflagen des Gastlandes unumgänglich. Gerade die deutschen Autobauer, die den chinesischen Markt erobern wollten, waren in der Vergangenheit gezwungen Joint Ventures mit den lokalen Partnern einzugehen. Dies sicherte den einheimischen Partnern einen enormen Know-how-Zuwachs und auch den gerechten Anteil an den erwirtschafteten Gewinnen.

Joint Venture sind Gemeinschaftsunternehmen

> **Strategische Allianzen** sind kooperative Übereinkommen zwischen zwei oder mehreren Unternehmen zur Vereinigung der individuellen Stärken.

Strategische Allianzen vereinen Stärken	Insbesondere sollen Wettbewerbsvorteile gegenüber der Konkurrenz erreicht werden. In der Regel gibt es keine Kapitalverflechtungen. In diesem Fall wird die strategische Allianz durch vertragliche Vereinbarungen festgehalten. Es ist jedoch auch möglich, die Allianz rechtlich als Joint Venture oder mit einer Minderheitsbeteiligung auszugestalten.
Strategische Netzwerke bündeln Ressourcen	Strategische Netzwerke sind Übereinkommen zwischen mehreren Unternehmen. Die Star Alliance hat durch die Zusammenarbeit ein weltumspannendes Flugnetz mit einem abgestimmten Flugplan geschaffen, um weitere Kunden für sich zu gewinnen. Weiterhin sind Wartungsmaßnahmen (Maintenance) und Catering integriert (▶ www.staralliance.com).
Franchising ist ein Absatzsystem zur Verkaufsförderung	**Franchising** ist ein spezielles Lizenzsystem. Es basiert darauf, dass durch vertikale Kooperation ein Absatzsystem zur Verkaufsförderung erstellt wird. Der Franchisegeber stellt ein unternehmerisch erfolgreiches Gesamtkonzept bereit, das von seinen Geschäftspartnern, den Franchisenehmern, selbstständig an deren Standort umgesetzt wird.

Die Zusammenarbeit ist oftmals so eng und so perfekt geregelt, dass es für Außenstehende fast unmöglich ist zu erkennen, dass es sich um unabhängige Unternehmen handelt (◘ Abb. 3.23).

- Der größte Vorteil für den Franchisegeber ist, sehr schnell neue Vertriebsmöglichkeiten aufzubauen – und zwar unter Beibehaltung eines Qualitätsstandards.
- Der größte Vorteil für den Franchisenehmer ist, dass er vom Geber ein umfangreiches Paket an erprobten Leistungen erhält, das eine exakte Vervielfältigung eines erfolgreichen Systems ermöglicht.

Zu den Erfindern des Franchisings zählt die Fast-Food-Kette McDonald's, die mittlerweile ein weltumspannendes Netz von rund 31.500 Restaurants besitzt. Bis auf geringfügige Abweichungen stimmen Design, Organisation und Produkte von McDonald's in allen Ländern überein. Volkswirte verwenden zum Vergleich der Kaufkraft in Ländern den *Big-Mac-Index*. Empfehlenswert ist in diesem Zusammenhang der Film *The Founder*.

Der deutsche Franchiseverband liefert viele weitere Beispiele (▶ www.franchiseverband.com).

3.5 · Unternehmensverbindungen

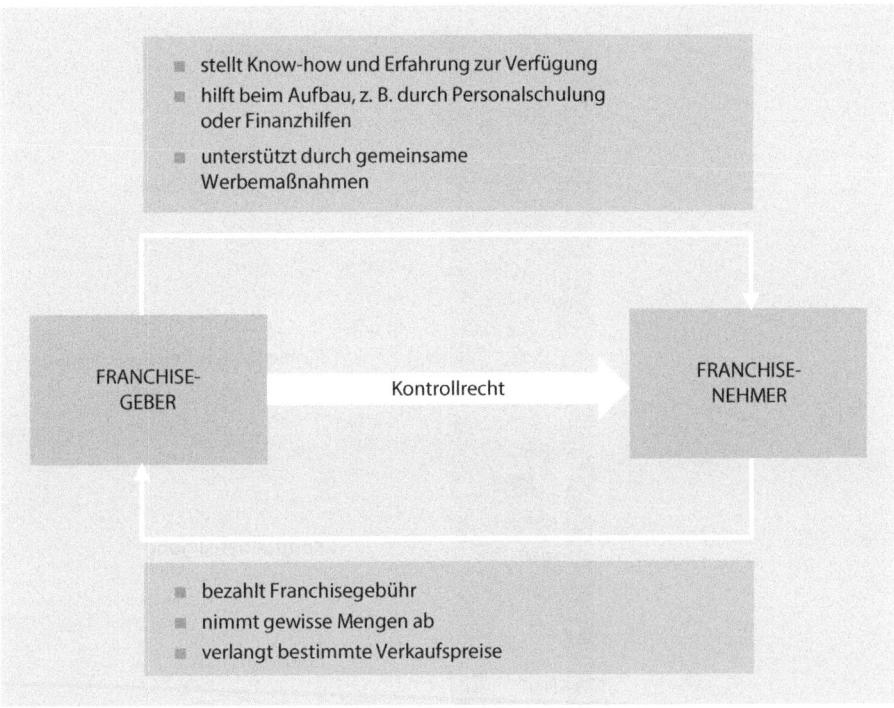

◘ Abb. 3.23   Franchising

3.5.3 Konzentrationsformen

Konzentrationen unterscheiden sich von Kooperationen, da es durch die Unterordnung unter einer einheitlichen Leitung dazu kommen kann, dass wirtschaftliche und rechtliche Unabhängigkeit bei den Unternehmen verloren gehen können.

Konzentrationen bedeuten den Verlust der wirtschaftlichen und evtl. auch der rechtlichen Selbstständigkeit

> **Konzentration** bezeichnet größere Wirtschaftseinheiten, die durch Zusammenschluss ihre wirtschaftliche Autonomie verlieren oder zusätzlich auch ihre rechtliche Selbstständigkeit verlieren können.

> Durch **Akquisition** sichert sich ein Unternehmen Kapitalanteile und bei einer AG damit Stimmrechte in der Hauptversammlung. Die Akquisition kann vom Management des dominierten Unternehmens gewollt oder ungewollt (hostile) sein.

Akquisition sichert Kapital- und damit Stimmanteile

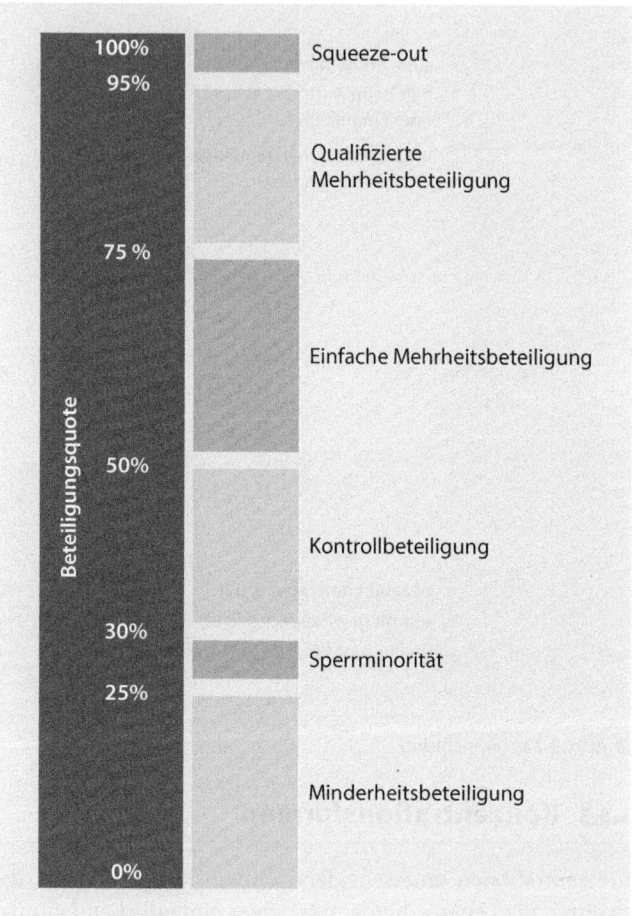

◘ Abb. 3.24 Beteiligungsquoten und ihre Bedeutung (vgl. Wöhe et al. 2016, S. 248)

Mit dem Kauf von Aktien kauft sich ein Aktionär Stimmrechte in der Hauptversammlung. Da die Aktionäre den Aufsichtsrat wählen und der Aufsichtsrat dann den Vorstand beruft, sichert das Stimmrecht einen Einfluss auf die Leitung des Unternehmens (vgl. ◘ Abb. 3.24). Je nach Höhe der Beteiligung hat dies Konsequenzen (vgl. Wöhe et al. 2016, S. 248):

─ Aktionäre mit weniger als 25 % der Stimmrechte haben eine Minderheitsbeteiligung, die häufig eine Finanzbeteiligung ist. Nur die Koalition mit anderen Aktionären kann ihnen mehr Einfluss verschaffen.
─ Aktionäre mit mehr 25 % der Aktien halten eine Sperrminorität. Sie können damit Satzungsänderungen verhindern.
─ Aktionäre mit mehr als 30 % der Aktien haben eine Kontrollbeteiligung. Zum Schutz der anderen Aktionäre

3.5 · Unternehmensverbindungen

sind sie laut Wertpapiererwerbs- und Übernahmegesetz verpflichtet, allen ein öffentliches Übernahmeangebot zu unterbreiten. Diese Regelung soll abschreckend wirken und von Beteiligungen über 30 % abhalten.
- Aktionäre mit mehr als 50 % haben eine einfache Mehrheitsbeteiligung und können einen beherrschenden Einfluss auf die AG ausüben.
- Aktionäre mit mehr als 75 % haben eine qualifizierte Mehrheitsbeteiligung und können Satzung, Kapitalveränderungen oder die Auflösung der AG beschließen.
- Aktionäre mit mehr als 95 % haben das Recht auf Squeeze-out, d. h. sie können die Minderheitsaktionäre zwangsweise aus der Gesellschaft ausschließen.

Akquisitionen finden sich beispielsweise in der IT-Branche sehr häufig wieder. Da gerade Start-ups sehr agil und innovativ sind – eine Eigenschaft, die große Unternehmen häufig verlieren – kaufen IT-Konzerne die Start-ups kurzerhand auf. Und mit der Akquisition (Erwerb des Unternehmens) übernimmt der Käufer auch die Patente und das Know-how des übernommenen Unternehmens. Beispielhaft sei hier die Akquisition von Beats durch Apple angeführt. Apple hatte zwar den iTunes-Store erfunden, wo man legal MP3-Dateien downloaden konnte. Darüber hatte der IT-Konzern jedoch das Streaming verschlafen und konnte sich aus der Situation gerade noch durch den Kauf von Beats retten.

Akquisition zum Erwerb von Know-how

> Unter **Fusion (Merger)** wird die Verschmelzung von mindestens zwei rechtlich selbstständigen Unternehmen zu einer wirtschaftlichen und rechtlichen Einheit verstanden, so dass mindestens eines der Unternehmen seine rechtliche Selbstständigkeit verliert.

Fusionen werden auch Verschmelzung genannt (vgl. Umwandlungsgesetz; UmwG) Sie können durch Aufnahme entstehen: Dann behält eine der beteiligten Gesellschaften ihre rechtliche Selbstständigkeit. Sie können aber auch durch Neugründung entstehen: Dann schließen sich die Unternehmen unter dem Dach einer neu gegründeten Gesellschaft zusammen (vgl. ◘ Abb. 3.25).

Fusion, auch Verschmelzung genannt

Fusionen sind häufig in reifen Industriezweigen anzutreffen, wie in der Stahl- oder Automobilbranche. Der globale Wettbewerb und damit der Kostendruck steigen. Durch die Zusammenlegung von Konzernen können qualitative Synergien gehoben werden, z. B. durch die Zusammenlegung von Forschung und Entwicklung, gemeinsame Nutzung von Vertriebswegen oder weitere Verbundeffekte (Economies of Scope).

Economies of Scope

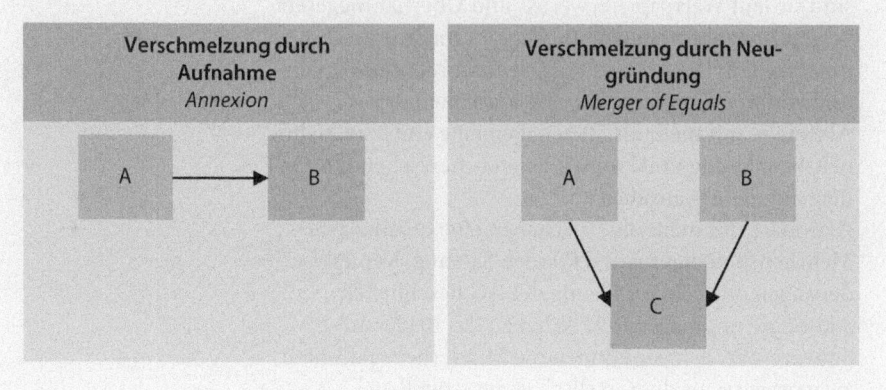

Abb. 3.25 Art der Verschmelzung nach § 2 UmwG

Economies of Scale

Durch Fusionen können auch Größenvorteile erzielt werden (Economies of Scale). Da Ressourcen besser ausgelastet werden können, sinken die Stückkosten mit der Produktionsmenge. Ebenso steigt die Erfahrungskurve mit steigenden Produktionszahlen (vgl. Müller-Stewens und Lechner 2016, S. 171).

> **Konzerne** sind gemäß § 18 Aktiengesetz Zusammenschlüsse mehrerer rechtlich selbstständiger Unternehmen unter einer einheitlichen Leitung. Sie entstehen meist durch die Akquisition (Erwerb) von Anteilen am Unternehmen, z. B. in Form von Aktien.

Konzern

Unter einheitlicher Leitung bedeutet, dass die einzelnen Konzernunternehmen durch eine gemeinsame Strategie oder Finanzpolitik koordiniert werden. Dadurch entsteht eine wirtschaftliche Einheit.

Heute findet die Koordinierung meist über eine Holding (Muttergesellschaft) statt. Diese kann als Managementholding oder als Finanzholding ausgestaltet werden (vgl. Wöhe et al. 2016, S. 112).

- Bei einer Managementholding übernimmt die Konzernmutter die strategische Unternehmensführung, unter der sich die Konzernunternehmen einordnen müssen.
- Bei einer Finanzholding übernimmt die Konzernmutter lediglich die vermögensoptimale Verwaltung der Beteiligungen.

Die Holdingstruktur ermöglicht den Tochtergesellschaften Entscheidungsfreiräume mit großer wirtschaftlicher Selbstständigkeit.

Holding

Die VW AG beispielsweise weist eine klare Konzernstruktur auf. Die Konzernmutter hält Anteile von bis zu 100 % an den Konzernunternehmen. Da die Konzernmutter die strategischen Geschäftsfelder steuert, Führungspositionen besetzt und die Cashflow-Verteilung innerhalb des Konzerns vorgibt, handelt es sich um eine Managementholding. Gleichzeitig wird ein Großteil der VW-Aktien von der Porsche SE gehalten (▶ www.volkswagenag.com).

3.6 Wiederholungsfragen

1. Wie können betriebliche Entscheidungen unterteilt werden? Lösung ▶ Abschn. 3.1.1

2. Was versteht man unter konstitutiven Entscheidungen? Lösung ▶ Abschn. 3.1.1

3. Welche unterschiedlichen Entscheidungsmodelle gibt es und welche Annahmen treffen sie? Lösung ▶ Abschn. 3.1.2

4. Was versteht man unter der Prospect Theory? Lösung ▶ Abschn. 3.1.2.2

5. Was ist der Unternehmenszweck (Mission)? Lösung ▶ Abschn. 3.2

6. Was versteht man unter Standortfaktoren und wie geht man vor, um den optimalen Standort zu finden? In welcher Phase könnte eine Nutzwerkanalyse zum Einsatz kommen? Lösung ▶ Abschn. 3.3

7. In welche drei großen Kategorien kann man Rechtsformen unterteilen? Nenne zu jeder Kategorie zwei typische Rechtsformen. Lösung ▶ Abschn. 3.4

8. Wodurch unterscheiden sich Kaufleute von Freiberuflern? Lösung ▶ Abschn. 3.4.2

? 9. Was ist eine Firma? Was ist das Handelsregister? Lösung ▶ Abschn. 3.4.2.1

? 10. Erläutere drei mögliche Entscheidungskriterien bei der Wahl der Rechtsform. Lösung ▶ Abschn. 3.4.1

? 11. Erläutere kurz den Ablauf einer Unternehmensgründung. Lösung ▶ Abschn. 3.4.2.1

? 12. Beschreibe in eigenen Worten die GbR, die OHG sowie die KG. Lösung ▶ Abschn. 3.4.3

? 13. Was ist eine Partnerschaftsgesellschaft? Lösung ▶ Abschn. 3.4.3.4

? 14. Skizziere den Aufbau von GmbH, AG und SE. Lösung ▶ Abschn. 3.4.4

? 15. Wodurch unterscheiden sich GmbH und AG auf der Leitungsebene? Lösung ▶ Abschn. 3.4.4.3

? 16. Definiere die Aufgaben der Organe einer Aktiengesellschaft kurz und prägnant: Vorstand, Aufsichtsrat, Hauptversammlung. Lösung ▶ Abschn. 3.4.4.3

? 17. Was ist der Unterschied zwischen einer monistischen und dualistischen SE? Lösung ▶ Abschn. 3.4.4.4

? 18. Visualisiere das Konstrukt der GmbH & Co. KG und erläutere mögliche Gründe für diese Rechtsform. Lösung ▶ Abschn. 3.4.5.1

? 19. Skizziere den Aufbau einer GmbH & Co. KGaA. Warum macht so eine komplizierte Rechtsform Sinn? Lösung ▶ Abschn. 3.4.5.2

? 20. Visualisiere die wesentlichen Unternehmensverbindungen anhand einer Grafik und erläutere vier Verbindungen Deiner Wahl in wenigen Sätzen. Lösung ▶ Abschn. 3.5

3.7 Vertiefungs- und Übungsaufgaben

1. Ein Automobilunternehmen sucht einen Standort für ein neues Forschungszentrum, an dem das Auto der Zukunft entwickelt werden soll. Zwei Städte stehen in der Endauswahl. Erstelle eine mögliche Nutzwertanalyse und verwende sechs sinnvolle Standortfaktoren, die für ein Forschungszentrum von besonderer Relevanz sind.
2. Aufgabe: Kaufleute oder Freiberufler (vgl. Nawratil 2015, S. 7–10):
   a. Eine Malermeisterin hat im Laufe der Jahre eine gut gehende Malerwerkstatt mit 25 Mitarbeiter/innen und sehr hohen Umsätzen (ca. 600.000 Euro jährlich) aufgebaut. Sollte sie sich ein Handelsgesetzbuch (HGB) kaufen und sich mehr damit beschäftigen? Ist sie Kauffrau im Sinne des HGB?
   b. Ein ehemaliger Kellner hat eine größere Betriebskantine übernommen. Ist er Kaufmann im Sinne des HGB?
   c. Ein Kunstmaler hat sich auf die Produktion von Ölbildern für Großversandhäuser verlegt. Er liefert die drei Motive *Röhrender Hirsch*, *Sonnenuntergang am Meer* und *Stillleben mit Früchten*. Die Bilder lässt er von drei Gruppen angestellter Künstler herstellen, in dem die erste Gruppe grundiert, die zweite Gruppe nach einer Schablone eine Skizze des Motivs fertigt und die dritte Gruppe den Hintergrund ausführt.
   Der Kunstmaler sieht sich als Künstler und damit Freiberufler. Damit umgeht er die strengen Richtlinien des HGB für Kaufleute sowie die Gewerbesteuer. Ist er im Recht?
   d. Die Kunsthändlerin A kauft den Künstlern B und C Bilder ab und veräußert sie. Wie ist die Rollenverteilung: Wer ist Freiberufler/in und wer Gewerbetreibende/r?
   e. Der statusbewusste Herr Schmitz betreibt ein kleines Modegeschäft für Männer mit Übergrößen ohne kaufmännische Einrichtung. Er würde aber gerne mit seinen Visitenkarten viel Eindruck machen und träumt von Visitenkarten und Internetauftritt mit Firmennamen und Handelsregisternummer. Kann er diesen Wunsch verwirklichen? Welche Firmennamen kommen infrage?

3. Die BWL-Studierenden Müller und Maier wollen im Sommersemester gemeinsam einen Coca-Cola-Stand vor der Hochschule betreiben, um ihre finanzielle Situation zu verbessern (vgl. Nawratil 2015, S. 24–33).
   a. Um welche Rechtsform handelt es sich, auch wenn die beiden nichts Schriftliches vereinbaren?
   b. Wer darf den Cola-Einkauf tätigen, wenn nichts Besonderes in einem Gesellschaftsvertrag vereinbart ist?
   c. An wen kann sich der Lieferant halten, wenn die Rechnung nicht bezahlt wird?
   d. Wer ist Eigentümer des erwirtschafteten Vermögens?
   e. Können sich Müller und Maier ins Handelsregister eintragen lassen? Welche Wirkung hätte die Eintragung?

4. Müller und Maier genießen ihren Erfolg und hecken neue Pläne aus. Sie wollen nun auch Champagner ausschenken, da sie sich hiervon höhere Gewinne erhoffen. Sie gestalten ein großes Schild *Schampus-Bar Wiley*. Bald brummt das Geschäft: Tagtäglich vergnügt sich die Anwohnerschaft an der *Schampus-Bar Wiley*. Die Bar erfreut sich nun auch in der umliegenden Region immer größerer Beliebtheit. Der Umsatz steigt auf schwindelerregende Summen, viele Beschäftigte werden benötigt, die Lagerhaltung muss professionalisiert werden und Inserate für spezielle Aktionen werden in der Zeitung geschaltet.
   a. Um welche Rechtsform handelt es sich nun? Sind Müller und Maier verpflichtet, die Gesellschaft zur Eintragung in ein Register anzumelden? Welche Wirkung hat die Eintragung?
   b. Wer darf den Champagner-Einkauf tätigen, wenn nichts Besonderes in einem Gesellschaftsvertrag vereinbart ist?
   c. An wen kann sich der Lieferant halten, wenn die Rechnung nicht bezahlt wird?

3.7 · Vertiefungs- und Übungsaufgaben

5. Krösus und Schlucker gründen eine Großhandels-Kommanditgesellschaft, wobei Krösus der persönlich haftende Komplementär und Schlucker der beschränkt haftende Kommanditist werden soll. Bevor es zur Eintragung ins Handelsregister kommt, tätigt Krösus bereits umfangreiche Geschäfte mit einem Lieferanten. Als die äußerst hohen Rechnungen nicht beglichen werden können, wendet sich der Lieferant an Schlucker. Die ausstehende Summe übersteigt allerdings bei Weitem seine geplante Einlage. Deshalb wehrt Schlucker ab, er hafte nur mit seiner Einlage. Wird er Recht bekommen?
6. Stelle der Gesellschaft mit beschränkter Haftung (GmbH) zwei Vorteile und zwei Nachteile gegenüber! Gelten diese auch für die UG?
7. Gib einen Überblick darüber, welche Rechtsformen Kaufleuten zur Verfügung stehen.
8. Stelle Personen- und Kapitalgesellschaften anhand von drei Kriterien Deiner Wahl gegenüber.
9. Welche Rechtsformen können gewählt werden, wenn eine Person alleine ein Unternehmen gründen will? Welche Rechtsformen kommen noch infrage, wenn das Risiko der persönlichen Haftung minimiert werden soll?
10. Welche Rechtsform(en) empfiehlst Du, wenn mehrere Personen ein Unternehmen gründen wollen und wenn mit häufigem Gesellschafterwechsel zu rechnen ist?
11. Visualisiere den rechtlichen Aufbau der beiden Fußballclubs Bayern München AG sowie Borussia Dortmund GmbH & Co. KGaA. Schau Dir dazu das Impressum der beiden „Unternehmen" an. Dort findest Du Elemente für die beiden Rechtsformen. Auf welche Art und Weise sichern die Clubs jeweils Finanzierung und Leitungsbefugnisse ab?
12. Fülle die folgende Tabelle aus:

Übersicht über zentrale Rechtsformen

Rechtsform	e. K.	GbR	OHG	KG	GmbH	AG
Kurz-definition	Einzelunternehmen zum Betrieb eines Gewerbes		Personenvereinigung zum Betrieb eines Handelsgewerbes mit Voll- und Teilhaftern		jurist. Person mit Gesellschaftern, Beteiligung durch in Einlagen zerlegtes Kapital ohne persönliche Haftung	
Zweck/Voraus-setzung	Handelsgewerbe/bei Kann-Kaufleuten: Handelsregistereintrag	beliebig; konkludent, formlos				
Mindest-anzahl	1		2		1	
Vertretung/Geschäfts-führung		alle gemeinsam	jeder alleine	wie OHG, aber Kommanditisten ohne Vertretung und GF	Geschäftsführer/in	
Organe		Selbstorganschaft				Vorstand Aufsichtsrat (AR) Hauptversammlung
Haftung	unbeschränkt mit Geschäfts- und Privatvermögen			wie OHG, aber Kommanditist haftet nur mit Einlage	Stammkapital mind. 25.000 Euro sowie Gesellschaftsvermögen	

3.8 Musterlösungen

1. Standortwahl mithilfe einer Nutzwertanalyse

◘ Nutzwertanalyse zur Standortwahl

Alternativen		Neu-Ulm		Leipzig	
Kriterium	Gewichtung	Bewertung	Teilnutzwert	Bewertung	Teilnutzwert
1 Arbeitskostenbelastung	14 %	3	0,42	5	0,7
2 Grundstückskosten	20 %	5	1,00	3	0,6
3 Infrastruktur & Datennetze	20 %	3	0,60	4	0,8
4 Potenzial Hochschulen/F&E	10 %	5	0,50	5	0,5
5 Unternehmenssteuern	15 %	3	0,45	4	0,6
6 Lebensqualität	21 %	5	1,05	2	0,42
Gesamtnutzen	100 %		4,02		3,62
Präferenzordnung			1		2

Punkteskala: 1 steht für sehr geringen Zielbeitrag, 5 steht für sehr hohen Zielbeitrag

2. Kaufleute oder Freiberufler (vgl. Nawratil 2015, S. 7–10). Dazu bitte im Gesetz § 1 HGB nachlesen (► https://www.gesetze-im-internet.de/hgb/__1.html).
   a. Ja, sie ist *Ist-Kauffrau* im Sinne des HGB, weil ihr Betrieb einen kaufmännisch eingerichteten Geschäftsbetrieb erfordert. Ein kaufmännisch eingerichteter Geschäftsbetrieb umfasst beispielsweise Buchführung, Lohnbuchhaltung, Vertretungsregelungen oder Urlaubsplanung. Indizien, die in diesem Beispiel auf diese Erfordernis hinweisen, sind viele Mitarbeiter sowie der hohe Umsatz. Weitere Kriterien, die für die Erfordernis eines kaufmännischen Geschäftsbetriebs sprechen, sind z. B. umfangreiche Bankkredite, umfangreiche Werbung, viele Filialen, eine großes Produktangebot oder eine internationale Tätigkeit …
   b. Es kommt darauf an, ob er selbstständig ist oder nicht. Ist er Angestellter und damit unselbstständig, dann betreibt er kein Gewerbe. Ist er hingegen selbstständig, so betreibt er ein Gewerbe. Die Erfordernis eines kaufmännischen Geschäftsbetriebs wird angedeutet durch „die größere Betriebskantine". Hier ist wiederum Buchführung, Kalkulation der Preise, Personalplanung etc. notwendig, was für die Kaufmannseigenschaft nach HGB spricht.

c. Nein, denn es liegen viele Anzeichen für ein Handelsgewerbe vor. Zum einen die Art der Leistungserstellung, denn es liegt quasi eine gewerbliche Fließbandproduktion vor. Zum anderen der Umfang der Leistungserstellung, denn bei den Kunden handelt es sich um Großhändler, so dass von hohen Umsätzen ausgegangen werden kann. Dies alles erfordert einen kaufmännischen Geschäftsbetrieb und er ist ein *Ist-Kaufmann*.
d. B und C sind Freiberufler. Sie erbringen Dienstleistungen höherer Art aufgrund ihrer schöpferischen Begabung. A ist Gewerbetreibende. Aufgrund ihrer kleinen Galerie ist vermutlich kein kaufmännischer Geschäftsbetrieb erforderlich, so dass sie Kleingewerbetreibende ist.
e. Ja, auch als Kleingewerbetreibender kann er sich eintragen lassen (Kann-Kaufmann). Die Eintragung ist fakultativ (freiwillig), hat aber eine konstitutive (rechtserzeugende) Wirkung. Varianten für die Eintragung im Handelsregister sind
Sachfirma: Herrenmoden XXXL e. K.
Personenfirma: Schmitz e. K.
Mischfirma: Herrenmoden Schmitz e. K.
Fantasiefirma: Yippieh e. K.

3. Gesellschaft bürgerlichen Rechts (GbR, auch BGB-Gesellschaft), lies dazu bitte ▶ https://www.gesetze-im-internet.de/bgb/__705.html.
a. Die beiden verfolgen einen gemeinsamen Zweck (Getränkeverkauf). Damit liegt eine Gesellschaft bürgerlichen Rechts (GbR) ohne Erfordernis eines kaufmännischen Geschäftsbetriebes vor.
b. Da die beiden nichts schriftlich vereinbart haben, gilt dass beide den Einkauf nur gemeinsam tätigen können. Geschäftsführung und Vertretung werden bei der GbR von allen Gesellschaftern gemeinschaftlich übernommen. Das ist sehr unpraktisch, aber verständlich, wenn wir gleich über die Haftung reden.
c. Der Lieferant kann sich an jeden Einzelnen wahlweise halten. Jeder einzelne Gesellschafter haftet gesamtschuldnerisch, d. h. Maier muss eventuell alle Schulden – und nicht nur die Hälfte – übernehmen. Die Haftung ist dabei unbeschränkt bis ins Privatvermögen.
d. Das Geld, das gemeinsam erwirtschaftet wurde, wird zum Gesamthandsvermögen. Das bedeutet, dass Maier nicht einfach die Hälfte des Gewinnes aus der Kasse nehmen kann. Er muss sich entweder mit Müller einigen oder warten, bis die Gesellschaft aufgelöst wird.

3.8 · Musterlösungen

e. Müller und Maier können sich als Kann-Kaufleute im Handelsregister eintragen lassen. Diese Eintragung ist freiwillig (fakultativ), hat dann aber rechtserzeugende (konstitutive) Wirkung. Mit dem Eintrag entsteht eine OHG.

4. Offene Handelsgesellschaft (OHG)
   a. Es handelt sich um eine offene Handelsgesellschaft (OHG), da nun ein kaufmännischer Geschäftsbetrieb erforderlich ist. Damit ist der Eintrag im Handelsregister obligatorisch (zwingend). Der Eintrag hat eine deklaratorische Wirkung.
   b. Bei der OHG ist jeder einzelne Gesellschafter geschäftsführungs- und vertretungsbefugt, falls im Gesellschaftsvertrag nichts anderes vereinbart ist.
   c. Die Haftung ist bei der OHG wie bei der GbR gesamtschuldnerisch und unbeschränkt bis ins Privatvermögen.

5. Kommanditgesellschaft (KG)
   Solange die Kommanditisten nicht mit ihrer Einlage ins HR eingetragen sind, haften sie wie in einer OHG – persönlich, gesamtschuldnerisch und unbeschränkt bis ins Privatvermögen. Komplementäre drängen deshalb auf baldige Eintragung im HR.
6. Vor- und Nachteile der GmbH

◘ Vor- und Nachteile einer GmbH

GmbH	
Vorteile	**Nachteile**
Die Beschränkung der Haftung auf das Gesellschaftsvermögen sorgt dafür, dass das Privatvermögen sicher ist.	Die Gründung ist komplizierter, da eine notarielle Beurkundung erforderlich ist. Dies trifft auch für die Übertragung von Anteilen zu.
Die Trennung von Gesellschaftern (Kapitalaufbringung) und Geschäftsführung ermöglicht eine leichtere Betriebsübergabe.	Die Kreditwürdigkeit ist aufgrund der beschränkten Haftung niedrig.

7. Rechtsformen für Kaufleute

◘ Mögliche Rechtsformen für Kaufleute

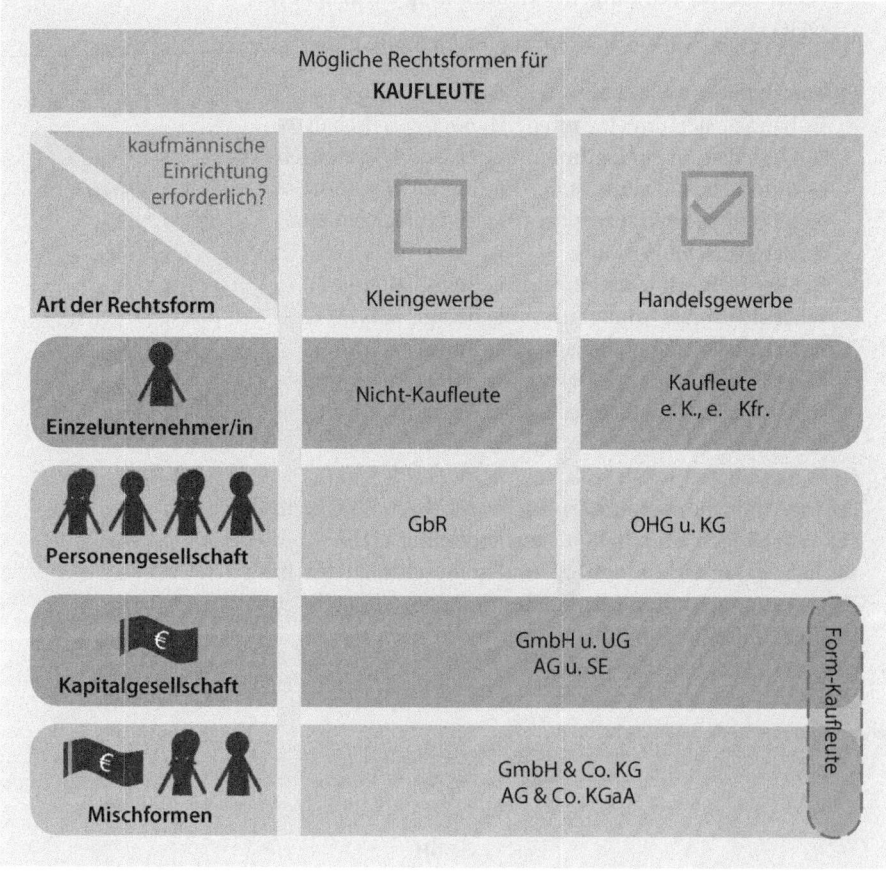

8. Personen- und Kapitalgesellschaften

3.8 · Musterlösungen

◘ Unterschiede zwischen Personen- und Kapitalgesellschaften

PERSONENGESELLSCHAFTEN	KAPITALGESELLSCHAFTEN
Stimmrecht nach Köpfen	Stimmrecht nach Kapitalanteil
Die Gesellschaft wird von Gesellschaftern selbst geführt (Selbstorganschaft)	Die Gesellschaft kann von Dritten geführt werden, die keine Anteile besitzen (Drittorganschaft)
Persönliche Haftung der Gesellschafter	Haftung nur mit dem Gesellschaftsvermögen
Die Existenz der Gesellschaft hängt vom Mitgliederbestand ab	Die Existenz der Gesellschaft ist unabhängig vom Mitgliederbestand

9. Rechtsformen für eine Person mit geringem Risiko
Die Schnittmenge aus den Rechtsformen, die zur alleinigen Gründung zur Verfügung stehen und den Rechtsformen, die das Risiko minimieren, sind Kapitalgesellschaften, die sich auch für die 1-Personen-Gründung eignen.

◘ Alleine gründen mit geringem Risiko

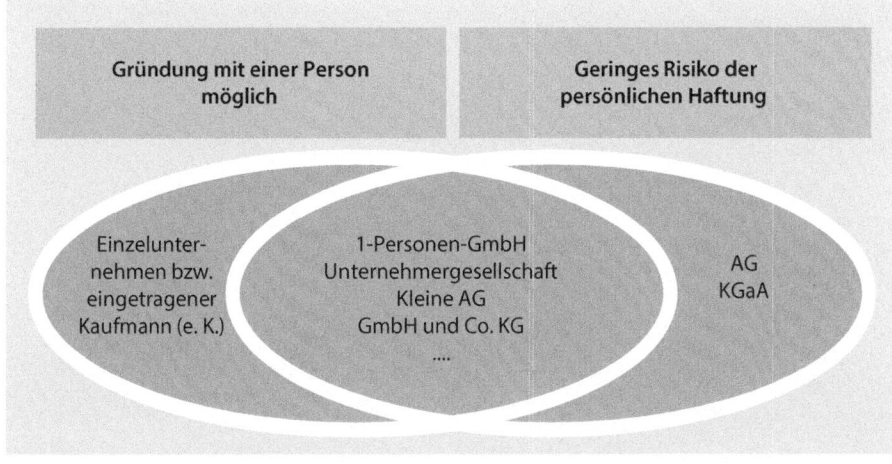

10. Rechtsformen bei häufigem Gesellschafterwechsel
Bei häufigem Gesellschafterwechsel ist eine AG oder eine kleine Aktiengesellschaft ratsam, denn die AG hat dann gegenüber der GmbH mit ihrer persönlicheren Prägung folgende Vorteile:
a. Die GmbH ist keine anonyme Gesellschaft, sondern eine personalisierte Kapitalgesellschaft. Dies zeigt sich anhand der Stammanteile: Jährlich ist eine Liste der Gesellschafter zum HR einzureichen. Gesellschafterwechsel sind der Gesellschaft anzuzeigen. Zudem sind die Anteile erschwert übertragbar, da jede Übertragung notariell zu beurkunden ist.
b. Das Verhältnis zwischen Gesellschafterversammlung und Geschäftsführung unterscheidet sich ebenfalls vom Verhältnis zwischen Vorstand und Aktionären einer AG: Die Gesellschafterversammlung ist weisungsbefugt gegenüber der Geschäftsführung (§ 37 GmbHG). Außerdem hat jeder Gesellschafter hat ein uneingeschränktes Informationsrecht über die Angelegenheiten der Gesellschaft und ein entsprechendes Recht zur Einsicht der Bücher und Schriften (§ 51a GmbHG).
11. Rechtlicher Aufbau zweier Bundesligavereine
FC Bayern München AG (▶ https://fcbayern.com/de/club/fcb-ag), ◘ Abb. 3.16
Borussia Dortmund GmbH & Co. KGaA (▶ https://www.bvb.de/Die-KGaA), ◘ Abb. 3.19
12. Überblick über die zentralen Rechtsformen

3.8 · Musterlösungen

Übersicht über zentrale Rechtsformen

Rechtsform	e.K.	GbR	OHG	KG	GmbH	AG
Kurzdefinition	Einzelunternehmen zum Betrieb eines Gewerbes	Personenvereinigung zur Erreichung eines gemeinsamen Zweckes	Personenvereinigung zum Betrieb eines Handelsgewerbes	Personenvereinigung zum Betrieb eines Handelsgewerbes mit Voll- und Teilhaftern	jurist. Person mit Gesellschaftern, Beteiligung durch in Einlagen zerlegtes Kapital ohne persönliche Haftung	jurist. Person mit Gesellschaftern, Beteiligung durch in Einlagen zerlegtes Kapital ohne persönliche Haftung
Zweck/Voraussetzung	Handelsgewerbe/bei Kann-Kaufleuten: Handelsregistereintrag	beliebig, konkludent, formlos	Handelsgewerbe/Handelsregistereintrag	Handelsgewerbe/Handelsregistereintrag	beliebig (Formkaufmann)/ notarielle Satzung + HR-Eintrag	beliebig (Formkaufmann)/ notarielle Satzung + HR-Eintrag
Mindestanzahl	1	2	2	2	1	1
Vertretung/Geschäftsführung	Inhaber	alle gemeinsam	jeder alleine	wie OHG, aber Kommanditisten ohne Vertretung und GF	Geschäftsführer	Vorstand
Organe		Selbstorganschaft	Selbstorganschaft	Selbstorganschaft	Geschäftsführer, Gesellschafterversammlung, AR ab 500 AN	Vorstand Aufsichtsrat (AR) Hauptversammlung
Haftung	unbeschränkt mit Geschäfts- und Privatvermögen	Gesellschaft und Gesellschafter (auch mit Privatvermögen), gesamtschuldnerische Haftung	Gesellschaft und Gesellschafter (auch mit Privatvermögen), gesamtschuldnerische Haftung	wie OHG, aber Kommanditist haftet nur mit Einlage	Stammkapital mind. 25.000 Euro sowie Gesellschaftsvermögen	Grundkapital mind. 50.000 Euro sowie Gesellschaftsvermögen

Literatur

Adam Smith Institute. (2017). The theory of moral sentiments. https://www.adamsmith.org/the-theory-of-moral-sentiments/. Zugegriffen am 21.12.2017.

Ärzte ohne Grenzen. (2017). About us. http://www.msf.org/en/about-ms. Zugegriffen am 31.12.2017.

Balderjahn, I., & Specht, G. (2016). *Einführung in die Betriebswirtschaftslehre* (7., überarb. Aufl.). Stuttgart: Schäffer-Poeschel.

Bankhofer, U. (2001). *Industrielles Standortmanagement – Aufgabenbereiche, Entwicklungstendenzen und problemorientierte Lösungsansätze*. Wiesbaden: Springer.

Bea, F. X. (2009). Entscheidungen des Unternehmens. In F. X. Bea & M. Schweitzer (Hrsg.), *Allgemeine Betriebswirtschaftslehre. Bd. 1: Grundfragen* (10., überarb. u. erw. Aufl., S. 333–437). Stuttgart: Lucius & Lucius.

Beck, H. (2014). *Behavioral Economics. Eine Einführung*. Wiesbaden: Springer Gabler.

Camerer, C. (1999). Behavioral economics. Reunifying psychology and economics. *Proceedings of the National Academy of Science, 96*(19), 10575–10577. https://doi.org/10.1073/pnas.96.19.10575.

Daimler. (2017a). Satzung vom Mai 2017. https://www.daimler.com/dokumente/konzern/corporate-governance/sonstiges/daimler-satzung-05-2017.pdf. Zugegriffen am 28.12.2017.

Daimler. (2017b). Daimler Konzern. https://www.daimler.com/konzern/. Zugegriffen am 28.12.2017.

Google. (2017). Our company. https://www.google.com/intl/en/about/our-company/. Zugegriffen am 28.12.2017.

Gutenberg, E. (1979). *Grundlagen der Betriebswirtschaftslehre. Band 1: Die Produktion* (23. Aufl.). Berlin: Springer.

Heinen, E. (1976). *Grundfragen der entscheidungsorientierten Betriebswirtschaftslehre*. München: Goldmann.

Jansen, S. A. (2016). *Mergers & Acquisitions. Unternehmensakquisitionen und -kooperationen: Eine strategische, organisatorische und kapitalmarkttheoretische Einführung* (6., überarb.u. erw. Aufl.). Wiesbaden: Springer Gabler.

Jung, R. H., et al. (2016). *Allgemeine Managementlehre* (6., neu bearb. u. erw. Aufl.). Berlin: Erich Schmidt.

Kahneman, D. (2011). *Thinking, fast and slow*. New York: Farrar, Straus and Giroux.

Kahneman, D., & Tversky, A. (1979). Prospect theory: An analysis of decision under risk. In *Econometrica* (Bd. 47(2), S. 263–291). https://www.princeton.edu/~kahneman/docs/Publications/prospect.theory.pdf. Zugegriffen am 22.12.2017.

Katins, C. (2015). Von der UG zur GmbH – eine Schritt-für-Schritt-Anleitung. https://www.gruenderszene.de/allgemein/ug-gmbh-umwandlung-anleitung. Zugegriffen am 01.01.2018.

Klunzinger, E. (2012). *Grundzüge des Gesellschaftsrechts* (16., überarb. u. erw. Aufl.). München: Vahlen.

Laux, H., et al. (2014). *Entscheidungstheorie* (9., vollst. überarb. Aufl.). Wiesbaden: Springer Gabler.

Müller-Stewens, G., & Lechner, C. (2016). *Strategisches Management. Wie strategische Initiativen zum Wandel führen* (4., überarb. Aufl.). Stuttgart: Schäffer-Poeschel.

Literatur

Nawratil, H. (2015). *HGB – leicht gemacht* (23., neu bearb. Aufl.). Berlin: von Kleist.
Thommen, J.-P., et al. (2017). *Allgemeine Betriebswirtschaftslehre* (8., vollst. überarb. Aufl.). Wiesbaden: Springer Gabler.
Tucker, A. W. (1950). A two-person dilemma – The prisoner's dilemma. In P. D. Straffin (1983), The mathematics of tucker – A sampler. *Two-Year College Mathematics Journal, 14*(3), 228–232. http://www.jstor.org/stable/3027092. Zugegriffen am 29.12.2017.
Vahs, D., & Schäfer-Kunz, J. (2015). *Einführung in die Betriebswirtschaftslehre* (7., überarb. Aufl.). Stuttgart: Schäffer-Poeschel.
Wöhe, G., et al. (2016). *Einführung in die Allgemeine Betriebswirtschaftslehre* (26., überarb. u. akt. Aufl.). München: Vahlen.

Unternehmensführung und Controlling

4.1 Management und Unternehmensstrategie – 145
4.1.1 Management – 146
4.1.2 Unternehmensziele – 152
4.1.3 Unternehmensstrategie und strategisches Management – 156
4.1.4 Normstrategien auf der Basis von Analysetools – 161

4.2 Unternehmensleitbild und Corporate Governance – 176
4.2.1 Handlungsebenen: normativ, strategisch, operativ – 176
4.2.2 Unternehmensleitbild und -kultur – 178
4.2.3 Corporate Governance und Compliance – 182

4.3 Ökonomisches Prinzip, Kennzahlen und Controlling – 183
4.3.1 Ökonomisches Prinzip, Effektivität und Effizienz – 183
4.3.2 Kennzahlenbasiertes Controlling – 186

4.4 Wiederholungsfragen – 191

4.5 Übungs- und Vertiefungsfragen – 192

4.6 Musterlösungen – 194

Literatur – 198

© Springer-Verlag GmbH Deutschland, ein Teil von Springer Nature 2019
C. Kocian-Dirr, *Betriebswirtschaftslehre – Schnell erfasst*, Wirtschaft – Schnell erfasst,
https://doi.org/10.1007/978-3-662-54290-3_4

Unternehmerin sein, heißt: Überblick haben, koordinieren, Ziele setzen, Richtung weisen.
Marlies Blohm-Harry

Was hat Unternehmensführung mit der Sehnsucht nach dem weiten, endlosen Meer zu tun?

Dieses Kapitel erläutert kompakt, was Management und Leadership bedeuten, welche Unternehmensstrategien es gibt und welche Analysetools (z. B. Portfolio-Analyse) dazu eingesetzt werden.

Außerdem wird aufgezeigt, wie Unternehmensleitbild und -kultur sowie das Controlling mit der Unternehmensführung zusammenhängen.

Alles ist einprägsam in Abbildungen und Übersichtsdarstellungen visualisiert und mit Beispielen erläutert.

Zum Abschluss des Kapitels gibt es Wiederholungs- und Übungsfragen mit Musterlösungen, um das erworbene Wissen zu überprüfen und anzuwenden.

Lernziele dieses Kapitels

Studierende können anhand dieses Kapitels
- Management, Leadership und den Führungsprozess erläutern,
- unterschiedliche Unternehmensziele beschreiben,
- Unternehmensstrategien darlegen und Normstrategien anhand ausgewählter Analysemethoden anwenden,
- die Handlungsebenen eines Unternehmens abgrenzen und die Begriffe Unternehmensleitbild und Corporate Governance einordnen,
- den Einsatz von kennzahlenbasiertem Controlling aufzeigen.

Cartoon: © Dirk Meissner

4.1 Management und Unternehmensstrategie

Ein Unternehmen zu führen ist sicherlich eine große Herausforderung. In einem mittelständischen Unternehmen ist der Unternehmer oder die Unternehmerin noch stärker in die operative Arbeit eingebunden. Trotzdem gilt es, den Überblick über Finanzen, Produkte, Kunden, Belegschaft zu behalten und das Unternehmen für die kommenden Jahre aufzustellen.

In Großunternehmen hat die Unternehmensführung kaum mehr Kontakt zur operativen Basis. Sie ist damit beschäftigt, die einzelnen Geschäftsbereiche ausgewogen weiterzuentwickeln und einen Gesamtrahmen für alle untergeordneten Bereich zu schaffen.

4.1.1 Management

In diesem Abschnitt werden zuerst die Bedeutungen von Management vorgestellt. Dann wird Management dem Begriff Leadership gegenübergestellt. Abschließend wird der Führungsprozess mit den vier Phasen Planung, Entscheidung, Realisierung und Kontrolle Schritt für Schritt erläutert.

4.1.1.1 Institutionelle und funktionelle Sicht

Management, Unternehmensführung

Unternehmen sind komplexe sozio-technische Systeme, in denen das Zusammenspiel von Menschen, Materialien, Maschinen und Informationen gestaltet, koordiniert und gesteuert werden muss, um zu konkreten Ergebnissen zu kommen. Dies ist die Herausforderung des Managements, welches diese Aufgabe im Kontext vieler Unsicherheiten zu erfüllen hat. Diese Unsicherheiten entstehen durch ständige Veränderungen in der gesellschaftlichen, technologischen, natürlichen und wirtschaftlichen Umwelt (vgl. Capaul und Steingruber 2010, S. 199 f.).

Management wird auch als Unternehmensführung bezeichnet. Da alle Mitarbeiterinnen und Mitarbeiter in allen Unternehmen von Managementaspekten betroffen sind, herrscht ein großes Interesse an diesem Thema (vgl. Jung et al. 2016, S. 3 ff.).

> **Management** bezeichnet zum einen eine betriebswirtschaftliche Funktion und zum anderen die Personengruppe, die Führungspositionen innehat. Die Aufgabe des Managements ist es, Unternehmen zielgerichtet zu gestalten, zu steuern und weiterzuentwickeln.

Funktionale Sichtweise

Management im Sinne einer Funktion bezieht sich auf den Führungsprozess, der auch Managementzyklus genannt wird (vgl. ◘ Abb. 4.1). Der Führungsprozess umfasst die Phasen Planung, Entscheidung, Realisierung und Kontrolle (vgl. Wöhe et al. 2016, S. 47). Man spricht auch von der Führung im weiteren Sinne.

Institutionelle Sichtweise

Management im Sinne von Personen bezieht sich auf Führungskräfte. Man spricht auch von der institutionellen Sicht

4.1 · Management und Unternehmensstrategie

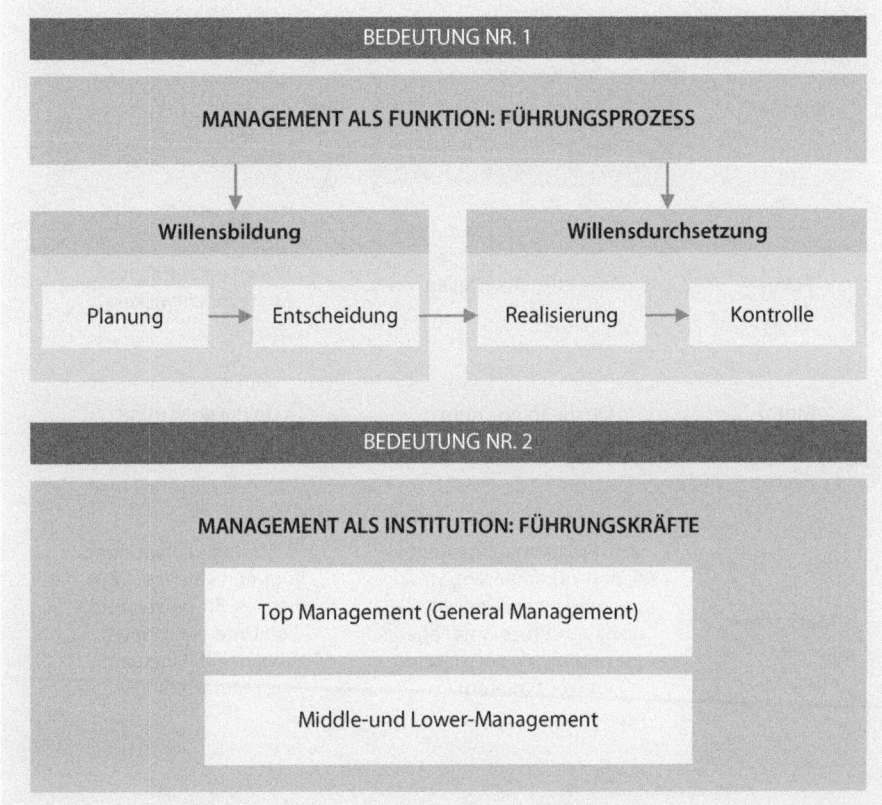

◘ Abb. 4.1 Management

auf das Management. Man unterscheidet das Topmanagement, das die oberste Hierarchieebene eines Unternehmens (z. B. Vorstand oder Geschäftsführung) besetzt, vom Middle Management (z. B. Abteilungsleitung, Werkleitung) und Lower Management (z. B. Teamleitung). Manager und Managerin sind also Führungskräfte, die die Steuerung und Weiterentwicklung einer Organisation übernehmen.

> **Führung** im engeren Sinne betrifft die Personalführung. Sind Planung und Entscheidung vollzogen, geht es im Rahmen der Realisierung um die konkrete Veranlassung zur Arbeitsausführung. Im Rahmen der Personalführung wird das Handeln von Personen und Gruppen durch legitime Beeinflussung auf die Verwirklichung der Unternehmensziele ausgerichtet (vgl. Jung et al. 2016, S. 192).

Führung

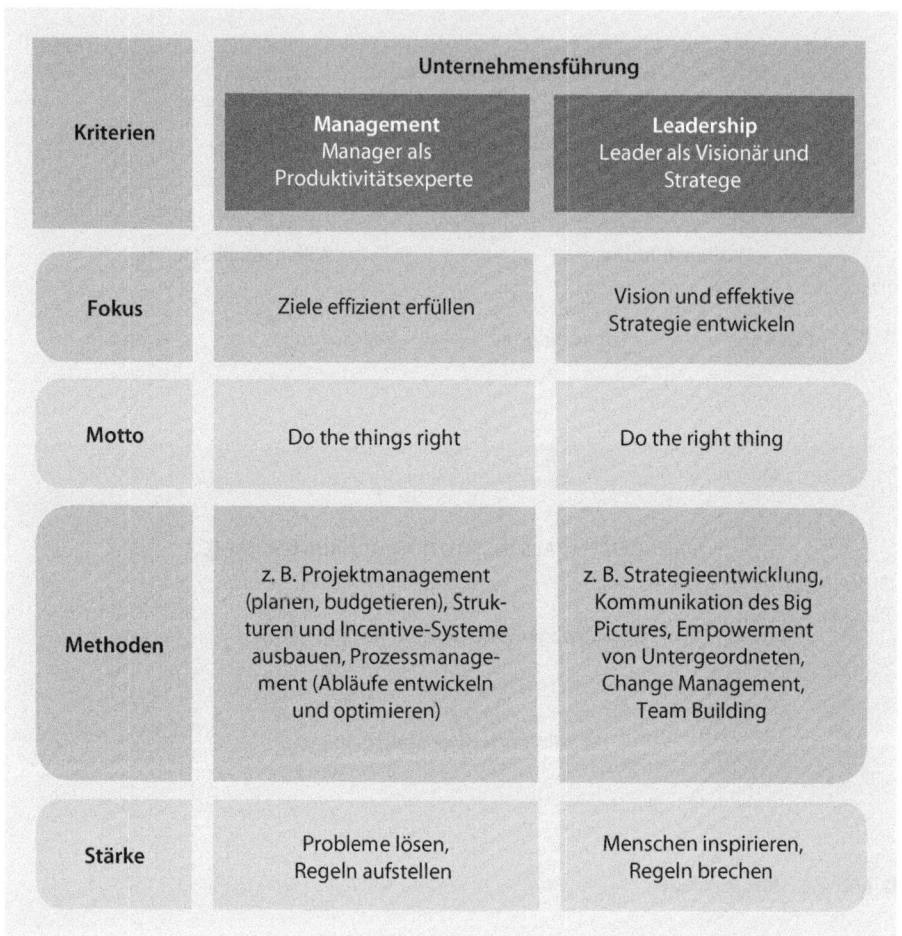

○ Abb. 4.2 Gegenüberstellung von Management und Leadership

4.1.1.2 Management und Leadership

Unternehmensführung wird im Englischen mit zwei unterschiedlichen Begriffen übersetzt, die unterschiedliche Bedeutungen haben: Management und Leadership (vgl. Drucker 1967; Kotter 1990). Die beiden Archetypen des Managers und des Leaders werden häufig wie folgt voneinander abgegrenzt (vgl. ○ Abb. 4.2).

Manager

Manager werden eher als Verwalter gesehen. Management steht deshalb eher für das Organisieren der Abläufe, für Planung und Kontrolle. Manager stehen für Effizienz, d. h. sie machen die ihnen anvertrauten Aufgaben richtig, z. B. die Führungsaufgaben zum Bau eines Schiffes. Diese Ansicht wird im Englischen übersetzt mit *Managers do the things right*. Man könnte auch sagen, Manager sind Führungspersonen. Ihre größte Stärke ist es, Probleme zu lösen.

4.1 · Management und Unternehmensstrategie

Leader werden als Visionäre gesehen. Leadership bedeutet, die Geführten mit Visionen zu inspirieren und zu motivieren, also die Sehnsucht nach dem weiten, endlosen Meer zu wecken. Leadership kann für Kotter damit Kreativität, Innovation und Wandel schaffen (vgl. Kotter 1990, S. 5). Leader streben danach, die richtigen Dinge zu tun und stehen damit für Effektivität. Ihr Credo ist: „Leaders do the right things". Hier könnte man sagen, Leader sind Führungspersönlichkeiten. Ihre größte Stärke ist es, Menschen zu inspirieren. Steve Jobs, Mitbegründer und langjähriger Vorstand von Apple, gilt als Prototyp des Leaders.

Leadership, Leader

Kotter weist darauf hin, dass ein Unternehmen beide Archetypen benötigt. Jedes Unternehmen braucht Manager, die organisieren und umsetzen können. In Phasen des Wandels oder der Krise sind allerdings Leader notwendiger denn je, um die Belegschaft zusammenzuschweißen und um sie auf eine neue Richtung einzuschwören (vgl. Kotter 1990, S. 7).

In vielen Ländern ist der Begriff des Führers oder des Anführers positiv besetzt. In Indien gilt beispielsweise Gandhi als *spiritual leader* für die gesamte Nation. In der USA werden vom Präsidenten Leader-Qualitäten erwartet. In Deutschland hat der Begriff des Führers eine ganz andere geschichtliche Bedeutung und wird deshalb vermieden.

4.1.1.3 Führungsprozess: planen, entscheiden, realisieren, kontrollieren

Management im Sinne des Führungsprozesses lässt sich als Prozess mit vier Teilschritten schematisieren (vgl. z. B. Jung et al. 2016, S. 125 ff.). Während es im ersten Teil des Führungsprozesses um die Willensbildung geht, steht im zweiten Teil die Willensdurchsetzung im Vordergrund (vgl. ◘ Abb. 4.1).

Der Führungsprozess kann auf unterschiedlichen Ebenen stattfinden:

strategisch, taktisch, operativ

– Bei der strategischen Planung wird langfristig – für einen Zeithorizont von mehreren Jahren – festgelegt, durch welchen Weg (welche Strategie) das Unternehmen seine Ziele erreichen möchte. Die strategische Planung sichert den Bestand des Unternehmens.
– Bei der operativen Planung wird kurzfristig – für einen Zeithorizont von einigen Wochen – festgelegt, durch welche konkreten Maßnahmen die Unternehmensziele erreicht werden sollen. Die operative Planung fügt sich in die Strategie ein, nimmt jedoch Bezug zur aktuellen Situation.
– Dazwischen befindet sich die taktische Planung, die einen Zeithorizont von einigen wenigen Jahren umfasst.

Den zeitliche Horizont für die Einordnung, was operativ, taktisch oder strategisch ist, gibt immer die Branche vor. In einer schnelllebigen Branche wie der IT-, insbesondere der Software-Branche, umfasst die Strategie wenige Jahre (< 3 Jahre). In einer Branche wie der Automobilbranche ist die Strategie ausgelegt auf eine Planung von fünf bis sieben Jahren.

Stellen wir uns eine Fußballnationalmannschaft vor und wenden wir die Begriffe in diesem spezifischen Kontext an.
- Für die kommenden Jahre wird langfristig ein Ziel (z. B. Verteidigung des Weltmeistertitels) sowie die Strategie (z. B. moderner Angriffsfußball) festgelegt.
- Für jedes einzelne Spiel wird eine Taktik, die ganz auf den Gegner zugeschnitten ist, festgelegt.
- Die konkrete Ausführung eines Freistoßes oder die situationsbezogene Auswechslung eines Spielers sind operative Maßnahmen.

Führungsprozess

Die vier Phasen des Führungsprozesses werden im Folgenden beschrieben (vgl. ◘ Abb. 4.3). Die Phasen werden idealtypisch sequenziell dargestellt. Dies ist jedoch in den seltensten Fällen in der Realität der Fall. Es gibt häufig Rückschleifen und Anpassungen.

Planung Planung bedeutet vorbereitendes Durchdenken, Festlegen von Zielen und Wegen dorthin (vgl. z. B. Vahs und Schäfer-Kunz 2015, S. 339).
- Zuerst werden Ziele wie Umsatzziele oder soziale Ziele aufgestellt, an deren Zielerreichung das Management später gemessen wird.
- Dann werden Probleme und Stärken im Unternehmen sowie Herausforderungen und Chancen in der Umwelt identifiziert. Dies können konkrete Anlässe sein oder befürchtete Entwicklungen in der Zukunft.
- Auf dieser Basis wird der Weg zur Erreichung der Ziele formuliert. Je nach Zeithorizont handelt es sich um Strategie, Taktik oder operative Maßnahmen.

Planung, Planungsphase

Entscheidung Eine Entscheidung zu treffen, bedeutet die bewusste Auswahl zwischen mehreren Handlungsmöglichkeiten zur Erreichung von Zielen (Jung et al. 2016, S. 167).
- In der Entscheidungsphase werden die unterschiedlichen Handlungsmöglichkeiten bewertet.
- Die nutzenmaximale Lösung wird ausgewählt.
- Vorbereitungen für die Umsetzung werden getroffen, z. B. muss auch entschieden werden, anhand welcher Kontrollobjekte und Kennzahlen der Erfolg der Entscheidung gemessen werden soll.

Entscheidung, Entscheidungsphase

4.1 · Management und Unternehmensstrategie

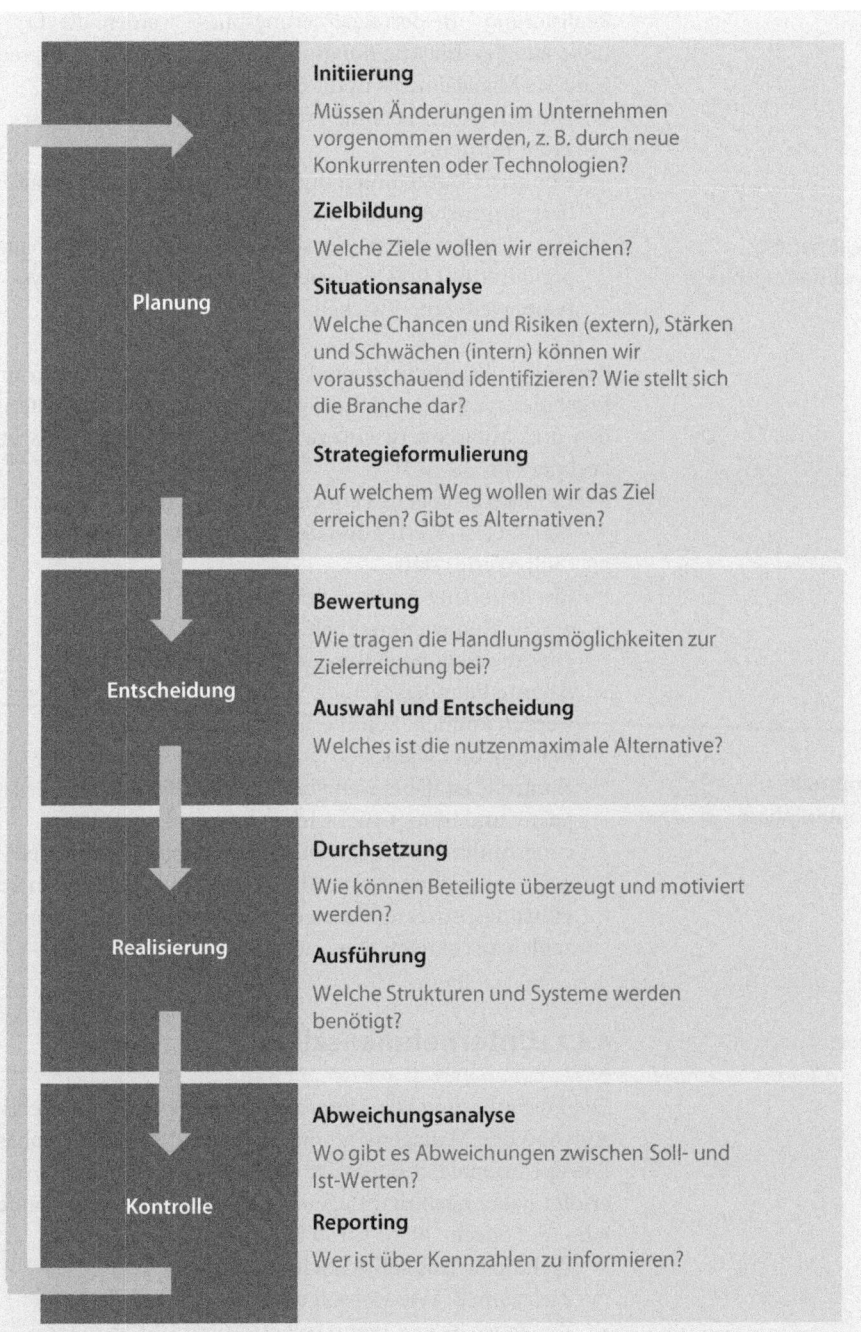

◘ Abb. 4.3 Management-/Führungsprozess

Realisierung In der Realisierungsphase werden die Ergebnisse aus der Entscheidungsphase umgesetzt. Die Hauptaufgabe des Managements ist die Steuerung dieser Phase.
- Die beteiligten Personen müssen informiert und überzeugt werden.
- Konkrete Maßnahmen und Programme werden detailliert ausgearbeitet und umgesetzt.
- Dazu kann es notwendig sein, Strukturen (z. B. Aufbauorganisation) und Systeme (z. B. Personalführungssysteme) weiterzuentwickeln.

Realisierung, Realisierungsphase

Kontrolle Kontrolle ist die Überprüfung von Verhalten und Ergebnissen mit dem Ziel, auf das Verhalten von Mitarbeiterinnen und Mitarbeitern einzuwirken (vgl. Müller-Stewens und Lechner 2016, S. 383).
- Es findet dabei ein Vergleich zwischen den tatsächlichen Werten (Ist-Werte) und den angestrebten Werten (Soll-Werte) statt.
- Ein Reporting-System (Berichtssystem) legt fest, wer welche Kennzahlen erhält.
- Die Abweichungen werden analysiert, damit für die nächste Planungsperiode Verbesserungen angestoßen werden können. Somit schließt sich der Kreis zur Planung hier wieder.
- Kontrolle ist dabei weniger als Controlling. Kontrolle ist passiv und immer rückwirkend, so dass keine Steuerungsfunktion vorliegt. Dies ist der große Unterschied zum Controlling. Controlling unterstützt alle Phasen des Führungsprozesses durch die Aufbereitung von Kennzahlen zur aktiven Steuerung des Unternehmens.

Kontrolle, Kontrollphase

4.1.2 Unternehmensziele

Die Formulierung von Unternehmenszielen ist eine wichtige Aufgabe des Managements im Rahmen der Planungsphase. Die operationale, d. h. präzise und messbare, Zielbestimmung erfolgt dabei nach den folgenden Dimensionen (vgl. Balderjahn und Specht 2016, S. 109 f.):
- Zielinhalt: Was soll erreicht werden?
- Zielausmaß: Wie viel soll erreicht werden?
- Zeitlicher Bezug: Wann soll etwas erreicht werden?
- Sachlicher Geltungsbereich: Wo soll etwas erreicht werden?
- Ressourcen: Was wird zur Zielerreichung benötigt?

Zieldimensionen

4.1 · Management und Unternehmensstrategie

Ein Unternehmen möchte beispielsweise den Umsatz (Zielinhalt) einer strategischen Geschäftseinheit (sachlicher Geltungsbereich) im kommenden Jahr (zeitlicher Geltungsbereich) um 10 % steigern (Zielausmaß) durch die Erhöhung von Vertriebsmitarbeitern (Ressourcen).

Unternehmensziele

> **Ziele** beschreiben einen erwünschten Zustand in der Zukunft. Damit setzen sie Maßstäbe, an denen das unternehmerische Handeln gemessen werden kann (vgl. Wöhe et al. 2016, S. 65). Ziele müssen operational sein, um den Zielerreichungsgrad zu messen.

Zielinhalte Unternehmensziele können unterteilt werden in ökonomische, soziale und ökologische Ziele (vgl. Wöhe et al. 2016, S. 65 ff.). Im Zielbildungsprozess zwischen den Leitungsorganen und den anderen Anspruchsgruppen (Stakeholdern) entscheiden dann Machtpositionen, Koalitionen und Verhandlungsgeschick darüber, welchen Zielen die höchste Priorität eingeräumt wird (vgl. ◘ Abb. 4.4).

Zielinhalte

— Der ökonomistische Ansatz der Betriebswirtschaftslehre stellt die ökonomischen Ziele in den Vordergrund und räumt den Anteilseigner (Shareholder) den höchsten Stellenwert ein. Schließlich sind sie als Eigenkapitalge-

Ökonomische Ziele (Anteilseigner und Management)	Soziale Ziele (Belegschaft und Öffentlichkeit)	Ökologische Ziele (Öffentlichkeit)
▪ Marktstellungsziele wie Marktanteil oder Umsatz ▪ Rentabilitätsziele wie Gewinn oder Umsatzrentabilität ▪ Finanzziele wie Liquidität ▪ Prestigeziele wie Image	▪ Gerechte Entlohnung ▪ Gute Arbeitsbedingungen ▪ Mitbestimmung ▪ Arbeitsplatzsicherheit ▪ Betriebliche Sozialleistungen ▪ Corporate Social Responsibility (CSR)	▪ Ressourcenschonung ▪ Minimierung von Schadstoffemissionen ▪ Abfallvermeidung und -recycling

◘ **Abb. 4.4** Unternehmensziele (vgl. Wöhe et al. 2016, S. 66)

ber – so dieser Ansatz – für die volle Risikoübernahme verantwortlich und müssen dafür entlohnt werden. Diese Entlohnung ist die Steigerung des Shareholder Values, der sich durch Gewinnmaximierung und Steigerung des Unternehmenswertes ausdrückt.
- Der sozialwissenschaftliche Ansatz der Betriebswirtschaftslehre verlangt die Berücksichtigung aller Stakeholder und auch die Berücksichtigung sozialer und ökologischer Ziele.

Zielbeziehungen

Zielbeziehungen Die obigen Unternehmensziele haben bereits gezeigt, dass sie im Spannungsverhältnis zueinanderstehen können, da unterschiedliche Stakeholder verschiedene Ziele verfolgen. Je nach Zielbeziehung muss das Management über Präferenzen oder Mittel-Zweck-Beziehungen entscheiden (vgl. Thommen et al. 2017, S. 48 f.). Die unterschiedlichen Zielbeziehungen lassen sich grafisch darstellen (vgl. ◘ Abb. 4.5).

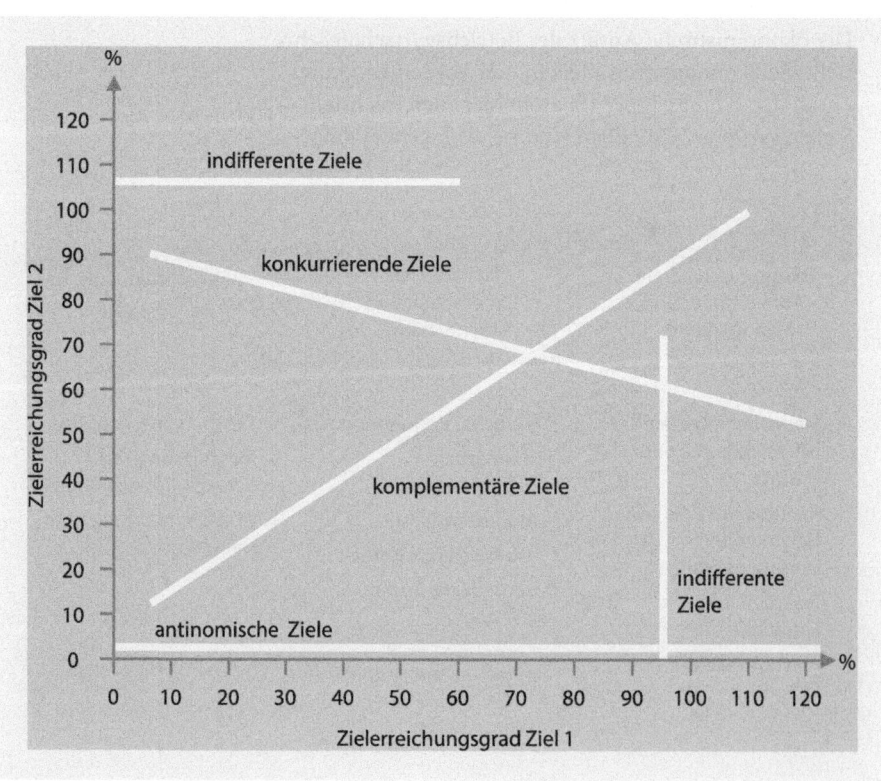

◘ Abb. 4.5 Zielbeziehungen (vgl. z. B. Wöhe et al. 2016, S. 69)

4.1 · Management und Unternehmensstrategie

Unternehmensziele können komplementär sein. Die Erreichung von Ziel 1 trägt zur Erreichung von Ziel 2 bei. Komplementäre Ziele können in einer Zielhierarchie in Ober- und Unterziele geordnet werden. Unterziele sind dann Mittel zum Zweck zur Erreichung von Oberzielen. Deshalb spricht man von Mittel-Zweck-Beziehungen.
- Die Erreichung von ökologischen Zielen wie Senkung des CO_2-Ausstoßes geht einher mit ökonomischen Zielen wie Imagegewinn.
- Eine höhere Mitarbeiterzufriedenheit durch ein gutes Betriebsklima führt zu weniger Krankheitsausfällen und trägt damit zur Gewinnmaximierung bei.
- Das Ziel der Umsatzerhöhung trägt positiv zum Ziel der Erhöhung des Marktanteils bei.
- Das Oberziel *Gesundheit der Belegschaft* hat das Unterziel *Lärmschutz für Mitarbeiter in der Produktion*. Letztendlich sollen Zielvorgaben aufgestellt werden, an denen sich die einzelnen Beschäftigten orientierten können.

Komplementäre Ziele

Ziele können indifferent sein und beeinflussen einander nicht:
- Das Ziel des Umweltschutzes hat keine Auswirkungen auf die betriebliche Mitbestimmung.
- Die Erhöhung der Frauenquote im Aufsichtsrat hat keine Auswirkungen auf Umsatz- oder Gewinnziele.

Indifferente Ziele

Ziele können konkurrieren, d. h. die Erreichung von Ziel 1 hat negative Auswirkungen auf die Erreichung von Ziel 2. Das Management muss dann durch seine Präferenzen über Haupt- und Nebenziele entscheiden.
- Eine Erhöhung der Löhne und Gehälter sorgt für die Steigerung des sozialen Ziels, senkt aber das ökonomische Ziel der Gewinnmaximierung.
- Das Ziel eines höheren Marktanteils ist oft nur über einen geringeren Gewinn zu erzielen, um mit niedrigeren Preisen mehr Kunden zu locken.
- Im Projektmanagement gibt es das klassische Dreieck zwischen Qualität, Kosten und Zeit. Werden Kosten und Zeit optimiert, leidet die Qualität etc.

Konkurrierende Ziele

Antinomische Ziele sind eine Untergruppe der konkurrierenden Ziele und zwar in der Form, dass sie unvereinbar miteinander sind; sie schließen sich gegenseitig aus:
- Ein Unternehmen hat das Ziel der Unabhängigkeit von anderen Partnern, benötigt aber dringend Ressourcen von anderen Unternehmen, z. B. Know-how oder Vertriebskanäle.

Antinomische Ziele

— Ein Unternehmen möchte aus Kostengründen Personal entlassen und gleichzeitig die Mitarbeitermotivation erhöhen.

In Unternehmen liegt meist ein Zielsystem vor.
— Konkurrierende Ziele müssen priorisiert werden in Haupt- und Nebenziele.

Zielsystem

— Komplementäre Ziele werden in Ober-, Zwischen- und Unterziele geordnet. Unterziele sind dann ein Mittel, um die Oberziele zu erreichen (Mittel-Zweck-Beziehungen).

Aus einem Oberziel werden Unterziele abgeleitet. Diese Unterziele können dann Abteilungen und einzelnen Mitarbeitern vorgegeben bzw. mit ihnen vereinbart werden, z. B. in Zielvereinbarungsgesprächen. Ein Unternehmen möchte beispielsweise im nächsten Jahr in einer Produktsparte 10 % mehr Umsatz machen. Dieses Oberziel wird dann für die Vertriebsmitarbeiter dieser Sparte bzw. für die einzelnen Mitarbeiterinnen und Mitarbeiter konkretisiert durch individuelle Zielvereinbarungen. Bei Übererfüllung der Ziele kann der variable Gehaltsanteil entsprechend steigen. Damit die Vertriebsmitarbeiter die Produkte nicht zu Schleuderpreisen verkaufen, um ihren Umsatz in die Höhe zu schrauben, bekommen sie häufig ein Gewinnziel, wo z. B. die Gewinnmarge einer Produktsparte als Basis für einen variablen Gehaltsanteil genommen wird. Auf diese Weise werden konkurrierende Ziele auf der Ebene von Mitarbeitern ausbalanciert.

Viele Unternehmen bringen ihre Ziele in ein Zielsystem, das die Beziehung der Ziele zueinander in eine Ordnung bringt (z. B. das DuPont-Kennzahlensystem).

4.1.3 Unternehmensstrategie und strategisches Management

Strategie als Feldherrenkunst

Die Wurzel des Begriffs Strategie liegt im militärischen Bereich: *Stratos* bedeutet im Griechischen Heer und *agos* ist der Führer. Ursprünglich ging es also um Heerführung oder Feldherrenkunst. Im 19. Jahrhundert zieht Claus v. Clausewitz in militärwissenschaftlichen Ausführungen erstmals die Parallele zwischen Militär und Wirtschaft (vgl. Müller-Stewens und Lechner 2016, S. 8). Die militärischen Wurzeln kann man heute noch erkennen an Bezeichnungen wie *Chief Executive Officer* (Vorstandsvorsitzender), was wörtlich übersetzt höchster ausführender Offizier bedeutet.

4.1 · Management und Unternehmensstrategie

Seit Anfang des 20. Jahrhunderts werden an den US-amerikanischen Business Schools Kurse zur Führung von Unternehmen angeboten, damals mit den Kursbezeichnungen *Business Policy* (Unternehmenspolitik) oder *Long Range Planning* (Langfristplanung). Erst Ende der 1960er-Jahre wird die wissenschaftliche Disziplin *Strategisches Management* begründet (vgl. Müller-Stewens und Lechner 2016, S. 8–22).

Strategie als Wissenschaft

Strategisches Management ist die Aufgabe des Topmanagements. Der Kern des strategischen Managements ist es, eine Unternehmensstrategie zu erarbeiten und zu implementieren, die den Bestand und den Erfolg des Unternehmens auf viele Jahre sichert. Strategie kann damit als Ziel-Weg-Beschreibung verstanden werden, die durch ein Bündel von Maßnahmen die Position zu den Stakeholdern gestalten (vgl. ◘ Abb. 4.6).

Unternehmensstrategie

> **Unternehmensstrategien** sind langfristige Pläne zur Vorgehensweise, um Unternehmensbestand und -erfolg zu sichern und um die gesteckten Ziele eines Unternehmens zu erreichen (vgl. Capaul und Steingruber 2010, S. 92).

Das strategische Management gilt als eine der Königsdisziplinen in der Betriebswirtschaftslehre. Insbesondere die strate-

Strategisches Management

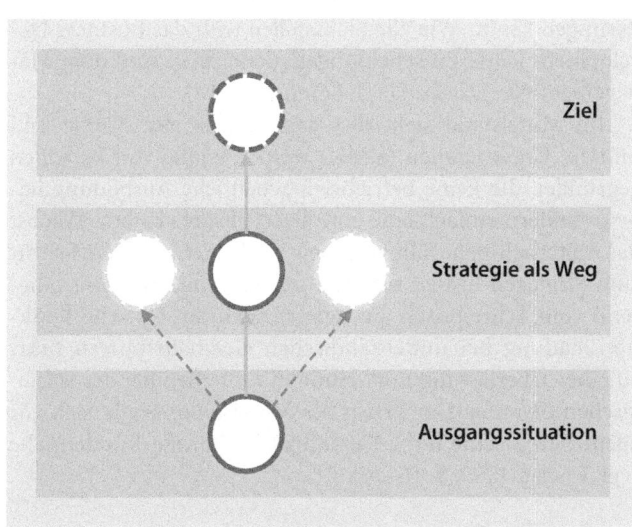

◘ Abb. 4.6 Unternehmensstrategie zur Erreichung von Zielen

gische Planung stellt die Weichen für die Zukunft, weshalb sich in Literatur und Praxis ein umfangreiches Instrumentarium an Methoden herausgebildet hat.

> Das **strategische Management** setzt sich mit der langfristigen Entwicklung von Unternehmen auseinander, um die Wettbewerbsfähigkeit zu erhalten. Insbesondere eine gründliche Situationsanalyse sowie die Formulierung der Unternehmensstrategie stehen im Vordergrund (vgl. Müller-Stewens und Lechner 2016, S. 17–19).

Business Development

In Großunternehmen ist das strategische Management institutionalisiert und wird durch Stabsstellen wie Business Development unterstützt.

> **Business Development** (im Deutschen als Geschäftsfeldentwicklung übersetzt) umfasst alle analytischen und planerischen Aufgaben, um Wachstumsmöglichkeiten für ein Unternehmen aufzuzeigen.

Business Development = Geschäftsfeldentwicklung

Auch die Implementierung dieser Entwicklungsmöglichkeiten wird durch das Business Development unterstützt, so dass das Topmanagement stets den aktuellen Stand der Implementierungen kennt. Wie alle Stabsstellen trifft das Business Development keine Entscheidungen, denn diese sind dem Management vorenthalten (vgl. Sørensen 2016).

Im Mittelstand sieht dies ganz anders aus. Kleine und mittlere Unternehmen (KMU) werden häufig von Personen gegründet, die keine betriebswirtschaftliche Ausbildung haben, sondern einfach eine gute Geschäftsidee hatten. Wächst das Unternehmen, fällt es ihnen häufig schwer, den Schritt zum Strategen hin zu machen, der planend und kontrollierend vom Schreibtisch aus agiert. Auch die typische Funktionshäufung bei mittelständischen Geschäftsführern führt zu einer Überlastung und damit zu Einbußen bei der strategischen Planung. Der Erfolg des Mittelstands ergibt sich vor allem durch seine hohe Flexibilität und große Kundennähe (vgl. Kocian 1999, S. 16–26).

Vorgehensweise des strategischen Managements Auch das strategische Management durchläuft die typischen vier Phasen

4.1 · Management und Unternehmensstrategie

des Führungsprozesses mit Planung, Entscheidung, Realisierung und Kontrolle (vgl. ◘ Abb. 4.3). Den größten Stellenwert nimmt hier allerdings die Planungsphase ein.

Zu Beginn der Planungsphase wird die bestehende Situation (Ist-Situation) analysiert (vgl. ◘ Abb. 4.3). Viele strategische Analysetools beinhalten die abgeleitete Empfehlung von Strategien, die als Normstrategien bezeichnet werden. Sie werden im folgenden Abschnitt behandelt.

Nach der Situationsanalyse entwickelt das Unternehmen seine langfristigen Unternehmensziele und die Strategie, die zu diesen Zielen führen soll. Dieser Gesamtplan (Corporate Strategy) wird dann als Rahmen für die strategische Planung der Geschäfts- und Funktionalbereiche verwendet (vgl. ◘ Abb. 4.7). Ebenso ist der Gesamtplan die Basis für die operative Planung.

Unternehmensstrategie, Netzwerkstrategie, Geschäftsbereichsstrategie, Funktionalstrategie

Die Unternehmensstrategie (Corporate Strategy) muss dazu festlegen, auf welchen Geschäftsfeldern ein Unternehmen tätig werden will, also wie das Gesamtportfolio gestaltet werden soll (vgl. Jung et al. 2016, S. 338 ff.). Im Englischen spricht man von Businesses oder Business Units. Auch die Synergieeffekte zwischen den Businesses müssen berücksichtigt werden.

Business Unit

Unternehmensziele und -strategie sind im Falle von Konzernen stark finanzgetrieben, da die zentralen Stakeholder die Kapitalgeber sind (vgl. Wicharz 2015, S. 217).

Ein strategisches Geschäftsfeld (SGF) segmentiert den relevanten Markt durch eine außenbezogene Abgrenzung. Im Rahmen der Segmentierung werden Geschäftsfelder in Bezug auf Kunden, Produkte oder Technologien so abgegrenzt,

Strategisches Geschäftsfeld (SGF)

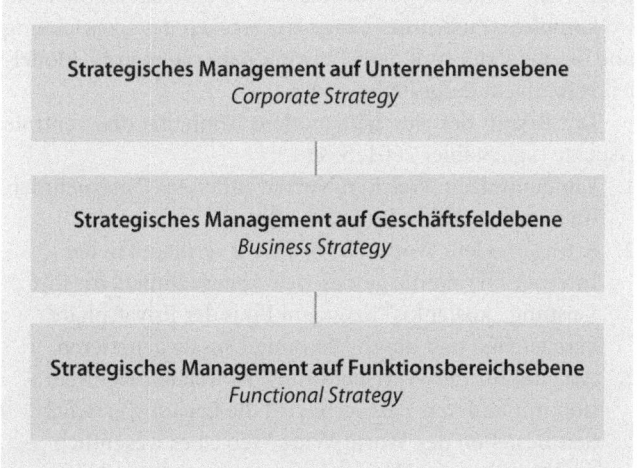

◘ Abb. 4.7 Ebenen des strategischen Managements

dass sie sich markant voneinander unterscheiden (vgl. Jung et al. 2016, S. 339). Ein Konzern wie Daimler AG umfasst z. B. die Geschäftsfelder Mercedes-Benz Cars (PKWs), Mercedes-Benz Vans (Kleintransporter), Daimler Buses (Busse), Daimler Trucks (LKWs) sowie Finanzdienstleistungen. Jedes Geschäftsfeld spricht unterschiedliche Kunden mit unterschiedlichen Produktkategorien an (▶ www.daimler.com).

Strategische Geschäftseinheit (SGE), strategische Positionierung

Strategische Geschäftseinheiten (SGE) sind Teilbereiche eines Unternehmens und definieren die Innensicht. Sie legen im Rahmen ihrer Business Strategy (Geschäftsbereichsstrategie) fest, wie die Marktsegmente bearbeitet werden sollen. Dazu müssen sich die SGE strategisch positionieren, d. h. sie müssen das eigene Angebot im Vergleich zu Wettbewerbern abgrenzen.

In der Praxis werden die beiden Begriffe strategisches Geschäftsfeld und strategische Geschäftseinheit auch häufig synonym verwendet.

Auf der Basis der Unternehmensstrategie sowie der Geschäftsbereichsstrategien werden dann die Strategien der Funktionalbereiche, wie Personalmanagement oder Materialwirtschaft, abgeleitet.

Netzwerkstrategie

Ebenso wird aus der Unternehmensstrategie eine Strategie abgeleitet, wie mit den Partnern in der Wertschöpfungskette langfristig zusammengearbeitet werden soll (Netzwerkstrategie).

Geschäftsmodell

Strategien bilden einen Rahmen für die Entwicklung und Ausgestaltung von Geschäftsmodellen (vgl. Gergert 2017).

Der Begriff des Geschäftsmodells entstand Mitte der 1990er-Jahre im Rahmen des World Wide Web-Booms. Der Begriff des Modells kommt aus der Wirtschaftsinformatik, wo komplexe Zusammenhänge zu Zwecken der Entwicklung und Implementierung von Informationssystemen in Modellen vereinfacht dargestellt werden.

Der Begriff des Geschäftsmodells beinhaltet drei zentrale Aspekte (vgl. Stähler 2001, S. 41 f.):
1. Kundennutzen: Welchen Nutzen stiftet das Unternehmen für Kunden (Value Proposition)?
2. Ertragsmodell: Wodurch wird Geld verdient? In der Internet-Ökonomie gibt es viele Unternehmen, die ihre Leistung „kostenlos" bzw. zum Preis der Privatsphäre bereitstellen und durch Werbung Umsatz generieren.
3. Architektur der Wertschöpfung: In welcher Konfiguration mit anderen Partnern wird die Leistung erstellt? Seit Bestehen des World Wide Web ist es wesentlich leichter, über die Unternehmensgrenzen hinweg zu kooperieren.

4.1.4 Normstrategien auf der Basis von Analysetools

Im Folgenden werden ausgewählte strategische Analysemethoden aufgezeigt. Sie alle haben gemeinsam, dass anhand von Modellen und Methoden Strategieempfehlungen abgeleitet werden. Diese sogenannten Normstrategien machen Aussagen darüber, wie sich ein Unternehmen strategisch verhalten soll und welche Ressourcen eingesetzt werden sollen.

Prinzipiell lassen sich die Methoden danach unterscheiden, ob sie ressourcenbasiert oder marktorientiert sind. Ressourcenorientierte Ansätze fokussieren vor allem auf die internen Stärken und Schwächen, um Wettbewerbsvorteile zu erzielen. Marktorientierte Ansätze betrachten das Unternehmensumfeld, mit dem Ziel, sich dort optimal zu positionieren und so wettbewerbsfähig zu sein (vgl. Müller-Stewens und Lechner 2016, S. 12).

Die ausgewählten Methoden werden ausführlich erläutert, da es auch wichtig ist, die dahinterliegenden Modellannahmen zu verstehen. Nur so kann eine Methode auch korrekt angewendet werden.

Normstrategien

4.1.4.1 Lebenszyklusanalyse mit jungen und alten Märkten

Obwohl heftig diskutiert, werden häufig aus der Branchenentwicklung Normstrategien abgeleitet. Dazu ist es notwendig, den grundsätzlichen Lebenszyklus eines Produktes bzw. eines Marktes zu kennen (vgl. Porter 2013, S. 214 ff.).

> Die Hypothese des **Lebenszyklus** besagt, dass ein Produkt bzw. eine Branche mehrere Phasen durchläuft: Einführung, Wachstum, Reife, Sättigung und Rückgang. Die Phasen sind durch die Wendepunkte der Wachstumsrate der Umsätze definiert.

Lebenszyklusmodell

Je nach Phase im Lebenszyklus (vgl. ◘ Abb. 4.8) empfiehlt Porter unterschiedliche Normstrategien (vgl. Porter 2013, S. 217 ff.).

- In der Einführungsphase muss die Trägheit der Käufer überwunden werden. Dadurch ist der Aufwand für Forschung und Entwicklung sowie für Marketing hoch (Bsp.: Sprachassistenten im Jahr 2018). Dennoch ist dies die beste Phase, um den Marktanteil auszudehnen.

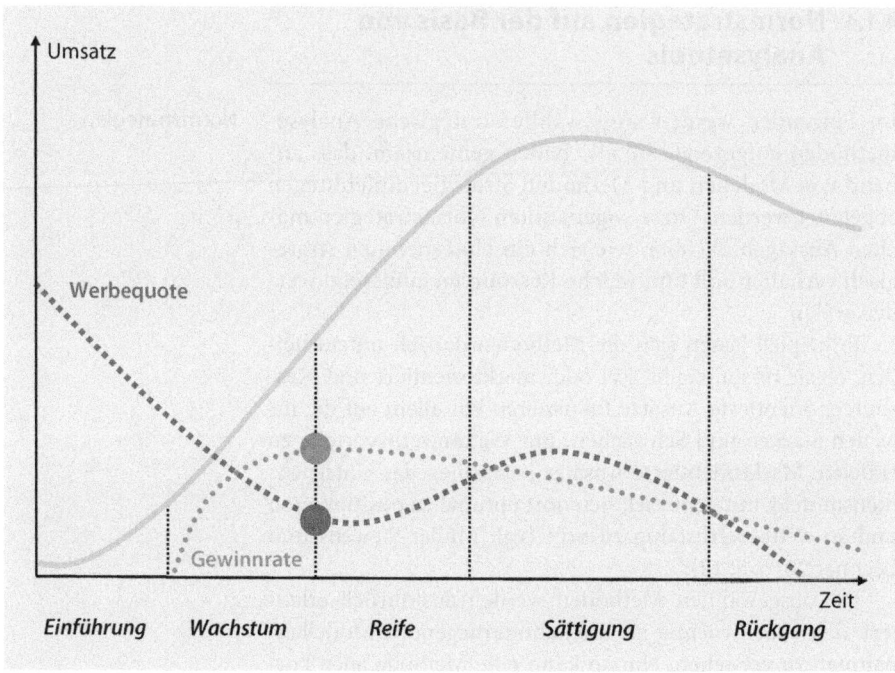

● Abb. 4.8 Lebenszyklus (vgl. z. B. Meffert et al. 2015, S. 65, 431)

- In der Wachstumsphase ist Marketing die Schlüsselfunktion. Käufergruppen nehmen zu, aber auch neue Wettbewerber kommen hinzu.
- In der Reife- und Sättigungsphase wird das schnelle Wachstum gestoppt. Der Erstbedarf ist befriedigt. Der Massenmarkt segmentiert sich (Bsp.: Bier, Autos, Kosmetika). Eine Markenvielfalt entsteht. Es kommt zum Preiswettbewerb. Die Margen (Gewinnspannen) sinken.
- In der Rückgangsphase ist die Kostenkontrolle entscheidend. Es kommt zu Austritten von Wettbewerbern. Die Kunden sind erfahren und anspruchsvoll beim Kauf des Produkts.

Meffert et al. verdichten die Porterschen Normstrategien und unterscheiden zwischen jungen und stagnierenden Märkten (vgl. Meffert et al. 2015, S. 265 ff.). In jungen Märkten liegt der Strategieschwerpunkt auf der Produktgestaltung, insbesondere auf der Qualitätssicherung und der Technologiebeherrschung. In stagnierenden und schrumpfenden Märkten liegt der Strategieschwerpunkt vor allem auf der Prozessgestaltung mit Rationalisierungszielen und evtl. auch Outsourcing mit Fokussierung auf die Kernprozesse (vgl. ● Abb. 4.9).

4.1 · Management und Unternehmensstrategie

	Junge Märkte (Hightechmärkte)	Stagnierende und schrumpfende Märkte
Strategieschwerpunkt	Produktgestaltung • Qualitätssicherung • Technologiebeherrschung	Prozessgestaltung • Rationalisierung • Fokussierung auf Kernprozesse (Outsourcing)
Finanzmittelbedarf	Hoher Investitionsbedarf • Hoher Kapitalbedarf zur Wachstumsfinanzierung (zum Beispiel Betriebsmittel) • Hohe F&E-Anwendungen • Hohe Markterschließungskosten	Niedriger Investitionsbedarf • Kapitalfreisetzung durch Prozessoptimierung (Outsourcing) • Kapitalfreisetzung durch Betriebsgrößenschrumpfung • Niedriger F&E-Aufwand; gegebenenfalls hoher Kommunikationsaufwand
Rentabilität	Hohe Rentabilität • Hohe Preisbereitschaft bei *Innovatoren* (Frühkäufern) • Geringe Wettbewerbsintensität	Niedrige Rentabilität • Geringe Preisbereitschaft der Konsumenten • Viele Wettbewerber, hohe Wettbewerbsintensität • Preis als wichtigster Aktionsparameter der Absatzmittler (Erlösdruck beim Hersteller)
Risiken	Produktgestaltung • Technologieunsicherheit • Strategieunsicherheit • Kaufverhaltensunsicherheit	Prozessgestaltung • Marktanteilsunsicherheit aufgrund eines scharfen Verdrängungswettbewerbs

Abb. 4.9 Junge vs. stagnierende Märkte (Meffert et al. 2015, S. 266)

4.1.4.2 Portfolio-Analyse mit der BCG-Matrix

Der Portfolio-Ansatz stammt aus der Finanzwirtschaft. Portfolio (italienisch) oder portefeuille (französisch) bedeutet wörtlich übersetzt Geldmappe und sinngemäß übersetzt Wertpapierbündel.

Portfolio-Analyse

1952 revolutionierte Harry Markowitz mit seiner *Portfolio Selection Theory* die Auswahl des optimalen Wertpapierbestands. Laut seiner Theorie war es möglich, durch eine durchdachte Mischung aus risikobehafteten Wertpapieren – dem Portfolio – das Risiko von Verlusten zu minimieren, ohne dabei Renditeeinbußen zu haben (vgl. Markowitz 1952). Um dieses Portfolio zu ermitteln, positionierte er die Wertpapiere in einem Koordinatensystem mit der x-Achse *Erwartete Rendite* und der y-Achse *Standardabweichung* (= Risiko).

Anfang der 1970er-Jahre wurde die Portfolio-Analyse auf Unternehmen übertragen, um einen systematischen Überblick über alle strategischen Geschäftseinheiten (SGE) oder Produkte eines Unternehmens zu haben. Entwickelt wurde der Ansatz vom Beratungshaus Boston Consulting Group (BCG). Ihr Ansatz wurde später von McKinsey und anderen ausgebaut und variiert.

Die Portfolio-Analyse zählt zu den verbreitetsten Analyse- und Planungsinstrumenten des strategischen Managements. Das Vorgehen besteht darin, die bestehende Situation (Ist-Situation) auf aggregierter Ebene zu analysieren, um daraus sogenannte Normstrategien abzuleiten.

> Die **4-Felder-Matrix** der Boston Consulting Group (BCG) ist auch als **BCG-Matrix** bekannt. Diese Portfolio-Analyse visualisiert alle strategischen Geschäftseinheiten (SGE) oder Produkte eines Unternehmens bezüglich ihrer Marktattraktivität. Ziel ist eine ganzheitliche und ausgewogene Planung über alle Einheiten hinweg (vgl. Müller-Stewens und Lechner 2016, S. 281).

BCG-Matrix

Die BCG-Matrix zieht zwei Bewertungskriterien heran: Relativer Marktanteil und Marktwachstum (vgl. ◘ Abb. 4.10). Deshalb wird diese Methode auch Growth/Share-Matrix genannt. Diese beiden Bewertungskriterien werden zunächst genauer beleuchtet, denn hinter diesen vereinfachten Kriterien stecken gleich mehrere Modelle.

Das erste Kriterium *relativer Marktanteil* bewertet auf der x-Achse den eigenen Marktanteil im Verhältnis zum größten

4.1 · Management und Unternehmensstrategie

Konkurrenten. Ein hoher relativer Marktanteil spricht für eine gute Wettbewerbsposition und höhere Gewinne. Hintergrund sind die folgenden Annahmen (vgl. Meffert et al. 2015, S. 259 f.):

1. Mit steigendem Marktanteil wächst die Betriebsgröße (bei stagnierendem oder wachsendem Gesamtmarkt). Dann können Betriebsgrößenvorteile, sog. Economies of Scale, genutzt werden, z. B. bessere Einkaufspreise durch Mengenrabatte oder geringere Stückkosten durch Umlage der Fixkosten.
2. Bei hohen Marktanteilen verbessert sich die Erfahrungskurve. Unternehmen gewinnen mit jeder Stückzahl Erfahrungen und dies führt zur Reduktion von Stückkosten.
3. Hohe Marktanteile führen oft zu einer höheren Marktmacht. Mit dieser kann z. B. für Wettbewerber der Zugang zu Lieferanten versperrt werden.

> Hoher relativer Marktanteil impliziert Economies of Scale, Erfahrungskurve und Marktmacht

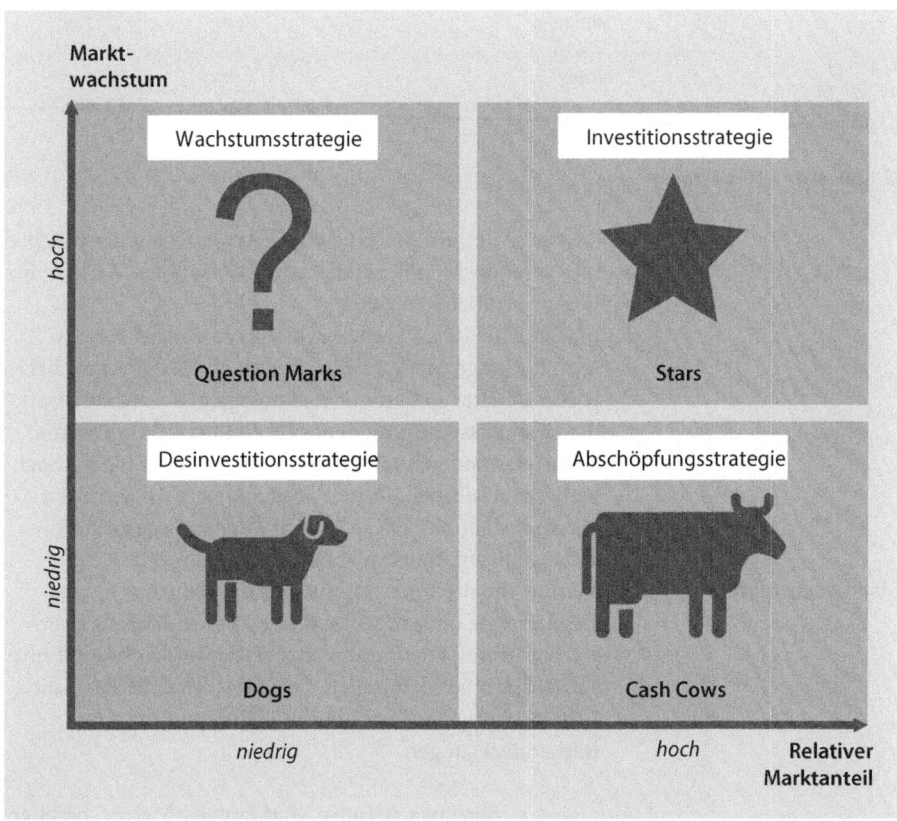

◘ Abb. 4.10 Vier-Felder-Matrix der Boston Consulting Group (BCG) (modifiziert nach Hedley 1977)

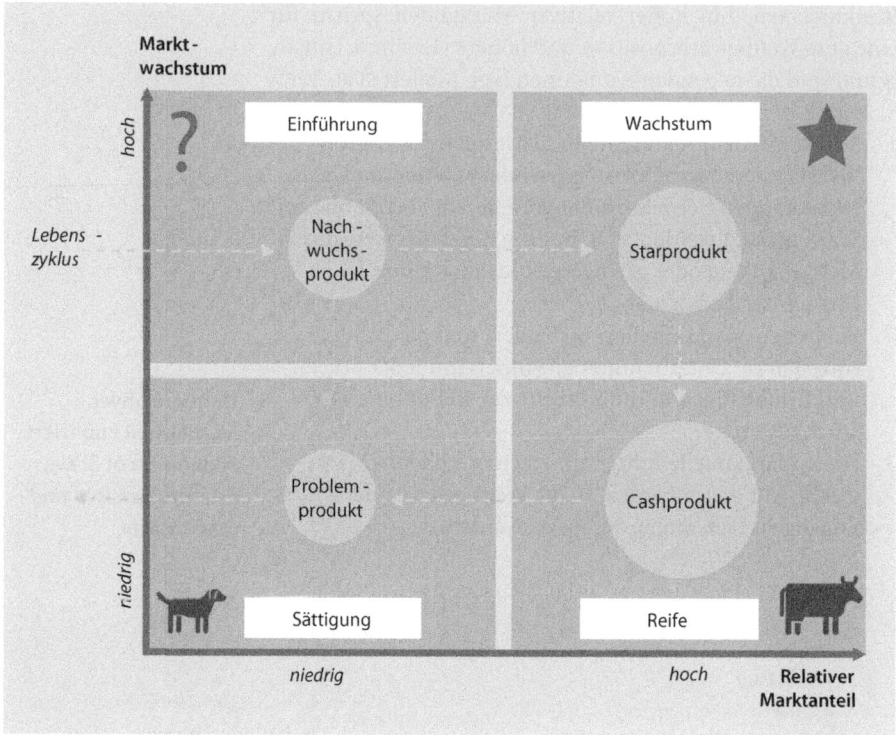

Abb. 4.10 (Fortsetzung)

Marktwachstum

Das zweite Kriterium *Marktwachstum* bewertet auf der y-Achse in einer vereinfachten Form die Attraktivität eines Marktes anhand des Marktlebenszyklus:

1. Märkte, die hohes Marktwachstum aufzeigen, werden auch als junge Märkte bezeichnet (vgl. Meffert et al. 2015, S. 265 f.). Hier stehen die Technologiebeherrschung und die Qualitätssicherung neuer Produkte im Vordergrund. Industriestandards fehlen noch. Auch gibt es häufig noch kein Unternehmen, dessen Strategie sich als überlegen herausgestellt hat. Diese Unsicherheiten versprechen viele Chancen, fordern aber hohe Investitionen.
2. Märkte, die niedriges Marktwachstum aufzeigen, sind stagnierende oder schrumpfende Märkte. Viele Wettbewerber führen zu einer hohen Wettbewerbsintensität mit gefährdeten Marktanteilen. Der Preisdruck verlangt die Beherrschung der Produktionskosten und führt zu Rationalisierungen.

Aus dieser Marktwachstums-Marktanteils-Matrix ergeben sich vier Portfoliokategorien. Für jede Kategorie werden sogenannte Normstrategien abgeleitet. Die Normstrategie macht Aussagen darüber, wie sich ein Unternehmen strategisch verhalten soll und welche Ressourcen eingesetzt werden sollen. Diese vier Kategorien sind: *Stars, Cash Cows, Dogs* und *Question Marks*.

Question Marks (Fragezeichen) sind für jedes Unternehmen – wie ihr Namen schon sagt – eine Herausforderung. Diese Nachwuchsprodukte haben einen noch geringen relativen Marktanteil in einem stark wachsenden Markt. Mit der Normstrategie der Wachstumsstrategie werden hohe finanzielle Mittel in diesen Bereich gepumpt, um die Marktstellung zu sichern. Gelingt dies, kann aus dem Fragezeichen ein Star werden. Gelingt dies nicht, sind meist hohe Investitionssummen verloren. Deshalb kann ein Unternehmen nur wenige Question Marks im Portfolio riskieren.

Question Marks

Stars sind Produkte oder SGE mit hohem Marktwachstum und hohem relativem Marktanteil. Da Märkte mit hohem Wachstum für viele Konkurrenten interessant sind, muss in diesem Bereich die Position verteidigt werden. Dies sorgt für einen hohen Finanzbedarf, so dass Stars meist nur sich selbst tragen. Die Normstrategie ist die Investitionsstrategie.

Stars

Cash Cows (Melkkühe) haben einen hohen Marktanteil und ein niedriges Marktwachstum. Der hohe Marktanteil führt dazu, dass das Unternehmen Kostenvorteile optimal ausschöpfen kann. Die niedrige Wachstumsrate des Markts bedeutet für das Unternehmen, dass es nicht mehr in das Produkt investieren sollte. Stattdessen sollen nur noch Gewinne abgeschöpft werden. Mit dieser Normstrategie, die Abschöpfungsstrategie genannt wird, können nun andere, neuere Geschäftsfelder oder Produkte finanziert werden.

Cash Cows

Dogs (Arme Hunde) sind Problemprodukte mit niedrigem Marktanteil und geringem Marktwachstum. Daher wird für diesen Quadranten die Desinvestitionsstrategie als Norm empfohlen.

Dogs

4.1.4.3 Branchenstrukturanalyse mit Porters Five Forces

Jedes Unternehmen muss den Wirtschaftszweig (Branche), in der es tätig ist, genau analysieren, um die Spielregeln zu verstehen und um die Attraktivität einer Branche einschätzen zu können. Dazu existieren mehrere Werkzeuge für das strategische Management.

Branchenanalyse

Für Vertreter des market-based view (MBV), wie Michael E. Porter, ist es ganz wesentlich, die ökonomische Struktur einer Branche zu durchschauen. Nur durch Kenntnis der Wettbewerbskräfte kann die erfolgreiche Positionierung auf Märkten gelingen.

Porters Five Forces

Zur Analyse von Branchen hat Porter das Konzept der fünf Wettbewerbskräfte (Five Forces model) entwickelt (vgl. Porter 2013, S. 35–72).

Die fünf Wettbewerbskräfte nach Porter sind (vgl. ◘ Abb. 4.11):

1. Potenzielle neue Konkurrenten und die Gefahren ihres Markteintritts, die zu höherer Wettbewerbsintensität und zu sinkenden Gewinnen führen,
2. die Lieferanten und ihre Verhandlungsmacht, indem sie Preise erhöhen oder die Qualität senken,
3. die Kunden und ihre Verhandlungsmacht (Porter rät zu einer sorgfältigen Auswahl der Kunden),

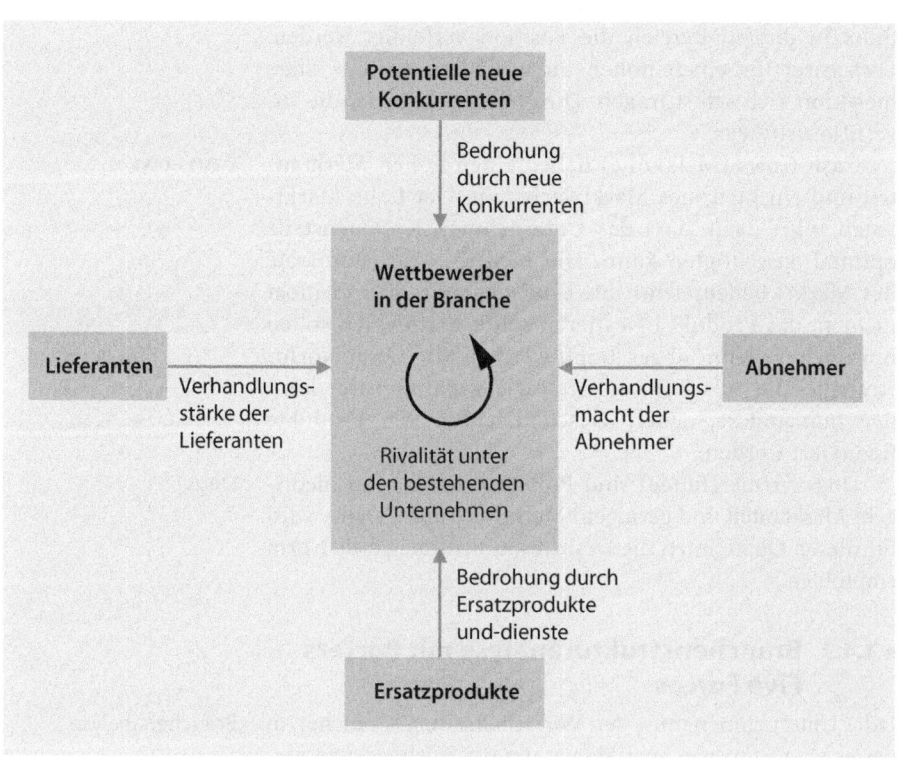

◘ **Abb. 4.11** Analyse der Branchenstruktur nach Porter (Porter 2013, S. 36)

4. Ersatzprodukte und ihr Bedrohungspotenzial, die stark von der Produktloyalität und den Umstiegskosten abhängen,
5. die Rivalität unter den existierenden Konkurrenten, die stark von der Reife des Marktlebenszyklus abhängt (vgl. ▶ Abschn. 4.1.4.1).

4.1.4.4 SWOT-Analyse mit internen und externen Aspekten

Die SWOT-Analyse ist ein Analyseinstrument des strategischen Managements. Sie wird auch häufig im Marketing verwendet. SWOT steht dabei für Strengths (Stärken), Weaknesses (Schwächen), Opportunities (Chancen) and Threats (Risiken).

SWOT-Analyse

> Die **SWOT-Analyse** kombiniert zwei Ansätze der strategischen Planung: den ressourcenbasierten Ansatz und den marktbasierten Ansatz. Dazu betrachtet sie die Unternehmensfaktoren wie Stärken und Schwächen (Ressourcen) sowie Umweltfaktoren wie Chancen und Risiken in der Umwelt (Markt).

In einem ersten Schritt werden vier Listen gebildet (vgl. ◘ Abb. 4.12):
- Bei der internen, ressourcenbasierten Analyse werden Stärken (Strengths) und Schwächen (Weaknesses) betrachtet. Analysiert werden dabei die Ressourcen eines Unternehmens, wie Motivation, Kompetenzen, Finanzen oder Personal.
- Bei der externen, marktorientierten Analyse werden Chancen (Opportunities) und Risiken (Threats) betrachtet, die im Umfeld des Unternehmens erkennbar oder erwartbar sind. Es kann sich um Veränderungen im wirtschaftlichen, gesellschaftlichen, technologischen oder natürlichen Umfeld handeln. Die externen Faktoren sind nicht beeinflussbar.

In einem zweiten Schritt werden die Zusammenhänge aus externer und interner Sicht kombiniert, um strategische Optionen herzuleiten. Dies ist sicherlich der schwerste Schritt im Rahmen einer SWOT-Analyse, denn es gilt, die Aspekte zueinander in Beziehung zu setzen.

Durch die Zusammenführung der Aspekte erhält ein Unternehmen den Überblick darüber, ob für Chancen in der Umwelt

Unternehmensfaktoren	Umweltfaktoren
Stärken (Strengths)	**Chancen (Opportunities)**
In welchem Bereich sind wir besonders gut?	Welche Trends und Veränderungen im Markt ergeben sich zu unserem Vorteil (wirtschaftlich, gesellschaftlich, technisch)?
Welches Produkt, welche Dienstleistung loben unsere Kunden immer wieder?	
Was können wir, was andere nicht können?	Ergeben sich Marktlücken?
Was ist unsere Kernkompetenz?	Gibt es neue Kooperationsmöglichkeiten für uns?
Schwächen (Weaknesses)	**Risiken (Threats)**
Welche Misserfolge hatten wir und warum?	Wo verändern sich Kundenbedürfnisse zu unserem Nachteil?
Welche Lücken an Kenntnissen oder Ressourcen haben wir?	Welche Einflüsse könnten uns schaden?
Welche Aufgaben erledigen wir ungerne?	Gibt es Hindernisse für unser Unternehmen?
Wo gibt es immer wieder Kundenbeschwerden?	Wie verhalten sich unsere Wettbewerber?

Abb. 4.12 Vorbereitung einer SWOT-Analyse

die benötigten Ressourcen vorhanden sind (vgl. Abb. 4.13). Falls dort Stärken vorhanden sind, muss ein Unternehmen das „strategische Fenster" nutzen, um in neue Märkte vorzudringen. Insgesamt ergeben sich vier Normstrategien: Ausbauen (SO-Strategien), ausgleichen (WO-Strategien), absichern (ST-Strategien) und vermeiden (WT-Strategien).

Das Beispiel zeigt die Situation eines Satellitenbauunternehmens nach dem Fall des Eisernen Vorhangs auf, wo die Verteidigungsbudgets zum Teil halbiert wurden (vgl. Müller-Stewens und Lechner 2016, S. 209).

Größter Vorteil der SWOT-Analyse ist die integrierte Darstellung aller wesentlichen Faktoren. Nachteilig ist, dass keine Gewichtung zwischen den einzelnen Strategieoptio-

4.1 · Management und Unternehmensstrategie

Umweltfaktoren / Unternehmensfaktoren	Chancen (Opportunities) 1. Neue Verteidigungsmärkte in Osteuropa 2. Zugang zu zivilen Märkten (Dual use products) 3. Paneuropäische Projekte (z. B. Eurofighter)	Risiken (Threats) 1. Reduktion der Militärbudgets 2. Neue Konkurrenten aus europäischen Ländern 3. Konzentrationstendenzen in der Branche
Stärken (Strengths) 1. Technologische Führerschaft 2. Gute Kontakte zu Militärbehörden 3. Starke Cash-Position	**SO-Strategien** ■ Entwicklung neuer Produkte (Satellitennavigation) und Dienstleistungen (Wetteraufklärung für Ernten) ■ Expansion in osteuropäische Märkte	**ST-Strategien** ■ Kooperationen oder Akquisitionen in Europa ■ Intensivierung der Marketingaktivitäten
Schwächen (Weaknesses) 1. Hohe Produktionskosten 2. Unflexible Aufbau- und Ablaufstrukturen 3. Nur nationale Vertriebspräsenz 4. Teilweise fehlende kritische Masse	**WO-Strategien** ■ Gründung von Vertriebseinheiten im Ausland ■ Gründung von New Ventures in Teilbereichen ■ Gründung von Joint Ventures	**WT-Strategien** ■ Schließung oder Outsourcing unrentabler Bereiche ■ Druck auf weitere Erhöhung der Effizienz (Business Process-Reengineering-Projekte)

◘ **Abb. 4.13** SWOT-Analyse mit Normstrategien (Müller-Stewens und Lechner 2016, S. 209)

nen vorgenommen wird und dass es dadurch zu Widersprüchen kommen kann (vgl. Müller-Stewens und Lechner 2016, S. 207 ff.).

4.1.4.5 Wachstumsstrategien der Ansoff-Matrix

Igor Ansoff entwickelte 1966 die nach ihm benannte Ansoff-Matrix, auch Produkt-Markt-Matrix genannt (vgl. Ansoff 1966). Sie ist eine ideale Verbindung zwischen Unternehmensführung und Marketing (vgl. Meffert et al. 2015,

Ansoff-Matrix, Wachstumsstrategien

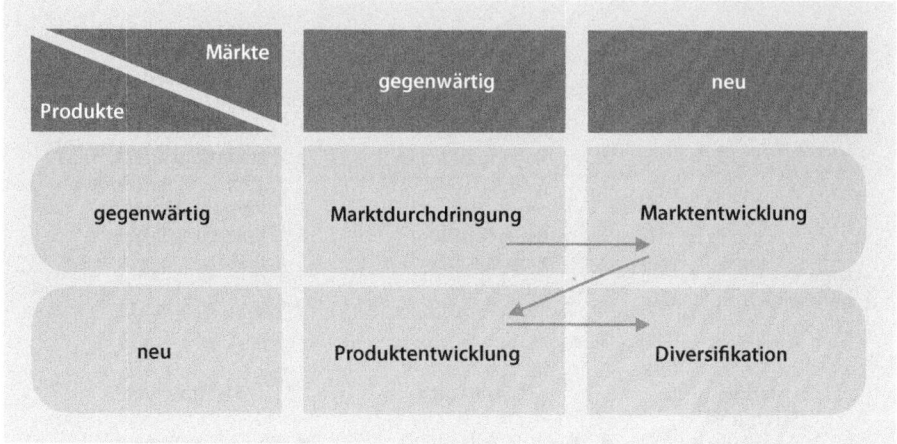

◘ Abb. 4.14   Ansoff-Matrix (Produkt-Markt-Matrix)

S. 254 ff.). Insgesamt ergeben sich aus der Matrix vier mögliche Normstrategien (vgl. ◘ Abb. 4.14).

> Die **Ansoff-Matrix** ist ein Schema zur Darstellung von unternehmerischen Wachstumsmöglichkeiten, in dem bestehende und neue Produkte mit bestehenden und neuen Märkten kombiniert werden.

Ausgangspunkt der Matrix ist die Frage, ob sich mit dem aktuellen Produktangebot weitere Marktanteile in den aktuell bearbeiteten Märkten gewinnen lassen oder ob noch Marktpotenzial vorhanden ist (vgl. Meffert et al. 2015, S. 254 ff.). Dies entspricht der Strategie der Marktdurchdringung oder auch Intensivierungsstrategie genannt. Dies geschieht insbesondere durch die Verstärkung von Marketingaktivitäten, so dass bspw.
- bestehende Kunden zu mehr Konsum gebracht werden, z. B. durch künstliche Obsoleszenz,
- Kunden der Konkurrenz abgeworben werden, z. B. durch Preisreduktionen oder Special Editions,
- bisherige Nichtverwender eines Produktes gewonnen werden, z. B. durch Aktionen.

Anschließend wird durch die Strategie der Marktentwicklung darauf abgezielt, mit den aktuellen Produkten in neue oder bisher nicht bearbeitete Märkte vorzudringen, z. B. durch

4.1 · Management und Unternehmensstrategie

- Gewinnung neuer Märkte, z. B. Auslandsmärkte,
- Entwicklung neuer Marktsegmente, z. B. Turnschuhe als modische Sneakers.

In einem dritten Schritt werden mit der Strategie der Produktentwicklung neue Produkte für bestehende Märkte, d. h. für den aktuellen Kundenkreis entwickelt, z. B. durch
- echte Innovationen oder Quasi-Innovationen (Induktionsherd) sowie
- Me-too-Produkte (Nachahmungen, z. B. bei Colas).

Bei der Strategie der Diversifikation wird mit neuen Produkten in neue Märkte vorgestoßen. Diese Strategie ist mit dem größten Risiko verbunden, da hierbei im Unternehmen weder Erfahrungen mit dem Produkt noch mit dem Markt vorliegen (vgl. Meffert et al. 2015, S. 254 ff.).
- Die horizontale Diversifikationsstrategie findet auf derselben Wertschöpfungsstufe statt, z. B. ein PKW-Hersteller produziert nun auch Transporter.
- Die vertikale Diversifikationsstrategie findet mit Vor- und Nachstufen der eigenen Wertschöpfungsstufe statt, z. B. ein PKW-Hersteller kauft selbstständige Händler auf.
- Bei der lateralen Diversifikationsstrategie gibt es keinen sachlichen Zusammenhang, so dass dies die risikoreichste Strategie ist, z. B. der Stahlröhrenhersteller Mannesmann stieg 1992 in das Mobilfunkgeschäft ein.

Zum Verständnis der Begriffe *horizontal* und *vertikal* empfiehlt sich ein Blick in ▶ Abschn. 2.5. Dort wird der Ursprung der Begriffe erläutert. Er liegt in der Wertschöpfungskette, wo die Zusammenarbeit von Unternehmen in einem grafischen Modell beschrieben wird.

4.1.4.6 Wettbewerbsstrategien und Wertkette nach Porter

Harvard-Professor und US-Ökonom Michael E. Porter brachte 1980 sein viel beachtetes und praxisorientiertes Buch *Wettbewerbsvorteile – Spitzenleistungen erreichen und behaupten* auf den Markt. gelten

Da das Umfeld eines Unternehmens bestimmt wird durch die Branche, gilt es diese sorgfältig zu analysieren (vgl. ▶ Abschn. 4.1.4.3). Danach gilt es, sich durch die geeignete Wettbewerbsstrategie erfolgsversprechend gegenüber der Konkurrenz zu positionieren (vgl. Porter 2010, S. 27).

Wettbewerbsstrategie

> **Wettbewerbsstrategien** sind konkurrenzgerichtete Strategien. Sie legen fest, wie sich Unternehmen Wettbewerbsvorteile gegenüber ihren Konkurrenten verschaffen und sichern wollen.

Kostenführerschaft, Differenzierung, Konzentration (Nischenstrategie)

Nach Porter gibt es drei Wettbewerbsstrategien. Diese lassen sich in einer Wettbewerbsmatrix abbilden, die die Betrachtungsweise auf die Marktabdeckung und den strategischen Vorteil reduziert (vgl. ◘ Abb. 4.15). Bei der Marktabdeckung unterscheidet er zwischen der Abdeckung des Gesamtmarktes und der Abdeckung von Teilmärkten (Wettbewerbsfeld).

Den strategischen Vorteil bei der Abdeckung des Gesamtmarktes reduziert er auf zwei Grundtypen von Wettbewerbsvorteilen (vgl. Porter 2010, S. 37 ff.):

1. Bei der Strategie der Kostenführerschaft kann ein Unternehmen durch geringere Kosten einen Wettbewerbsvorteil erlangen. Im klassischen Marketing ist diese Strategie als Preis-Mengen-Strategie bekannt. Unternehmen mit dieser Strategie können nach einem Preiskrieg noch Gewinn erwirtschaften, während alle anderen Mitbewerber in die Verlustzone geraten sind.

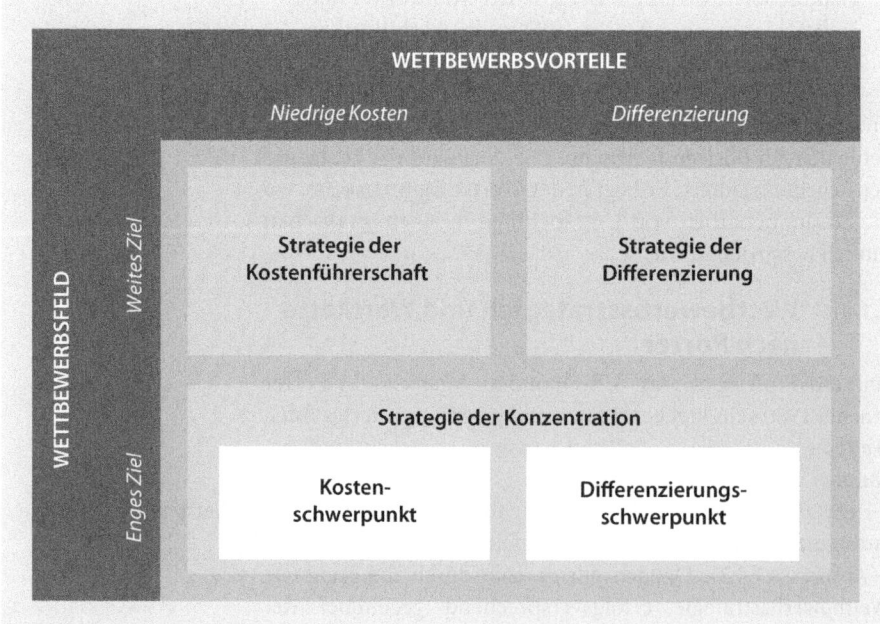

◘ Abb. 4.15   Porters Wettbewerbsstrategien (Porter 2010, S. 38)

4.1 · Management und Unternehmensstrategie

2. Bei der Strategie der Differenzierungsstrategie will ein Unternehmen in einigen, bei Kunden hoch bewerteten Dimensionen, einmalig sein. Diese ausgewählten Dimensionen werden dann befriedigt. Kunden sind für die Einmaligkeit bereit, höhere Preise zu bezahlen. Differenzierung kann beruhen auf dem Produkt selbst (z. B. Apple iPhone), auf einem Bestell- oder Auslieferungssystem (z. B. Amazon) oder auf dem Produktimage (z. B. Chanel).

Der dritte Strategietyp der Konzentration, auch Nischenstrategie genannt, wählt ein Segment in einer Branche und bedient sie maßgeschneidert. Die Konzentrationsstrategie kennt zwei Varianten:
- 3a. Beim Kostenschwerpunkt strebt ein Unternehmen in seiner Nische einen Kostenvorteil an.
- 3b. Beim Differenzierungsschwerpunkt strebt ein Unternehmen in seiner Nische einen Differenzierungsvorteil an.

Für das Auffinden von Differenzierungs- oder Kostenquellen hat Porter das Instrument der Wertkette entwickelt (vgl. Porter 2010, S. 66 ff.). Die Wertkette gliedert eine Organisation in die Tätigkeiten, die diese zum Entwurf, zur Herstellung und zum Absatz ihrer Leistungen verfolgt. Sie zeigt den Gesamtwert (im Sinne von Umsatz) auf, der sich aus den Kosten für die ausgeführten Aktivitäten und der Gewinnspanne zusammensetzt.

Wertkette nach Porter

Porter unterscheidet zwischen primären Aktivitäten sowie unterstützenden Aktivitäten und ist damit Wegbereiter für die Prozesslandkarte (vgl. ▶ Abschn. 2.3.5 und ▶ 6.11), wie sie heute oftmals verwendet wird (vgl. ◘ Abb. 4.16):
- Die primären Aktivitäten befassen sich mit Logistik, der physischen Herstellung des Produktes und dessen Verkauf und Übermittlung an Kunden sowie dem Kundendienst.
- Die unterstützenden Aktivitäten wie Personalwirtschaft oder Infrastruktur schaffen die Voraussetzung dafür, dass die primären Aktivitäten ausgeführt werden können.

Primäre und unterstützende Aktivitäten

Aus der Kostenstruktur und aus dem Differenzierungspotenzial aller Wertaktivitäten lassen sich bestehende und potenzielle Wettbewerbsvorteile eines Unternehmens ermitteln.

Die Wertketten der einzelnen Unternehmen setzen sich unternehmensübergreifend zusammen zur Wertschöpfungskette (vgl. ▶ Abschn. 2.5). Porter bezeichnet diese als Wertsystem (Porter 2010, S. 64).

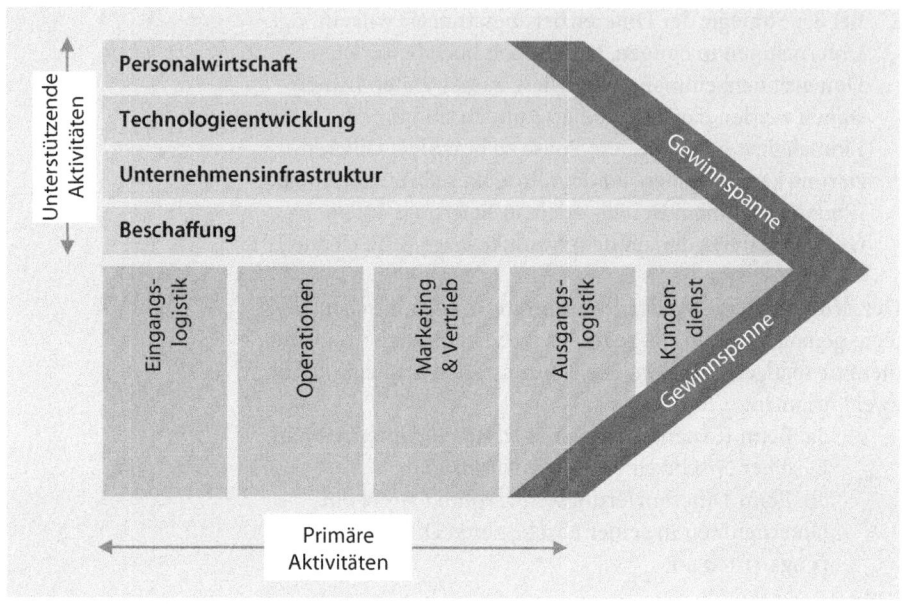

● Abb. 4.16 Porters Wertkette (Porter 2010, S. 66)

4.2 Unternehmensleitbild und Corporate Governance

Unternehmensstrategien und operative Tätigkeiten sind stets in einen übergeordneten Rahmen eingebettet. Dieser Rahmen entsteht durch normative Vorgaben, wie interne Leitbilder, oder durch externe, gesetzliche Vorgaben. Die genauen Zusammenhänge werden in den beiden folgenden Abschnitten beleuchtet.

4.2.1 Handlungsebenen: normativ, strategisch, operativ

Jedes Handeln im Unternehmen kann einer Ebene zugeordnet werden (vgl. ● Abb. 4.17). Je höher die Ebene in der Hierarchie ist, desto schwieriger ist es, Veränderungen vorzunehmen.
- Das operative Management sorgt für die Abwicklung der laufenden Aktivitäten, z. B. Abwicklung von Kundenaufträgen. Das operative Management verfolgt Effizienz, so dass Zielerreichung und dafür aufgewendeter Mitteleinsatz optimiert werden.

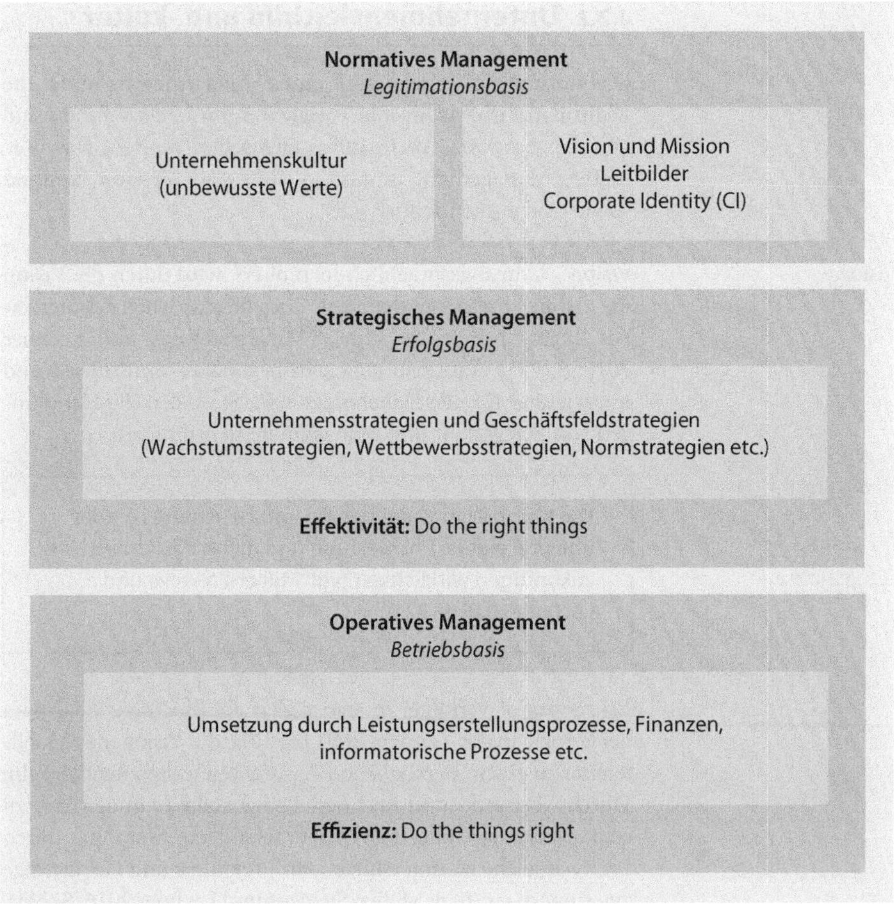

4.2 · Unternehmensleitbild und Corporate Governance

Normatives Management
Legitimationsbasis

Unternehmenskultur
(unbewusste Werte)

Vision und Mission
Leitbilder
Corporate Identity (CI)

Strategisches Management
Erfolgsbasis

Unternehmensstrategien und Geschäftsfeldstrategien
(Wachstumsstrategien, Wettbewerbsstrategien, Normstrategien etc.)

Effektivität: Do the right things

Operatives Management
Betriebsbasis

Umsetzung durch Leistungserstellungsprozesse, Finanzen,
informatorische Prozesse etc.

Effizienz: Do the things right

◘ Abb. 4.17 Handlungsebenen in Unternehmen

- Das strategische Management sorgt für die langfristige Sicherung des Unternehmenserfolgs, z. B. durch geeignete Wettbewerbsstrategien. Effektivität, also die richtigen Dinge zu tun, ist hier das oberste Gebot.
- Das normative Management sorgt für eine grundsätzliche Orientierung und Legitimation aller strategischen und operativen Aktivitäten, z. B. durch ein Leitbild. Dabei schwingt im Hintergrund stets die Unternehmenskultur, die sich oftmals über Jahre oder Jahrzehnte gebildet hat. Die Werte der Kultur wirken bei Management und Belegschaft häufig nur unbewusst.

Normatives, strategisches und operatives Management

Oftmals wird das taktische Management aufgeführt. Es befindet sich zwischen operativem und strategischem Management.

4.2.2 Unternehmensleitbild und -kultur

Das normative Management eines Unternehmens bildet die Legitimationsbasis für alle Tätigkeiten im Unternehmen und kann als eine Art „Verfassung" angesehen werden. Das normative Management umfasst Vision und Mission, Leitbild sowie Corporate Identity (CI).

Vision

Vision Umgangssprachlich formuliert, wird durch die Vision die „Höhe einer Latte definiert, über die das Unternehmen eines Tages springen möchte" (Müller-Stewens und Lechner 2016, S. 221). Visionen sollen insbesondere sinnstiftend und motivierend für alle Stakeholder sein. Sie sollen die Handlungen von Belegschaft und Management koordinieren.

> Die **Vision** ist eine auf die Zukunft gerichtete Leitidee über die eigene Entwicklung und damit das Abbild einer zukünftigen Wirklichkeit (vgl. Müller-Stewens und Lechner 2016, S. 221).

Eric Schmidt verfolgte in seiner Zeit als Executive Chairman bei Google in der Zeit von 2001 bis 2011 die Vision, das Mobiltelefon zu einem persönlichen Assistenten weiterzuentwickeln. Durch Netzwerk- und Rechnerleistung sollte es in der Lage zu sein, Navigation über GPS zu unterstützen, Shopping durch Preisvergleiche zu unterstützen, an Ereignisse und Geburtstage zu erinnern etc. (vgl. Müller-Stewens und Lechner 2016, S. 223).

Mission, Mission Statement

Mission Die Mission, im englischen Mission Statement genannt, gibt Antwort auf die Frage „Was ist unser Geschäft" oder „Was sollte unser Geschäft sein?".

> Die **Mission** begründet die Existenz eines Unternehmens und erklärt, welchen Beitrag und welches Nutzenversprechen ein Unternehmen an seine Anspruchsgruppen leistet (vgl. Müller-Stewens und Lechner 2016, S. 224 f.).

Viele Unternehmen haben sehr kurze, sloganartige und gut vermarktbare Mission Statements, die kurz und knapp den Unternehmenszweck beleuchten, z. B. Nike: „To bring inspiration and innovation to every athlete* in the world. *IF YOU HAVE A BODY, YOU ARE AN ATHLETE." (▶ https://about.nike.com).

4.2 · Unternehmensleitbild und Corporate Governance

Andere Unternehmen haben schon einen Übergang von der Mission hin zu werteorientierten Leitbildern. The Body Shop hat z. B. folgende Mission (▶ www.thebodyshop.com/de-de/ueber-uns):

> Wir erkunden die Welt nach feinsten, ethisch bezogenen Inhaltsstoffen und entwickeln Beauty-Produkte, die von der Natur inspiriert sind. (…) Business hat die Kraft Gutes zu tun. Daher haben wir uns im Rahmen unseres Enrich Not Exploit ™ Commitment dazu verpflichtet, unsere Produkte ethisch und nachhaltig zu produzieren und das Leben der Menschen und unseren Planeten zu bereichern. Für uns bedeutet dies, fair mit unseren Farmern und Lieferanten zusammenzuarbeiten, Gemeinschaften über unser ,Community Trade'-Programm zu fördern, 100 % vegetarisch zu sein und uns weiter aktiv für ein weltweites Verbot von Tierversuchen für kosmetische Produkte und Inhaltsstoffe einzusetzen.

Auch die Mission hat eine sinnstiftende, motivierende und koordinierende Funktion – genauso wie die Vision. Ein Unternehmen kann ohne Vision existieren, allerdings niemals ohne Mission, da sie auf die Gegenwart gerichtet ist.

Unternehmensleitbild Das Leitbild gibt Antwort auf die Frage „Auf der Basis welcher Werte wollen wir unsere Geschäfte durchführen?". Meist handelt es sich um eine überschaubare Menge an Grundsätzen, die Normen für das soziale Handeln im Unternehmen vorgeben. Das Management gibt diese Grundsätze als Maßstab für die Belegschaft vor. Natürlich gilt auch hier, dass nichts ein gutes Vorbild ersetzen kann.

Unternehmensleitbild, Leitbilder und Werte

Das **Leitbild** enthält Grundsätze für das soziale Handeln im Unternehmen. Es dient dazu, alle Menschen im Unternehmen auf gemeinsame Werte auszurichten. Es ist ein Orientierungsrahmen für das Verhalten nach innen und nach außen (vgl. Müller-Stewens und Lechner 2016, S. 230 ff.).

Anstatt Leitbild findet man auch die Begriffe Philosophie, Werte oder Grundsätze. Das Leitbild des Bio-Herstellers Rapunzel umfasst z. B. die folgenden Werte (▶ www.rapunzel.de/firmenziele.html).

> Die Bio-Qualität und die ganzheitlich vollwertige Qualität unserer Lebens-Mittel haben höchste Priorität.

Wir setzen uns ein für Lebens-Mittel, die gentechnisch unverändert erzeugt und verarbeitet sind.

Unsere Partner behandeln wir fair. Wir berücksichtigen dabei die sozialen und wirtschaftlichen Gegebenheiten im Land.

Wir kennen den Ursprung unserer Produkte.

Wir praktizieren aktiven Umweltschutz durch unser Tun. In unseren Entscheidungen berücksichtigen wir den Schutz der Ressourcen, des Klimas und den Erhalt der Artenvielfalt.

Sichere Arbeitsplätze und ein gutes Betriebsklima sind die Grundlage unseres Erfolges. Selbstverwirklichung (am richtigen Platz sein), Spaß bei und Freude an der Arbeit sind Eckpfeiler unserer Firmenkultur.

Zur Erreichung und Sicherung aller sozialen und ökologischen Ziele sind wir ein wirtschaftlich erfolgreiches Unternehmen. Innovation, Produktivität und Effizienz sind unsere Stärken.

Wir wertschätzen unsere Kunden. Ihre Bedürfnisse sind Leitlinie unseres Tuns.

Wir machen Bio aus Liebe.

Corporate Identity (CI)

Corporate Identity (CI) Das werteorientierte Leitbild wird durch die Corporate Identity (CI) konkretisiert (◘ Abb. 4.18).

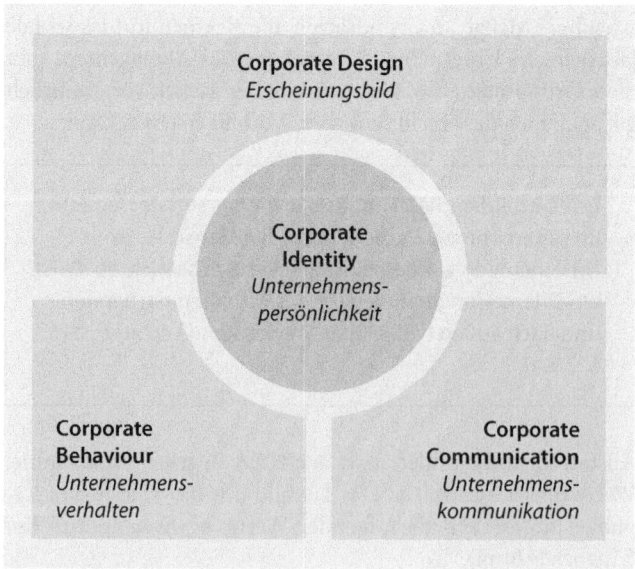

◘ Abb. 4.18   Corporate Identity (CI)

4.2 · Unternehmensleitbild und Corporate Governance

> Die **Corporate Identity (CI)** ist ein strategisches Kommunikationskonzept, das die Einmaligkeit eines Unternehmens über alle Geschäftsfelder hinweg betont – analog zur Persönlichkeit eines Menschen. Die CI beschreibt das Selbstbild eines Unternehmens. Sie zeigt sich im Verhalten, in der Kommunikation und im Erscheinungsbild eines Unternehmens (vgl. Meffert et al. 2015, S. 230).

Das visuelle Erscheinungsbild wird auch Corporate Design (CD) genannt. Es ist das visuelle Programm eines Unternehmens, das die Persönlichkeit bildhaft transportiert durch Logo, Broschüren, Architektur oder Produktverpackung.

Corporate Design (CD)

Die Kommunikation eines Unternehmens ist die Corporate Communication (CC). Sie umfasst z. B. Wortwahl, Sprachstil, Terminologie und Umgangston in der internen und externen Unternehmenskommunikation.

Corporate Communication (CC)

Das Verhalten nennt sich Corporate Behaviour (CB). Es umfasst das Verhalten jedes einzelnen Mitarbeiters im Unternehmen und gegenüber den Stakeholdern. In Dienstleistungskonzernen z. B. ist oftmals ganz genau vorgeschrieben, wie sich Mitarbeiter gegenüber Kunden verhalten müssen (z. B. Lächeln). Wenn tatsächliches Verhalten und geschriebene Leitwerte weit auseinander klaffen, hat das Unternehmen ein Glaubwürdigkeitsproblem.

Corporate Behaviour (CB)

Die Elemente der CI haben interne Auswirkungen auf Führungskräfte und Mitarbeiter sowie externe Wirkungen auf Kunden und andere Stakeholder.

Das Corporate Image ist das Fremdbild, das Externe von einem Unternehmen gewinnen (vgl. Meffert et al. 2015, S. 230).

Insbesondere das Verhalten und Unternehmensleitbild weichen häufig voneinander ab. Führungskräfte oder Mitarbeiter halten sich nicht an die vereinbarten Werte. Deshalb hat der Gesetzgeber Vorgaben entwickelt, die ebenfalls normativ wirken.

Unternehmenskultur Dabei sind all diese willentlich und bewusst gewählten Werte von der Unternehmenskultur unterlegt. Die Unternehmenskultur beeinflusst das Verhalten von Individuen und Gruppen. Feiern, Rituale, häufig erzählte Anekdoten und Legenden, Kleidung, Normen und Umgangsformen können einen ersten Eindruck über das sichtbare und unsichtbare Wertesystem einer Organisation geben (Schreyögg 2016, S. 175 ff.).

Unternehmenskultur

> Die **Unternehmenskultur** ist ein Muster gemeinsamer Grundprämissen, das sich in der Vergangenheit bei der Bewältigung von Problemen bewährt hat. Deshalb gilt dieses Muster als bindend und wird im Unternehmen als rational und emotional korrekter Umgang mit Problemen weitergegeben (vgl. Schein 1985, S. 25).

Auch wenn das Topmanagement neue Leitsätze erlässt, gibt es noch über viele Jahre Mitarbeiter, die diese Leitsätze vom Tische fegen mit der Bemerkung: „So machen wir das hier! So haben wir das schon immer gemacht!"

4.2.3 Corporate Governance und Compliance

Corporate Governance

Aufgrund von Fehlverhalten und unethischem, sogar kriminellem Verhalten des Topmanagements gibt es Bestrebungen, wirksame Mechanismen zur Eindämmung solcher Vorkommnisse zu entwickeln. Stakeholder sollen zudem mehr Transparenz über das unternehmerische Verhalten haben (vgl. Thommen et al. 2017, S. 540 f.). Dies soll durch Corporate Governance erreicht werden.

> **Corporate Governance** umfasst Grundsätze und Regeln, mit denen die Strukturen und das Verhalten des Topmanagements gesteuert werden sollen. Corporate Governance ist die verantwortungsvolle und transparente (wirksame) Unternehmenssteuerung und -überwachung.

Corporate Governance wird durch intern entwickelte Leitbilder und Kontrollstrukturen (Aufsichtsrat, transparente Finanzberichterstattung) sowie durch extern entwickelte Regelwerke erreicht. Externe Regelwerke wurden bislang vom Staat oder von privatwirtschaftlichen Initiativen erlassen.

In Deutschland existiert bspw. der Deutsche Corporate Governance Kodex (DCGK). Es handelt sich um ein nationales Regelwerk mit empfehlendem Charakter, vor allem für börsennotierte Unternehmen (vgl. ▶ www.dcgk.de).

Abzugrenzen von Initiativen oder Empfehlungen sind Gesetze, an die Unternehmen gebunden sind. In den USA ist der Sarbanes-Oxley Act (SOX) ein Bundesgesetz, das börsennotierte Unternehmen rechtlich dazu zwingt, kapitalmarktbezogene Informationen offenzulegen.

4.3 · Ökonomisches Prinzip, Kennzahlen und Controlling

> **Compliance** bedeutet, dass gesetzliche Bestimmungen und unternehmensinterne Richtlinien eingehalten werden (to comply: gehorchen).

Das Compliance Management System eines Unternehmens sichert durch Maßnahmen und Prozesse, dass Risiken für Regelverstöße erkannt und Regelverstöße verhindert werden. Sollte es dennoch zu Regelverstößen kommen, müssen diese zeitnah erkannt und im Unternehmen kommuniziert werden (IDW 2011, S. 78 ff.).

Compliance, Compliance Management System

4.3 Ökonomisches Prinzip, Kennzahlen und Controlling

Durch kennzahlenbasiertes Controlling stellt die Unternehmensführung sicher, dass die Ziele eines Unternehmens erreicht werden. Deshalb wird in diesem Abschnitt das ökonomische Prinzip als Grundlage für Kennzahlen behandelt. Anschließend wird erläutert, wie Controlling das Management unterstützt.

4.3.1 Ökonomisches Prinzip, Effektivität und Effizienz

Die moderne Betriebswirtschaftslehre basiert auf mehreren Prinzipien, insb. auf dem ökonomischen Prinzip, dem Humanprinzip und – hoffentlich vermehrt – dem ökologischen Prinzip.

Das ökonomische Prinzip wird in jedem Unternehmen benötigt, denn Güterknappheit z. B. an Personal oder Material zwingt zu wirtschaftlichem Gütereinsatz (vgl. ◘ Abb. 4.19). Jedes Unternehmen muss einen Gewinn erwirtschaften, wenngleich die traditionelle Betriebswirtschaftslehre die Gewinnmaximierung anstrebt. Gewinn ist für jedes Unternehmen wichtig, z. B. um Rücklagen zu bilden für schlechtere Zeiten oder um Investitionen zu tätigen.

Ökonomisches Prinzip

> Das **ökonomische Prinzip** verlangt, das Verhältnis von Output (Produktionsergebnis, Ziel, Wirkung) und Input (Material, Gütereinsatz) zu optimieren (vgl. Wöhe et al. 2016, S. 33 f.).

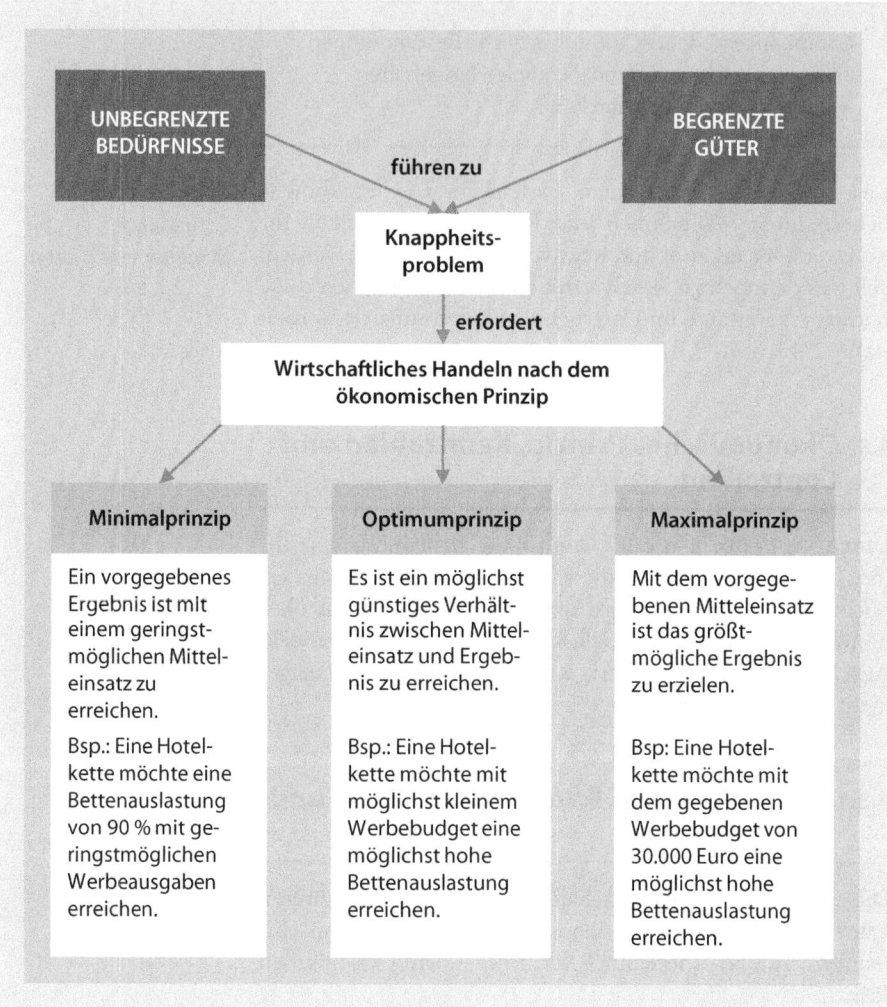

◘ Abb. 4.19 Ökonomisches Prinzip

Minimumprinzip,

Es existieren drei Ausprägungen:
1. Minimumprinzip = Sparsamkeitsprinzip: eine erwünschte Wirkung soll mit dem geringstmöglichen Mitteleinsatz erreicht werden.
   Beispiele:
   — Im ersten Semester sollen alle Klausuren bestanden werden (Ziel), und zwar mit geringstmöglichem Lernaufwand (Input).
   — Ein Raum soll auf eine bestimmte Temperatur (Ziel) mit möglichst wenig Heizöleinsatz erwärmt werden.

Maximumprinzip,

2. Maximumprinzip = Ergiebigkeitsprinzip: mit gegebenen Mitteln soll der größtmögliche Erfolg erreicht werden.

4.3 · Ökonomisches Prinzip, Kennzahlen und Controlling

Beispiele:
- Mit einem Lernaufwand von zwei Stunden am Tag (Input) sollen bestmögliche Noten (Output) erzielt werden.
- Ein Raum soll mit gegebenem Heizöleinsatz (Input) möglichst gut erwärmt werden.

3. Extremumprinzip, auch Optimumprinzip: ein optimales Verhältnis zwischen eingesetzten Mitteln und angestrebtem Nutzen soll erreicht werden.   Extremumprinzip

Beispiele:
- Mit geringstmöglichem Lernaufwand sollen bestmögliche Noten erreicht werden.
- Mit möglichst wenig Heizöleinsatz soll ein Raum möglichst gut erwärmt werden.

Ökonomisch ist damit ein Synonym für wirtschaftlich oder effizient. Im Gegensatz zur Effizienz steht die Effektivität (vgl. ◘ Abb. 4.20). Die Effektivität betrachtet die Wirksamkeit und beurteilt den Zielerreichungsgrad. Effektivität wird häufig in Verbindung gebracht mit Leadership, während Effizienz dem Management zugeschrieben wird.

Das ökonomische Prinzip konkretisiert sich in Kennzahlen.

UNTERSCHEIDUNGS-KRITERIUM	EFFEKTIVITÄT | WIRKSAMKEIT	EFFIZIENZ | WIRTSCHAFTLICHKEIT
beurteilt	Zielerreichungsgrad	Verhältnis zwischen Ziel und Ressourceneinsatz
Motto	„das Richtige tun", do the right things	„etwas richtig tun", do the things right
Assoziierung	mit Leadership	mit Management
verfolgt	die Wirksamkeit	das ökonomische Prinzip

◘ **Abb. 4.20** Effektivität und Effizienz

4.3.2 Kennzahlenbasiertes Controlling

Kennzahlen

Das Management benötigt fundierte Informationen über interne und externe Aspekte des Unternehmens, um planen, entscheiden, steuern und kontrollieren zu können (vgl. ▶ Abschn. 4.1.1.3 Führungsprozess). Diese Informationen werden dem Management in komprimierter Form, z. B. in Form von Berichten (Reports) und auf der Basis von Kennzahlen zur Verfügung gestellt. Dadurch soll es möglich sein, auf einen Blick Zielerreichung oder Defizite zu erkennen.

> **Kennzahlen** sind Zahlen, die betriebliche Sachverhalte in konzentrierter Form abbilden. Kennzahlen sind Konkretisierungen des ökonomischen Prinzips (vgl. Vahs und Schäfer-Kunz 2015, S. 378).

Quellen von Kennzahlen

In den Berichten (Reports) für das Management geht es um Kennzahlen, die meist grafisch aufbereitet werden, z. B. in Form von Diagrammen, Grafiken, IT-basierten Dashboards (= Armaturenbrett) mit Tachometern oder auch Ampelsymbolen. Kennzahlen basieren auf den folgenden Quellen:
- operative Zahlen aus den Funktionen wie Absatz, Beschaffung, Produktion oder Finanzen, Bsp.: Umsatz, Liefertreue, Produktivität oder Liquidität,
- Kostenrechnung, Bsp.: Deckungsbeitrag,
- Rechnungswesen, insb. Bilanz, Bsp.: Eigenkapitalquote,
- Rechnungswesen, insb. Gewinn- und Verlustrechnung, Bsp.: Betriebsergebnis, EBIT,
- Börsendaten, Bsp.: Marktkapitalisierung, Dividende,
- nichtfinanzielle Kennzahlen über Prozesse, Personal und Kunden, Bsp.: Durchlaufzeiten, Fluktuationsrate, Kundenbindungsrate,
- externe Daten, z. B. von Marktforschungsinstituten über Konkurrenten oder über die Branchenentwicklung.

Arten von Vergleichen

Mit der Hilfe von Kennzahlen können sich Unternehmen vergleichen:
- Zeitvergleiche dienen dem Vergleich zu Vorjahren.
- Betriebsvergleiche dienen dem sogenannten Benchmarking, wo sich Unternehmen mit der Konkurrenz vergleichen.

4.3 · Ökonomisches Prinzip, Kennzahlen und Controlling

- Soll-Ist-Vergleiche dienen dazu, den Zielerreichungsgrad im Unternehmen zu messen.

Zuständig für die Aufarbeitung von Kennzahlen ist die betriebliche Funktion des Controllings. Das Controlling sichert damit, dass das Management über umfassende Informationen verfügt und rationale Entscheidungen treffen kann. Controlling kann strategisch (langfristig) oder operativ (kurzfristig) sein (vgl. Weber und Schäffer 2016, S. 33).

Da sich Controlling als Fachgebiet in der Praxis entwickelt hat, gibt es unterschiedliche Ansätze. Konsens besteht darüber, dass es sich um eine führungsunterstützende Funktion handelt, die wichtigste Grundlage die interne Kosten-

Controlling

> **Controlling** unterstützt das zielorientierte Management (Planung, Entscheidung, Steuerung und Kontrolle) eines Unternehmens durch Beratung und proaktive Informationsversorgung, v. a. in Form von Kennzahlen und koordiniert damit das betriebliche Führungssystem.

rechnung bildet und die Hauptaufgabe in der Koordination der Teilsysteme der Führung besteht (vgl. Lorson 2011, S. 270).

Ein modernerer Begriff für Systeme, die Kennzahlen zur Führung von Unternehmen aufbereiten, ist der des Performance-Measurement-Systems (vgl. Müller-Stewens und Lechner 2016, S. 588 ff.). Möchte man die Begriffe voneinander abgrenzen, so gehen Performance-Measurement-Systeme immer über die finanzielle bzw. quantitative Dimension hinaus, z. B. mit der Balanced Scorecard (vgl. Kaplan und Norton 1997).

Controlling im Führungsprozess In der Planungsphase des Führungsprozesses unterstützt das Controlling die Zielbildung (vgl. ◘ Abb. 4.21). Diese Zielbildung kann sich z. B. auf die Budgetplanung, auf eine Portfolio-Analyse oder auf Finanzplanungen beziehen. Dabei gilt es, Soll-Werte zu erarbeiten.

Planungsphase: Controlling berät und gestaltet mit

Diese Soll-Werte für das eigene Unternehmen können beruhen auf den eigenen Werten aus der Vergangenheit, auf Daten über Wettbewerber (Benchmarking) sowie auf Daten über die Branchenentwicklung. Das Controlling stellt diese Informationen zur Verfügung und berät dabei,

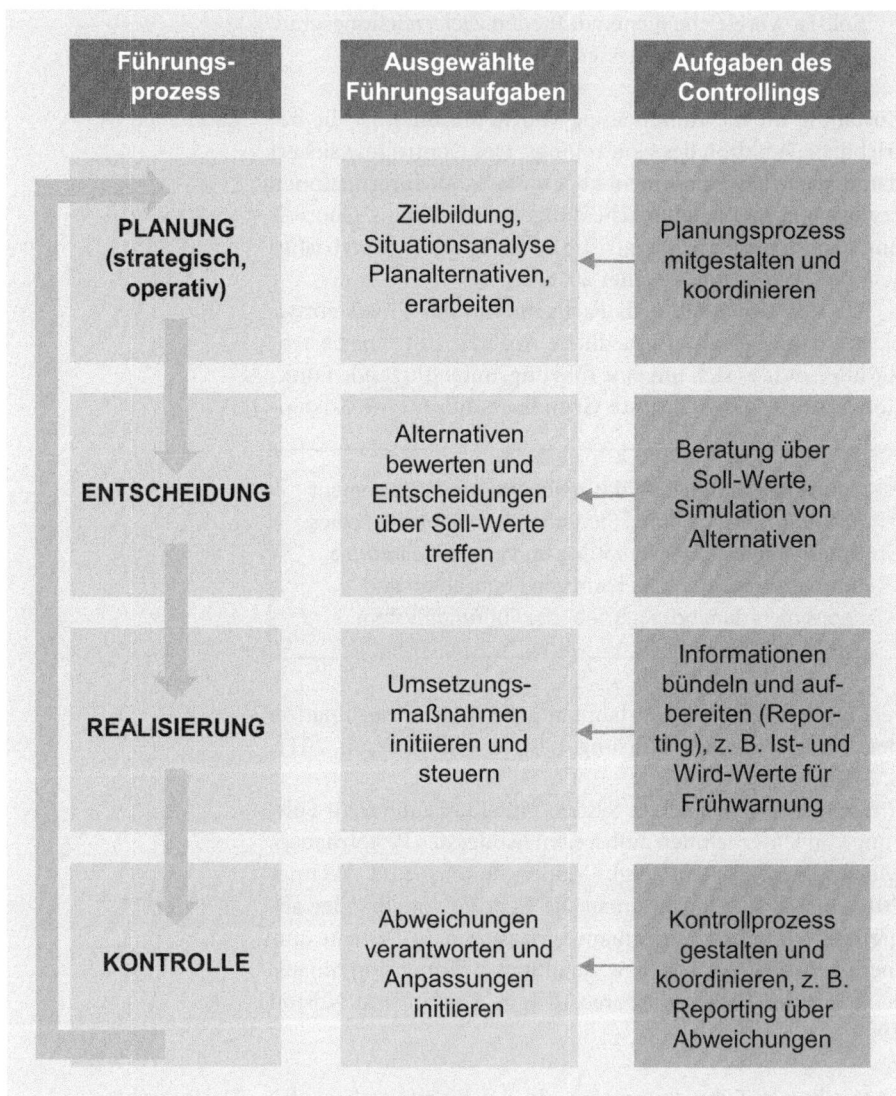

☐ **Abb. 4.21** Aufgaben des Controllings (modifiziert nach Kreuzer 2013, S. 110 und Vahs und Schäfer-Kunz 2015, S. 337 und 339)

Entscheidungsphase: Controlling berät und bildet Alternativen ab

welche Zielwerte für das eigene Unternehmen festgelegt werden sollen.

Auch bei der Erarbeitung und Bewertung von alternativen Handlungsmöglichkeiten unterstützt das Controlling durch Daten, die unterschiedliche Szenarien abbilden. Die Entscheidung allerdings trifft das Management alleine.

4.3 · Ökonomisches Prinzip, Kennzahlen und Controlling

Nachdem die Soll-Werte für die Zukunft durch das Controlling erfasst wurden, hat das Controlling in der Realisierungsphase die Aufgabe, die Ist-Werte zu erfassen und die Wird-Werte durch Simulation oder Extrapolation aufzubereiten. Auf diese Weise hat das Management die Möglichkeit, aktiv in laufende Prozesse einzugreifen, noch bevor sich etwaige Verluste realisieren.

Realisierungsphase: Controlling unterstützt Steuerung durch Frühwarnung

In der Kontrollphase analysiert das Controlling Abweichungen und initiiert für den folgenden Führungszyklus Anpassungen.

Kontrollphase: Controlling analysiert Abweichungen

Controlling und Informationssysteme Das Controlling bezieht seine Informationen zum großen Teil aus den betrieblichen Informationssystemen (vgl. Abb. 4.22). Informa-

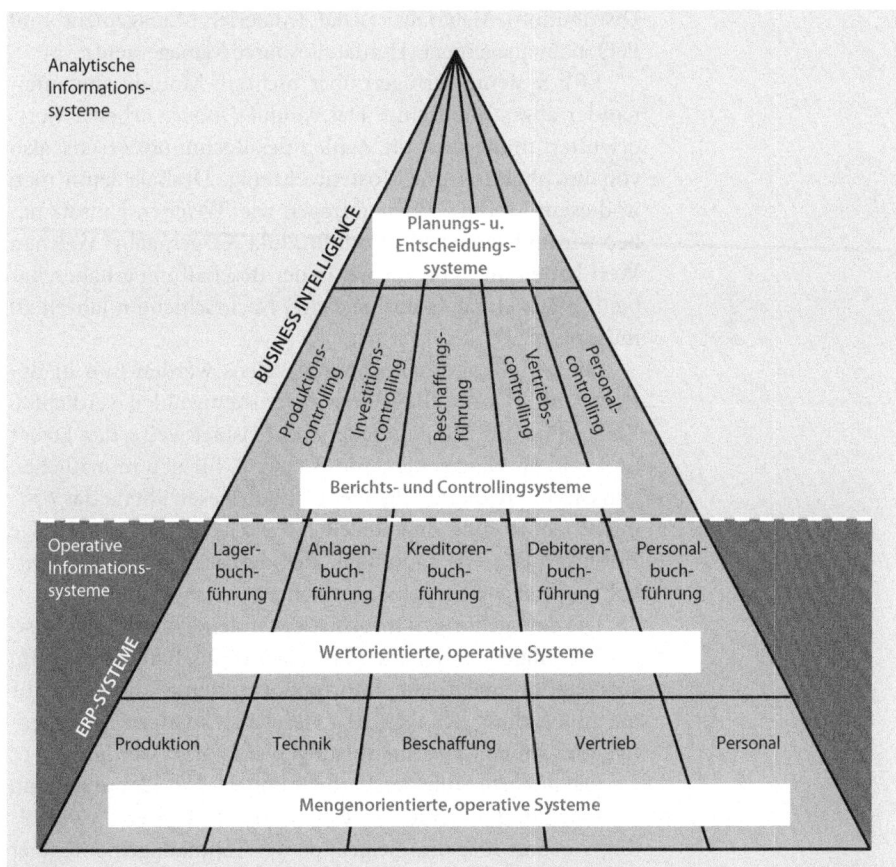

Abb. 4.22 Informationssysteme und Controlling (modifiziert nach Scheer 1995, S. 5 und Mertens et al. 2017, S. 88)

tionssysteme werden häufig als Pyramide dargestellt. Die Pyramidendarstellung drückt in der vertikalen Richtung eine zunehmende Datenverdichtung aus. Das Topmanagement erhält demnach komprimierte Informationen in Form von Kennzahlen. Die horizontale Richtung zeigt das betriebliche Organisationsprinzip nach Funktionen auf (vgl. Scheer 1995, S. 5 und Mertens et al. 2017, S. 87 f.).

Operative Informationssysteme zur Unterstützung der Prozesse eines Unternehmens nennt man Enterprise Resource Planning-Systeme (ERP-Systeme). Auf einer mengenorientierten Ebene werden alle Vorgänge eines Unternehmens erfasst, z. B. wie viele Produkte haben wir verkauft, wie viele Einzelteile hat das Lager erhalten oder wie viele und welche Mitarbeiter haben in der letzten Nachtschicht gearbeitet? Zugehörige Module im ERP-System für die genannten Fragen sind Vertrieb (Sales & Distribution), Materialwirtschaft (Materials Management) und Personalmanagement (Human Resource Management).

ERP-Systeme verfügen über mehrere Module, die aufeinander abgestimmt sind. Das Modul *Finance* arbeitet wertorientiert und erfasst die Zahlen des Rechnungswesens, also von Buchhaltung und Kostenrechnung. Deshalb kann man in diesem Modul Zahlen abfragen wie: Welchen Umsatz haben wir im letzten Monat mit Produkt XY gemacht? Welchen Wert hatten die Teile, die wir in der Beschaffung erhalten haben? Wie viel hat es uns gekostet, Nachtschichten fahren zu müssen?

Diese Zahlen des Rechnungswesens werden nun in Berichts- und Controllingsystemen zu Kennzahlen verdichtet. Zielgruppe auf dieser Ebene sind beispielsweise das Lower und Middle Management, das sich z. B. für den monatlichen Umsatz interessiert. Allgemein ist auf dieser Ebene das operative Controlling angesiedelt. Sein Ziel ist es, kurzfristige Erfolgsgrößen wie Liquidität, Ressourcennutzung und Einhaltung von Meilensteinen zu sichern.

Die dazugehörigen Informationssysteme nennt man Business Intelligence-Systeme (BI-Systeme). Es handelt sich um sogenannte analytische Informationssysteme, die nicht für die Abwicklung des täglichen Geschäfts, sondern für operative und strategische Auswertungen eingesetzt werden.

Die höchste Stufe der Verdichtung wird in Planungs- und Entscheidungssystemen erreicht. Das strategische Controlling versorgt hier die Zielgruppe des Topmanagements über den kompletten Führungsprozess hinweg mit Kennzahlen, Simulationsmöglichkeiten oder Frühwarnsystemen.

4.4 Wiederholungsfragen

1. Erläutere kurz, welche Bedeutungen der Begriff „Management" hat. Lösung ▶ Abschn. 4.1.1.1

2. Was ist der Unterschied zwischen Management und Leadership? Lösung ▶ Abschn. 4.1.1.2

3. Visualisiere und erläutere den Führungsprozess. Lösung ▶ Abschn. 4.1.1.3

4. Erläutere, welche grundsätzlichen Unternehmensziele es gibt? In welchem Verhältnis können sie zueinanderstehen? Lösung ▶ Abschn. 4.1.2

5. Mit welchen Dimensionen sollte ein messbares Ziel beschrieben werden? Lösung ▶ Abschn. 4.1.2

6. Was ist eine Unternehmensstrategie? Lösung ▶ Abschn. 4.1.3

7. Erläutere, was man unter strategischem Management versteht? Lösung ▶ Abschn. 4.1.3

8. Nenne je drei Charakteristika von jungen und stagnierenden Märkten. Lösung ▶ Abschn. 4.1.4.1

9. Was ist das Ziel der Portfolio-Technik? Lösung ▶ Abschn. 4.1.4.2

10. Erläutere den grundsätzlichen Aufbau der BCG-Matrix. Warum wurden die Achsenbeschriftungen so gewählt und was sagen sie aus? Welche Portfoliokategorien gibt es und welche Normstrategien werden für sie empfohlen? Lösung ▶ Abschn. 4.1.4.2

11. Wie analysiert Porter die Struktur einer Branche? Lösung ▶ Abschn. 4.1.4.3

12. Wofür steht die SWOT-Analyse? Lösung ▶ Abschn. 4.1.4.4

13. Welche Normstrategien bietet die Ansoff-Matrix? Lösung ▶ Abschn. 4.1.4.5

14. Welche grundsätzlichen Wettbewerbsstrategien kennt Porter? Lösung ▶ Abschn. 4.1.4.6

15. Welche Aspekte umfasst die normative Handlungsebene eines Unternehmens? Lösung ▶ Abschn. 4.2.1

16. Was ist ein Unternehmensleitbild? Lösung ▶ Abschn. 4.2.2

17. Was versteht man unter Corporate Governance? Lösung ▶ Abschn. 4.2.3

18. Was bedeutet das Ökonomische Prinzip? Lösung ▶ Abschn. 4.3.1

19. Was unterscheidet Effektivität und Effizienz? Lösung ▶ Abschn. 4.2.1

20. Was sind Kennzahlen? Wie können sie gewonnen werden? Lösung ▶ Abschn. 4.3.2

21. Wie arbeitet das Controlling? Lösung ▶ Abschn. 4.3.2

4.5 Übungs- und Vertiefungsfragen

1. Portfolio-Analyse Der Getränkehersteller Drinkheimer AG hat vier strategische Geschäftseinheiten (SGE): Wasser, Fitnessdrinks, Säfte und alkoholfreie Cocktails.

Der Vorstand der Drinkheimer AG möchte in der nächsten Sitzung die Gestaltung des Portfolios für die nächsten Jahre diskutieren. Deine Aufgabe als Leiterin der Unternehmensentwicklung besteht darin, dem Vorstand den aktuellen Stand des Unternehmensportfolios in Form einer BCG-Matrix zu präsentieren.

In den jeweiligen Märkten (z. B. Wasser) teilt sich die Drinkheimer AG mit vier weiteren Wettbewerbern den Markt. Die Angaben über die Marktanteile, Marktwachstum und Umsätze für die Jahre 2019/20 zeigen die ◘ Tab. 4.1, 4.2 und 4.3.

Erstelle eine BCG-Matrix und leite daraus Empfehlungen ab.

Das Unternehmen hat ein einzigartiges Wasser im Angebot und möchte verschiedene Varianten auf den Markt

4.5 · Übungs- und Vertiefungsfragen

Tab. 4.1 Marktanteile der Unternehmen in den Marktsegmenten

Marktanteile 2020	Drinkheimer	Getränke Max	Daisy's	St. Leo	Finkheimer
Wasser	16 %	30 %	19 %	13 %	22 %
Fitnessdrinks	30 %	15 %	14 %	21 %	20 %
Säfte	12 %	18 %	45 %	9 %	16 %
Alkoholfreie Cocktails	40 %	3 %	26 %	0 %	31 %

Tab. 4.2 Entwicklung der Märkte

Marktvolumen in Mio	2019	2020
Wasser	434	490
Fitnessdrinks	190	170
Säfte	199	180
Alkoholfreie Cocktails	308	324

Tab. 4.3 Umsatz der Drinkheimer AG im Jahr 2019

Umsatz Drinkheimer AG	in Mio.
Wasser	90
Fitnessdrinks	150
Säfte	60
Alkoholfreie Cocktails	48

bringen. Wo sollten Mittel abgezogen werden, um das Vorhaben zu finanzieren?

2. Ansoff-Matrix Der bio- und fair-zertifizierte Waschmittelhersteller „Grüner Riese" produziert ein einziges Vollwaschmittel in Pulverform für den deutschen Markt. Die Geschäftsführerin des Unternehmen sieht noch viel Wachstumspotenzial und sucht nach einer systematischen Vorgehensweise, um dieses Wachstum anzustoßen. Präsentiere verschiedene Strategien und zeige Möglichkeiten zur Umsetzung auf.

3. **Porters Normstrategien** Du bist Geschäftsführer eines Unternehmens, das Computermäuse herstellt. Im Zuge einer Neuausrichtung der Unternehmensstrategie wendest Du Porters Normstrategien der Kostenführerschaft und Differenzierung auf die Bereiche Einkauf, Produktion, Vertrieb und Service an, um auf neue Ideen zu kommen (vgl. Capaul und Steingruber 2010, S. 114).

4. **Führungsprozess und Controlling** Nimm Stellung zu folgender Aussage: „Auch ein Studium muss gemanagt werden. Dabei können Kennzahlen helfen."

4.6 Musterlösungen

1. **BCG-Matrix** Zur Erstellung der BCG-Matrix müssen zuerst der relative Marktanteil sowie das Marktwachstum berechnet werden (vgl. Tab. 4.4 und 4.5):

Daraus ergibt sich die folgende BCG-Matrix (vgl. Abb. 4.23). Die Größe der Kreise symbolisiert dabei die

Tab. 4.4 Berechnung des relativen Marktanteils

Segment	Eigener Marktanteil	Marktanteil des größten Konkurrenten	Relativer Marktanteil
Wasser	16 %	30 %	53 %
Fitnessdrinks	30 %	21 %	142 %
Säfte	12 %	45 %	27 %
Alkoholfreie Cocktails	40 %	31 %	129 %

Tab. 4.5 Berechnung des erwarteten Marktwachstums

Marktvolumen in Mio EUR	2019	2020	Marktwachstum
Wasser	434	490	13 %
Fitnessdrinks	190	170	−11 %
Säfte	199	180	−10 %
Alkoholfreie Cocktails	308	324	5 %

4.6 · Musterlösungen

Umsatzhöhe in diesem Segment. Für die einzelnen SGE ergeben sich damit die folgenden Normstrategien.

Die SGE Fitnessdrinks ist eine Cash Cow. Hier sollten Gewinne abgeschöpft werden, ohne weiter in das Segment zu investieren. Mit der Normstrategie der Abschöpfung können andere, vielversprechende Geschäftseinheiten finanziert werden, z. B. ein neues Wasser.

Die SGE Säfte ist ein Dog. Sie sollten entweder aus dem Sortiment genommen werden oder nur noch abgeschöpft werden. Auf keinen Fall sollten neue Mittel in das Produkt investiert werden.

Die SGE Alkoholfreie Cocktails ist ein Star, deren Position verteidigt werden sollte mit der Investitionsstrategie, da hier auch der Umsatzanteil im Unternehmen noch relativ gering ist.

Die SGE Wasser ist ein Question Mark mit noch geringen relativen Marktanteil in einem stark wachsenden Markt. Mit der Normstrategie der Wachstumsstrategie sollten finanzielle Mittel in diesen Bereich gepumpt werden, um die Marktstellung zu sichern. Gelingt dies, kann aus dem Fragezeichen ein

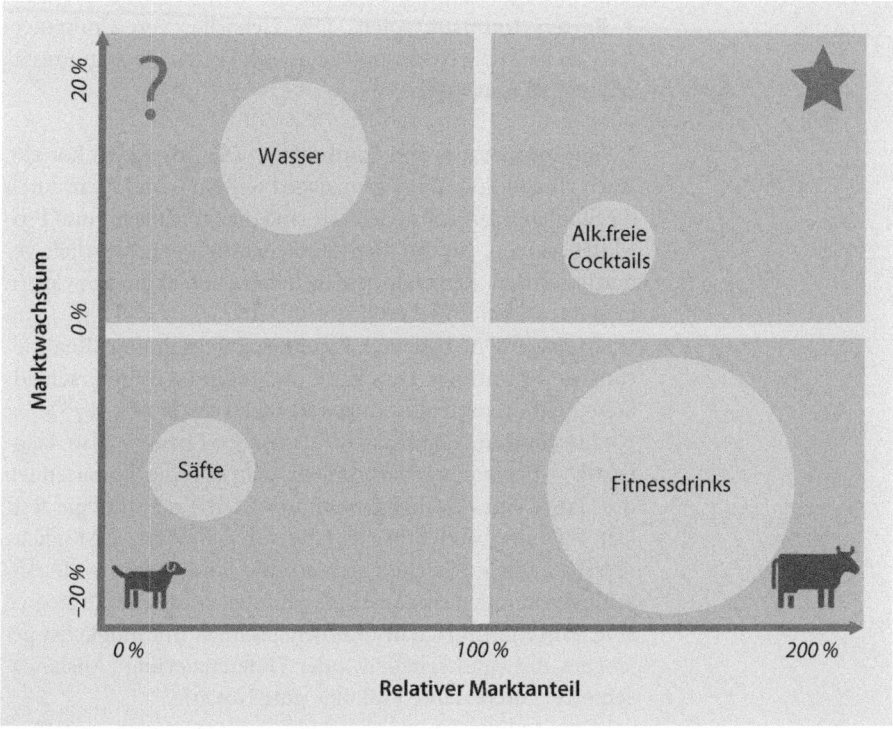

◘ Abb. 4.23   BCG-Matrix der Drinkheimer AG

Star werden. Die Drinkheimer AG sollte also neue Wasservarianten auf den Markt bringen. Finanziert wird dieses Wachstum durch die Cash Cow der Fitnessdrinks.

2. Ansoff-Matrix Marktdurchdringungsstrategie: Der bisherige Markt wird mit dem bestehenden Produkt bearbeitet. Marktanteil oder Verkaufszahlen müssen dazu erhöht werden. Dies kann durch Abwerben von Kunden von der Konkurrenz geschehen oder durch die Gewinnung von Neukunden, die bisher noch nicht bio/fair gekauft haben. Denkbar ist eine Marketingkampagne, um dies zu erreichen.

Marktentwicklungsstrategie: Das bisherige Waschmittel wird zukünftig in Polen angeboten, da auch dort die Nachfrage nach Bio- und Fairprodukten steigt.

Produktentwicklungsstrategie: Für den deutschen Markt wird neben dem Waschmittel auch ein Weichspüler auf der Basis ätherischer Öle angeboten.

Diversifikationsstrategie: Anstatt nur an Endkunden über den Handel zu verkaufen, strebt das Unternehmen an, Waschmaschinenhersteller mit Flüssigwaschmittel zu beliefern, die eine Dosierautomatik anbieten.

3. Porters Normstrategien Der Hersteller von Computermäusen kann die Normstrategien nach Porter wie folgt umsetzen (vgl. ◘ Abb. 4.24).

4. Führungsprozess und Controlling Die Aussage ist korrekt. Auch ein Studium muss gemanaged werden – und zwar durch die Studierenden selbst, denn sie sind die Projektleiter und Projektleiterinnen, die für den Studienerfolg verantwortlich gemacht werden. Kennzahlen zeigen dabei auf, ob und inwiefern man das jeweilige Ziel erreicht hat.

Management bedeutet Planung, Entscheidung, Realisierung und Kontrolle. Dies kann im Studium auf unterschiedliche Zeithorizonte übertragen werden (vgl. ◘ Abb. 4.25).

Ein Studium kann auf strategischer Ebene – also langfristig – geplant werden, indem man für die kommenden drei Jahre eines Bachelor-Studiums Ziele und Strategie festlegt (Planung und Entscheidung für Soll-Werte). Mögliche messbare Ziele beziehen sich auf die Studiendauer, die Abschlussnote oder ein Auslandssemester. Mögliche Strategien sind Kostenführerschaft (Studienabschluss mit möglichst geringem Aufwand schaffen) oder Differenzierung (Auslandssemester, interessante Praktika, gute Noten).

Ein Studium kann auf taktischer Ebene – also mittelfristig – geplant werden, indem das jeweils anstehende Semester

4.6 · Musterlösungen

Bereich	Normstrategie der Kostenführerschaft	Normstrategie der Differenzierung
Einkauf	Aushandlung guter Einkaufsbedingungen, z. B. Mengenrabatt durch Einkauf großer Mengen an Materialien	Qualitätsorientierter Einkauf (z. B. Lieferantenqualität genau überprüfen, enge Kooperation mit Lieferanten im Bereich der F&E der Materialien)
Produktion	Standardisierte Verfahrensabläufe mit moderner Produktionstechnologie (Automatisierung)	Qualitätskontrollen und Null-Fehler-Produkte sowie starke Forschung & Entwicklung zur Produktverbesserung
Vertrieb	Kostengünstiges Vertriebssystem, indem nur große Elektronik-Discounter als Vertreiber gewählt werden	Kompetente Verkaufsberatung durch Schulung des Verkaufspersonals
Service	Gesetzliche Garantie	Erweiterte Garantie sowie Kulanz bei Kundenreklamationen

◘ **Abb. 4.24** Porters Normstrategien für Hersteller von Computermäusen (vgl. Capaul und Steingruber 2010, S. 114)

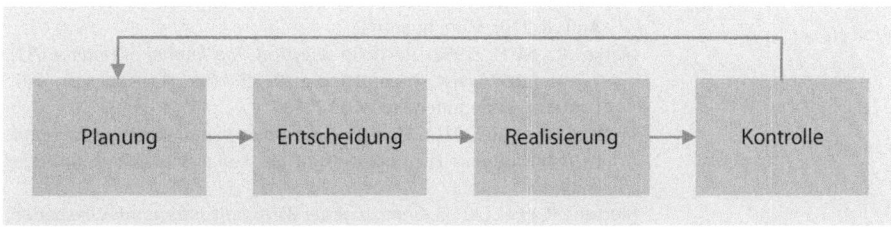

◘ **Abb. 4.25** Management-Zyklus

konkret mit Zielen versehen wird, z. B. zu besuchende Lehrveranstaltungen, Anwesenheitsquote oder geplante Noten.

Schließlich muss ein Studium auf operativer Ebene gemanaged werden, indem z. B. Wochenpläne für die Klausurvorbereitung aufgestellt werden mit Lernaufwand pro Tag im Selbststudium.

Durch die Kennzahlen kann ein Soll-Ist-Vergleich durchgeführt und damit der Zielerreichungsgrad ermittelt werden (Kontrolle). Wurde z. B. am Ende des ersten Semesters der Notendurchschnitt erreicht, der als Ziel gesetzt wurde? Wenn nein, warum nicht? Was kann getan werden, um im kommenden Semester ein besseres Resultat zu erzielen? Muss evtl. die Lernstrategie verändert werden? Oder das Zeitmanagement?

Literatur

Ansoff, H. I. (1966). *Management-Strategie*. München: Moderne Industrie.
Balderjahn, I., & Specht, G. (2016). *Einführung in die Betriebswirtschaftslehre* (7., überarb. Aufl.). Stuttgart: Schäffer-Poeschel.
Capaul, R., & Steingruber, D. (2010). *Betriebswirtschaft verstehen. Das St. Galler Management-Modell*. Sauerländer: Oberentfelden.
Drucker, P. F. (2014). *The effective executive. Effektivität und Handlungsfähigkeit in der Führungsrolle gewinnen (erstmals veröffentlicht 1967)*. München: Vahlen.
Gergert, A. (2017). Strategie vs. Geschäftsmodell. http://www.wois-innovation.de/strategie-vs-geschaeftsmodell/. Zugegriffen am 15.02.2018.
Hedley, B. (1977). Strategy and the „business portfolio". *Long Range Planning, 10*(1), 9–15.
IDW. (2011). Grundsätze ordnungsmäßiger Prüfung von Compliance Management Systemen. In WPg Supplement 2/2011, S. 78 ff.
Jung, R. H., et al. (2016). *Allgemeine Managementlehre* (6., neu bearb. u. erw. Aufl.). Berlin: Erich Schmidt.
Kaplan, R., & Norton, D. (1997). *Balanced Scorecard. Strategien erfolgreich umsetzen*. Stuttgart: Schäffer-Poeschel.
Kocian, C. (1999). *Virtuelle Kooperationsmodelle im Mittelstand*. Wiesbaden: Gabler.
Kotter, J. P. (1990). *A force for change: How leadership differs from management*. New York, Free Press.
Kreuzer, C. (2013). *BWL kompakt* (4., ak. Aufl.). Wien: Linde.
Lorson, P. (2011). Controlling. In: F. X. Bea & M. Schweitzer (Hrsg.), *Allgemeine Betriebswirtschaftslehre* (Bd. 2: Führung, 10., überarb. u. erw. Aufl., S. 270). München: UTB.
Markowitz, M. H. (1952). Portfolio selection. *The Journal of Finance, 7*(1), 77–91. http://www.jstor.org/stable/2975974?seq=1#page_scan_tab_contents. Zugegriffen am 24.02.2018.
Meffert, H., et al. (2015). *Marketing. Grundlagen marktorientierter Unternehmensführung* (12., überarb. u. ak. Aufl.). Wiesbaden: Springer Gabler.
Mertens, P., et al. (2017). *Grundzüge der Wirtschaftsinformatik*. Wiesbaden: Springer Gabler.

Literatur

Müller-Stewens, G., & Lechner, C. (2016). *Strategisches Management. Wie strategische Initiativen zum Wandel führen.* (4., überarb. Aufl.). Stuttgart: Schäffer-Poeschel.
Porter, M. E. (2010). *Wettbewerbsvorteile: Spitzenleistungen erreichen und behaupten* (7. Aufl.). Frankfurt a. M./New York: Campus.
Porter, M. E. (2013). *Wettbewerbsstrategie: Methoden zur Analyse von Branchen und Konkurrenten* (12., ak. u. erw. Aufl.). Frankfurt a. M./New York: Campus.
Scheer, A.-W. (1995). *Wirtschaftsinformatik. Referenzmodelle für industrielle Geschäftsprozesse.* Berlin: Springer.
Schein, E. H. (1985). *Organizational culture and leadership: A dynamic view.* San Francisco: Jossey-Bass Publishers.
Schreyögg, G. (2016). *Grundlagen der Organisation* (2., ak. Aufl.). Wiesbaden: Springer Gabler.
Sørensen, H. E. (2016). Business development. In M. Augier & D. J. Teece (Hrsg.), *The Palgrave encyclopedia of strategic management.* London: Palgrave Macmillan. https://doi.org/10.1057/978-1-349-94848-2. Zugegriffen am 20.02.2018.
Stähler, P. (2001). *Geschäftsmodelle in der digitalen Ökonomie: Merkmale, Strategien und Auswirkungen.* Köln-Lohmar: Josef Eul.
Thommen, J.-P., et al. (2017). *Allgemeine Betriebswirtschaftslehre* (8., vollst. überarb. Aufl.). Wiesbaden: Springer Gabler.
Vahs, D., & Schäfer-Kunz, J. (2015) *Einführung in die Betriebswirtschaftslehre* (7., überarb. Aufl.). Stuttgart: Schäffer-Poeschel.
Weber, J., & Schäffer, U. (2016). *Einführung in das Controlling* (15., ak. u. überarb. Aufl.). Stuttgart: Schäffer Poeschel.
Wicharz, R. (2015). *Strategie: Ausrichtung von Unternehmen auf die Erfolgslogik ihrer Industrie. Unternehmensstrategie – Geschäftsfeldstrategie – Konzernstrategie* (2. Aufl.). Wiesbaden: Springer Gabler.
Wöhe, G., et al. (2016). *Einführung in die Allgemeine Betriebswirtschaftslehre* (26., überarb. u. ak. Aufl.). München: Vahlen.

Betriebliche Funktionen im Detail

5.1 Das Unternehmen und seine Bereiche – 204

5.2 Realgüterbereich: die Leistungserstellung – 205
5.2.1 Innovationsmanagement – 205
5.2.2 Materialwirtschaft und Logistik – 212
5.2.3 Produktionswirtschaft – 224
5.2.4 Marketing – 233

5.3 Finanzbereich: die monetäre Seite – 248
5.3.1 Rechnungsgrößen: Auszahlung, Ausgabe, Aufwand, Kosten – 249
5.3.2 Externes und internes Rechnungswesen – 251
5.3.3 Buchführung – externes Rechnungswesen – 252
5.3.4 Kostenrechnung – internes Rechnungswesen – 259
5.3.5 Investition und Finanzierung – 264

5.4 Dispositiver Bereich: Strategie, Systeme und Strukturen – 272
5.4.1 Personalmanagement – 272
5.4.2 Organisation – 279
5.4.3 Informationsmanagement – 289

5.5 Wiederholungsfragen – 305

5.6 Vertiefungs- und Übungsfragen – 308

5.7 Musterlösungen – 311

Literatur – 319

© Springer-Verlag GmbH Deutschland, ein Teil von Springer Nature 2019
C. Kocian-Dirr, *Betriebswirtschaftslehre – Schnell erfasst*, Wirtschaft – Schnell erfasst,
https://doi.org/10.1007/978-3-662-54290-3_5

> If you're trying to create a company, it's like baking a cake. You have to have all the ingredients in the right proportion.
> Elon Musk

Sie sind in den letzten Kapiteln ein Fan der Betriebswirtschaftslehre geworden?

Dann können Sie sich hier in die betrieblichen Funktionen vertiefen. Aber immer so kompakt, dass stets der Überblick erhalten bleibt.

Der Realgüterbereich betrachtet die Leistungserstellung mit Innovationsmanagement, Materialwirtschaft, Logistik, Produktionswirtschaft und Marketing.

Der Finanzbereich gibt einen Überblick über externes Rechnungswesen (Buchhaltung), internes Rechnungswesen (Kostenrechnung) sowie Investition und Finanzierung.

Der dispositive Bereich zeigt auf, wie die Unternehmensführung durch unterstützende Funktionen wie Personalmanagement, Organisation und Informationsmanagement umgesetzt wird.

Alles ist einprägsam in Abbildungen und Übersichtsdarstellungen visualisiert und mit Beispielen erläutert.

Zum Abschluss des Kapitels gibt es Wiederholungs- und Übungsfragen mit Musterlösungen, um das erworbene Wissen zu überprüfen und anzuwenden.

Lernziele dieses Kapitels

Studierende können anhand dieses Kapitels
- Arten von Innovationen, Phasen im Innovationsmanagement und den Innovationsprozess beschreiben,
- zentrale Begriffe und Methoden aus Materialwirtschaft und Logistik erläutern, z. B. Sourcing-Strategien, Primärbedarfsplanung und ABC-Analyse,
- zentrale Begriffe der Produktionswirtschaft wie PPS-Systeme skizzieren und aktuelle Konzepte wie Industrie 4.0 einordnen,
- Marketingstrategien und den operativen Marketing-Mix darlegen,
- die zentralen Elemente und Verfahren im Finanzbereich eines Unternehmens veranschaulichen, z. B. Bilanz, GuV, Deckungsbeitrag, Kostenträger, Finanzierungsarten und Investitionsrechenverfahren,

Betriebliche Funktionen im Detail

- die Aufgabenfelder des Personalmanagements erläutern,
- formale und informale Organisation sowie Ablauf- und Aufbauorganisation voneinander abgrenzen,
- die Ebenen im Informationsmanagement skizzieren und beschreiben.

◘ **Cartoon:** © Dirk Meissner

5.1 Das Unternehmen und seine Bereiche

Unternehmen sind auf ähnliche Art strukturierbar

Auch wenn Unternehmen sehr unterschiedlich sind – Konsumgutproduzenten, Investitionsgüterzulieferer oder Dienstleister – können sie doch auf eine ähnliche Art strukturiert werden (vgl. ◘ Abb. 5.1). Erstens gibt es den realwirtschaftlichen Bereich der Leistungserstellung. Zweitens gibt es den Finanzbereich mit einer monetären, wertorientierten Betrachtung. Und drittens gibt es den dispositiven Bereich, wo Entscheidungen über die Zukunft eines Unternehmens, die dazugehörigen Strukturen und Abläufe festgelegt werden.

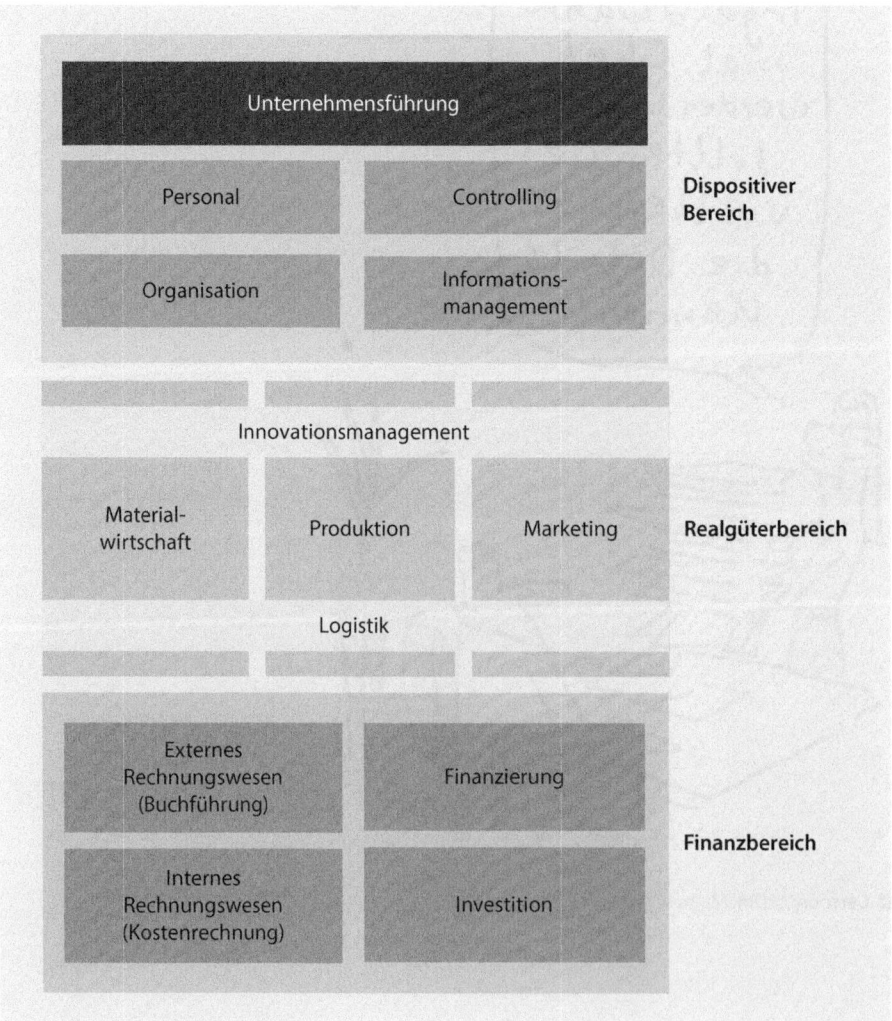

◘ Abb. 5.1 Funktionen eines Unternehmens

5.2 · Realgüterbereich: die Leistungserstellung

Im ersten Abschnitt wird der realwirtschaftliche Bereich im Überblick dargestellt und erläutert: Innovationsmanagement, Materialwirtschaft und Logistik, Produktionswirtschaft und Marketing.

Im zweiten Abschnitt wird der nominalwirtschaftliche Bereich erläutert: Buchführung, Kostenrechnung, Finanzierung und Investition.

Im dritten Abschnitt werden die dispositiven Bereiche im Überblick dargestellt und erläutert: Organisation, Personal und Informationsmanagement. Unternehmensführung und Controlling wurden aufgrund ihrer besonderen Stellung im Unternehmen bereits ausführlich in ▶ Kap. 4 vorgestellt.

5.2 Realgüterbereich: die Leistungserstellung

In diesem Abschnitt werden alle Bereiche eines Unternehmens vorgestellt, die mit der Leistungserstellung zu tun haben.

5.2.1 Innovationsmanagement

> » Wenn ich die Menschen gefragt hätte, was sie wollen, hätten sie gesagt schnellere Pferde.
> Henry Ford

Wir alle haben ein intuitives Verständnis für Innovation. Wenn wir in den Supermarkt gehen und auf den Taschentüchern die Aufschrift „neu" lesen, ahnen wir, dass es sich hier lediglich um eine Scheininnovation handelt, die sich z. B. auf einen neuen Duft beschränkt. Auf der anderen Seite sehen wir, wie ganze Industrien und Geschäftsmodelle durch sogenannte disruptive Technologien, wie Internet, Smartphone oder autonome Fahrzeuge, umgekrempelt werden.

Dieser Abschnitt zeigt auf,
- welche unterschiedlichen Innovationsarten es gibt,
- wie die Unternehmensgröße Innovationen beeinflusst,
- wie Innovation entsteht und
- wie Innovation im Unternehmen gemanagt wird.

5.2.1.1 Innovationsarten

Innovation bedeutet Erneuerung oder Veränderung (vgl. Dudenredaktion o. J.). Für den berühmten Ökonomen Joseph Schumpeter war Innovation eine der wichtigsten Kräfte im Wirtschaftssystem (vgl. Schumpeter 1911). Er beschrieb, wie

Innovation als schöpferische Zerstörung von Bestehendem

neue Angebote bestehende Produkte und Dienstleistungen verdrängen und als „schöpferische Zerstörung" wirken.

> **Innovation** bedeutet neue technische, wirtschaftliche, organisatorische und soziale Problemlösungen im Unternehmen oder in einer Branche durchzusetzen. Durch Innovation können Unternehmensziele auf neuartige Weise erfüllt werden (vgl. Pleschak und Sabisch 1996, S. 1).

Innovationen werden u. a. unterschieden nach ihrem Innovationsbereich und nach ihrem Veränderungsgrad (vgl. ◘ Abb. 5.2). Der Innovationsbereich kann sich auf Produkt- und Prozessinnovationen (vgl. Hauschild et al. 2016, S. 6 ff.) beziehen:

Produktinnovation

Innovationsbereiche Produktinnovationen beziehen sich auf Produkte eines Unternehmens. Sie werden weiter unterteilt in Marktneuheiten, die es bisher nicht gab sowie Unternehmensneuheiten, die nur für das Unternehmen neu sind (vgl. Vahs und Schäfer-Kunz 2015, S. 580). Produktinnovationen zielen vor allem darauf ab, die Bedürfnisse der Kunden besser zu befriedigen oder neue Zielgruppen zu erschließen. Damit soll insbesondere das Umsatzziel erreicht werden.

Prozessinnovation

Prozessinnovationen beziehen sich auf die Prozesse, die zur Leistungserstellung notwendig sind. Prozessinnovationen zielen insbesondere auf Kosten- und Qualitätsziele von Unternehmen ab. Sie lassen sich weiter unterteilen in technische, soziale, strukturelle sowie Geschäftsmodellinnovationen (vgl. Vahs und Schäfer-Kunz 2015, S. 581).

Technische Innovationen
Sozialinnovationen

Technische Innovationen beziehen sich auf Verfahren oder Software bei der Leistungserstellung.

Sozialinnovationen beziehen sich auf den Umgang von Personen und Gruppen (Mitarbeiter, Führungskräfte und weitere Stakeholder) miteinander im Unternehmen.

Strukturinnovation

Strukturinnovationen beziehen sich auf Ablauf- und Aufbauorganisation.

Geschäftsmodellinnovationen

Geschäftsmodellinnovationen betreffen Veränderungen, die über ein einzelnes Unternehmen hinausgehen und die Zusammenarbeit von Unternehmen betreffen. Dadurch erneuern sich Branchenstruktur, Marktgrenzen oder Spielregeln in einer Branche.

Dienstleistungsinnovationen

Dienstleistungsinnovationen verbinden Elemente der Produkt- sowie der Prozessinnovation, da hier der Kunde als externer Faktor und Mitwirkender im Leistungserstellungsprozess berücksichtigt werden muss.

5.2 · Realgüterbereich: die Leistungserstellung

Bereich \ Umfang	Inkrementelle Innovation	Radikale Innovation
Produktinnovation: Neuerungen bei Gütern und Dienstleistungen		
Marktneuheiten	Induktionsherd anstatt E-Herd	Apple iPhone verändert Mobil"telefonie" (Internet, Apps, mp3-Player, Kamera etc.)
Unternehmensneuheiten	Ein Computerhersteller entwickelt auf Basis eines bestehenden Modells ein Notebook für den robusten Gebrauch auf Baustellen.	Daimler bietet das erste selbstfahrende Elektroauto als Shared Service an.
Prozessinnovation: Neuerungen bei den Prozessen der Leistungserstellung		
Technische Innovation	Abgasreinigung durch Katalysator	Fließbandproduktion und Roboter in der Fertigung
Sozialinnovation	Job Rotation	Führen mit Zielen anstatt Kontrolle von Anwesenheit
Strukturinnovation	Verbesserung von Geschäftsprozessen	Neugestaltung von Geschäftsprozessen
Geschäftsmodellinnovation	McDonalds entwickelte Systemgastronomie: Kunde bedient sich selbst, zudem weltweite Standardisierung der Produktion.	Musikkünstler vermarkten sich selbst über soziale Medien und benötigen keine Plattenfirma und keine Presswerk mehr.

◘ Abb. 5.2   Produkt- und Prozessinnovation

Veränderungsumfang von Innovationen Innovationsarten haben einen unterschiedlichen Veränderungsumfang, wobei Hersteller, Kunden oder Zulieferer dies unterschiedlich erleben können.

Inkrementelle Innovationen	**Inkrementelle Innovationen** beschreiben eine schrittweise Verbesserung durch geringfügige Veränderungen (auch graduell oder evolutionär genannt).
Radikale Innovationen	**Radikale Innovationen** beschreiben den Wechsel auf völlig andere Technologien und Verfahren (auch revolutionär oder bahnbrechend genannt). Sie basieren auf sogenannten disruptiven Technologien.
Disruptive Technologien	**Disruptive Technologien** lösen bestehende Technologien langfristig ab. Beispiele aus der Geschichte sind die Dampfmaschine, die Eisenbahn, der Verbrennungsmotor. Beispiele aus der Gegenwart sind Computer, Digitalfotografie, Internet, Mobiltelefone oder MP3-Player, die auf der Basistechnologie der Informationstechnologie beruhen. In den kommenden Jahren werden die sogenannten Life Sciences als disruptive Technologie erwartet, z. B. Nanotechnologie, Biotechnologie oder Neurowissenschaften.

Zwischen radikaler und inkrementeller Innovation werden weitere Abstufungen definiert: Unterschieden wird zwischen Basisinnovation (wirklich neue Lösung, z. B. Mikrochip), Verbesserungsinnovation (Optimieren die Basisinnovation, z. B. größerer Arbeitsspeicher im PC), Anpassungsinnovation (kundenspezifische Anpassung), Imitation (Anpassung an das eigene Unternehmen, z. B. Generika) und Scheininnovation (z. B. neue Verpackung, neue Duftnote bei Waschmittel).

5.2.1.2 Einfluss der Unternehmensgröße

Große Unternehmen werden häufig mit Tankern auf dem Meer verglichen. Sie sind groß und es fällt ihnen schwer, die Richtung zu ändern. Die Innovationskultur ist häufig im Laufe der Jahrzehnte verloren gegangen und inkrementelle Innovationen herrschen vor (vgl. Meyer 2012). Sie schützen ihre etablierten Prozesse und Kernkompetenzen, um den großen Kundenbestand, den sie aufgebaut haben, weiterhin zuverlässig zu bedienen (vgl. Christensen et al. 2011).

Konzerne sind Tanker, Start-ups sind Schnellboote	Junge, kleine Firmen sind wie Schnellboote: klein und wendig. Sie sind häufig diejenigen, die radikale Innovationen hervorbringen (z. B. Elon Musk und Tesla). Sie haben wenig Ballast und weniger Bedenken, in Nischenmärkte vorzustoßen oder noch nicht ausgereifte Technologien anzubieten.
Innovator's Dilemma wird häufig durch Übernahmen gelöst	Großunternehmen stehen daher vor dem sogenannten *Innovator's Dilemma* (vgl. Christensen et al. 2011). Ihre fehlende Innovationskultur lösen sie deshalb oftmals durch den Aufkauf (Akquisition) von Start-ups, denn auf diese Weise können sie sich die Innovationen einverleiben. So hatte beispielsweise Apple, das Unternehmen, das den Musikmarkt ab 2005 durch den Download von MP3-Musik revolutionierte,

völlig die Streaming-Technologie verpasst. Kurzfristig gelöst wurde das Problem durch Akquisition des jungen Unternehmens Beats Music.

5.2.1.3 Von der Grundlagenforschung zur Produkteinführung

Große Pharmakonzerne, IT-Dienstleister, Finanzunternehmen – sie alle müssen ihr Produktportfolio und ihre Prozesse stets erneuern, um den technischen, wirtschaftlichen und gesellschaftlichen Veränderungen und der Erwartungshaltung der Kunden standhalten zu können. Die Wettbewerbsfähigkeit von Unternehmen hängt maßgeblich von ihrer Fähigkeit ab, innovativ zu sein.

> **Innovationsmanagement** umfasst alle Planungs-, Entscheidungs-, Organisations- und Kontrollaufgaben, die die Forschung, Entwicklung, Produktion und Markteinführung von neuen Produkten und Prozessen zum Ziel haben (vgl. Vahs und Schäfer-Kunz 2015, S. 573).

Innovationsmanagement kann in mehrere Phasen untergliedert werden (vgl. ◘ Abb. 5.3):

Innovationsmanagement

Grundlagenforschung ist eine erkenntnisorientierte und zweckfreie Forschung, um neue Erkenntnisse in Disziplinen wie Medizin oder Naturwissenschaft zu finden. Forschung bedeutet dabei stets, dass wissenschaftliche Methoden verwendet werden. Da Grundlagenforschung sehr langfristig und kostspielig ist, ist sie eher eine Domäne von Großunternehmen und von Forschungseinrichtungen. Oftmals dauert es Jahrzehnte, bis die wissenschaftlichen Erkenntnisse, die dort gewonnen werden, einen konkreten Anwendungshintergrund finden.

Grundlagenforschung bringt Theorien und Wissen hervor

Ein Beispiel ist die Laserphysik: Vor rund 100 Jahren beschäftigte sich bereits Albert Einstein mit den Grundlagen dieses Gebiets der Optik. Später wurden Anwendungsgebiete der Laserphysik entdeckt: Materialbearbeitung, medizinische Therapeutik oder CD-Spieler (vgl. Müller 2005).

Angewandte Forschung macht also aus Theorien, die der Grundlagenforschung entstammen, konkrete Technologien für eine Anwendung. Technologien basieren auf Theorien und konkretisieren Anleitungen zum technischen Handeln (vgl. Vahs und Schäfer-Kunz 2015, S. 577).

Angewandte Forschung führt zu konkreten Technologien

In der **Vorentwicklung** werden Prototypen und konkrete Technik erarbeitet. Damit können Entwickler, Kunden und

Vorentwicklung erzeugt Prototypen

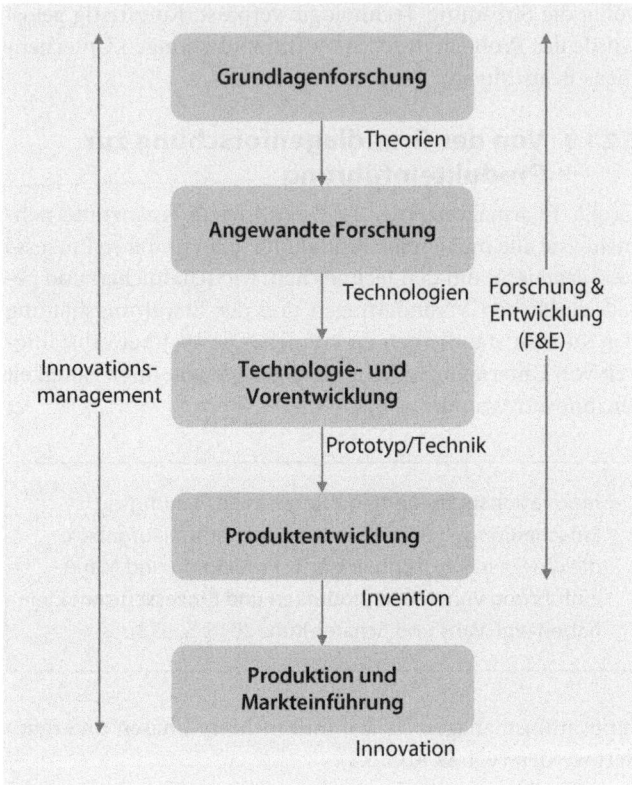

□ Abb. 5.3 Phasen im Innovationsmanagement (vgl. Specht et al. 2002, S. 16 zitiert in Vahs und Schäfer-Kunz 2015, S. 577)

Produktverantwortliche überprüfen, ob das neue Produkt oder der neue Prozess in der Realität funktioniert.

Produktentwicklung ist die technisch realisierte Erfindung

Die **Produktentwicklung** hat die Invention zum Ziel. Es handelt sich um produzier- und vermarktbare Produkte und umsetzbare Prozesse.

Produkteinführung für Kundinnen und Kunden

Bei der **Produktion und Markteinführung** werden die Inventionen nun zu Innovationen, d. h. neuartige Produkte und Prozesse werden erstmals wirtschaftlich genutzt.

5.2.1.4 Innovationsprozess im Unternehmen

Beim Innovationsprozess handelt es sich um eine Variation des Führungsprozesses (vgl. ▶ Abschn. 4.1.1.3 und □ Abb. 5.4).

Innovationsstrategie

Innovationsstrategie Die Innovationsstrategie umfasst z. B. die Technologie- sowie die Timingstrategie: Welche Technologien sollen (weiter)entwickelt oder aufgegeben werden? Welche Produkte werden davon betroffen sein? Soll bzw. kann das Unternehmen als Pionierunternehmen (First Mover) oder als Folger auftreten?

5.2 · Realgüterbereich: die Leistungserstellung

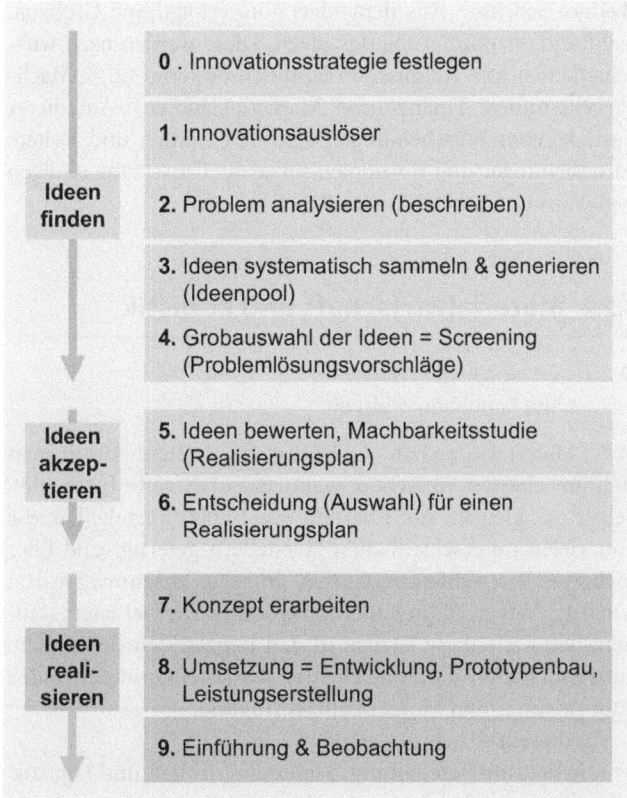

◘ Abb. 5.4 Innovationsprozess (Graning und Perusch 2012, S. 31)

Innovationsauslöser Neue Innovationen werden durch einen Trigger ausgelöst: Gibt es neue Erkenntnisse aus der Grundlagenforschung? Gibt es neue Kundenanforderungen? Gibt es neue gesetzliche Vorgaben oder gesellschaftliche Umbrüche?

Innovationsauslöser

Analyse der Ausgangssituation Die Ausgangssituation wird durch geeignete Methoden erfasst: Welche externen und internen Aspekte sind erkennbar (SWOT-Analyse)? Wie ist der Stand der Konkurrenten (Benchmarking)? Was sagen Experten zu Entwicklungen in der Zukunft (Delphi-Methode)? Welche Szenarien lassen sich ableiten (Szenarioanalyse)?

Ideengenerierung Ideen können durch intuitiv-kreative Methoden (Brainstorming, Mindmapping) und systematisch-analytisch Methoden (morphologische Analyse) gefunden werden. Methoden zur Ideengenerierung im Rahmen der Digitalisierung, wie Customer Journey oder Design Thinking, versuchen insbesondere Kundenperspektive und Potenziale der Informationstechnologien zu berücksichtigen.

Brainstorming, Mindmapping, morphologische Analyse

Weitere Schritte Aus dem Ideenpool erfolgt eine Grobauswahl und Strukturierung der Ideen. Diese werden nach wirtschaftlichen und technischen Kriterien bewertet (z. B. Machbarkeitsstudien, Finanz- und Marketingstudien). Auf dieser Basis können Entscheidungen getroffen werden und weitere Ausarbeitungen von Konzepten sowie die Umsetzung erfolgen (vgl. Vahs und Schäfer-Kunz 2015, S. 604 ff.).

5.2.2 Materialwirtschaft und Logistik

» Der Gewinn liegt im Einkauf
   Alte Kaufmannsweisheit

Was Materialwirtschaft und Logistik leisten, kann man sich am ehesten vorstellen, wenn man ein Auto betrachtet. Selbst das kleinste Auto besteht aus 10.000 Einzelteilen, die von vielen unterschiedlichen Herstellern gefertigt und über mehrere Wertschöpfungsstufen hinweg zusammengesetzt wurden. Aber auch im Supermarkt sollten wir viel öfters staunen, denn alle diese Artikel in den Regalen wurden teils in aufwendigen Produktionsschritten hergestellt und stehen uns zum gewünschten Moment zur Verfügung.

In diesem Abschnitt werden
- die Begriffe Beschaffung, Materialwirtschaft und Logistik erläutert und voneinander abgegrenzt,
- ein exemplarischer Prozess in der Materialwirtschaft betrachtet,
- ein systematischer und kompakter Überblick über die Materialwirtschaft gegeben.

5.2.2.1 Abgrenzung von Beschaffung, Logistik und Materialwirtschaft

In einem Unternehmen müssen viele Güter und Dienstleistungen beschafft werden. Ein Krankenhaus benötigt z. B. medizinische Geräte, Personal oder Verbrauchsartikel wie Binden oder Narkosemittel. Ein Schokoladenhersteller benötigt Fertigungsräume, Maschinen, Personal sowie Rohstoffe wie Kakao und Milchprodukte.

Beschaffung

> **Beschaffung** umfasst alle Aktivitäten zur Beschaffung von Gütern, die vom Unternehmen nicht selbst hergestellt werden (Corsten 2008, S. 356).

5.2 · Realgüterbereich: die Leistungserstellung

Aufgrund der Unterschiedlichkeit der Güter und der daraus resultierenden Prozesse kümmern sich unterschiedliche Funktionen um die Beschaffung (vgl. ◘ Abb. 5.5). Potenzialfaktoren wie Maschinen und Anlagen werden von der betrieblichen Funktion Investition beschafft. Arbeitskräfte werden durch das Personalmanagement beschafft. Finanzielle Mittel wie Kredite werden von der Finanzwirtschaft beschafft. Repetierfaktoren, die immer wieder bestellt werden müssen (to repeat = wiederholen), werden von der Materialwirtschaft beschafft.

> Die **Materialwirtschaft** umfasst Planung, Beschaffung und Bereitstellung von Material (Repetierfaktoren), d. h. von Rohstoffen, Hilfsstoffen, Betriebsstoffen sowie Halbfertig- und Fertigfabrikaten.

Materialwirtschaft

Die Ziele der Materialwirtschaft stehen dabei in Konkurrenz zueinander: Ein hoher Sicherheitsbestand im Lager führt zu hohen Kapitalbindungskosten. Kostenersparnisse beim Einkauf, z. B. beim Sourcing in Entwicklungsländern, können zu Qualitätsproblem sowie zu Problemen bei der Sozialverträglichkeit führen.

Die Logistik ist eine Querschnittsfunktion. Wie so viele andere Begriffe aus der Betriebswirtschaftslehre entstammt er dem Militär, denn Logistik bezeichnete ursprünglich die Versorgung der Truppen.

Logistik

> **Logistik** bedeutet, den Güter-, Finanz- und Informationsfluss innerhalb eines Unternehmens sowie zwischen einem Unternehmen und seinen Partnern in der Wertschöpfungskette zu planen, zu steuern und zu kontrollieren (vgl. Corsten 2008, S. 355).

Häufig wird auch die Seven-Rights-Definition (7R-Definition) nach Plowman verwendet: Logistik heißt, die Verfügbarkeit des richtigen Gutes, in der richtigen Menge, im richtigen Zustand, am richtigen Ort, zur richtigen Zeit, für den richtigen Kunden, zu den richtigen Kosten zu sichern (Plowman 1964).

Logistik umfasst die Basisfunktionalität des Transports, des Umschlags sowie der Lagerung (TUL-Logistik) ebenso wie die Gestaltung und Steuerung von Fließsystemen für

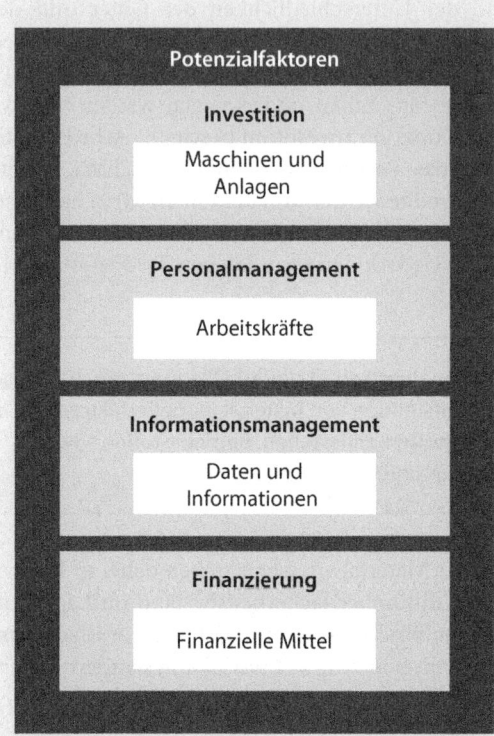

Abb. 5.5 Beschaffung und Materialwirtschaft

5.2 · Realgüterbereich: die Leistungserstellung

Güter, Informationen und Finanzen (vgl. Gabler Wirtschaftslexikon 2018b). Innerbetrieblich können die folgenden Bereiche unterschieden werden (vgl. ◘ Abb. 5.6):
- **Beschaffungslogistik**: Repetierfaktoren werden transportiert, umgeschlagen, gelagert und bereitgestellt.
- **Produktionslogistik**: Material und Teile werden zwischen Produktionseinheiten gelagert und transportiert.
- **Absatzlogistik**: Endprodukte werden transportiert und gelagert, um den Absatzmarkt zu versorgen.
- **Entsorgungslogistik**: Produkte werden aus gesetzlichen Gründen zurückgenommen und/oder recycelt.

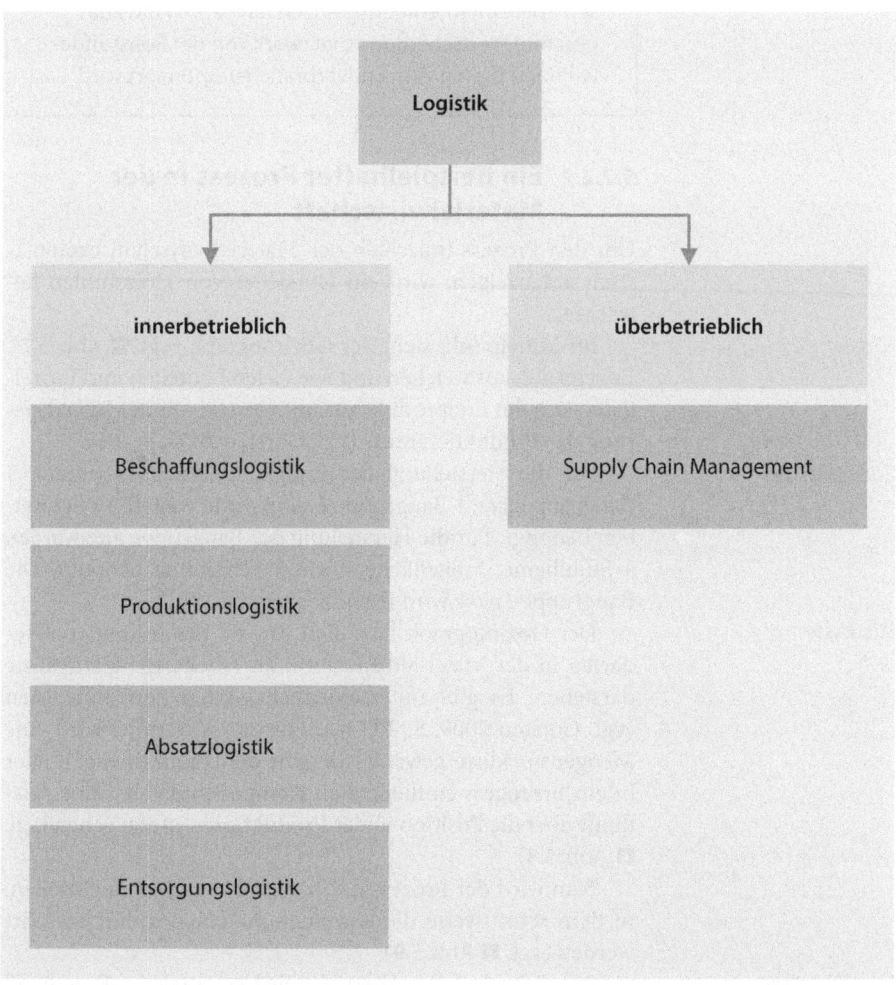

◘ **Abb. 5.6** Materialwirtschaft und Logistik

Supply Chain Management (SCM)

Die überbetriebliche Betrachtung der Logistik wird als Supply Chain Management (SCM) bezeichnet (vgl. ▶ Abschn. 2.5 Wertschöpfung in der Lieferkette). Vorreiterbranche ist z. B. die Automobilbranche. Selbst ein Kleinwagen wie ein VW Polo besteht aus 10.000 Einzelteilen, die über mehrere Wertschöpfungsstufen hinweg geplant und transportiert werden müssen, so dass sie *Just-in-Sequence* in der richtigen Reihenfolge an das richtige Produktionsband geliefert werden. Für den reibungslosen Datenaustausch werden spezifische SCM-Systeme verwendet.

> **Supply Chain Management (SCM)** integriert das Management von Güter-, Informations- und Finanzflüssen über Unternehmensgrenzen hinweg, so dass das gesamte Wertschöpfungsnetzwerk von der Rohstoffgewinnung bis hin zum Endverbraucher optimiert wird.

5.2.2.2 Ein beispielhafter Prozess in der Materialwirtschaft

Um den Prozess innerhalb der Materialwirtschaft exemplarisch aufzuzeigen, wird ein Hersteller von Holzstühlen betrachtet.

Im Mittelpunkt steht der Gozintograph (vgl. ◘ Abb. 5.7). Er zeigt auf, aus welchen und wie vielen Bauteilen und Einzelteilen sich ein Endprodukt zusammensetzt – unter Visualisierung der Produktionsstufe (vgl. Corsten 2008, S. 407).

Gozintograph

Für die Herstellung des Endproduktes *Stuhl* werden 1 Baugruppe *Sitz*, 1 Baugruppe *Lehne* sowie weitere 10 Schrauben benötigt. Für die Herstellung der Baugruppe *Sitz* werden 4 Stuhlbeine, 1 Sitzfläche sowie 8 Schrauben benötigt. Die Baugruppe *Lehne* wird fremdbezogen.

Stückliste

Der Gozintograph lässt sich für die Ermittlung von Bedarfen in der Materialdisposition als tabellarische Stückliste darstellen. Es gibt unterschiedliche Arten von Stücklisten (vgl. Corsten 2008, S. 407 ff.). Für dieses Beispiel wird eine Mengenstückliste gewählt. Sie gibt die Gesamtmengen aller in ein Erzeugnis einfließenden Komponenten an, ohne Auskunft über die Position in der Produktionsstufe zu geben (vgl. ◘ Abb. 5.8).

Nun wird der Prozess der Materialwirtschaft angestoßen, in dem schrittweise die einzelnen Aktivitäten durchgeführt werden (vgl. ◘ Abb. 5.9):

Primärbedarf

Primärbedarf: Im Vertrieb wird ermittelt (z. B. anhand von Vergangenheitswerten und/oder anhand von vorliegen-

5.2 · Realgüterbereich: die Leistungserstellung

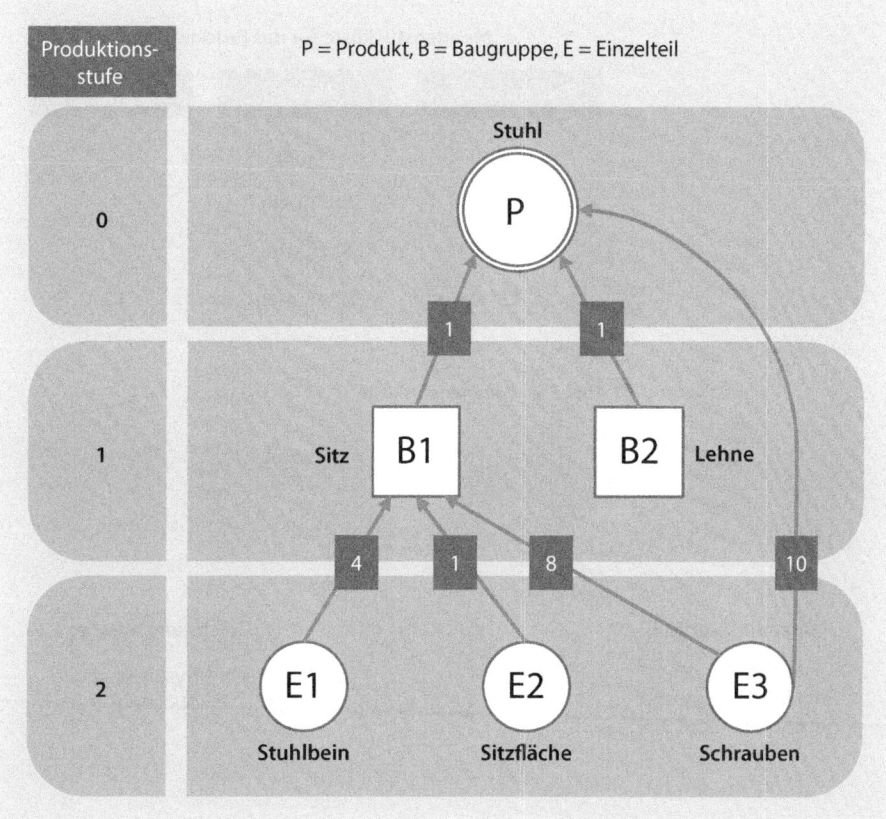

◘ Abb. 5.7 Gozintograph

den Bestellungen), wie viele Endprodukte (= Primärbedarf) im nächsten Jahr abgesetzt werden sollen.

Sekundärbedarf: In der Materialwirtschaft wird auf der Basis von Stücklisten ermittelt, wie viele untergeordnete Teile beschafft werden müssen (= Sekundärbedarf). In diesem Beispiel handelt es sich um Stuhlbeine, Lehnen und Schrauben. Während die Stuhlbeine aufgrund ihrer hohen Kosten genau berechnet werden (deterministische Ermittlung), werden die günstigen Schrauben anhand der durchschnittlichen Verbräuche in der Vergangenheit ermittelt (stochastische Ermittlung).

Nettobedarf: Durch die Berücksichtigung von Lagerbeständen ermittelt die Materialwirtschaft, wie viele Einzelteile tatsächlich eingekauft werden müssen.

Optimale Bestellmenge: Die Materialwirtschaft verfügt über quantitative Verfahren, um optimale Bestellmengen und optimale Bestellzeitpunkte festzulegen. Damit sollen Lieferfähigkeit und Kosten in ein optimales Verhältnis gebracht werden.

Sekundärbedarf

Nettobedarf

Optimale Bestellmenge

| Mengenstückliste für das Produkt *Stuhl* |||
Teilenummer	Name	Menge
B2	Lehne	1
E1	Stuhlbein	4
E2	Sitzfläche	1
E3	Schrauben	18

◘ **Abb. 5.8** Mengenstückliste

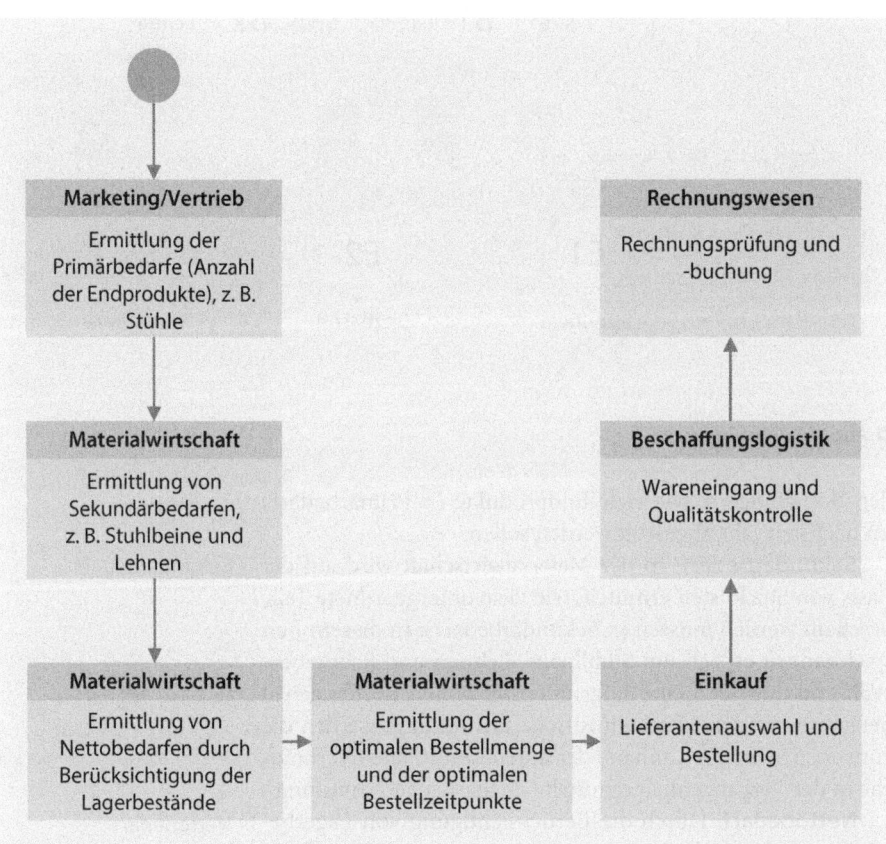

◘ **Abb. 5.9** Beispielhafter Beschaffungsprozess

Einkauf

Einkauf: Jetzt wird im Einkauf die Bestellung operativ auf den Weg gebracht. Dazu wird z. B. ein bestimmter Lieferant ausgewählt, falls mehrere durch Rahmenverträge zur Verfügung stehen.

STRATEGISCHE MATERIALWIRTSCHAFT

| Sourcing-Strategien | Lieferantenmanagement | Beschaffungsmarktforschung | Supply Chain Management |

Abb. 5.10 Strategische Materialwirtschaft

Beschaffungslogistik: Die Stuhlbeine, Lehnen und Schrauben werden in Empfang genommen und nach einer Qualitätskontrolle eingelagert.

Beschaffungslogistik

Rechnungswesen: In der Kreditorenbuchführung wird die Rechnung mit der Bestellung vergleichen und bezahlt.

Rechnungswesen

5.2.2.3 Strategische Materialwirtschaft

Nach diesem ersten prozessorientierten Überblick wird die strategische Materialwirtschaft genauer betrachtet.

Im Rahmen der strategischen Materialwirtschaft gilt es, langfristig die Weichen für eine kostengünstige, qualitative und sichere Materialversorgung zu stellen (vgl. Abb. 5.10).

Strategische Materialwirtschaft

Sourcing-Strategien, auch Versorgungsstrategien genannt, treffen langfristige Entscheidungen darüber, wo und wie Materialien beschafft werden sollen, z. B. (vgl. Vahs und Schäfer-Kunz 2015, S. 627 f.)

Sourcing-Strategien

- Insourcing oder Outsourcing: Sollen die Güter selbst erstellt werden oder von Zulieferern bzw. Dienstleistern bezogen werden?
- System Sourcing oder Component Sourcing: Sollen ganze Teilsysteme (z. B. Sitze für ein Auto) oder einzelne Komponenten bezogen werden?
- Single Sourcing oder Multiple Sourcing: Sollen ein Lieferant oder mehrere Lieferanten vorgehalten werden?

Das Lieferantenmanagement (engl.: Supplier Relationship Management) umfasst alle Maßnahmen, um die Beziehung zu den Lieferanten zu entwickeln, auszubauen und zu erhalten. Ziel ist es, gemeinsam mit den Lieferanten Produkte kostengünstig und qualitativ zu produzieren und einzukaufen (vgl. Corsten 2008, S. 383 ff.).

Lieferantenmanagement

Die Beschaffungsmarktforschung beobachtet und analysiert z. B.

Beschaffungsmarktforschung

- die Angebotsstruktur auf den Beschaffungsmärkten (Konkurrenzintensität, Angebotsvolumina oder Entwicklungen auf Vormärkten),
- die wirtschaftliche und technische Leistungsfähigkeit aktueller und potenzieller Lieferanten (Maschinenaus-

stattung, Fertigungsverfahren, Liquidität, Mitarbeiterqualifikation, Produktqualität, Konditionen oder Konkurrenzbelieferung) sowie
— Preise für zu beziehende Güter oder Dienstleistungen (vgl. Gabler Wirtschaftslexikon 2018a).

Supply Chain Management

Im Supply Chain Management (SCM) wird die unternehmensübergreifende Zusammenarbeit mit vor- und nachgelagerten Wertschöpfungsstufen im Netzwerk geplant und gesteuert. Langfristige Entscheidungen über eingesetzte IT-Systeme und Datenaustausch sowie Kennzahlen zur Steuerung von Waren-, Informations- und Finanzflüssen sind zu treffen.

5.2.2.4 Operative Materialwirtschaft

Operative Materialwirtschaft

Im Rahmen der operativen Materialwirtschaft gilt es, Materialbedarfe zu planen, Material zu beschaffen und die Logistik sicherzustellen (vgl. ◘ Abb. 5.11).

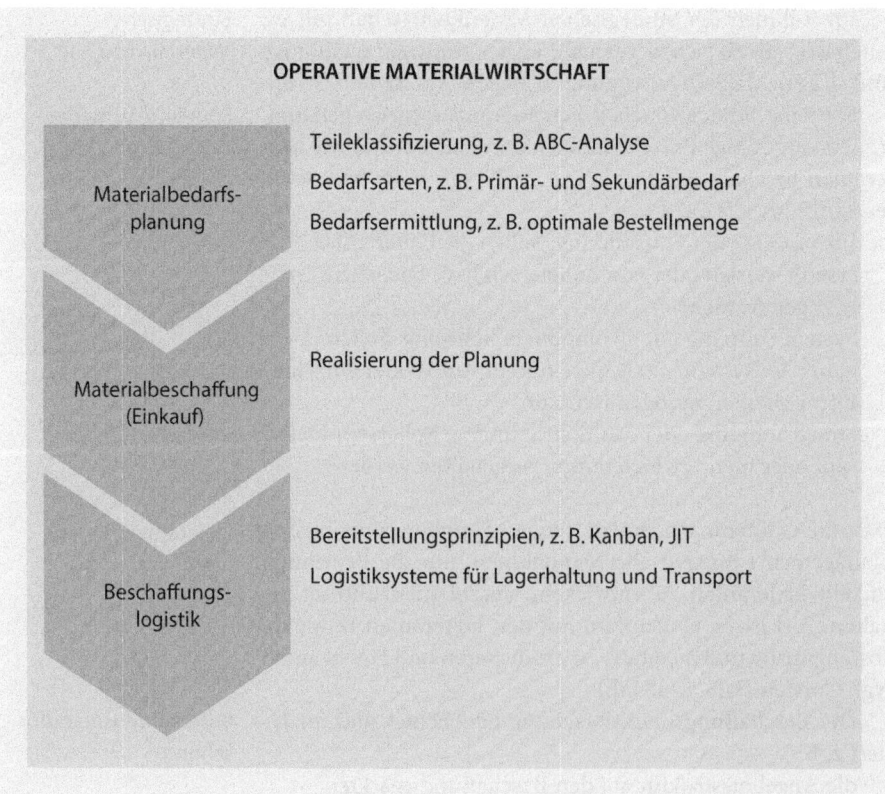

◘ Abb. 5.11 Operative Materialwirtschaft

5.2.2.4.1 Materialbedarfsplanung

Die Materialbedarfsplanung wird in diesem Abschnitt erläutert anhand der Teileklassifizierung, der Bedarfsarten sowie der Bedarfsermittlung.

Teileklassifizierung anhand der ABC-Analyse „Shoot for dollars, not for cents!", war 1951 die Devise von H. F. Dickie, der die ABC-Analyse prägte. Ziel der ABC-Analyse ist also, das Augenmerk auf Bereiche zu richten, die höchste wirtschaftliche Bedeutung haben. Durch diese Priorisierung sollen ökonomische Entscheidungen vorbereitet werden (Kerth et al. 2015, S. 2 ff.).

> Die **ABC-Analyse** klassifiziert Teile in A-, B- und C-Teile. Sie basiert auf der Erfahrung, dass eine geringe Anzahl an Materialien einen hohen Anteil am wertmäßigen Gesamtverbrauch des Materials aufzeigt. Auf diese sogenannten A-Teile ist das Augenmerk zu richten (vgl. Corsten 2008, S. 396).

Dabei erreichen Teile der Klasse A bei einem geringen Mengenanteil von 5 bis 20 Prozent einen Wertanteil von ca. 60 bis 85 Prozent. Klasse C benötigt für einen hohen Mengenanteil von bis zu 70 Prozent nur 5 bis 15 Prozent des Wertanteils. Die B-Teile liegen dazwischen (vgl. Troßmann 2006, S. 163).

Die Festlegung der Klassengrenzen erfolgt dabei subjektiv und fallspezifisch. ◘ Abb. 5.12 veranschaulicht die Verhältnisse grafisch in Form der konkav geformten Lorenz-Kurve, die nach dem amerikanischen Statistiker Max O. Lorenz benannt wurde (vgl. Wöhe et al. 2016a, S. 324).

Wertvolle A-Güter wie Motoren werden deterministisch geplant, d. h. anhand einer Stückliste wird jedes einzelne zu beschaffende Teil ermittelt.

Weniger wertvolle B- und C-Güter werden stochastisch (mit statistischen Methoden) geplant, z. B. mit Mittelwertbildung, exponentieller Glättung, Regressionsanalyse oder mit heuristischen Verfahren (Schätzverfahren).

Die ABC-Analyse wird in der Materialwirtschaft verwendet, um Teile und Lieferanten zu klassifizieren. Sie kann aber auch in anderen Bereichen verwendet werden, z. B. im Vertrieb zur Kunden- oder Produktanalyse.

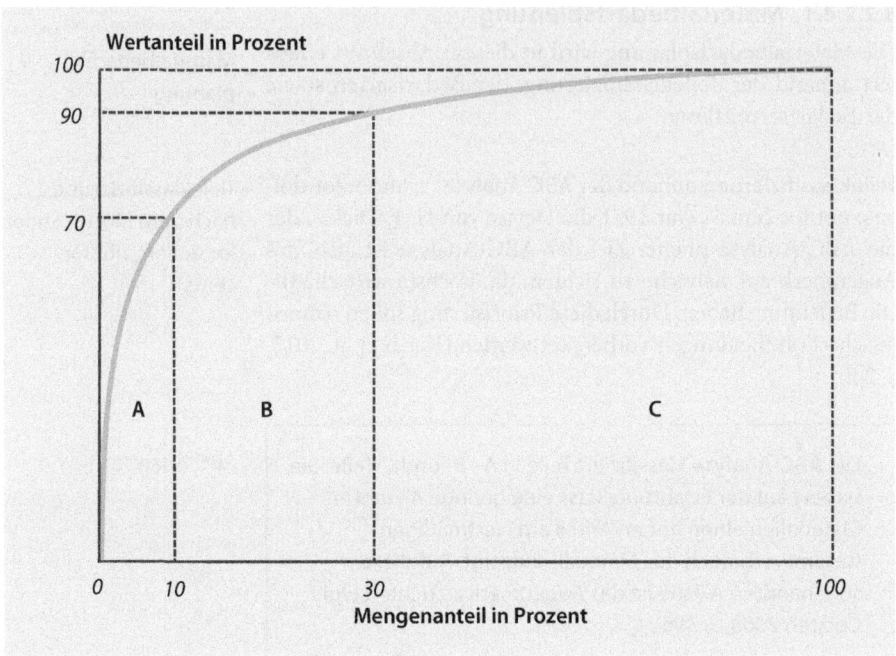

Abb. 5.12 Darstellung der Wert- und Mengenanteile anhand der Lorenz-Kurve

In ▶ Abschn. 5.6 findet sich eine detaillierte Übungsaufgabe zur ABC-Analyse mit Musterlösung.

Bedarfsarten Die Materialwirtschaft unterscheidet die folgenden Bedarfsarten (vgl. z. B. Straub 2015, S. 171):

Primärbedarf
: Der Primärbedarf ist der Bedarf an verkaufsfähigen Endprodukten (z. B. 1000 Stühle).

Sekundärbedarf
: Der Sekundärbedarf wird aus der Stückliste hergeleitet. Eine Stückliste ist ein vollständiges, mengenmäßiges Verzeichnis aller Materialien, die in ein Produkt eingehen (Straub 2015, S. 168). Für 1000 Stühle werden also 4000 Stuhlbeine, 1000 Lehnen, 1000 Sitzflächen sowie 18.000 Schrauben benötigt (vgl. dazu den Gozintographen in ◘ Abb. 5.7).

Tertiärbedarf
: Der Tertiärbedarf umfasst die erforderlichen Hilfs- und Betriebsstoffe für ein Erzeugnis. Hilfsstoffe wäre in diesem Beispiel Holzleim, da er von geringem Wert ist und ebenfalls in das Endprodukt eingeht. Betriebsstoff wäre Strom für den Betrieb von Geräten oder Holzbohrer, die während der Herstellung verschleißen.

Bruttobedarf und Nettobedarf
: Der Bruttobedarf ist der Bedarf, der die vorhandenen Lagerbestände noch nicht berücksichtigt. Der Nettobedarf

5.2 · Realgüterbereich: die Leistungserstellung

berücksichtigt die vorhandenen Lagerbestände. Sind beispielsweise noch 1000 Stuhlbeine auf Lager, beträgt der Nettobedarf 3000 Stuhlbeine.

5.2.2.4.2 Bedarfsermittlung

Je nach Teileklassifizierung werden die Bedarfe unterschiedlich ermittelt (vgl. z. B. Straub 2015, S. 171; Corsten 2008, S. 400 ff.):

Die deterministische Bedarfsermittlung wird vor allem für A-Teile verwendet, also für Teile, die einen hohen wertmäßigen Anteil an allen Gütern haben. Bedarfsgesteuert bedeutet, dass anhand einer Stückliste der genaue Bedarf abgeleitet wird, um hohe Lagerbestände und damit eine hohe Kapitalbindung durch diese teuren Güter zu vermeiden. Man nennt sie deshalb auch bedarfsgesteuerte Bedarfsermittlung. So wird z. B. ein Küchenhersteller jedes Elektrogerät bedarfsgesteuert ermitteln.

Deterministische Bedarfsermittlung

Die stochastische Bedarfsermittlung wird für B- und C-Teile verwendet. Sie greift auf Methoden der Statistik, z. B. Mittelwertbildung, zurück, um aus Verbrauchsdaten der Vergangenheit eine Prognose für den zukünftigen Bedarf zu errechnen. Man nennt sie deshalb auch verbrauchsgesteuert. So wird z. B. ein Küchenhersteller benötigtes Holz verbrauchsgesteuert ermitteln.

Stochastische Bedarfsermittlung

Die heuristische Bedarfsermittlung wird vor allem für C-Teile verwendet. Sie basiert auf einer qualifizierten Schätzung der Disponenten anhand von Erfahrungswerten. Bei einem Küchenhersteller könnte dies z. B. Scharniere, Schrauben und Leim betreffen.

Heuristische Bedarfsermittlung

Durch die Ermittlung optimaler Bestellmengen und -zeitpunkte sollen Kapitalbildungskosten durch hohe Lagerbestände minimiert und die Liefertreue maximiert werden.

5.2.2.4.3 Beschaffungslogistik

Die Beschaffungslogistik wird erläutert anhand der Bereitstellungsprinzipien sowie der Logistiksysteme für Lagerhaltung und Transport.

Bei den Bereitstellungsprinzipien unterscheidet man generell zwischen Push- und Pull-Systemen:

- Push-Systeme basieren auf dem Prinzip, dass das zu verarbeitende Material zentral disponiert zum Bedarfsträger (z. B. ein Arbeitsplatz in der Fertigung) geliefert wird.
- Pull-Systeme basieren auf dem dezentralen Prinzip, dass sich der Bedarfsträger das Material aus dem Lager oder

Push-Systeme vs. Pull-Systeme

bei den im Materialfluss vorgelagerten Stellen abholt und damit in der vorgelagerten Stufe wiederum Nachfrage und somit Produktion auslöst. Ein typisches Beispiel für ein Pull-System ist das Kanban-System.

Kanban bedeutet Karte

Das Kanban-System ist ein in Japan entwickeltes System. Kanban bedeutet Karte oder Zettel und ist eine Identifizierungskarte, mit der jedes Endprodukt, jede Baugruppe und jedes Einzelteil identifiziert werden kann. Ist ein Teil verbraucht, wird mit der Kanban ausgelöst, dass die vorgelagerte Produktionsstufe erneut dieses Teil produziert. So entstehen in Fertigungsunternehmen dezentrale, flexible Regelkreise.

Just-in-Time

Just-in-Time (JIT) bedeutet, dass die Lieferung zu dem Zeitpunkt erfolgt, wo die Materialien benötigt werden. Für den Belieferten bedeutet dies, auf unwirtschaftliche Lagerbestände verzichten zu können. Durch Rahmenverträge und Direktanbindungen wird dennoch die Liefertreue sichergestellt (vgl. Corsten 2008, S. 387 ff.).

Just-in-Sequence

Just-in-Sequence ist eine Weiterentwicklung des JIT-Gedankens, da die Materialien in der exakten Reihenfolge der Produktion zur Verfügung gestellt werden. So werden z. B. Autotüren in den verschiedenen Lackierungen von Zulieferern genauso so ans Fließband geliefert, wie die Karosserien dort auf dem Band stehen.

Logistiksysteme

Logistiksysteme dienen der räumlichen und zeitlichen Transformation von Gütern sowie der Transformation von deren Anordnung. Sie umfassen inner- und überbetriebliche Transportsysteme (Stapler, Flurförderzeug, Schifffahrt, Straßen- oder Schienengüterverkehr), Lagersysteme (Wareneingang, Lagerplatzvergabe, Entnahmelogiken etc.), Umschlagssysteme (an der Schnittstelle von zwei Transportmitteln), Kommissionierung (auftragsbezogenen Zusammenstellung aus einem Warensortiment) und werden durch IT-Systeme unterstützt (vgl. Straub 2015, S. 178 ff.).

5.2.3 Produktionswirtschaft

> In den Werkshallen der Zukunft verschmilzt die virtuelle Welt von 3-D-Design und -Konstruktion mit der realen Welt der Fertigung.
> Siegfried Russwurm

Wer ein neues Auto kauft, sollte unbedingt darüber nachdenken, dieses Auto im Werk abzuholen. Viele Automobilhersteller bieten dazu Führungen durch die Produktionsstätten an. Für interessierte Laien ist es ein unglaublicher Anblick, die Präzision von Fertigungsrobotern und das Zusammenspiel von Menschen und Technik zu beobachten.

In diesem Abschnitt wird ein kurzer historischer Überblick über Industrie und Produktion gegeben. Es folgt ein systematischer Überblick über die strategische und operative Produktionswirtschaft.

Produktionswirtschaft

5.2.3.1 Die vier industriellen Revolutionen

Auch die Produktion hat – wie alle anderen betriebswirtschaftlichen Funktionen – konkurrierende Ziele: Qualität, Preis und Liefertermine von Produkten. Diese müssen vor dem Hintergrund neuer Paradigmen wie Industrie 4.0 und bestehender Herausforderungen wie globalen Wertschöpfungsketten abgestimmt werden.

> **Produktion**, auch Fertigung oder Fertigungswirtschaft genannt, umfasst den Prozess der betrieblichen Leistungserstellung. Dies beinhaltet strategische Aspekte, wie die Festlegung des Produktionsprogramms, sowie operative Aspekte, wie die Transformation von Produktionsfaktoren (Input) zu Halb- und Fertigfabrikaten (Output) (vgl. Weber et al. 2014, S. 171 f.).

◘ Abb. 5.13 zeigt, welche Veränderungen die Produktion in den rund 250 vergangenen Jahren erlebt hat. Eine verbreitete Zählweise identifiziert vier industrielle Revolutionen, die jeweils durch eine disruptive Technologie ausgelöst wurde: Dampfmaschine, Fließbandorganisation, Automatisierung mittels IT und Elektronik. Die derzeitigen Umbrüche in der Fertigung werden unter dem Schlagwort *Industrie 4.0* eingeordnet (vgl. Promotorengruppe Kommunikation der Forschungsunion Wirtschaft – Wissenschaft 2013).

Industrie 4.0 beschreibt die durch das Internet ausgelöste vierte industrielle Revolution. Da es heute möglich ist, Menschen, Maschinen sowie Alltagsgegenstände miteinander zu vernetzen, spricht man vom Internet of Things (IoT) oder auch Internet of Everything (IoE). So kann z. B. die Zahnbürste einer Studentin beim Zähneputzen mittels Sensoren Daten erheben, speichern und an die Krankenkasse senden.

Industrie 4.0

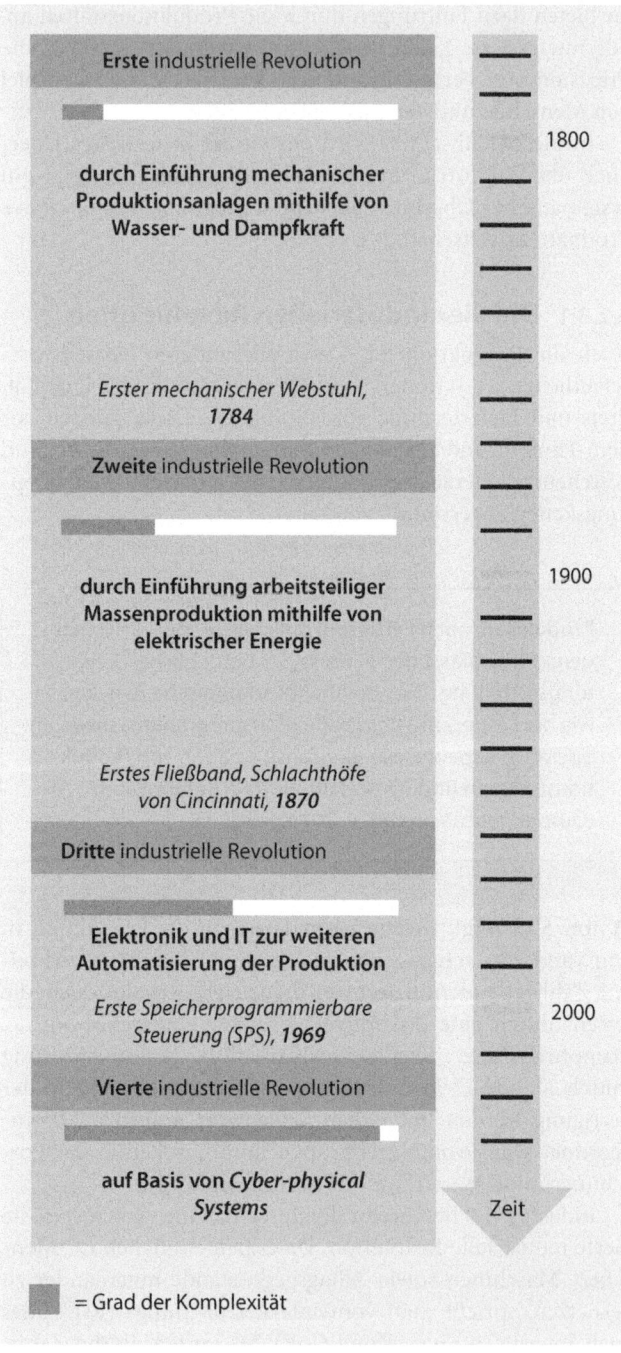

◘ Abb. 5.13 Industrielle Revolutionen (vgl. Promotorengruppe Kommunikation der Forschungsunion Wirtschaft – Wissenschaft 2013, S. 17)

5.2 · Realgüterbereich: die Leistungserstellung

Die Krankenkasse kann dann für regelmäßiges und richtiges Zähneputzen einen Rabatt einräumen.

Wenn in Fabriken intelligente Materialien, Produkte, Maschinen und Arbeitskräfte vernetzt werden und miteinander kommunizieren, spricht man von cyber-physischen Systemen (CPS). Die materielle, physische Welt und die digitale Cyberwelt wachsen in diesen Produktionssystemen zusammen (vgl. Promotorengruppe Kommunikation der Forschungsunion Wirtschaft – Wissenschaft 2013).

Cyber-physische Systeme (CPS)

Ermöglicht wird dies durch Funk-Chips, die im Produkt enthalten sind (Radio Frequency Identification = RFID, RFID-Chips). Jedes Produkt kann so eindeutig identifiziert werden. Außerdem erhält es ein „Gedächtnis" und kann seine eigene Transport- und Entstehungshistorie, Qualitätsdaten sowie Weiterverarbeitungshinweise speichern.

Radio Frequency Identification (RFID)

Diese intelligenten Materialien können jeder Maschine Informationen zur Verfügung stellen oder selbstständig ihren Weg durch die Fertigung finden. Fällt eine Maschine aus, kann das Material einen alternativen Bearbeitungsweg finden. Die Fertigung wird dezentral und selbstorganisiert. Man spricht dann auch von der *Smart Factory* (vgl. Scheer 2015).

Smart Factory

5.2.3.2 Strategische Produktionswirtschaft

Die strategische Produktionswirtschaft stellt langfristige Weichen für die Fertigung (vgl. ◘ Abb. 5.14).

Strategische Produktionswirtschaft

Die Produktionsprogrammplanung legt die zu erstellenden Produkte fest (im Rahmen der operativen Planung werden dann auch Mengen und Bedarfsperioden festgelegt). Mit den zu erstellenden Produkten hängt die Frage nach der Tiefe des Produktionsprogramms zusammen, also dem prozentualen Anteil an der Wertschöpfung, die das Unternehmen selbst erbringt. Diese Entscheidung beeinflusst Maschinenausstattung, Lager- und Produktionsflächen sowie Standorte (vgl. Vahs und Schäfer-Kunz 2015, S. 687).

Produktionsprogrammplanung

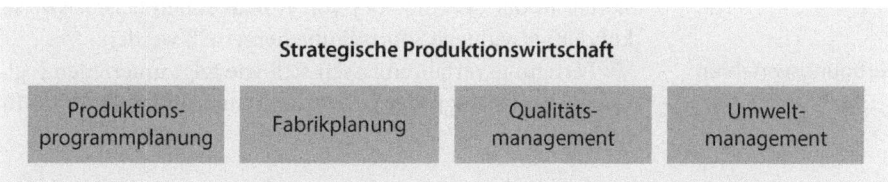

◘ Abb. 5.14 Bereiche der strategischen Produktionswirtschaft

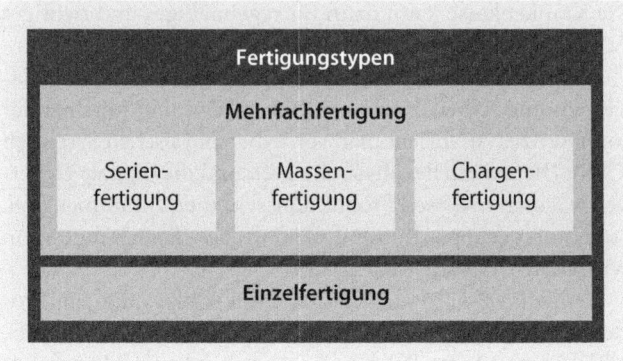

Abb. 5.15 Fertigungstypen

Fabrikplanung

Die Fabrikplanung legt Standorte, Fertigungstypen und -verfahren sowie Produktionsablauf und Fabriklayout fest.

Fertigungstypen

Fertigungstypen lassen sich unterscheiden in Einzelfertigung, z. B. bei Schiffen, Gebäuden oder Anlagen, sowie Mehrfachfertigung (vgl. ◘ Abb. 5.15). Mehrfachfertigung lässt sich wie folgt unterteilen (vgl. Capaul und Steingruber 2010, S. 252):

- Serienfertigung, z. B. Autos, d. h. verschiedene Produkte werden auf denselben Anlagen hintereinander in einer bestimmten Stückzahl produziert.
- Massenfertigung, z. B. Zigaretten, Zündkerzen oder Smartphones, d. h. standardisierte Produkte für einen anonymen Markt werden in hohen Mengen hergestellt.
- Chargenfertigung, z. B. Getränke oder Medikamente, d. h. eine größere Menge (= Charge) wird in einem Produktionsvorgang hergestellt.

Mass Customization

Mass Customization bedeutet, dass im Rahmen der kostengünstigen Massenproduktion Möglichkeiten gesucht und umgesetzt werden, kundenindividuelle Wünsche zu realisieren. In der Speedfactory von Adidas sollen beispielsweise kundenindividuelle Sportschuhe hergestellt werden.

Fertigungsverfahren

Fertigungsverfahren lassen sich wie folgt unterteilen (vgl. Capaul und Steingruber 2010, S. 253) und sind in ◘ Abb. 5.16 dargestellt:

5.2 · Realgüterbereich: die Leistungserstellung

◘ Abb. 5.16 Fertigungsverfahren

- Werkstattfertigung (Verrichtungsprinzip), d. h. gleichartige Maschinen werden an einem Ort zusammengefasst, z. B. Lackiererei oder Gießerei.
- Fließfertigung (Objektprinzip), d. h. verschiedenartige Maschinen sind so angerichtet, dass das Produkt in fester Reihenfolge von einer Maschine zur anderen befördert wird.
- Gruppenfertigung, d. h. Werkstatt- und Fließfertigung werden so kombiniert, dass innerhalb bestimmter Inseln/Funktionsgruppen benötigte Maschinen in der Reihenfolge der Arbeitsschritte angeordnet werden.
- Baustellenfertigung, d. h. nicht das Produkt kommt zu den Bearbeitungsstationen, sondern Mensch und Maschine kommen zur Baustelle/zum Produkt, z. B. Schiffsbau, Gebäude oder maschinelle Großanlagen.

Das Qualitätsmanagement legt durch Philosophien wie Total Quality Management (TQM) oder Methodologien wie Six Sigma den Rahmen fest, um eine Qualitätskultur im Fertigungsbereich zu verankern.   Qualitätsmanagement

Das Umweltmanagement verankert das ökologische Prinzip in den Produktionsprozessen sowie bei der Produktgestaltung.   Umweltmanagement

5.2.3.3 Operative Produktionswirtschaft

Operative Produktionswirtschaft

Die operative Produktionswirtschaft lässt sich in eher betriebswirtschaftliche – auftragsbezogene – Prozesse und eher technische – produktbezogene – Prozesse einteilen (vgl. Scheer 2015, S. 4; Mertens et al. 2017, S. 97). Industrie 4.0 hat das Potenzial, die beiden Stränge sehr viel enger zu vernetzen, als dies bisher der Fall war.

Produktionsplanung und -steuerung (PPS)

Auftragsbezogene Systeme: Produktionsplanung Die betriebswirtschaftlichen Prozesse auf der linken Seite von ◘ Abb. 5.17 werden durch PPS-Systeme abgewickelt. PPS steht für Produktionsplanung und -steuerung. Es handelt sich um auftragsbezogene Systeme.

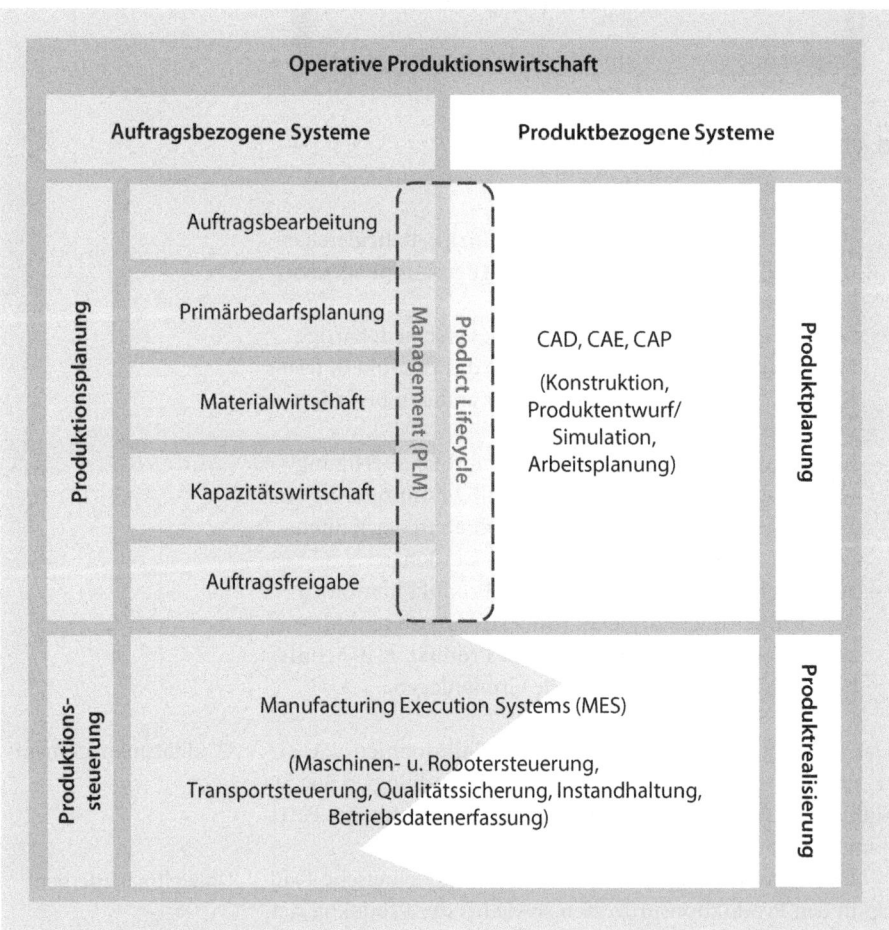

◘ **Abb. 5.17** Operative Produktionswirtschaft (modifiziert nach Scheer 1995, S. 87, 2015, S. 4; Mertens et al. 2017, S. 97)

5.2 · Realgüterbereich: die Leistungserstellung

IT-seitig werden diese Schritte heute durch ERP-Systeme unterstützt. ERP steht für Enterprise Resource Planning, d. h. es werden die Produktionsfaktoren Material, Mensch und Maschine geplant und gesteuert.

Enterprise Resource Planning (ERP)

> **PPS-Systeme** sind Informationssysteme, die der mengen-, termin- und kapazitätsgerechten Planung und Steuerung aller Aktivitäten der Auftragsabwicklung dienen. Sie werden durch den Kundenauftrag angestoßen, ermitteln Bedarfe an Materialien und Maschinen und enden mit Versand und Fakturierung.

In der Produktionsplanung werden die folgenden Schritte abgearbeitet:

In der Auftragsbearbeitung werden Kundenaufträge bearbeitet und angenommen. Das typische zuständige Modul in einem ERP-System ist *Sales & Distribution*, das in dieser oder einer ähnlichen Bezeichnung bei ERP-Herstellern vorliegt.

Auftragsbearbeitung

Im Rahmen der Primärbedarfsplanung wird der Bedarf an Endprodukten für einen anstehenden Planungszeitraum bestimmt. Dieser Schritt wird auch als operative Programmplanung bezeichnet. Der Primärbedarf ergibt sich aufgrund von Absatzprognosen und bereits angenommenen Kundenaufträgen.

Primärbedarfsplanung

In der Materialwirtschaft wird der Bedarf an untergeordneten Baugruppen, Einzelteilen und Materialien nach Menge und Bedarfsperiode ermittelt. Dazu werden die Stücklisten aufgelöst. Das Ergebnis sind Bedarfe für eigengefertigte Teile oder fremdbezogene Teile und Materialien. Der Einkauf ist für die Abwicklung der Bestellaufträge zuständig (vgl. ▶ Abschn. 5.2.2). Das zuständige ERP-Modul ist *Materials Management*.

Materials Management

Im Rahmen der Kapazitätswirtschaft werden die Fertigungsaufträge den benötigten Kapazitäten zugeordnet. Der typische Modulname im ERP-System lautet *Production Planning*.

Kapazitätswirtschaft

Die Auftragsfreigabe überprüft, ob die benötigten Materialien, Vorprodukte, Werkzeuge, Software und Kapazitäten zur Verfügung stehen. Sie bildet den Übergang von der Planungsphase zur Realisierung. In der Wertschöpfungskette muss hier an die Lieferanten gedacht werden, ob ihre Materialien Just-in-Time zur Verfügung stehen. Deshalb ist an dieser Stelle Software für die Wertschöpfungskette notwendig, sogenannte Supply Chain Management-Systeme.

Auftragsfreigabe

Produktplanung	**Produktbezogene Systeme: Produktplanung** Die Produktplanung greift auf folgende Systeme zurück und wird durch die sogenannten C-Systeme unterstützt (vgl. ◘ Abb. 5.17).

Produktanforderungen und Produktideen werden im Marketing, insbesondere im Produktmanagement, sowie im Vertrieb gesammelt oder gehen aus kundenspezifischen Projekten hervor. |
Product-Lifecycle-Management (PLM)	Product-Lifecycle-Management (PLM) begleitet ein Produkt von seiner „Geburt" (Entwicklung) bis zu seiner „Beerdigung" (Entsorgung). In PLM-Systemen werden alle Daten und Dokumente zu einem Produkt aus verschiedenen Quellen gespeichert. Bei Änderungen am Produkt können damit alle Beteiligten – auch in der Wertschöpfungskette, z. B. Lieferanten, Kunden oder Servicepartner – automatisch informiert werden.
Computer Aided Design (CAD), Computer Aided Engineering (CAE)	Mithilfe von Computer Aided Design (CAD) und Engineering (CAE) erfolgt die Konstruktion sowie der Produktentwurf mit Simulationen. Dazu gehören bei CAD z. B. die Gestaltung eines Produktes, das Festlegen von Geometriedaten sowie das Erzeugen der dazugehörigen Stückliste. CAE umfasst Produktmodelle mit ihren Eigenschaften. So können Simulationen durchgeführt werden, z. B. Crashtests oder aerodynamisches Verhalten bei Autos.
Computer Aided Planning (CAP)	Mit Computer Aided Planning (CAP) werden Arbeitspläne für Menschen und Maschinen zur Fertigung von Einzelteilen, Baugruppen und Endprodukten teilautomatisch aus den CAD/CAE-Daten erstellt.
Manufacturing Execution System (MES)	**Produktionssteuerung und Produktrealisierung** Auf der Fertigungsebene wachsen die beiden Stränge der betriebswirtschaftlichen sowie der technischen Aktivitäten nahtlos zusammen. Auch wenn das Konzept von Industrie 4.0 in der Smart Factory mit intelligenten Materialien vollständig dezentrale, sich selbst steuernde Systeme vorsieht, sind derzeit noch Leitstände zur Fertigungssteuerung notwendig. Diese Systeme nennt man Manufacturing Execution Systems (MES), also Fertigungsmanagementsysteme.

> **Manufacturing Execution Systems (MES)** steuern und überwachen Fertigungsanlagen mit Maschinen, Werkzeugen, Transporten, Materialien, Personal sowie Qualitätssicherung in Echtzeit.

MES setzen die gültige Planung durch (Execution) und steuern damit die Fertigung. Durch die Betriebsdaten- und

Personalerfassung erfolgt eine Rückmeldung aus den Fertigungsprozessen in Echtzeit. MES brechen die Daten von ERP-Systeme auf die Automationsebene herunter. Deshalb werden sie auch als ausführender Arm von ERP-Systemen auf Fertigungsebene beschrieben (vgl. Kletti 2015, S. 19–30).

5.2.4 Marketing

> » Wir kaufen nicht, was wir haben wollen, wir konsumieren, was wir sein möchten. John Hegarty

In diesem Abschnitt wird ein kurzer Überblick über die historische Entwicklung des Marketings gegeben. Anschließend wird erläutert, welche Bereiche zum strategischen Marketing gehören, wie Marktforschung, Konsumentenverhalten und Marketingstrategie. Das operative Marketing dient der konkreten Umsetzung der Marketingstrategie. Es wird anhand des Marketing-Mix mit seinen vier Ps vorgestellt. Diese Ps stehen für Product, Price, Place und Promotion.

5.2.4.1 Vom Absatz zum Online-Marketing

Marketing bedeutet wörtlich übersetzt *auf den Markt bringen*. Um 1900 tauchte der Begriff in den USA erstmals auf. Im Vordergrund stand anfangs die Distribution, auch Absatz genannt, also die Versorgung der Bevölkerung mit Gütern (vgl. Meffert et al. 2015a, S. 6).

| Marketing war früher vor allem Absatz |

Seither hat der Begriff Marketing durch veränderte Märkte sowie durch neue Sichtweisen eine starke Ausweitung erfahren. Die Entwicklung des Marketings ist dabei stets verknüpft mit dem Auftreten z. B. neuer Kommunikationstechnologien, wie Fernseher, Smartphone oder Social Media, sowie demografischen und politischen Entwicklungen. Insbesondere auch gesetzliche Auflagen, z. B. das Produkthaftungsgesetz, das Gebrauchsmustergesetz oder Wettbewerbsgesetze beeinflussen die Marketingaktivitäten.

Wie alle anderen Bereiche wird auch das Marketing durch die Umwelt, also Technologie, Gesellschaft und Politik, beeinflusst

Bis in die 1950er-Jahre liegen Verkäufermärkte vor, d. h. der Engpass liegt vor allem im Produktionsbereich. Ab den 1960er-Jahren wendet sich das Blatt und seither dominieren Käufermärkte, d. h. es liegt ein Angebotsüberschuss vor. Zur Steigerung des Absatzes wird erstmals systematisch das Konsumentenverhalten untersucht, um Einflussfaktoren auf den Einkauf herauszufinden. McCarthy und Kotler begründen das moderne Marketing und stellen den Kunden in den Mittelpunkt aller Überlegungen (McCarthy 1960; Kotler 1967).

Verkäufermärkte werden durch Käufermärkte abgelöst, das Konsumentenverhalten wird untersucht

1990er-Jahre: das Online-Marketing nimmt zu

Die 1980er-Jahre sind gekennzeichnet durch die Globalisierung und weltweite Wettbewerbsstrategien. Seit Mitte der 1990er-Jahre gewinnt das Online-Marketing durch das World Wide Web (WWW) und das mobile Internet einen immer höheren Stellenwert.

> **Marketing** ist eine betriebliche Funktion und ein Leitkonzept der Unternehmensführung, um die Bedürfnisse und Wünsche der Konsumenten zu identifizieren und diese durch das Angebot und den Austausch von Produkten, Dienstleistungen und Erlebnisse zu befriedigen (vgl. Kotler et al. 2016, S. 39).

Investitionsgütermarketing, B2B-Marketing

Der Markt für Endverbraucher (Konsumenten) ist der Ursprung der Marketingtheorien. In den 1970er-Jahren erkannte man jedoch, dass auch Investitionsgüter wie Maschinen oder Rohstoffe durch Marketingmethoden besser verkauft werden können. So entstand das Investitionsgütermarketing (B2B-Marketing). Hier treffen Organisationen (Nicht-Konsumenten) aufeinander, um in länger andauernden Geschäftsbeziehungen über den Austausch komplexer Leistungen zu verhandeln (vgl. Meffert et al. 2015a, S. 24 f.).

5.2.4.2 Strategisches Marketing

Marketingkonzept

Das Marketingkonzept (auch Marketingmanagement genannt) ist ein ganzheitlicher Handlungsplan und folgt einem Phasenmodell (vgl. ◘ Abb. 5.18): Nach der Analyse der Ausgangssituation werden Marketingziele von den Unternehmenszielen abgeleitet, die geeigneten Strategien festlegt und die operativen Marketinginstrumente bestimmt. Nach der Durchführung wird die Erfolgswirkung gemessen.

Die normative Ebene eines Unternehmens, die Unternehmenszweck und Werte in Form von Vision, Mission und Leitbild vorgibt, bildet dabei immer den Rahmen für das Marketingkonzept.

Analyse der Ausgangssituation Die Analyse der Ausgangssituation bildet die Grundlage für die Erarbeitung der Marketingstrategie. Dazu werden Methoden wie die SWOT-Analyse, die Portfolio-Analyse oder die Lebenszyklusanalyse verwendet. Viele dieser Methoden geben dann auch Normstrategien vor und treffen Aussagen über die empfohlene Marketingstrategie. Diese Methoden werden ausführlich in ▶ Abschn. 4.1.4 vorgestellt, da dieser Methodenpool sowohl für die Erarbeitung der Unternehmensstrategie also auch der Marketingstrategie genutzt wird.

5.2 · Realgüterbereich: die Leistungserstellung

Abb. 5.18 Marketingkonzept (modifiziert nach Capaul und Steingruber 2010, S. 273)

Dazu müssen auch die Unternehmensziele, z. B. Umsatzsteigerung unter Beibehaltung der Rentabilität, berücksichtigt werden (vgl. ► Abschn. 4.1.2. Unternehmensziele).

Marktforschung Wer sein Produkt verändern möchte oder ein neues Produkt auf den Markt bringen möchte, muss Marktforschung betreiben, um die Gegebenheiten des Marktes genau zu erfassen.

> **Marktforschung** bedeutet, mithilfe von wissenschaftlichen Methoden Informationen über die relevanten Märkte zu erhalten, um geeignete Marketingmaßnahmen einzusetzen (vgl. Thommen et al. 2017, S. 70). Dazu stehen die Primärforschung und die Sekundärforschung zur Verfügung.

Marktforschungsinstitute wie die Gesellschaft für Konsumforschung (GfK) haben z. B. einem der größten Smartphone-Hersteller der Welt dabei geholfen, seine Strategie im Mid-Range- und High-End-Segment in Europa auszuarbeiten. Dazu wurden 600 computerunterstützte Befragungen in mehreren europäischen Ländern durchgeführt, um die Bedürfnisse der Konsumentinnen und Konsumenten zu erforschen (vgl. GfK 2017).

In dieser Marktforschungsstudie wurden in einem ersten Schritt z. B. die Erwartungen an ein neues Smartphone, die Zufriedenheit mit dem derzeitigen Gerät sowie Zufriedenheit mit der Marke abgefragt.

Anschließend wurden den Teilnehmern sieben Smartphone-Modelle gezeigt, darunter Modelle des Auftraggebers sowie

Marktforschung

Marktforschungsinstitute führen Studien durch

Konkurrenzprodukte, ohne die Marken zu erkennen zu geben. Auf diese Art und Weise wurden die Vorlieben der Verbraucher/innen in den Designaspekten Größe, Farbe und Materialien erforscht.

Primärforschung — Primärforschung (Field Research) bedeutet, Informationen selbst zu gewinnen, indem man eigens eine Erhebung durchführt. Dies kann eine Befragung mit Fragebogen oder mittels Interview sein, ein Produktmarkttest oder Laborbeobachtungen.

Sekundärforschung — Sekundärforschung (Desk Research) bedeutet, dass man auf bereits bestehende Informationen wie Statistiken oder vorliegende Untersuchungen zurückgreift und diese auswertet.

Konsumentenverhalten Die genaue Kenntnis der Endverbraucher, z. B. wie sie ihr Produkt erwerben, wie sie sich darüber informieren und wie sie ein Produkt nutzen, ist eine der wichtigsten Grundlagen für das Marketing.

Konsumentenverhalten — Das Konsumentenverhalten untersucht das beobachtbare *äußere* und das nicht beobachtbare *innere* Verhalten von Menschen beim Kauf und bei der Nutzung von Produkten. Die Konsumentenverhaltensforschung möchte Fragen nach dem *Warum* und *Wie* des Käuferverhaltens beantworten und daraus geeignete Marketingmaßnahmen ableiten (vgl. Kroeber-Riel und Gröppel-Klein 2013, S. 3).

Sozialwissenschaftlicher Ansatz — Dazu werden die psychischen und sozialen Prozesse der Konsumentinnen und Konsumenten bei Kauf und Nutzung von Gütern untersucht. Somit ist klar, dass die Betriebswirtschaftslehre nun auf sozialwissenschaftlichem Terrain arbeitet (vgl. dazu die Basiskonzepte der Betriebswirtschaftslehre in ▶ Abschn. 1.3). Die Konsumentenforschung war einer der ersten Zweige in der Betriebswirtschaftslehre, der sich klar zum sozialwissenschaftlichen Ansatz bekannte.

Marketingstrategie — **Marketingstrategie** Die Unternehmensstrategie liefert den Rahmen für die Marketingstrategie, die langfristig wirkende Grundsatzentscheidungen zur Marktwahl und -bearbeitung trifft (vgl. ◘ Abb. 5.19).

Das strategische Marketing verfolgt z. B. ökonomische Ziele, wie Marktanteil und Absatzmenge, sowie psychologische Ziele, wie Image und Kundenzufriedenheit. Die Marketingstrategie legt den Weg fest, wie diese Ziele erreicht werden sollen, indem die folgenden Strategieebenen festgelegt werden (vgl. Becker 2013, S. 147 ff.).

Marktfeldstrategie: welche Produkte für welche Märkte? — **Marktfeldstrategien** legen fest, mit welchen Produkten die Unternehmung auf welchen Märkten tätig sein will, um Existenz und Wachstum des Unternehmens zu sichern. Es

5.2 · Realgüterbereich: die Leistungserstellung

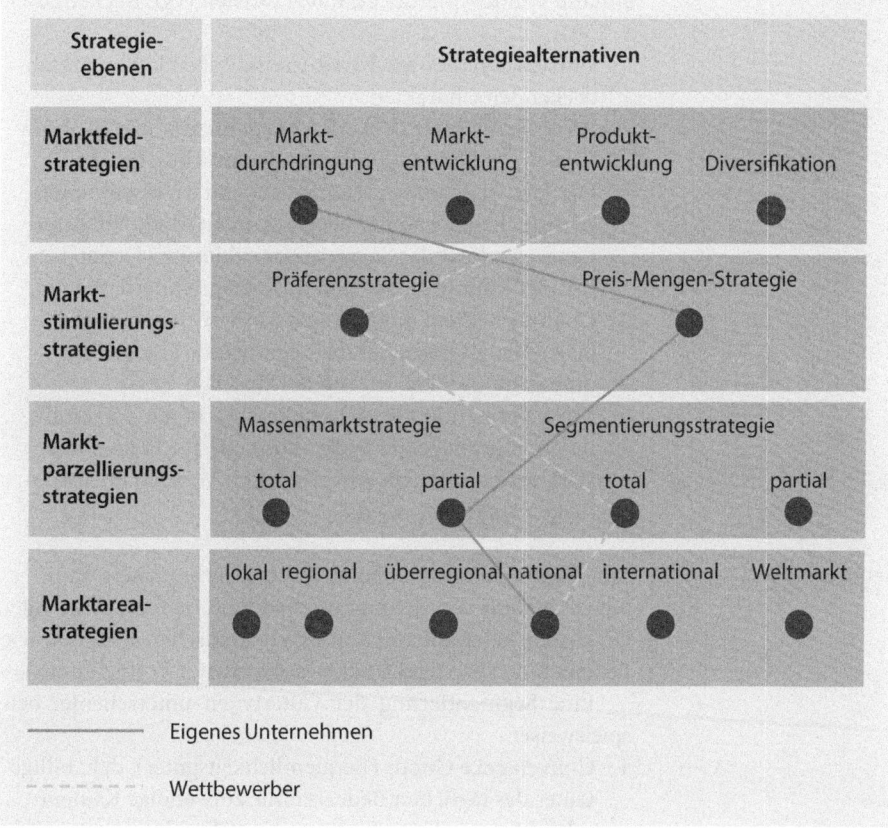

Abb. 5.19 Strategieebenen im Marketing (Becker 2013, S. 356)

können sowohl einzelne als auch mehrere Marktfelder besetzt werden (siehe Ansoff-Matrix in ▶ Abschn. 4.1.4.5).

Marktstimulierungsstrategien legen fest, auf welche Art und Weise die Unternehmung ihre Absatzmärkte beeinflussen will und wie die Positionierung gegenüber den Wettbewerbern sein soll. Präferenzstrategien zielen auf die Erhöhung des Nutzens ab. Preis-Mengen-Strategien fokussieren auf einen niedrigen Verkaufspreis. Die beiden Strategien entsprechen Porters Differenzierungs- und Kostenführerschaft (vgl. ▶ Abschn. 4.1.4.6).

Marktstimulierungsstrategie: Preis-Mengen-Strategie oder Präferenzstrategie?

Marktparzellierungsstrategien legen fest, ob Absatzmärkte undifferenziert (Massenmarketing) oder differenziert – im Rahmen der Segmentierung – bearbeitet werden. Segmentierung bedeutet, Massenmärkte in abgrenzbare Märkte (Marktsegmente) einzuteilen. Diese Segmente umfassen eine möglichst homogene Kundengruppe und können nun gezielt bedient werden. Dies soll

Marktparzellierungsstrategie: Massenmarketing oder Segmentierung?

anhand von Kosmetika erläutert werden (vgl. Becker 2013, S. 239):
- Universalcremes wie Nivea-Creme haben total marktabdeckenden Charakter.
- Atrix-Handcreme deckt den Massenmarkt partial ab, da sie sich auf den Markt für Handcremes beschränkt.
- Der Lauder-Konzern segmentiert und deckt mit unterschiedlichen Segmenten den gesamten Markt ab: Estée Lauder bedient das Segment der exklusiven Depot-Kosmetik für prestige- und qualitätsorientierte Frauen. Clinique bedient das Segment für Frauen mit empfindlicher Haut, Origins ist das Segment für Frauen, die umweltfreundliche Kosmetik wünschen.
- Vichy segmentiert und deckt den Markt nur partial ab, indem nur pflegende Systemkosmetik für Frauen mit stark medizinischem Anspruch und Vertrieb über Apotheken angeboten wird.

Segmentierung

Eine Segmentierung anhand des Endverbrauchers kann erfolgen anhand von demografischen Kriterien wie Alter oder Geschlecht oder anhand von psychografischen Kriterien wie Lebensstilen (Prestigekäufer, preisbewusster Probierer etc.).

Eine Segmentierung der Gütertypen unterscheidet beispielsweise:
1. Convenience Goods (Bequemlichkeitsgüter), d. h. billige Güter des täglichen Bedarfs ohne aufwendige Kaufentscheidung wie Grundnahrungsmittel und Zigaretten,
2. Shopping Goods mit aufwendigerer Kaufentscheidung wie Kleidung,
3. Specialty Goods, d. h. Güter mit aufwendiger Kaufentscheidung wie Wohnungen oder Automobile.

Marktarealstrategie: Wie groß ist der Aktionsraum?

Marktarealstrategien legen fest, auf welchen räumlichen-geografischen Absatzmärkten eine Unternehmung tätig sein will. Man unterscheidet nationale und übernationale Strategien.

Markentechnik, Markenführung, Branding

Markenführung (Branding) Untrennbar mit der Marketingstrategie verbunden ist die Markentechnik (Branding). Starke Marken sind ein Kapital und übersteigen im Wert oftmals den von Grundstücken oder Fabriken. Dieser Wert resultiert aus der Markentreue der Kundinnen und Kunden sowie ihrer Bereitschaft, für ein Markenprodukt mehr zu bezahlen (vgl. Kotler et al. 2016, S. 454).

Marken dienen der Identifikation und der Vertrauensbildung

Die Markenführung bezieht sich auf Produkte des differenzierten Massenbedarfs, wie Schokolade, Smartphones oder Autos. Für Kunden dient eine Marke der Präferenz- und

5.2 · Realgüterbereich: die Leistungserstellung

Vertrauensbildung, zur Identifikation und auch zu Image- und Prestigezwecken. Für Anbieter wird der Preis als Kriterium in den Hintergrund gedrängt und die Gefahr ruinöser Preisunterbietungen wird verringert, z. B. bei Strom oder Benzin (vgl. Scharf et al. 2015, S. 270 ff.).

> Eine **Marke** ist ein in der Psyche des Konsumenten verankertes, unverwechselbares Vorstellungsbild von einem Produkt oder einer Dienstleistung. Sie dient der Identifikation und der Differenzierung und soll das Wahlverhalten prägen (vgl. Esch et al. 2017, S. 200).

Eine Marke setzt sich aus Markennamen und Markenzeichen zusammen. Der Markenname sollte den Produktnutzen suggerieren (Softies, Tipp-Ex), positive Assoziationen auslösen (Meister Proper), leicht aussprechbar sein (Nimm 2), leicht behaltbar sein (Milka) und unverwechselbar sein (Aral). Das Markenzeichen ist wahrnehmbar, kann aber nicht verbal wiedergegeben werden. Meist werden unterschiedliche Elemente kombiniert.

Für die strategische Markenführung, d. h. für den Aufbau und die Weiterentwicklung einer Marke (Brand), existieren unterschiedliche markenpolitische Konzepte (vgl. Scharf et al. 2015, S. 278 ff.).

Beispielsweise gibt es das Mono-Marken-Konzept, wo für einzelne Produkte eine eigene Produktmarke entwickelt wird. Auf diese Weise erfahren die Konsumenten nicht, dass verschiedene Marken von einem Anbieter stammen. So hat der Konsumgüterkonzern Procter & Gamble weltweit hunderte Produktmarken wie Ariel, Meister Proper oder Pampers im Angebot.

Mono-Marken-Konzept

Das Company-Marken-Konzept arbeitet hingegen mit einer Dachmarke, wie Sony, Lindt oder Volvo. Hier wird der Firmenname mit dem gesamten Programm des Anbieters verbunden. Die einzelnen Produkte können zwar weniger profiliert werden, dafür sind die Aufwendungen für Einzelprodukte geringer.

Company-Marken-Konzept

Dazwischen bewegt sich das Range-Marken-Konzept, z. B. bei Nivea, Tesa, Uhu, Milka. Hier wird für eine Produktgruppe, unter der verschiedene Einzelprodukte angeboten werden, eine Marke gepflegt.

Range-Marken-Konzept

5.2.4.3 Operativer Marketing-Mix

Nach der Festlegung der Marketingstrategie erfolgt die Bestimmung der Marketinginstrumente, um die Strategie konkret umzusetzen. Während die Marketingstrategie als *Weg*

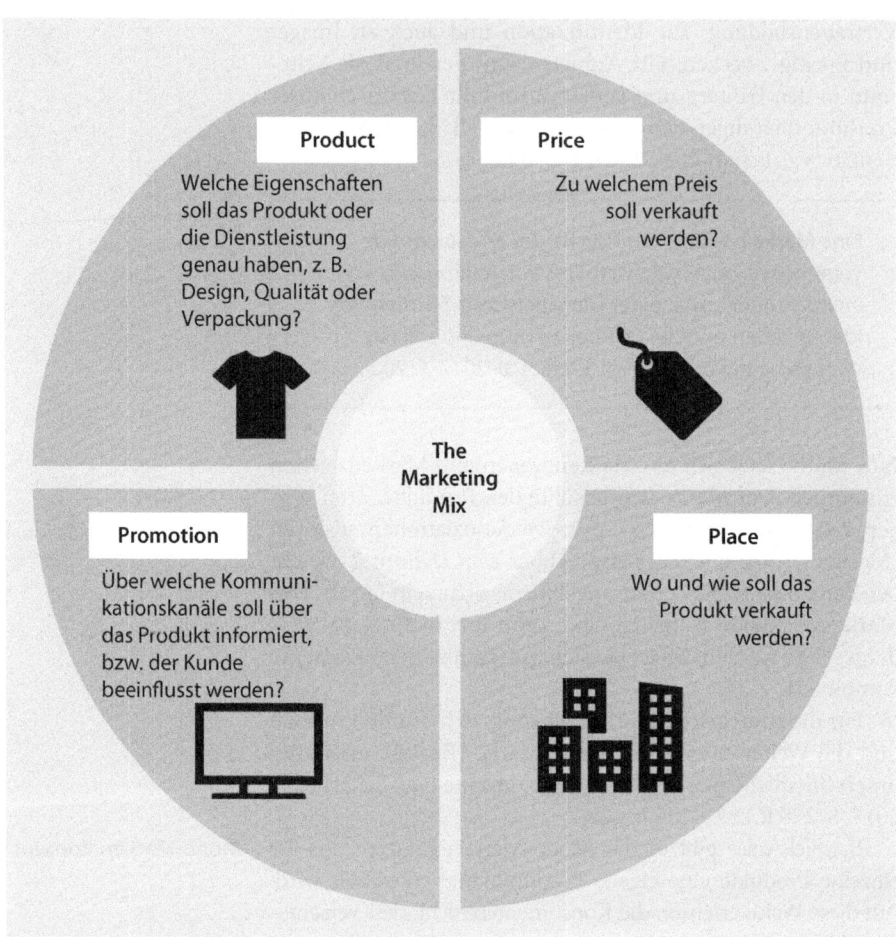

● **Abb. 5.20** Marketing-Mix

zur Zielerreichung angesehen werden kann, sind die Marketinginstrumente die *Beförderungsmittel* (vgl. ● Abb. 5.20).

Das operative Marketinginstrumentarium (Marketing-Mix) wurde zum ersten Mal zu Beginn der 1960er-Jahre von McCarthy in Form des bildhaften 4P-Ansatzes formuliert. Die 4Ps stehen dabei für Product, Price, Place und Promotion (vgl. McCarthy 1960).

Produktpolitik

Produktpolitik (Product) Die Produktpolitik umfasst zum einen Entscheidungen über das Produkt, zum anderen Entscheidungen über den Produkt-Mix (vgl. ● Abb. 5.21).

Unter einem Produkt versteht man alles, was als Objekt Wünsche oder Bedürfnisse befriedigen kann und dazu auf einem Markt gekauft, genutzt oder verbraucht werden kann; der Begriff umfasst konkrete Gegenstände, Dienstleistungen,

5.2 · Realgüterbereich: die Leistungserstellung

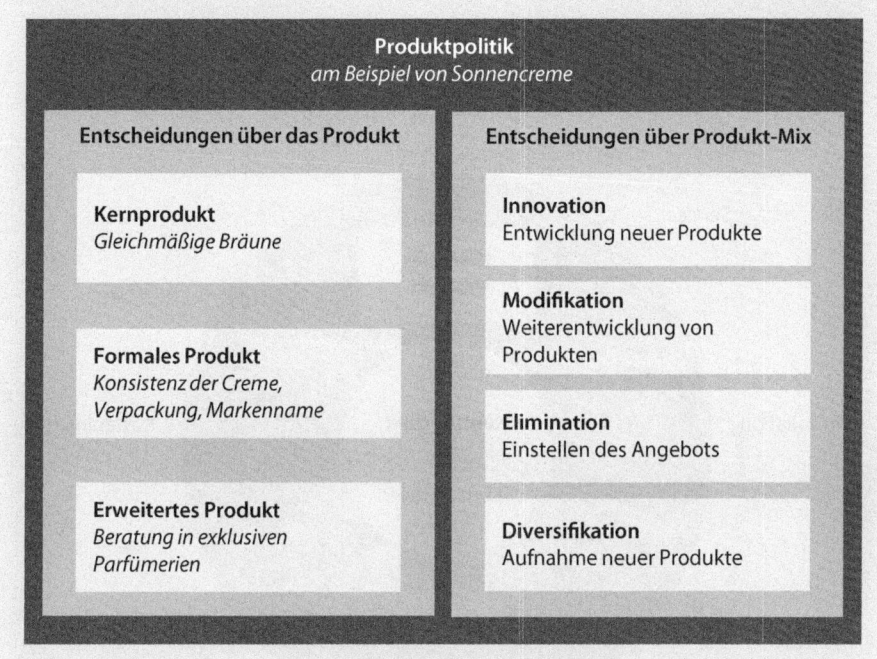

◘ **Abb. 5.21** Produktpolitik am Beispiel von Sonnencreme

Personen, Orte, Organisationen und Ideen (vgl. Kotler et al. 2016, S. 409).

Das Sortiment umfasst die Produkte, die Händler auf dem Markt anbieten.

Aus Marketingsicht ist es sinnvoll, ein Produkt nicht nur rein materiell, sondern als absatzwirtschaftliche Leistung zu betrachten und die Nutzenerwartung der Kunden zu analysieren (vgl. Scharf et al. 2015, S. 246 ff.). Die Nutzenerwartung kann sich auf unterschiedliche Ebenen beziehen (vgl. ◘ Abb. 5.22):

- Das Kernprodukt mit seinen Kernvorteilen wäre am Beispiel eines Lippenstifts z. B. die Hoffnung auf Schönheit und Pflege.
- Das formale Produkt bezieht sich auf die Lippenstiftverpackung, die Marke und die Farbe.
- Das erweiterte Produkt ist die Beratung in exklusiven Parfümerien.

Preispolitik (Price) Die Preispolitik umfasst alle Maßnahmen, um das vom Käufer wahrgenommene Verhältnis zwischen dem Preis und der Nutzenstiftung des Produktes zu gestalten. Der Preis muss so gewählt werden, dass er attraktiv genug für Kun-

Preispolitik: Gewinnzielung und trotzdem attraktive Preise für die Kundschaft

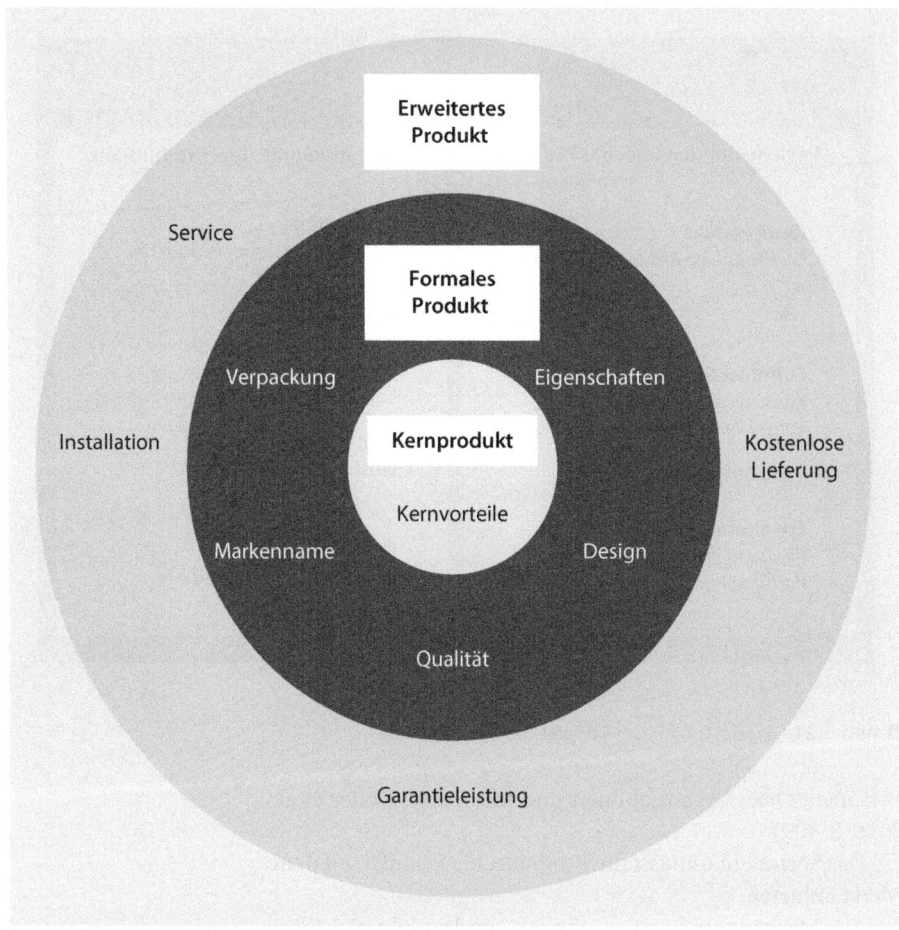

◘ Abb. 5.22 Ebenen eines Produkts (modifiziert nach Scharf et al. 2015, S. 248)

Konditionenpolitik

Preisdifferenzierung: unterschiedliche Preise je nach Käuferschicht

den ist und trotzdem so hoch, dass der Anbieter noch einen Gewinn erzielen kann (vgl. Kotler et al. 2016, S. 532).

Die Konditionenpolitik umfasst alle Maßnahmen neben dem Preis, die die Zahlungsbereitschaft beeinflussen, z. B. Rabatte, Lieferungs- oder Zahlungsbedingungen sowie Kredite.

Ausgewählte Preisentscheidungen mit strategischem Charakter betreffen die Preisstrategie (vgl. ◘ Abb. 5.23) sowie die Preisdifferenzierung.

Da unterschiedliche Nachfragegruppen auf den Preis unterschiedlich reagieren, greift man im Rahmen der Preispolitik zur Strategie der Preisdifferenzierung, d. h. für gleichartige Leistungen werden bewusst und systematisch unterschiedliche Preisforderungen aufgestellt.

Ziel der Preisdifferenzierung ist, das Marktpotenzial optimal ausschöpfen, indem man die unterschiedlichen Preis-

5.2 · Realgüterbereich: die Leistungserstellung

Preis	vorübergehend	dauerhaft
	Skimming-Preise	Premiumpreise
hoch	z. B. für Produkteinführungen	z. B. für Luxusgüter
	Penetrationspreise	Promotionspreise
niedrig	z. B. um Konkurrenten abzuschrecken	z. B. für Discountstrategie; Preis als Hauptargument

◘ Abb. 5.23 Preisstrategien

bereitschaften von Konsumentengruppen bei der Preisgestaltung berücksichtigt, um dadurch den Unternehmensgewinn zu erhöhen. Dies geschieht z. B. durch Preisdifferenzierung nach Käuferschichten (Lebensalter, berufliche Merkmale, Gruppenzugehörigkeit etc.) oder durch zeitliche Differenzierung (unterschiedliche Preise für Haupt- und Nebensaison).

Kommunikationspolitik (Promotion) Die Kommunikationspolitik ist das Sprachrohr des Marketings. Sie wird auch Marketingkommunikation genannt.

Kommunikationspolitik zur Beeinflussung des Kaufverhaltens

Die Kommunikationspolitik umfasst alle Maßnahmen zur Einwirkung auf Kenntnisse, Einstellungen und Verhaltensweisen von Interessenten und Kunden mit dem Ziel, das Kaufverhalten zu beeinflussen. Sie will über Existenz und Produktvorteile informieren bzw. daran erinnern, zum Kauf motivieren sowie die Kaufreue nach einem Kauf minimieren.

Der Adressatenkreis des Marketings, insbesondere der Kommunikationspolitik, geht dabei weit über die Kunden hinaus und betrifft alle Stakeholder.

Man unterscheidet zwischen zwei Arten von Kommunikationsinstrumenten (vgl. ◘ Abb. 5.24):
- *Above-the-line*-Instrumente werden von den Adressaten als Werbung wahrgenommen und nutzen vorwiegend unpersönliche und breit gestreute Massenmedien, wie Printanzeigen, Fernseh- und Radiowerbung oder Plakate.
- *Below-the-line*-Instrumente versuchen auf unkonventionelleren Wegen, Konsumenten direkt und persönlich anzusprechen. Die Maßnahmen werden oftmals nicht bewusst als werbliche Beeinflussung wahrgenommen, z. B. durch Sponsoring, Event Marketing oder Ambient Medien.

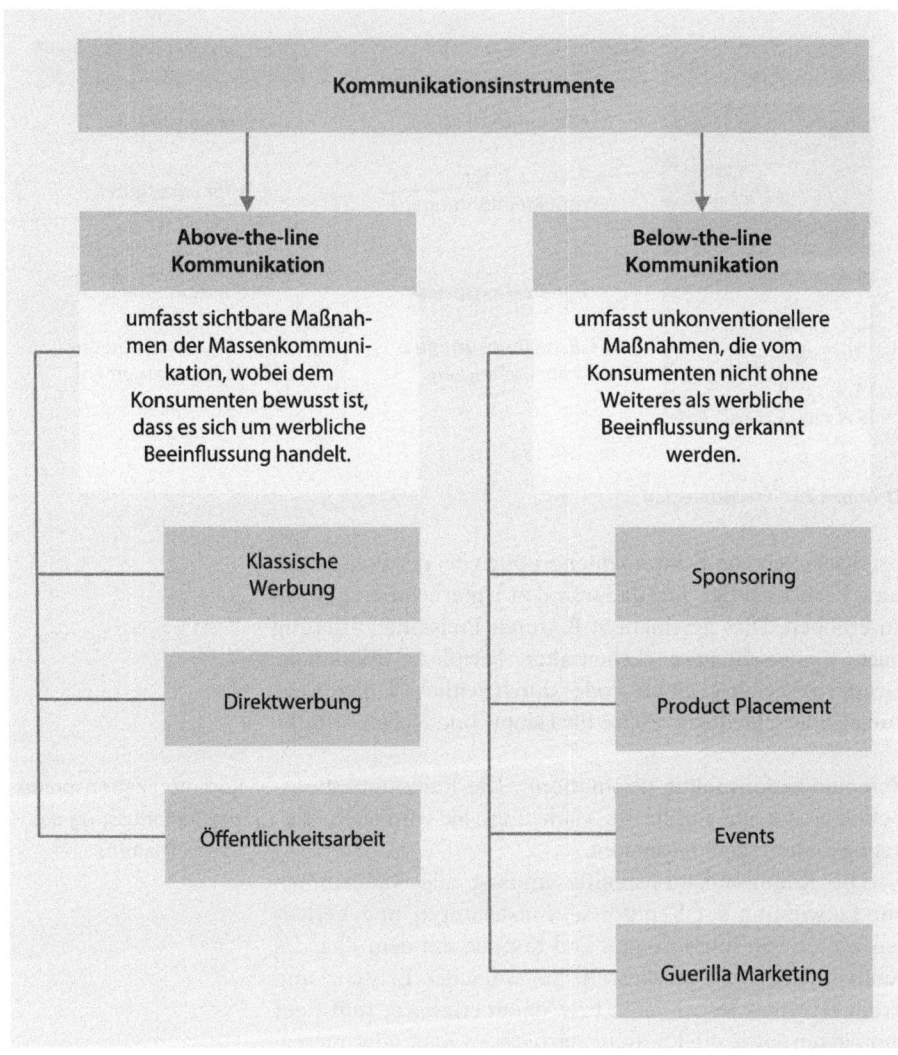

Abb. 5.24 Ausgewählte Instrumente der Kommunikationspolitik (vgl. Scharf et al. 2015, S. 398)

Werbung beeinflusst Konsumentinnen und Konsumenten

Above-the-line Klassische Werbung ist kommunikative Beeinflussung mithilfe von Massenkommunikationsmitteln, um die Einstellung von Konsumenten zu verändern oder um Kaufimpulse zu setzen. Für Werbung in TV, Radio, Zeitschriften oder auf Plakaten wird leistungsbezogenes Entgelt entrichtet (vgl. Meffert et al. 2015a, S. 587).

Direktwerbung spricht Zielperson direkt an

Direktwerbung spricht den Empfänger gezielt an, da die Zielperson bekannt ist. Beispiele sind Werbebriefe, Mails oder Telefonanrufe. Obwohl die Ansprache personalisiert ist, ist den Adressaten klar, dass es sich um Massenkommunikation handelt.

5.2 · Realgüterbereich: die Leistungserstellung

Öffentlichkeitsarbeit (Public Relations) ist die Gestaltung der Beziehungen zwischen einem Unternehmen und seinen Stakeholdern, wie Kunden, Aktionären oder Arbeitnehmern. Ziel ist es, Vertrauen und Verständnis zu etablieren, z. B. durch Pressekonferenzen, Kundenzeitschriften oder redaktionelle Beiträge in Zeitschriften (vgl. Meffert et al. 2015a, S. 668 ff.).

Öffentlichkeitsarbeit (Public Relations) will Vertrauen und Verständnis schaffen

Below-the-line Sponsoring bedeutet, dass ein Sponsor Geld oder Sachmittel zur Verfügung stellt. Der Gesponserte muss dafür zur Erreichung der Marketingziele beitragen, z. B. Audi sponsert Kultur in Ingolstadt. Neben Kultursponsoring gibt es Sportsponsoring (gegen Geld wird der Name des Sponsors auf das Trikot gedruckt) oder Socialsponsoring (der Sponsor wird in Publikationen von karitativen oder religiösen Gruppen genannt) (vgl. Scharf et al. 2015, S. 413 f.).

Sponsoring mit Geld oder Sachmitteln

Product Placement ist die gezielt eingesetzte Platzierung von Produkten in Spielfilmen (z. B. BWM in James-Bond-Filmen) oder Theaterstücken (vgl. Scharf et al. 2015, S. 412 f.).

Product Placement: ein Hingucker

Das Event-Marketing inszeniert Veranstaltungen und Ereignisse, um Image und Vertrauen in ein Unternehmen auszubauen, z. B. durch Konferenzen, Sport- und Kulturveranstaltungen, wie z. B. die Red-Bull-Flugtage.

Event-Marketing zur Inszenierung

Guerilla-Marketing setzt auf ungewöhnliche Vermarktungsaktionen, die mit geringem Mitteleinsatz eine große Wirkung versprechen – analog zur Kriegsführung der Guerilla. Bekannteste Ausprägung ist das virale Marketing. Es spielt mit dem Multiplikatoreffekt: Mit einer ungewöhnlichen Nachricht, dem sogenannten *Viral*, wird in sozialen Netzwerken auf ein Produkt o. ä. aufmerksam gemacht. Während sich zunächst eine kleine Anzahl von Personen darüber austauscht, breitet sich dieses bei Erreichen einer *kritischen Masse* „epidemieartig" aus (vgl Meffert et al. 2015a, S. 389).

Guerilla-Marketing, virales Marketing: geringer Mitteleinsatz mit großer Wirkung

Der persönliche Verkauf ist besonders für erklärungsbedürftige Produkte, z. B. im Investitionsgütermarketing, von Bedeutung, da das Kaufverhalten stark von der Beratungs- und Überzeugungsleistung des Verkäufers abhängt. Der Verkäufer muss neben Produktwissen auch psychologisch geschult sein, um die Signale seines Gegenübers richtig einschätzen zu können. Der persönliche Verkauf ist ein Kommunikationsmittel und eine wichtige Form des direkten Absatzes.

Persönlicher Verkauf an der Schnittstelle zwischen Kommunikation und Distribution

Distributionspolitik (Placement) Da Produktion und Konsum heutzutage räumlich und zeitlich auseinanderfallen, ist es notwendig, Leistungen dahin zu transportieren, wo sie nachgefragt werden. Die Distributionspolitik bezieht sich auf alle Ent-

Distributionspolitik: Wie kommt das Produkt zu Kundinnen und Kunden?

scheidungen, die mit dem Weg eines Produktes vom Hersteller bis zum Endkäufer in Verbindung stehen.

Dabei gilt es, die akquisitorische und die logistische Distribution zu optimieren. Die akquisitorische Distribution muss festlegen, ob der Vertrieb in Eigenregie *direkt*, wie bei Tupperware, oder *indirekt*, z. B. über Einzelhändler, erfolgen soll. Die logistische Distribution muss dann die Auslieferung der Produkte nach Sicherheits-, Marktanteils- und Kostenaspekten optimieren (vgl. Wöhe et al. 2016a, S. 453 ff.).

> Akquisitorische Distribution (wer macht die Verträge?) und logistische Distribution (wer macht den physischen Transport?)

Bei der akquisitorischen Distribution stehen drei Kategorien von Absatzorganen zur Verfügung (vgl. ◘ Abb. 5.25):

Herstellereigene Organe wie Verkaufsniederlassungen oder der eigene Online-Vertrieb geben einem Hersteller die Möglichkeit, den Absatz nach den eigenen Wünschen zu gestalten. Dafür sind die Vertriebskosten vor allem durch Personalkosten relativ hoch und es ist schwierig, einen hohen Marktanteil zu erreichen. Dies lässt sich vor allem für erklärungsbedürftige Produkte oder wenige Großabnehmer rechtfertigen (vgl. Wöhe et al. 2016a, S. 455).

> Direkter Absatz ist teuer, kann aber individuell gestaltet werden

Absatzhelfer wie Handelsvertreter, z. B. bei Vorwerk, sind zwar rechtlich selbstständig, aber unterliegen den Weisungen des Herstellers. Sie erwerben kein Eigentum an der Ware.

> Direkter Absatz mit Absatzhelfern zur Erhöhung der Distributionsquote
> Indirekter Absatz

Absatzmittler, wie Einzelhändler oder Großhändler, führen zu weiteren Stufen in der Wertschöpfungskette. Sie

Absatzweg	Direkter Absatz		Indirekter Absatz
	Herstellereigene Organe	Absatzhelfer	Absatzmittler
Absatzorgane	Verkaufsniederlassungen Online-Vertrieb Reisende	Handelsvertreter Kommissionäre Franchising	Großhandel Einzelhandel Franchising
Einfluss auf Absatzorgane	hoch		niedrig

◘ Abb. 5.25 Absatzorgane (Wöhe et al. 2016a, S. 453)

5.2 · Realgüterbereich: die Leistungserstellung

erwerben das Eigentum an der Ware und sind wirtschaftlich und rechtlich selbstständig. Der Einfluss des Herstellers auf die Absatzmittler ist dementsprechend geringer. Dies zeigt sich insbesondere bei Lebensmittelherstellern, die der Marktmacht von Handelskonzernen wie Lidl, Aldi oder Rewe gegenüberstehen. Vorteile für den Hersteller sind eine hohe Distributionsquote und eine geringere Kapitalbindung.

Franchising (vgl. ▶ Abschn. 3.5.2) ist ein Absatzsystem zur Verkaufsförderung. Der Franchisegeber stellt ein unternehmerisch erfolgreiches Gesamtkonzept bereit, das von den Franchisenehmern selbstständig und exakt vervielfältigt wird. Die Zusammenarbeit ist oftmals so eng geregelt, dass es für Außenstehende fast unmöglich ist zu erkennen, dass es sich um unabhängige Unternehmen handelt. Dadurch entsteht eine Absatzform zwischen direktem und indirektem Absatz.

Franchising

Die meisten großen Unternehmen nutzen heute einen Multi-Channel-Vertrieb, um alle relevanten Zielgruppen zu erreichen und um das Marktpotenzial optimal auszuschöpfen (vgl. ◘ Abb. 5.26).

Multi-Channel-Vertrieb

Eine Vertiefungs- und Übungsaufgabe zum Marketing-Mix mit Musterlösung befindet sich in ▶ Abschn. 5.6.

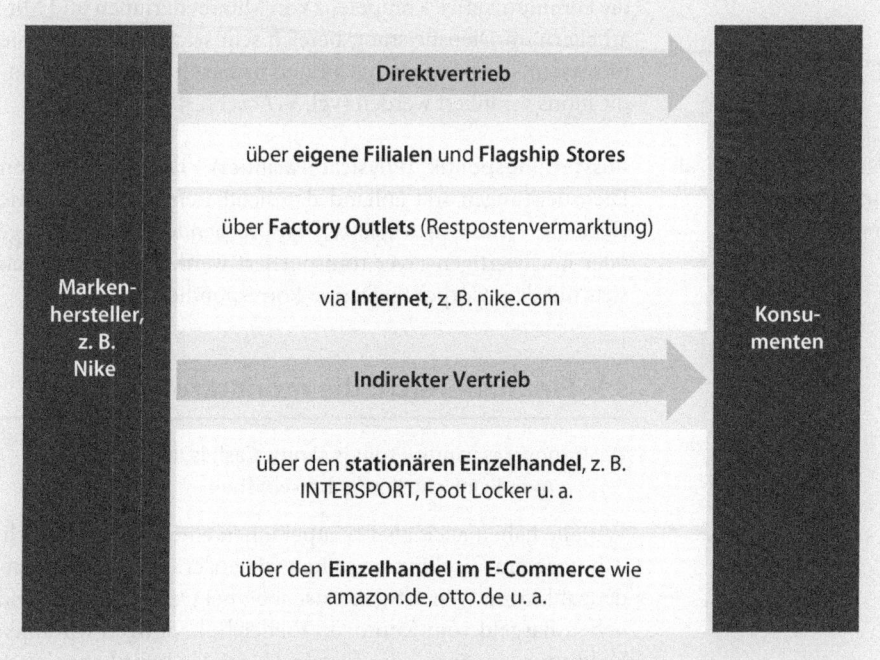

◘ **Abb. 5.26** Multi-Channel-Vertrieb (vgl. Mohammed et al. 2004, S. 464 zitiert in Scharf et al. 2015, S. 476)

Dienstleistungsmarketing	**Erweiterung der 4Ps auf 7Ps für Dienstleistungen** Für das Dienstleistungsmarketing wurden weitere Ps entwickelt. Dienstleistungen sind immateriell und sehr kundenabhängig. Man kann sie weder sehen noch anfassen. Die *Produktion* und der *Konsum* fallen – anders bei einem Shampoo – zusammen durch die Handlung an einer Person bzw. ihrem Objekt, z. B. in der Gastronomie, im Bildungsbereich, im Handwerk, bei der Körperpflege oder im Gesundheitswesen. So wurden die 4Ps für den Dienstleistungsbereich ergänzt um drei weitere Ps zum sogenannten 7P-Ansatz (vgl. Meffert et al. 2015b, S. 268).
Prozessmanagement für Transparenz und Qualitätskontrolle	**Prozessmanagement (Process)** Mit kundenorientierten Geschäftsprozessen, die optimal gestaltet sind, soll sichergestellt werden, dass Kunden eine gleichbleibend hohe Dienstleistungsqualität erhalten.
Personalmanagement, da Dienstleistungen von Menschen erbracht werden	**Personalmanagement (People)** Dienstleistungen leben von den Personen, die sie erbringen. Deshalb ist es unerlässlich, das Personalmanagement intensiv auszubauen. Neben der Fachkompetenz sind insbesondere die emotionale Intelligenz und die kommunikative Kompetenz von Mitarbeiterinnen und Mitarbeitern im Dienstleistungsbereich sehr wichtige Aspekte. Sie müssen im Corporate Behavior und in den Corporate Communications verankert werden (vgl. ▶ Abschn. 4.2.2).
Ausstattungspolitik als Ausdruck des Immateriellen	**Ausstattungspolitik (Physical Facilities)** Die Qualität von Dienstleistungen soll anhand der sichtbaren Ausstattung wie Gebäude, Kundenparkplätze, ansprechende Kundenlounge oder hochwertigen Flyer transportiert werden. Diese müssen stets mit dem Corporate Design korrespondieren.

5.3 Finanzbereich: die monetäre Seite

> Turnover is vanity. Profit is sanity. Cash is reality.
> Amerikanische Kaufmannsweisheit

Wir alle haben auch als Privatpersonen einen Finanzbereich. Auf unserem Girokonto erhalten wir unser Gehalt oder Kundenzahlungen. Wir tätigen Ausgaben bei Online-Käufen und heben Bargeld vom Konto ab. Vielleicht benötigen wir einen Kredit für ein Auto oder für ein Haus? Und wir haben auch eine Art Kostenrechnung, wenn wir uns fragen, ob sich eine Anschaffung im Haushalt denn rentiert hat.

5.3 · Finanzbereich: die monetäre Seite

Für Unternehmen sind diese Fragestellungen ebenfalls relevant. Aufgrund ihrer Verantwortung gegenüber Kunden, Staat und Mitarbeitern sind Unternehmen allerdings gesetzlich gezwungen, ihren monetären Bereich sehr sorgfältig zu managen.

In diesem Abschnitt wird erläutert
- mit welchen Größen der Finanzbereich arbeitet, z. B. Auszahlung, Ausgabe und Kosten,
- worin der Unterschied zwischen externem und internem Rechnungswesen besteht,
- welche Elemente externes und internes Rechnungswesen umfassen,
- welche Finanzierungsarten zur Verfügung stehen und
- wie Investitionen bewertet werden können.

5.3.1 Rechnungsgrößen: Auszahlung, Ausgabe, Aufwand, Kosten

Für die kommenden Abschnitte ist es wichtig, die Größen von Rechnungs- und Finanzwesen zu verstehen (vgl. ◘ Abb. 5.27). In der Umgangssprache werden sie häufig synonym verwendet (vgl. Wöhe et al. 2016a, S. 633–640).

Die Begriffe im Rechnungswesen verstehen

Einzahlungen und Auszahlungen verändern den Zahlungsmittelbestand an liquiden Mitteln, z. B. Bargeld und sofort verfügbares Guthaben auf Konten.

Mit dem Zahlungsmittelbestand stellt ein Unternehmen seine Zahlungsfähigkeit (Liquidität) sicher, ansonsten droht Insolvenz. Finanz- und Investitionsrechnungen basieren auf Ein- und Auszahlungen und machen verschiedene Investitionen durch die Abzinsung auf den Barwert vergleichbar.

Einzahlung und Auszahlung

Einnahmen und Ausgaben verändern das Geldvermögen. Das Geldvermögen setzt sich aus dem Zahlungsmittelbestand und offenen Forderungen bzw. Verbindlichkeiten zusammen. Das Geldvermögen erhöht sich z. B. durch eine Einzahlung auf das Girokonto sowie durch den Verkauf von Waren auf Rechnung, da sich dadurch eine Forderung gegenüber Kunden ergibt. Das Geldvermögen verringert sich durch eine Bargeldauszahlung sowie durch den Einkauf von Waren auf Zahlungsziel, da sich dadurch eine Verbindlichkeit ergibt. Wenn wir also im Internet etwas bestellen, die Bezahlung aber erst in einem Monat erfolgt, entsteht im Moment der Bestellung eine Ausgabe.

Einnahme und Ausgabe

Erträge und Aufwendungen verändern das Reinvermögen/Gesamtvermögen, das sich aus Geldvermögen und Sach-

Ertrag und Aufwand

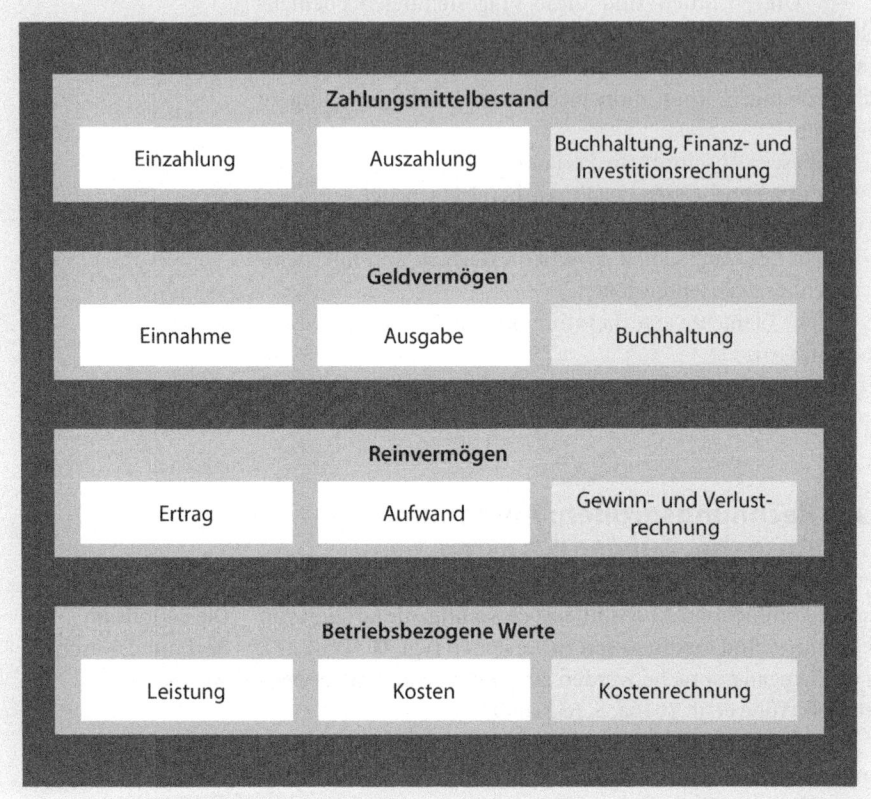

Abb. 5.27 Rechnungsgrößen im Finanzbereich

vermögen zusammensetzt. Die Definition von Erträgen und Aufwendungen ist stark durch gesetzliche Normen bestimmt, z. B. bei Abschreibungen und Rückstellungen. Erträge sind z. B. Umsatzerlöse oder Spekulationsgewinne. Aufwendungen sind z. B. Personalaufwand, Materialaufwand oder Abschreibungen. In der Gewinn- und Verlustrechnung wird dann berechnet: Ertrag - Aufwand. Ist das Gesamtergebnis positiv, führt der Gewinn zu einer Erhöhung des Eigenkapitals. Ist es negativ, führt der Verlust zu einer Eigenkapitalminderung und damit zu einer Minderung des Gesamtvermögens.

Leistung und Kosten

Leistungen und Kosten verändern das betriebsbezogene Vermögen. Sie dienen z. B. der Kostenrechnung zur Kalkulation von Produktpreisen. Kosten bewerten dabei nur Aufwände, die wirklich mit der Leistungserstellung zu tun haben. Genauso betrachten Leistungen nur Erträge, die mit der typischen betrieblichen Tätigkeit zu tun haben.

5.3 · Finanzbereich: die monetäre Seite

Ein Unterschied zwischen Aufwand und Kosten entsteht, wenn der Aufwand nicht zur Leistungserstellung beiträgt. Außerordentliche Aufwände, wie Feuer- oder Sturmschäden, sowie Forderungsausfälle haben nichts mit dem Leistungsprozess zu tun und zählen deshalb nicht zu den Kosten. Darüber hinaus können Unternehmen sogenannte kalkulatorische Kosten ansetzen, z. B. ein Risikozuschlag für ein riskantes Geschäft, das der Gesetzgeber nicht als Aufwand in der Gewinn- und Verlustrechnung akzeptieren würde.

5.3.2 Externes und internes Rechnungswesen

Unternehmen sind gesetzlich verpflichtet, ihr unternehmerisches Handeln zahlenmäßig abzubilden und übersichtlich darzustellen. Dies ist die Aufgabe des externen Rechnungswesens und geschieht in Form des Jahresabschlusses (vgl. ◘ Abb. 5.28). Zentrale Bestandteile eines Jahresabschlusses sind die Bilanz sowie die Gewinn- und Verlustrechnung (GuV).

Externes Rechnungswesen ist gesetzliche Pflicht

Adressaten des externen Rechnungswesens sind vor allem externe Stakeholder, wie Fremdkapitalgeber, Lieferanten oder Kunden, aber auch interne Stakeholder, wie Eigenkapitalge-

◘ Abb. 5.28 Externes und internes Rechnungswesen

ber oder die Belegschaft. Ziel des externen Rechnungswesens ist, alle Geschäftsvorfälle monetär zu dokumentieren, die finanzielle Lage darzustellen sowie den Gewinn und damit die Steuern zu ermitteln, die der Staat via Finanzamt erhält (vgl. Wöhe et al. 2016a, S. 632 f.).

Internes Rechnungswesen ist freiwillig und individuell

Im Gegensatz dazu ist das interne Rechnungswesen freiwillig und unternehmensindividuell. Das Ziel ist, die innerbetrieblichen Leistungsverflechtungen transparent zu machen. Somit hat man die Grundlage für Preiskalkulationen oder für Soll-Ist-Vergleiche. Um die Kosten für einzelne Produkte zu ermitteln (Kostenträgerrechnung), benötigt man zuerst die Kostenarten sowie die Kostenstellenrechnung.

5.3.3 Buchführung – externes Rechnungswesen

Stakeholder erhalten Einblick in die wirtschaftliche Lage

Das externe Rechnungswesen wird als Buchführung oder als Finanzbuchhaltung bezeichnet. Hier wird der gesetzlichen Pflicht nachgekommen, das unternehmerische Handeln in Zahlen übersichtlich darzustellen, um relevante Stakeholder, wie Banken, Staat oder Anleger, über die wirtschaftliche Lage zu informieren (vgl. ◘ Abb. 5.28).

5.3.3.1 Jahresabschluss

Jahresabschluss = Bilanz + GuV + ggfs. weitere Elemente

Der Gesetzgeber verlangt, dass alle Kaufleute einen Jahresabschluss erstellen. Zentrale Bestandteile eines Jahresabschlusses sind die Bilanz sowie die Gewinn- und Verlustrechnung (vgl. § 242 HGB).

> Der **Jahresabschluss** muss die finanzielle Situation sowie die geschäftlichen Vorgänge eines Unternehmens in einem komprimierten Zahlenwerk darstellen (vgl. Wöhe et al. 2016a, S. 645).

Jahresabschluss hängt von Rechtsform und Größe ab

Je nach Rechtsform und Größe eines Unternehmens regelt das Handelsgesetzbuch (HGB), wie umfangreich die finanziellen Sachverhalte dokumentiert werden müssen (§§ 238–263 HGB). Als Faustregel gilt: je größer das Risikopotenzial eines Unternehmens, desto strenger sind die gesetzlichen Vorgaben zum Jahresabschluss (vgl. Wöhe et al. 2016a, S. 665 ff.).

Große, kapitalmarktorientierte Kapitalgesellschaften, die Aktien oder Unternehmensanleihen ausgegeben haben, müssen

deshalb einen sehr umfangreichen Jahresabschluss erstellen, der alle der acht möglichen Komponenten enthält:
- Bilanz und Gewinn- und Verlustrechnung (GuV),
- Kapitalflussrechnung und Eigenkapitalspiegel,
- Anhang, Offenlegung, Lagebericht und Prüfung.

Im Gegensatz dazu müssen große Einzelunternehmen und Personengesellschaften einen einfachen Jahresabschluss erstellen, der nur Bilanz sowie Gewinn- und Verlustrechnung (GuV) enthält.

Kleine Einzelunternehmen sind von der Pflicht zur Erstellung eines Jahresabschlusses befreit und müssen nur eine Einnahmenüberschussrechnung erstellen. Als klein gilt ein Einzelunternehmen, dessen Umsatz kleiner als 600.000 Euro und dessen Gewinn unter 60.000 Euro liegt. Diese Kriterien müssen an den Abschlussstichtagen von zwei aufeinander folgenden Geschäftsjahren gelten (vgl. § 241a HGB).

Börsennotierte Aktiengesellschaften dokumentieren ihren Jahresabschluss für Investoren und Kunden oft in Form eines Geschäftsberichtes, der zusätzlich zu den Zahlen viele Hochglanzbilder enthält. Dabei werden häufig weitere freiwillige Zusatzinformationen ergänzt, um die Bilanzadressaten positiv zu beeinflussen und um das Image zu verbessern (vgl. Wöhe et al. 2016a, S. 744).

> Geschäftsbericht = Jahresabschluss + Hochglanzbilder + Zusatzinformationen

Konzerne bestehen aus einem Mutterunternehmen (Holding) und Tochterunternehmen. Bei Weltkonzernen, wie Lufthansa oder BASF, kann es bis zu Hunderte von Tochterunternehmen geben. Jedes einzelne Tochterunternehmen ist verpflichtet, einen Jahresabschluss zu erstellen. Zusätzlich muss ein Konzernabschluss erstellt werden, der die wirtschaftliche Lage des Gesamtkonzerns durch Konsolidierungen dokumentiert (vgl. Wöhe et al. 2016a, S. 645).

Um Unternehmen international vergleichen zu können, gibt es parallel zu den nationalen Gesetzen, wie dem HGB, internationale Rechnungslegungsvorschriften, wie die International Financial Reporting Standards (IFRS) oder die United States Generally Accepted Accouting Principles (US-GAAP). Nach kontinentaleuropäischem Recht, wie dem HGB, hat der Gläubigerschutz, z. B. von Banken, Vorrang. Nach angelsächsischem Recht hat der Investorenschutz, z. B. von Aktionären, Vorrang (vgl. Wöhe et al. 2016a, S. 755 f.).

5.3.3.2 Bilanz

Mit der Bilanz wird in übersichtlicher Form die Vermögens- und Finanzlage eines Unternehmens dargestellt (vgl. ◘ Abb. 5.29).

> Bilanz

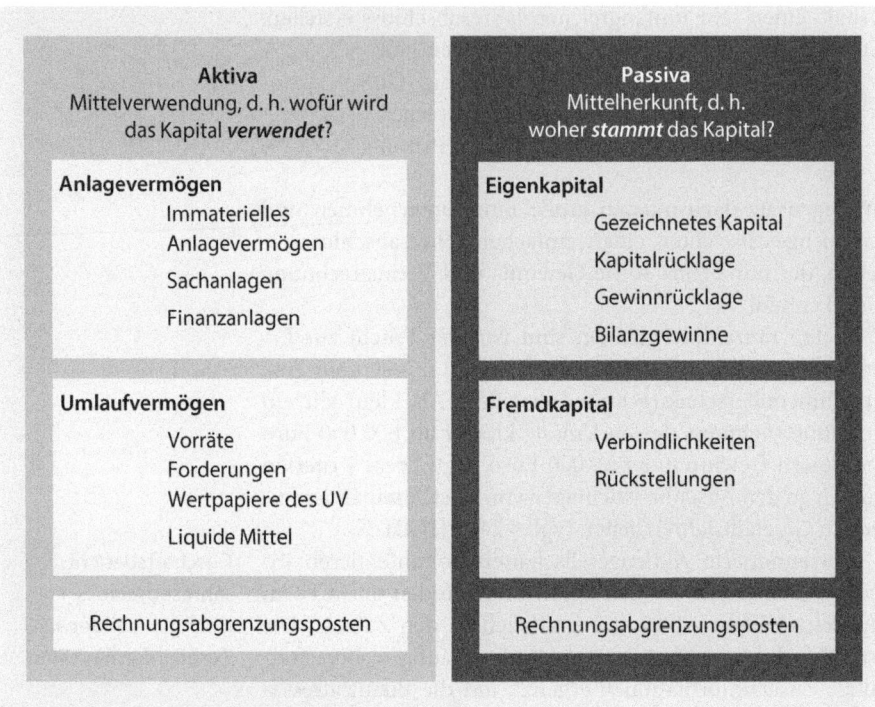

● Abb. 5.29　Schematischer Aufbau einer Bilanz

> Eine **Bilanz** ist die Gegenüberstellung von Vermögen (Mittelverwendung = Aktiva) sowie Eigen- und Fremdkapital (Mittelherkunft = Passiva) zu einem bestimmten Zeitpunkt. Es handelt sich um eine Momentaufnahme an einem Stichtag, oftmals dem 31.12. eines Jahres (vgl. Wöhe et al. 2016a, S. 647 ff.).

Aktiva mit Anlagevermögen und Umlaufvermögen

Die Aktivseite zeigt auf, wie ein Unternehmen die verfügbaren Mittel eingesetzt hat, z. B. in Form von Gebäuden oder Maschinen. Die einzelnen Positionen sind nach zunehmender Liquidierbarkeit zu ordnen.
- Das Anlagevermögen dient dem Unternehmen auf Dauer.
- Das Umlaufvermögen dient der Abwicklung des operativen Geschäfts und ist relativ schnell liquidierbar.

Die Passivseite zeigt auf, woher die finanziellen Mittel stammen. Sie sind nach abnehmender Fälligkeit zu ordnen.
- Das Eigenkapital ist das Kapital, das von den Eigentümern zur Verfügung gestellt wurde und diesen geschuldet wird, z. B. Eigenkapital oder Aktienkapital. Das

5.3 · Finanzbereich: die monetäre Seite

Eigenkapital ist das risikotragende Kapital, da das Unternehmen damit haftet.
— Das Fremdkapital ist befristet und kündbar. Fremdkapitalgeber, wie Banken, haften nicht mit ihrem Fremdkapital.

Passiva mit Eigenkapital und Fremdkapital

Für die Bilanzerstellung müssen am Ende des Geschäftsjahres alle Bestände ermittelt werden. Diese Ermittlung ist die Inventur.

Inventur

Inventur bedeutet, dass am Ende eines Geschäftsjahres die Bestände aller Vermögens- und Kapitalposten ermittelt werden. Dabei werden die Art, die Menge sowie der Wert erfasst. Das Bestandsverzeichnis, das als Ergebnis aus der Inventur hervorgeht, wird Inventar genannt.

Inventar

In ▶ Abschn. 5.6 befindet sich eine Übungsaufgabe mit Musterlösung zur Erstellung einer Bilanz.

5.3.3.3 Gewinn- und Verlustrechnung (GuV)

Im Gegensatz zur zeitpunktorientierten Bilanz ist die Gewinn- und Verlustrechnung (GuV) eine zeitraumbezogene Betrachtung. Sie gibt Auskunft über die Art, die Höhe und die Quellen des Erfolges, indem Aufwendungen und Erträge gegenübergestellt werden (vgl. Wöhe et al. 2016a, S. 651 ff.).

Gewinn- und Verlustrechnung (GuV)

> In der **GuV** werden Erträge und Aufwendungen eines Geschäftsjahres gegenübergestellt, um den Gewinn oder den Verlust zu ermitteln. Durch eine zweckmäßige Gliederung erhält man einen guten Einblick in die Ertragslage eines Unternehmens (vgl. Wöhe et al. 2016a, S. 731 f.).

◘ Abb. 5.30 zeigt den schematischen Aufbau einer GuV nach dem Umsatzkostenverfahren nach § 275 Abs. 3 HGB.

Das Bruttoergebnis, auch Rohertrag (Gross Profit) genannt, ergibt sich, indem man von den Umsatzerlösen die Umsatzkosten abzieht. Umsatzkosten umfassen diejenigen Material- und Arbeitskosten, die direkt dem Produktionsprozess zuzuordnen sind. Sie werden deshalb auch als Herstellungskosten bezeichnet.

Bruttoergebnis, Rohertrag

Der Rohertrag (Gross Profit) wird zur Kalkulation von Preisen verwendet. Auf die kalkulierten Umsatzkosten, die sich z. B. in einem Projekt durch die Personalkosten ergeben, wird die erforderliche Gross Profit Marge aufgeschlagen.

Gross Profit

Das Betriebsergebnis berücksichtigt dann auch Gemeinkosten, die nicht einzelnen Produkten zugeordnet werden können, z. B. Verwaltungs- und Vertriebskosten.

Betriebsergebnis

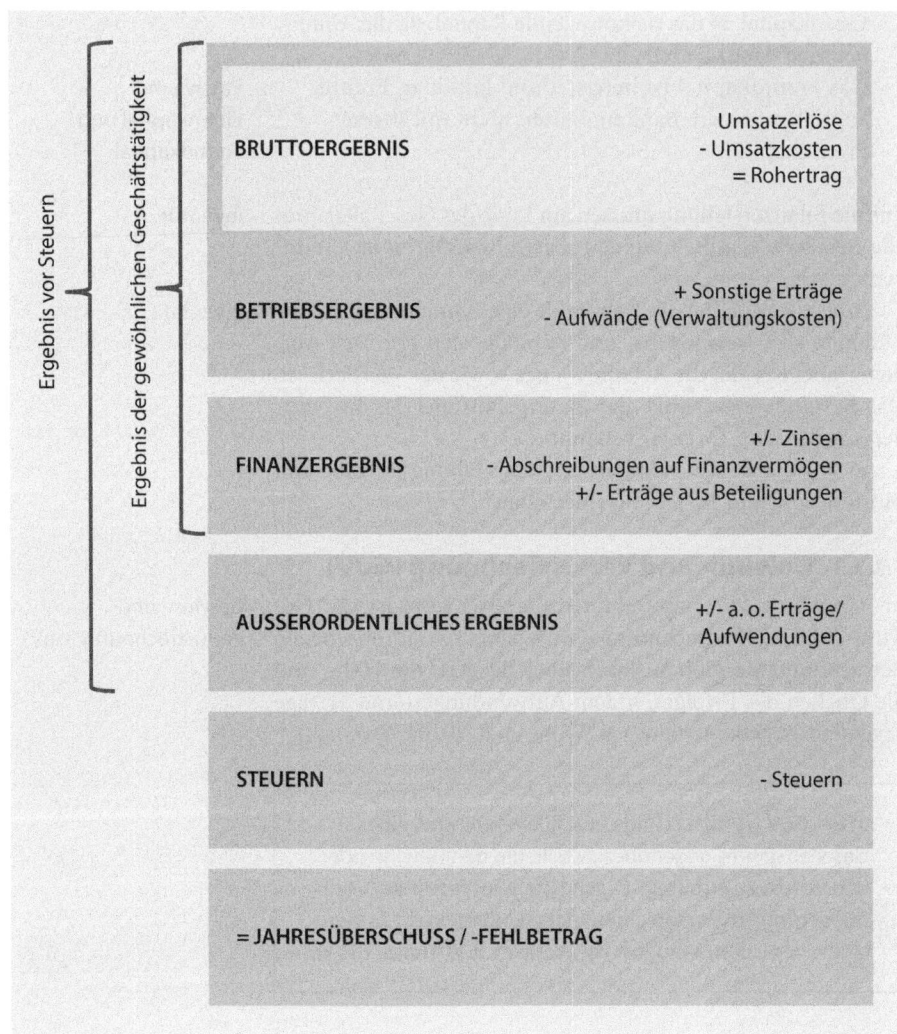

Abb. 5.30 Gewinn- und Verlustrechnung nach dem Umsatzkostenverfahren

Finanzergebnis
: Das Finanzergebnis berücksichtigt Erträge und Aufwendungen, die nicht „in der eigentlichen Produktion", sondern durch finanzielle Beteiligungen oder anhand von Krediten zustande kommen.

Ergebnis der gewöhnlichen Geschäftstätigkeit
: Betriebsergebnis (aus Produktion und Verwaltung) und Finanzergebnis (aus finanziellen Aktivitäten) ergeben das Ergebnis der gewöhnlichen Geschäftstätigkeit.

Außerordentliches Ergebnis
: Da es auch außerordentlichen Vorkommnisse gibt, wie Sturmschäden oder Forderungsausfälle, werden diese im Rahmen des außerordentlichen Ergebnisses zusammengefasst.

5.3 · Finanzbereich: die monetäre Seite

Dieses Ergebnis vor Steuern (Earnings before Taxes, EBT) führt nach Abzug der Steuern zu Gewinn oder Verlust.

Viele internationale Konzerne weisen in ihren Geschäftsberichten die Kennzahlen EBIT und EBITDA aus.

EBIT steht für Earnings before interest and taxes, zu Deutsch: Ergebnis vor Zinsen und Steuern. *Vor* bedeutet, dass die Aufwandsposten Zinsen und Ertragssteuern unberücksichtigt bleiben bzw. dem Gewinn wieder hinzugerechnet werden. Hintergrund der Kennzahl ist, dass zwischen Unternehmen mit unterschiedlichen Fremdkapitalanteilen und mit unterschiedlichen nationalen Steuersätzen Vergleichbarkeit hergestellt werden soll. Das EBIT möchte eine Beurteilung der Ertragskraft aus der operativen Geschäftstätigkeit ermöglichen.

EBITDA steht für Earnings before interest, taxes, depreciation and amortization, zu Deutsch: Ergebnis vor Zinsen, Steuern, Abschreibungen auf Sachanlagen und Abschreibungen auf immaterielles Anlagevermögen. Bei dieser Kennzahl wird das EBIT noch zusätzlich um Abschreibungen korrigiert, da sie nicht zahlungswirksam sind. Das EBITDA hat also Züge der Kapitalflussrechnung.

In ▶ Abschn. 5.6 befindet sich eine Übungsaufgabe mit Musterlösung zur Gewinn- und Verlustrechnung (GuV).

Ergebnis vor Steuern, Ergebnis nach Steuern EBIT, EBITDA

5.3.3.4 Kapitalflussrechnung

Die Kapitalflussrechnung bietet die Gelegenheit, die häufig verwendeten Begriffe Cashflow und Abschreibung zu erläutern.

Unternehmen müssen immer in der Lage sein, offene Forderungen wie Rechnungen oder Lohnzahlungen zu begleichen. Ist ein Unternehmen dazu nicht in der Lage, so ist es insolvent, also zahlungsunfähig. Liquide Mittel werden deshalb mit dem Sauerstoff für den Menschen verglichen (vgl. Capaul und Steingruber 2010, S. 365).

Cashflow und Abschreibungen sind Größen aus der Kapitalflussrechnung

> Der **Cashflow** bezeichnet die liquiden Mittel aus dem Verkauf von Leistungen, die nicht in Kürze zu Auszahlungen führen (vgl. Wöhe et al. 2016a, S. 527).

Da weder die Bilanz noch die GuV die Ein- und Auszahlungen, also den Fluss der liquiden Mittel, den sogenannten Cashflow betrachten, gibt es die Kapitalflussrechnung.

Cashflow ist der Fluss der liquiden Mittel.

> Die **Kapitalflussrechnung** stellt die Zahlungsströme dar und gibt dadurch Einblicke in die Liquiditätslage eines Unternehmens. In englischer Sprache heißt sie *Statement of Cash Flows*.

Die Kapitalflussrechnung berechnet dazu die Mittelzuflüsse und -abflüsse aus Geschäftstätigkeit sowie aus Investitions- und Finanzierungsvorgängen (vgl. Thommen et al. 2017, S. 223, 289 u. 305):

- Mittelzufluss aus operativer Tätigkeit ergibt sich z. B. durch Umsatzerlöse aus dem Barverkauf von Produkten. Somit kommen liquide Mittel in die Kasse eines Unternehmens.
- Mittelabfluss aus investiver Tätigkeit ergibt sich durch eine Auszahlung, um eine neue Maschine zu kaufen.
- Mittelzufluss ergibt sich z. B durch die Aufnahme eines Kredits in der Finanzwirtschaft.
- Mittelzufluss entsteht jedoch auch durch die Finanzierung aus Abschreibungsgegenwerten oder Rückstellungen.

> **Abschreibungen** bezeichnen den Wertverlust oder die Wertminderung von Anlagevermögen wie Maschinen oder Fuhrpark.

Abschreibung

Jedes Auto und jede Maschine verliert jedes Jahr an Wert. Dieser Wertverlust wird in der GuV als Aufwand verbucht. Dieser Aufwand führt aber zu keiner Auszahlung. Es findet damit eine Vermögensumschichtung statt: Die Maschine als Anlagevermögen verliert an Wert, dem Unternehmen stehen dafür liquide Mittel, also Cashflow, zur Verfügung.

Rückstellungen

Derselbe Effekt gilt für Rückstellungen.

> **Rückstellungen** sind Verpflichtungen, deren Art recht sicher ist, deren Höhe und Fälligkeit aber noch unsicher sind.

Unternehmen bilden z. B. Rückstellungen für Prozesskosten (kurzfristig) oder Pensionen (langfristig). Bei den Diesel-Skandalen bildete die Volkswagen AG Rückstellungen in Milliardenhöhe für Schadensersatzzahlungen. Die Art der

5.3 · Finanzbereich: die monetäre Seite

Zahlungsverpflichtung war also klar: Schadensersatz. Aber die Höhe und der Zeitpunkt der Zahlungen waren nicht bekannt.

Wird eine Rückstellung getätigt, wird der Aufwand in der GuV sofort verbucht. Die Auszahlung erfolgt aber erst zu einem späteren Zeitpunkt und so steht dem Unternehmen der Betrag als Cashflow zur Verfügung.

Der Cashflow – im einfachsten Modell – ergibt sich also wie folgt (vgl. Wöhe et al. 2016a, S. 527 f.):

Gewinn laut GuV
+ Abschreibungen
+ Bildung von langfristigen Rückstellungen
− Auflösung von langfristigen Rückstellungen
= operativer Cashflow

Dieser operative Cashflow steht nun für die Innenfinanzierung zur Verfügung (vgl. dazu auch ▶ Abschn. 5.3.5.2).

5.3.4 Kostenrechnung – internes Rechnungswesen

Während die Buchführung gegenüber Externen Rechenschaft ablegt über Mittelherkunft und -verwendungen (Bilanz) sowie über Erträge und Aufwendungen (Gewinn- und Verlustrechnung), betrachtet die Kostenrechnung die Kosten und die Leistungen. Sie wird deshalb auch Kosten- und Leistungsrechnung genannt.

Kostenrechnung betrachtet Kosten und Leistungen

> Die **Kostenrechnung** (auch Betriebsbuchhaltung genannt) erfasst alle Kosten, die in einem Unternehmen anfallen und ordnet sie Produkten, Dienstleistungen oder Projekten zu.

Damit liefert sie wichtige Informationen für die Kalkulation von Preisen oder Mindestabsatzmengen. Die Zahlen sind daher nicht für die Öffentlichkeit, sondern für interne Stakeholder bestimmt.

Das Rechnungswesen kennt zwei unterschiedliche Arten von Kostenrechnungen (vgl. Capaul und Steingruber 2010, S. 378):
1. Die Vollkostenrechnung verteilt die gesamten Kosten auf die unterschiedlichen Kostenträger.
2. Die Teilkostenrechnung beschränkt sich auf die Kosten, die einem Kostenobjekt direkt zurechenbar sind.

Vollkostenrechnung, Teilkostenrechnung

◘ Abb. 5.31   Elemente der Vollkostenrechnung (vgl. Capaul und Steingruber 2010, S. 373)

5.3.4.1 Vollkostenrechnung: Kostenarten, Kostenstellen, Kostenträger

Die Vollkostenrechnung gibt z. B. bei einem Möbelhersteller Antwort auf die drei folgenden Fragen (vgl. ◘ Abb. 5.31):

Kostenartenrechnung

Kostenartenrechnung Die Kostenartenrechnung ist eine geordnete Darstellung der angefallenen Kosten. Dazu werden die Aufwände der Buchführung bereinigt, so dass nur noch Kosten vorliegen. Eine Spende eines Unternehmens ist z. B. ein Aufwand, hat jedoch nichts mit der Leistungserstellung zu tun und darf deshalb nicht in die Kostenartenrechnung einfließen.

Die Kostenarten können in Einzel- und Gemeinkosten unterschieden werden:

Einzelkosten, Gemeinkosten

- Einzelkosten sind die Kosten, die im Leistungserstellungsprozess entstanden sind und die einem Kostenträger direkt zugeordnet werden können, z. B. Materialkosten für einen Schrank.
- Gemeinkosten sind Kosten, die zur Erstellung unterschiedlicher Produkte angefallen sind, z. B. Mietkosten für die Werkstatt oder Stromkosten.

Kostenstellenrechnung Da sich Gemeinkosten nicht direkt einem Kostenträger zuordnen lassen, muss eine andere Lösung gefunden werden. Dazu werden die Kostenarten auf einzelne Kostenstellen umgelegt.

Kostenstelle

> Eine **Kostenstelle** ist ein Bereich im Unternehmen, für den Gemeinkosten gesondert erfasst und auf die Kostenträger (= Kostenstellennutzer) weiter verrechnet werden (vgl. Wöhe et al. 2016a, S. 875).

5.3 · Finanzbereich: die monetäre Seite

Ein Verteilschlüssel legt fest, wie Gemeinkosten verursachergerecht auf die Kostenstellen verteilt werden. Ein Umlageschlüssel legt fest, wie die Kosten verursachungsgerecht von den Kostenstellen auf die Kostenträger umgelegt werden (vgl. Capaul und Steingruber 2010, S. 374).

Stromkosten fallen in einer Schreinerei im Büro, in der Produktion sowie im Verkaufsraum an. Über einen Verteilschlüssel oder mittels Schätzungen muss ein Weg gefunden werden, um die Stromkosten den einzelnen Kostenstellen zuzuordnen.

Die innerbetriebliche Verrechnung von Gemeinkosten basiert auf dem Betriebsabrechnungsbogen (BAB). In einer Tabelle erfolgt die Verrechnung von Gemeinkosten über Hilfs- und Hauptkostenstellen auf die Kostenträger.

Eine Hauptkostenstelle, z. B. ein Bereich in der Produktion, nimmt Leistungen einer Hilfskostenstelle, z. B. der firmeneigenen Reparaturabteilung, in Anspruch. Nun wird die Hauptkostenstelle der Produktion anteilig mit den Gemeinkosten der Reparaturabteilung belastet.

Kostenträgerrechnung Für die Kalkulation von gewinnbringenden Preisen ist es erforderlich zu wissen, welche Kosten ein Produkt, eine Dienstleistung oder ein Projekt genau verursacht. Man spricht dann von den Selbstkosten. Nur wenn ein Unternehmen die Kosten für einen Kostenträger kennt, kann es den Preis festlegen, der die Erzielung von Gewinn ermöglicht. Damit kann dann der notwendige Gewinn erwirtschaftet werden, der für weitere Investitionen, für Rücklagen oder als Ausschüttung für die Eigenkapitalgeber benötigt wird.

Kostenträgerrechnung ermittelt Selbstkosten

> **Kostenträger** sind hergestellte Güter, erbrachte Dienstleistungen oder durchzuführende Projekte, die die verursachten Kosten zu tragen haben (Capaul und Steingruber 2010, S. 375).

Um die Kosten für einen Kostenträger zu ermitteln, werden die Einzelkosten direkt zugeordnet. Die Gemeinkosten werden mithilfe eines Umlageschlüssels aus der Kostenstellenrechnung zugeordnet (vgl. ◘ Abb. 5.32).

5.3.4.2 Teilkostenrechnung: Deckungsbeitrag, Break-even-Analyse

Da die Erstellung einer Vollkostenrechnung sehr komplex und oftmals ungenau ist, insbesondere durch die Verteil- und Umlageschlüssel der Kostenarten- und Kostenstellenrech-

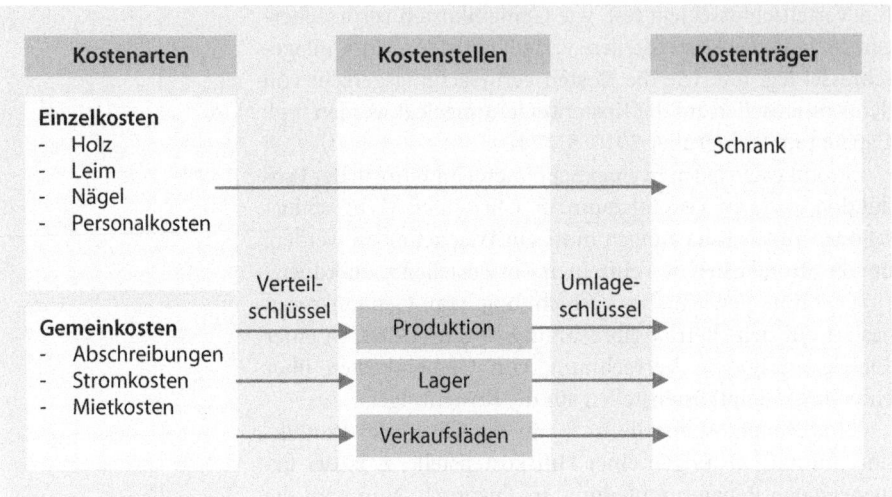

 Abb. 5.32 Kostenträger Schrank

nung, werden oftmals auch die Ergebnisse aus der Teilkostenrechnung berücksichtigt. Die Teilkostenrechnung betrachtet nicht die vollen Selbstkosten, sondern nur einen Teil davon. Verbreitet sind insbesondere die Deckungsbeitragsrechnung sowie die Break-even-Analyse.

Deckungsbeitragsrechnung

Deckungsbeitragsrechnung Die Deckungsbeitragsrechnung ist ein Instrument der Teilkostenrechnung. Dabei steht die Betrachtung der fixen Kosten im Mittelpunkt.

Fixe Kosten

Fixe Kosten fallen unabhängig von den Produktions- oder Verkaufszahlen an. Die Crew eines Flugzeugs muss immer bezahlt werden, egal wie viele Passagiere an Bord sind. Die Miete eines Immobilienmaklerbüros muss immer bezahlt werden, egal wie viele Häuser verkauft werden.

Variable Kosten

Variable Kosten hingegen hängen von der produzierten Menge eines Produktes ab, z. B. Materialeinzelkosten.

> Der **Deckungsbeitrag** ist die Differenz zwischen dem Umsatz und den variablen Kosten. Diese Differenz ist der Beitrag, der zur Deckung der Fixkosten zur Verfügung steht. Die Kenntnis dieses Betrages ist wichtig für Preisgestaltung und Kostenüberwachung.

Der Deckungsbeitrag kann auf der Ebene einzelner Produktes oder einer Gesamtmenge berechnet werden.

5.3 · Finanzbereich: die monetäre Seite

Ist der Deckungsbeitrag aller verkauften Produkte größer als die Fixkosten, ergibt sich ein Gewinn. Die Gewinnschwelle, der Break-even-Point, wird also dann erreicht, wenn der Deckungsbeitrag genau den Fixkosten entspricht.

Break-even-Analyse Mit der Break-even-Analyse kann ein Unternehmen erkennen, bei welcher Absatzmenge eine Vollkostendeckung eintritt und somit Gewinn erzielt wird (vgl. Capaul und Steingruber 2010, S. 380 ff.).

Der Break-even-Point ist die Gewinnschwelle. Wird die Gewinnschwelle überschritten, macht man Gewinne, wird sie unterschritten, macht man Verluste. Die Gewinnschwelle wird genau dann erreicht, wenn Umsatz und Gesamtkosten eines Produktes gleich hoch sind.

Anders ausgedrückt – mit Bezug zum Deckungsbeitrag: Am Break-even-Point ist der Deckungsbeitrag der Produkte gleich hoch wie die Fixkosten.

Die Break-even-Analyse kann nur durchgeführt werden, wenn eine Gliederung der Kosten in fixe und variable Kosten vorliegt und der Deckungsbeitrag (DB) bekannt ist (◘ Abb. 5.33).

Break-even-Analyse

Gewinnschwelle

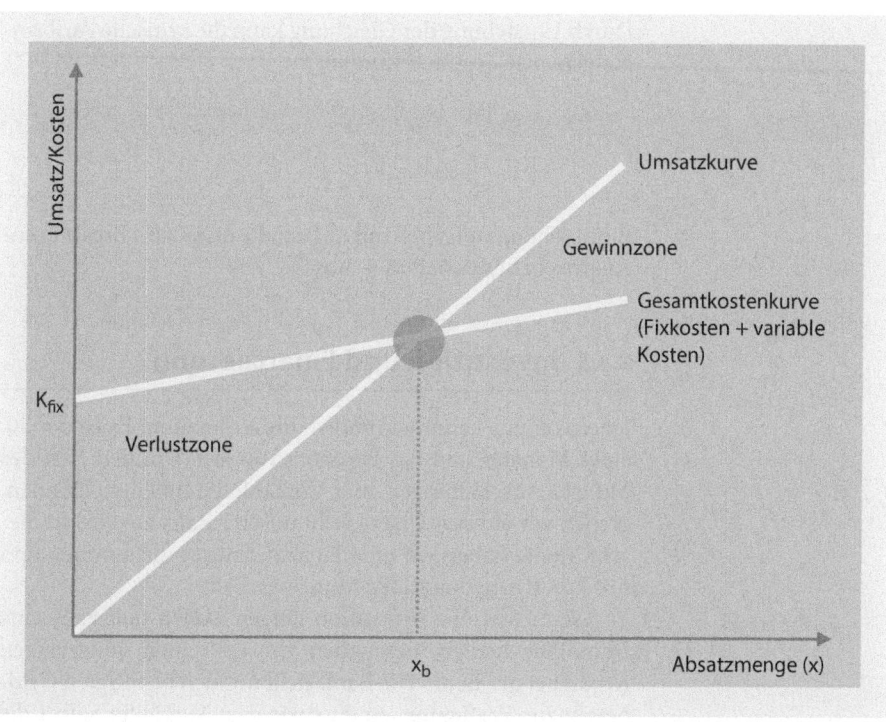

◘ Abb. 5.33 Break-even-Analyse

Für die Berechnung des Break-even-Punktes werden die folgenden Größen benötigt:
- U = Umsatz
- K = Gesamtkosten
- K_{fix} = fixe Gesamtkosten
- x_b = kritische Ausbringungsmenge
- p = Preis/Stück
- k_{var} = variable Kosten/Stück
- $p - k_{var}$ = Deckungsbeitrag pro Stück

Rechnerisch ergibt sich die Ermittlung des Break-even-Points wie folgt, da der Wert gesucht wird, wo Umsatz und Gesamtkosten gleich hoch sind:

$$U = K$$

Für Umsatz und Gesamtkosten kann nun eine Formel hinterlegt werden, da sich der Umsatz ergibt aus Preis mal gesuchte Ausbringungsmenge. Die Gesamtkosten ergeben sich durch Addition der gesamten Fixkosten und der variablen Kosten:

$$p^* x_b = K_{fix} + k_{var}^* x_b$$

Durch Umstellung der Gleichung kann die kritische Ausbringungsmenge ermittelt werden:

$$K_{fix} = x_b \left(p - k_{var} \right)$$

$$x_b = K_{fix} / \left(p - k_{var} \right)$$

Eine Übungsaufgabe mit Musterlösung zur Break-even-Analyse befindet sich in ▶ Abschn. 5.6.

5.3.5 Investition und Finanzierung

Jeder von uns kennt vermutlich diese Situation: Es ist der 20. eines Monates und das Girokonto ist leer. Um den Rest des Monats Anschaffungen und Einkäufe bezahlen zu können, greifen wir auf den Dispokredit unserer Bank zurück. In diesem Monat haben wir eine Finanzierung vorgenommen und uns kurzfristig finanzielle Mittel beschafft.

Wenn wir eine Investition tätigen wollen und z. B. eine Immobilie kaufen, beschaffen wir uns einen langfristigen Kredit bei der Bank. Die Bank stellt uns den benötigten Geldbetrag zur Verfügung, so dass wir dem Verkäufer sofort die Kaufsumme überweisen können. Wir zahlen unsere Immobilie dann über Jahre oder gar Jahrzehnte bei der Bank ab.

5.3 · Finanzbereich: die monetäre Seite

Für ein Unternehmen sind die Themen Investition und Finanzierung noch komplexer. Stellen wir uns den Daimler-Konzern mit rund 280.000 Mitarbeiterinnen und Mitarbeitern vor. Jede einzelne Person muss am Ende des Monats Lohn und Gehalt erhalten. Alle Lieferanten müssen rechtzeitig bezahlt werden. Kredite müssen zurückbezahlt werden. Ein neuer Kredit für die Erbauung eines neuen Werkes muss aufgenommen werden. Andererseits lahmt aber vielleicht der Absatz und es liegen weniger Einzahlungen vor als das Unternehmen benötigt.

5.3.5.1 Kapital beschaffen und investieren

Finanzierung bedeutet finanzielle Mittel zu beschaffen. Investition bedeutet diese finanziellen Mittel anzulegen. Finanzierung und Investition sind also eng miteinander verbunden (vgl. ◘ Abb. 5.34).

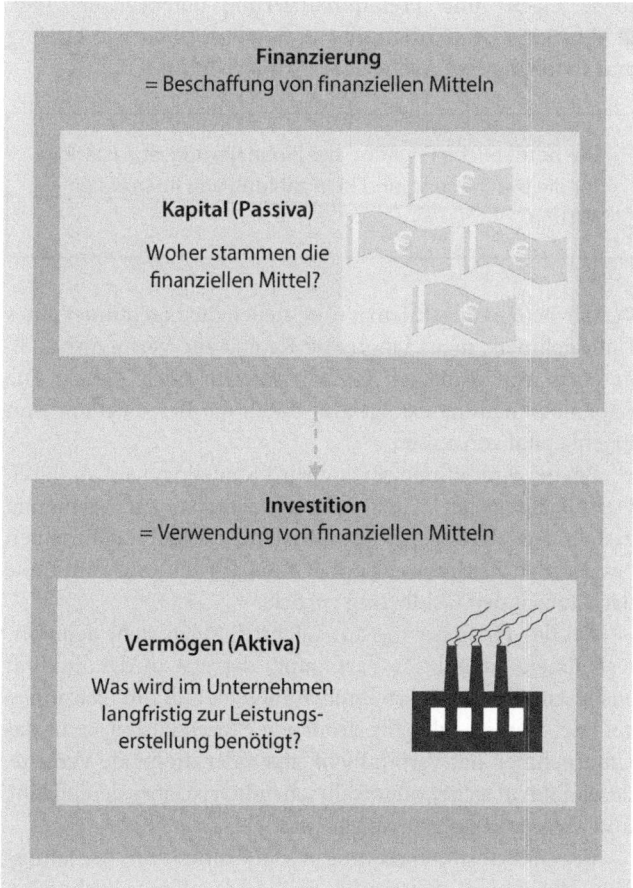

◘ **Abb. 5.34** Zusammenhang zwischen Finanzierung und Investition

Corporate Finance

Das Management von Finanzierungen und Investitionen wird als *Corporate Finance* bezeichnet. Der Bereich *Corporate Finance* ist dafür zuständig, dass das Unternehmen immer zahlungsfähig ist und seinen Zahlungsverpflichtungen nachkommen kann (vgl. Straub 2015, S. 257). Die Liquidität ist eines der obersten Ziele der Finanzwirtschaft. Nicht zahlungsfähig zu sein bedeutet, insolvent zu sein: Das Unternehmen steckt dann in einer tiefen Krise und es wird ein Insolvenzverfahren eröffnet.

Cashflow

Deshalb ist der Cashflow (Bargeldfluss) eine wichtige Kennzahl in der Finanzwirtschaft. Cashflow ist die Differenz zwischen Ein- und Auszahlungen einer Abrechnungsperiode.

5.3.5.2 Finanzierung und Finanzierungsarten

Unternehmen haben verschiedene Möglichkeiten, Kapital zu beschaffen. Die Finanzierungsarten lassen sich systematisieren, indem man zwischen Innen- und Außenfinanzierung sowie Eigen- und Fremdfinanzierung unterscheidet (vgl. ◘ Abb. 5.35). Außerdem gibt es Sonderformen wie Leasing und Factoring (vgl. Wöhe et al. 2016a, S. 532 ff.).

> Die betriebliche Funktion der **Finanzierung** ist zuständig für die Beschaffung und Rückzahlung von finanziellen Mitteln.

Beteiligungsfinanzierung

Bei der Beteiligungsfinanzierung stellen die Eigentümer eines Unternehmens meist langfristig Kapital zur Verfügung, z. B. in Form von Einlagen ,GmbH-Anteilen oder Aktien. Die Kapitalbeschaffung erfolgt also durch die Bereitstellung von Eigenkapital von außen.

Kreditfinanzierung

Bei der Kreditfinanzierung wird Kapital von außen durch Fremdkapitalgeber (Gläubiger) wie Banken zur Verfügung gestellt. Der Kreditgeber überlässt einen Geldbetrag für einen bestimmten Zeitraum. Er erhält dafür Zinsen sowie am Ende der Laufzeit den Geldbetrag zurück.

Finanzierung aus Rückstellungen

Bei der Finanzierung aus Rückstellungen steht dem Unternehmen Kapital zur Verfügung, das erst in der Zukunft ausbezahlt wird. Rückstellungen müssen z. B. für Pensionen gebildet werden oder für drohende Prozesskosten, d. h. das Unternehmen hat Verbindlichkeiten oder drohende Verluste, deren Eintritt sicher oder wahrscheinlich ist, aber deren Höhe und Zeitpunkt noch unsicher sind.

Selbstfinanzierung aus Gewinnen

Bei der Selbstfinanzierung aus Gewinnen wird der Jahresüberschuss nicht vollständig an die Eigentümer ausbezahlt,

5.3 · Finanzbereich: die monetäre Seite

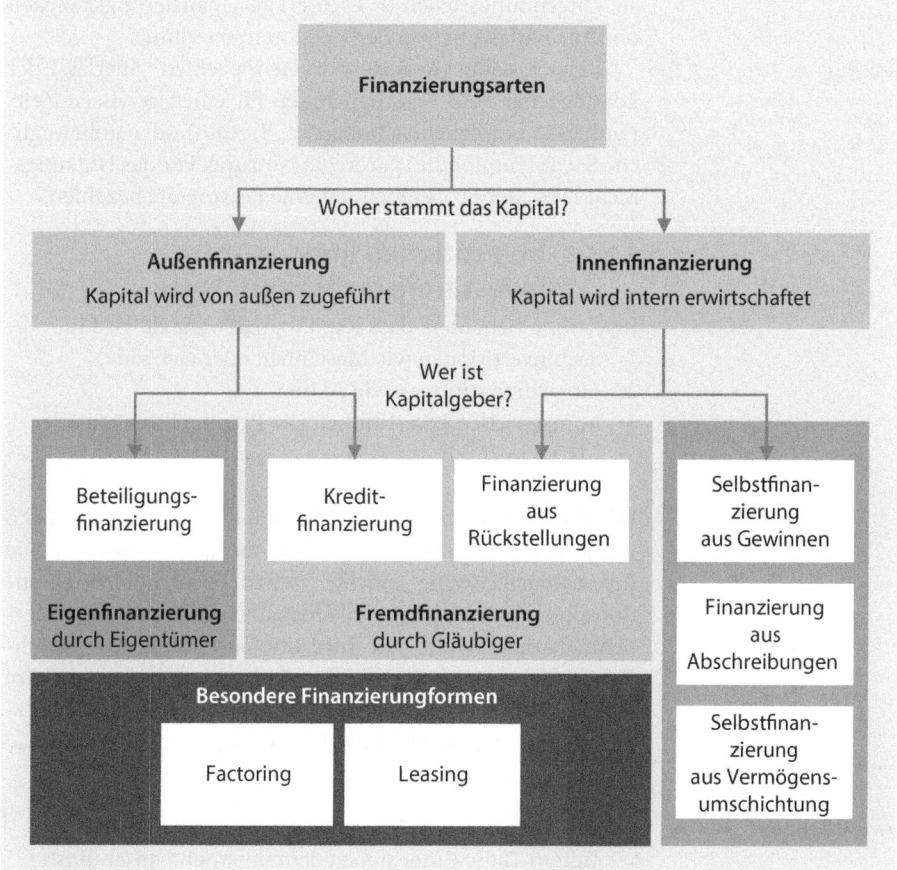

☐ Abb. 5.35 Finanzierungsarten

sondern einbehalten und dem Eigenkapital zugeführt oder für Investitionen genutzt.

Bei der Finanzierung aus Abschreibungen steht dem Unternehmen Cashflow zur Verfügung, da die Abschreibungen zu einem Aufwand in der Gewinn- und Verlustrechnung führen, aber nicht auszahlungswirksam sind.

Finanzierung aus Abschreibungen

Bei der Finanzierung durch Vermögensumschichtung kommt es zu einer Veränderung der Kapitalstruktur.

Finanzierung durch Vermögensumschichtung

Unter Factoring versteht man den Verkauf von Forderungen an einen Dritten, den sogenannten Factor. Je nach Ausprägung verwaltet der Factor die Forderung, führt das Mahnwesen durch und übernimmt das Risiko bis zum Geldeingang. Dafür erhält er eine Factoring-Gebühr auf den Umsatz und ggfs. Zinsen für die in Anspruch genommene Liquidität. Arztpraxen verkaufen bspw. ihre Forderungen gegenüber Patienten

Factoring

Leasing   an Abrechnungsstellen (= Factors) zu Finanzierungszwecken und zur Entlastung von der Debitorenverwaltung.

Beim Leasing (to lease = mieten, pachten) überlässt der Leasinggeber dem Leasingnehmen für einen gewissen Zeitraum eine bewegliche (Mobilie, z. B. Auto) oder unbewegliche Sache (Immobilie) zur freien Nutzung. Für das Nutzungsrecht muss der Leasingnehmer eine Leasingrate bezahlen.

5.3.5.3 Investitionen und Investitionsrechenverfahren

Investition bedeuten, dass Kapital umgewandelt wird in
1. Sachinvestitionen wie Maschinen oder Gebäude,
2. Finanzinvestitionen wie Aktien,
3. immateriellen Investitionen wie Patente, Lizenzen oder Markenrechte.

Da all diese Investitionen viel Kapital binden und mit Risiko verbunden sind, ist es erforderlich, sorgsam abzuwägen. Die Investitionsrechnung möchte zwischen mehreren Investitionsobjekten dasjenige auswählen, das am besten die Unternehmensziele erfüllt. Die Investitionsrechnung berücksichtigt dabei nur monetäre Größen. Sollen auch nicht-monetäre Größen berücksichtigt werden, greift man z. B. auf eine Nutzwertanalyse (vgl. ► Abschn. 6.9) zurück.

Investitionen

> **Investitionen** sind Auszahlungen für den Kauf von Gütern. Diese Güter stehen dem Unternehmen langfristig zur Verfügung und lassen Einzahlungen erwarten (vgl. z. B. Wöhe et al. 2016a, S. 466).

Investitionsrechnungen   Investitionsrechnungen lassen sich in statische und dynamische Verfahren unterteilen (vgl. ◘ Abb. 5.36):

Statische Methoden   Statische Methoden werden auch Praktikerverfahren genannt. Sie beruhen auf verständlichen Rechnungen mit Durchschnittswerten. Der Zeitpunkt, wann Ein- und Auszahlungen stattfinden, wird dabei nicht berücksichtigt (vgl. Thommen et al. 2017, S. 347 f.).

Dynamische Methoden   Dynamische Methoden basieren auf der Finanzmathematik. Sie berücksichtigen den zeitlichen Anfall von allen Ein- und Auszahlungen durch das sogenannte *Discounting*, d. h. durch die Abzinsungen aller Zahlungen auf einen heutigen Barwert. Nur Investitionen, deren Barwert größer als null ist, sind rentabel (vgl. Straub 2015, S. 265).

5.3 · Finanzbereich: die monetäre Seite

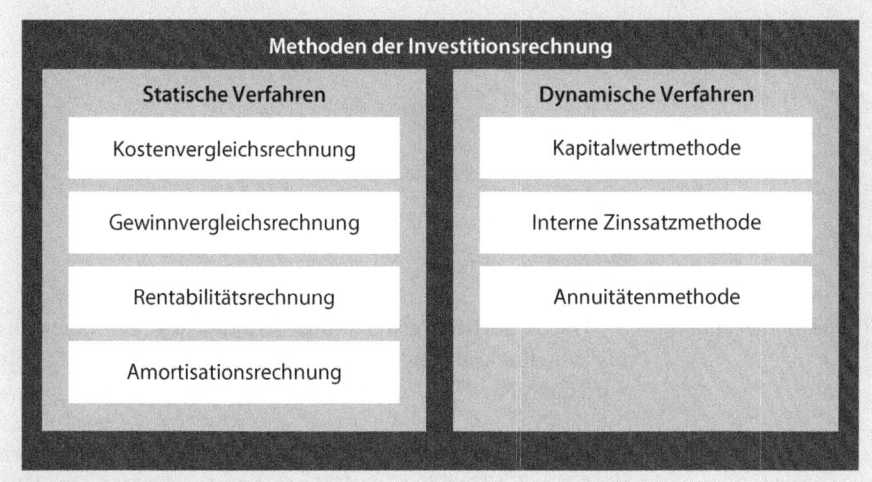

◘ Abb. 5.36 Investitionsrechenverfahren

Der Wert, den zukünftiges Geld heute hätte, wird als Barwert (Present Value) bezeichnet. Den Barwert erhält man durch Abzinsung mit einem Zinssatz, der die alternativ erreichbare Verzinsung und damit die Opportunitätskosten beinhaltet. Opportunitätskosten beleuchten, dass das investierte Geld anderweitig zinsbringend angelegt werden könnte.

Barwert

Operations Research-Verfahren sind eine dritte, sehr aufwendige Methode, die optimale Entscheidung bei Investitionen zu treffen. Hier werden mathematisch komplexe Modelle verwendet.

Operations Research

Statische Investitionsrechenverfahren umfassen die folgenden Methoden (vgl. z. B. Thommen et al. 2017, S. 342–348):

Die Kostenvergleichsrechnung ermittelt die Kosten von zwei oder mehreren Investitionsobjekten und stellt sie einander gegenüber.

Kostenvergleichsrechnung

Die Gewinnvergleichsrechnung ermittelt Erlöse und Kosten der Objekte. Das Objekt mit dem höchsten Gewinnbeitrag wird ausgewählt.

Gewinnvergleichsrechnung

Die Rentabilitätsrechnung setzt die durchschnittlich erzielten Gewinne ins Verhältnis zum durchschnittlich eingesetzten Kapital. Steht nur ein Objekt zur Diskussion, so kann anhand einer Mindestrendite entschieden werden, ob das Objekt den Renditevorstellungen genügt. Ansonsten wäre es besser, das Geld alternativ anzulegen (Opportunitätskosten).

Rentabilitätsrechnung

$$\text{Barwert } BW_0 = \sum_{t=1}^{n} C_t (1+i)^{-t}$$

◘ Abb. 5.37 Barwert

Amortisationsrechnung

Die Amortisationsrechnung ermittelt die Zeitdauer, die bis zur Rückzahlung des Investitionsbetrages vergeht. Sie wird auch Pay-back- oder Pay-off-Methode genannt.

Dynamische Verfahren Die dynamischen Verfahren umfassen die folgenden Verfahren (vgl. Thommen et al. 2017, S. 348–353). Sie alle bauen auf der Barwertberechnung auf (vgl. ◘ Abb. 5.37).

Geldzahlungen vergleichen

Dazu eine Frage: Was ist mehr wert? 1000 Euro, die Sie heute auf der Stelle bekommen könnten oder 1000 Euro, die Sie in fünf Jahren erhalten könnten (die Inflation bleibt hier außen vor). Auch ohne jegliche finanzmathematischen Kenntnisse ist uns intuitiv klar, dass das Geld, das wir heute erhalten würden, mehr wert ist. Wir könnten es z. B. anlegen und hätten dann in fünf Jahren 1000 Euro plus die Verzinsung.

Abzinsen mit Diskontierungsfaktor

Auf diese Art und Weise können Geldbeträge miteinander verglichen werden, indem sie immer auf den heutigen Tag abgezinst (diskontiert) werden. Wenn wir einen Zinssatz von drei Prozent annehmen, wären 1000 Euro, die wir in fünf Jahren erhalten würden, heute die folgende Summe wert:

$$1000\,\text{Euro}^* \text{Diskontierungsfaktor}\left(=(1+0{,}03)^{-5}\right)$$
$$= \text{ca. } 863\,\text{Euro}$$

Geld „heute" ist mehr wert als Geld „morgen"

Das ist deutlicher weniger als 1000 Euro heute! Deshalb sollte man unbedingt die Alternative wählen, wo man das Geld heute erhält.

Kapitalwertmethode

Die Kapitalwertmethode basiert auf der Barwertberechnung. Alle Ein- und Auszahlungen werden auf den Barwert (Net Present Value) abgezinst (vgl. ◘ Abb. 5.38). Um den Kalkulationszinssatz zu ermitteln, wird z. B. der Zinssatz für eine zehnjährige Bundesanleihe herausgezogen und noch ein Risikozuschlag hinzuaddiert. Denn eine Investition birgt immer ein höheres Risiko, als das Geld in eine Bundesanleihe zu investieren.

In ◘ Abb. 5.38 steht -I für die Anfangsauszahlung, C steht für die Einzahlungsüberschüsse und R steht für den

5.3 · Finanzbereich: die monetäre Seite

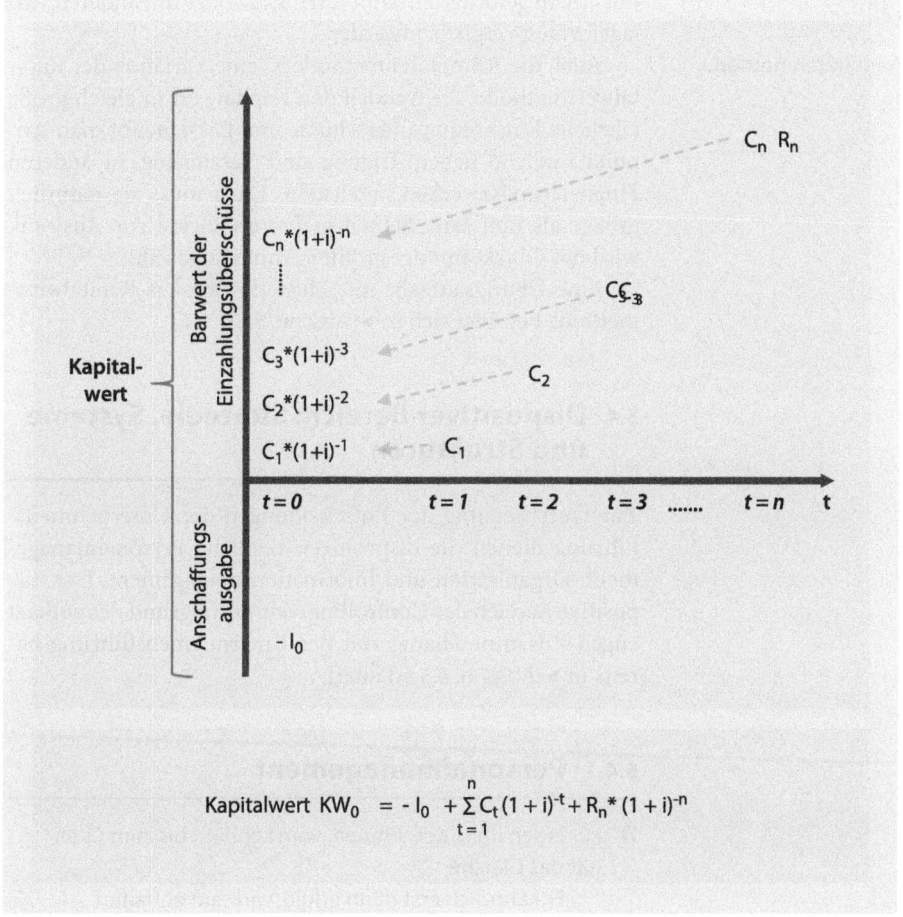

Abb. 5.38 Kapitalwert

Restbetrag, der am Ende des Nutzungs, z. B. durch Verkauf, noch erlöst werden kann.

Falls der Kapitalwert für die Investition negativ ist, sollte das Unternehmen die Investition nicht tätigen. Stattdessen sollte das Unternehmen das Geld wirklich besser in die Bundesanleihe investieren.

Ist der Kapitalwert positiv, bedeutet dies, dass das Kapital für die Investition zurückbezahlt werden kann und dass darüber hinaus noch eine Verzinsung erwirtschaftet wird, die über den angesetzten Mindestzins hinausgeht. Hier sollte das Unternehmen investieren.

Die Methode des internen Zinssatzes ist eine Variante der Kapitalwertmethode. Hier wird der interne Zinssatz ermittelt, bei der der Kapitalwert null ergibt. Dieser Zinssatz kann nun

Methode des internen Zinssatzes

Annuitätenmethode

mit einem geforderten Mindestzinssatz oder mit anderen Anlageformen verglichen werden.

Auch die Annuitätenmethode ist eine Variation der Kapitalwertmethode. Sie wandelt den Kapitalwert in gleich große jährliche Einzahlungsüberschüsse um. Diese nennt man Annuität, welche neben Tilgung und Verzinsung zu anderen Finanzierungszwecken bereitsteht. Dazu muss sie natürlich größer als null sein. Stehen mehrere Objekte zur Auswahl, wird das Objekt mit der größten Annuität gewählt.

Eine Übungsaufgabe mit Musterlösung zur Kapitalwertmethode befindet sich in ▶ Abschn. 5.6.

5.4 Dispositiver Bereich: Strategie, Systeme und Strukturen

Zur Durchsetzung der Entscheidungen der Unternehmensführung dienen die dispositiven Bereiche Personalmanagement, Organisation und Informationsmanagement. Der dispositive Bereich des Controllings wurde aufgrund des äußerst engen Zusammenhangs mit der Unternehmensführung bereits in ▶ Abschn. 4.3 erläutert.

5.4.1 Personalmanagement

> » Für jeden im Unternehmen, vom Lehrling bis zum Chef, gilt das Gleiche:
> Er kann sich erst dann erfolgswirksam entfalten, wenn er seine Rolle im Unternehmen versteht und wenn er erkennt, wie er mit seinen Hauptaufgaben zum Erreichen der gemeinsamen Ziele beiträgt.
> Manfred Helfrecht

Jede/r von uns, der schon einmal auf der Suche nach einem Job oder einer Anstellung war, kennt das Prozedere: Bewerbungen schreiben und absenden, Bewerbungsgespräche führen, Gehalt verhandeln, wenn alles gut läuft Vertragsunterzeichnung und Einstellung, Einarbeitung, Schulungen und am Ende des Beschäftigungsverhältnisses ein Arbeitszeugnis erhalten.

Personalmanagement für das Human Capital, ein wichtiger Produktionsfaktor

Auf der Seite eines Unternehmens müssen alle diese Aktivitäten für viele Bewerberinnen und Bewerber sowie Mitarbeiterinnen und Mitarbeiter durch das Personalmanagement geplant und verwaltet werden. Denn die Arbeitskräfte sind einer der Produktionsfaktoren im Unternehmen neben Material, Betriebsmitteln und Informationen.

5.4 · Dispositiver Bereich: Strategie, Systeme und Strukturen

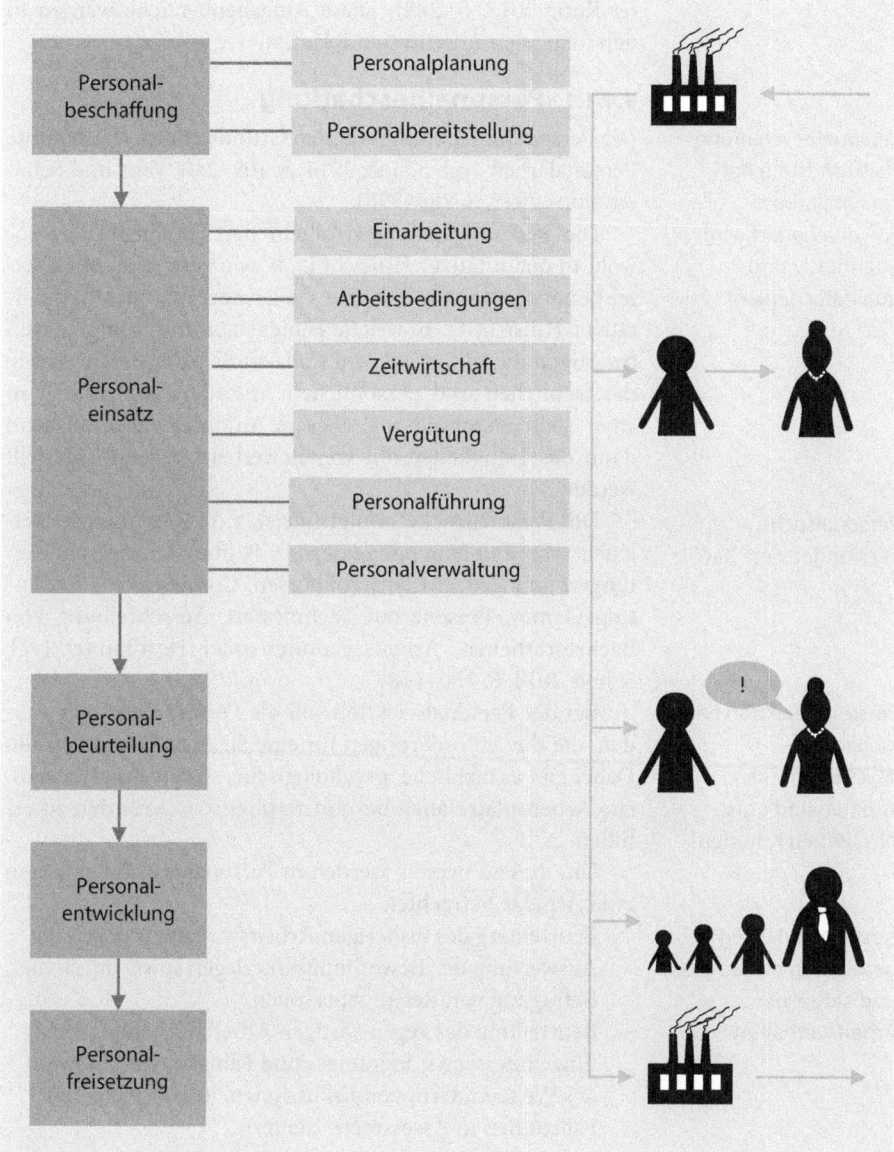

◘ Abb. 5.39 Aufgabenfelder der Personalwirtschaft (vgl. Vahs und Schäfer-Kunz, S. 288)

> **Personalmanagement** beinhaltet die Planung, Beschaffung und die Gestaltung des Einsatzes der Beschäftigten eines Unternehmens (vgl. Vahs und Schäfer-Kunz 2015, S. 283).

◘ Abb. 5.39 gibt einen Überblick über die zentralen Aufgabenbereiche des Personalmanagements (vgl. Vahs und Schäfer-Kunz 2015, S. 288). Diese Aufgabenbereiche werden in den folgenden Abschnitten erläutert.

5.4.1.1 Personalbeschaffung

Personalbeschaffung als Grundstein der Personalarbeit

Die Personalbeschaffung legt den Grundstein für die gesamte Personalarbeit (vgl. Scholz 2014, S. 109–210; Vahs und Schäfer-Kunz 2015, S. 289–298).

Personalbedarf wird quantitativ und qualitativ geplant

Die Personalplanung ermitteln den Personalbedarf sowohl in quantitativer Hinsicht (z. B. wie viele neue Mitarbeiter benötigen wir für das neue Callcenter?) als auch in qualitativer Hinsicht (z. B. welche Fähigkeiten und Kompetenzen benötigen die Mitarbeiter im Callcenter?). Die Beschreibung der fachlichen und persönlichen Anforderungen erfolgt in einer Stellenbeschreibung. Diesem Anforderungsprofil kann dann das Fähigkeitsprofil von Bewerbern gegenübergestellt werden.

Personalsuche verwendet viele Kanäle

Die Personalsuche erfolgt intern, z. B. über interne Stellenausschreibungen, oder extern, z. B. über Anzeigen in Zeitungen und Zeitschriften, Jobbörsen, Communities, Recruiting Games, Präsenz auf Fachmessen, Ausschreibung von Bachelorarbeiten, Arbeitsagenturen oder Headhunter (vgl. Scholz 2014, S. 150–178).

Personalselektion nach fachlichen, psychologischen, sozialen und ggfs. physischen Kriterien

Bei der Personalselektion soll die Person eingestellt werden, die die Anforderungen für eine Stelle am besten erfüllt. Dabei gibt es fachliche, psychologische, soziale und für manche Arbeitsplätze auch besondere physische Kriterien zu erfüllen.

Um dies zu prüfen, werden in Personalauswahlverfahren zwei Aspekte betrachtet:

Auswahlverfahren betrachten bisheriges und aktuelles Arbeitsverhalten

- Beurteilung des bisherigen Arbeitsverhaltens durch die Auswertung der Bewerbungsunterlagen sowie durch die Befragung von Referenzpersonen,
- Beurteilung des gegenwärtigen Arbeitsverhaltens durch Einzelinterviews, Eignungs- und Fähigkeitstests sowie des Weiteren Gruppendiskussionen, Rollenspiele und Fallstudien in Assessment Centern.

5.4.1.2 Personaleinsatz

Verlässt ein/e Mitarbeiter/in das Unternehmen, geht Wissen verloren

Wenn zu viele Personen über einen längeren Zeitraum das Unternehmen verlassen, spricht man von einer hohen Personalfluktuation. Meist hat dies eine tiefere Bedeutung: Vielleicht sind das Betriebsklima oder sonstige Arbeitsbedingungen schlecht? Eine zu hohe Fluktuationsrate ist teuer für Unternehmen, da jedes Mal Wissen verloren geht und aufs Neue gesucht werden muss.

5.4 · Dispositiver Bereich: Strategie, Systeme und Strukturen

Deshalb versuchen Unternehmen den Personaleinsatz optimal zu gestalten durch die folgenden Bereiche (vgl. z. B. Wöhe et al. 2016a, S. 119–150 oder Vahs und Schäfer-Kunz 2015, S. 298–319):

Einarbeitung Da die Fluktuationsrate in den ersten Monaten besonders hoch ist, haben viele Unternehmen Einarbeitungsprogramme erarbeitet, wie Einführungsseminare, Patenkonzepte oder Traineeprogramme. Erst wenn neues Personal dauerhaft fachlich und sozial integriert ist, gilt die Einarbeitungsphase als abgeschlossen.

> Einarbeitungsprogramme sollen Fluktuationsrate senken

Arbeitsbedingungen Da die Arbeitsbedingungen einen hohen Einfluss auf die Motivation sowie auf die Arbeitsleistung der Belegschaft haben, werden verschiedene Aspekte bewusst gestaltet:
- Der Arbeitsinhalt kann durch verschiedene Konzepte wie Job-Enrichment (qualitative Erweiterung des Arbeitsfeldes), Job-Enlargement (quantitative Erweiterung) oder Job-Rotation interessant gestaltet werden.
- Der Arbeitsplatz kann durch Verbesserung der Ergonomie, des Raumklimas, der Beleuchtung oder des Lärmpegels gestaltet werden.
- Das Arbeitsumfeld (auch Betriebsklima genannt) kann gestaltet werden durch materielle Aspekte, wie Entlohnung oder Aufstiegsmöglichkeiten, aber auch durch immaterielle Aspekte, wie vor allem den Führungsstil und den gegenseitigen Umgang.

> Arbeitsbedingungen beeinflussen Motivation und Arbeitsleistung

Zeitwirtschaft Im Rahmen der Zeitwirtschaft werden Arbeitszeiten gemäß verschiedener Arbeitszeitmodelle (z. B. Schichtarbeit, Teilzeitarbeit, Gleitzeit, Jahresarbeitszeit) festgelegt und kontrolliert.

Vergütung Die Höhe der gerechten Vergütung ist ein Dauerkonflikt zwischen Arbeitergebern und Arbeitnehmern. Grundsätzlich umfasst die Gesamtvergütung alle Entgeltbestandteile, also Entgelt für die geleistete Arbeit sowie Personalnebenkosten, wie Urlaubsgeld, betriebliche Altersvorsorge oder Sozialversicherungsbeiträge des Arbeitgebers.

Das Entgelt für geleistete Arbeit setzt sich zusammen aus Grundvergütung (aus Zeitlohn oder Gehalt) und der zusätzlichen Vergütung (z. B. aus Prämien oder Leistungszulagen).

Personalführung Die Personalführung (Direktion) ist die *Führung im engeren Sinne*, denn das Verhältnis zwischen Füh-

> Führung ist legitimes Beeinflussen

rungskraft und ihren Mitarbeitern hat große Auswirkungen auf die Motivation und Leistungsfähigkeit der Belegschaft.

> **Führung** ist legitimes Beeinflussen des Handelns von Mitarbeitern und Gruppen, um unternehmerische Ziele zu erreichen. Dabei wird der Einfluss in einer direkten sozialen Beziehung ausgeübt, wobei ein gewisses Sanktionspotenzial der Führungskraft vorliegt (vgl. Schreyögg und Koch 2015, S. 407).

Führungsstile beschreiben Verhaltensmuster

Führungsstile beschreiben, wie sich eine Führungskraft verhält oder verhalten sollte (vgl. Scholz 2014, S. 208). Der Führungsstil beschreibt Verhaltensmuster einer Führungskraft und bringt die generelle Einstellung gegenüber den Mitarbeitern zum Ausdruck (vgl. Stähle 1999, S. 334).

Auf der Suche nach der optimalen Verhaltensweise von Führungskräften wurden in den letzten Jahrzehnten viele Führungsstilkonzepte entwickelt. Diese Konzepte versuchen, die Komplexität der Einflussnahme auf einige wenige Parameter zu beschränken.

Die jeweilige Führungskonzeption im Unternehmen ist dabei durch die Kombination aus Führungsstil und Führungstechniken gekennzeichnet.

Geht man von der Partizipation der Mitarbeiter aus, unterscheidet man zwischen zwei grundsätzlichen Führungsstilen (vgl. Tannenbaum und Schmidt 1958; Schreyögg und Koch 2015, S. 419 f.):

1. Beim autoritären Führungsstil entscheidet die Führungskraft alleine, weist z. B. Aufgaben zu und die Mitarbeiter folgen diesen Entscheidungen. Die Führungskraft ist auf soziale Distanz bedacht und hält sich von Gruppenaktivitäten fern.
2. Beim demokratischen Führungsstil nimmt sich die Führungskraft zurück und die Gruppe der Mitarbeiter wirkt an der Entscheidung mit, z. B. bei der Aufgabenverteilung innerhalb der Gruppe. Die Führungskraft bringt den Gruppenmitgliedern hohe persönliche Wertschätzung entgegen und nimmt aktiv am Gruppenleben teil.

Zwischen diesen beiden Polen existiert ein Kontinuum an Führungsmöglichkeiten, das je nach Situation eingesetzt werden kann (vgl. ◘ Abb. 5.40).

Führungstechniken konkretisieren den Führungsstil

Führungstechniken (auch Managementprinzipien) machen konkrete Aussagen darüber, wie ein Führungsstil in der Praxis umgesetzt werden kann. Es handelt sich also um Füh-

5.4 · Dispositiver Bereich: Strategie, Systeme und Strukturen

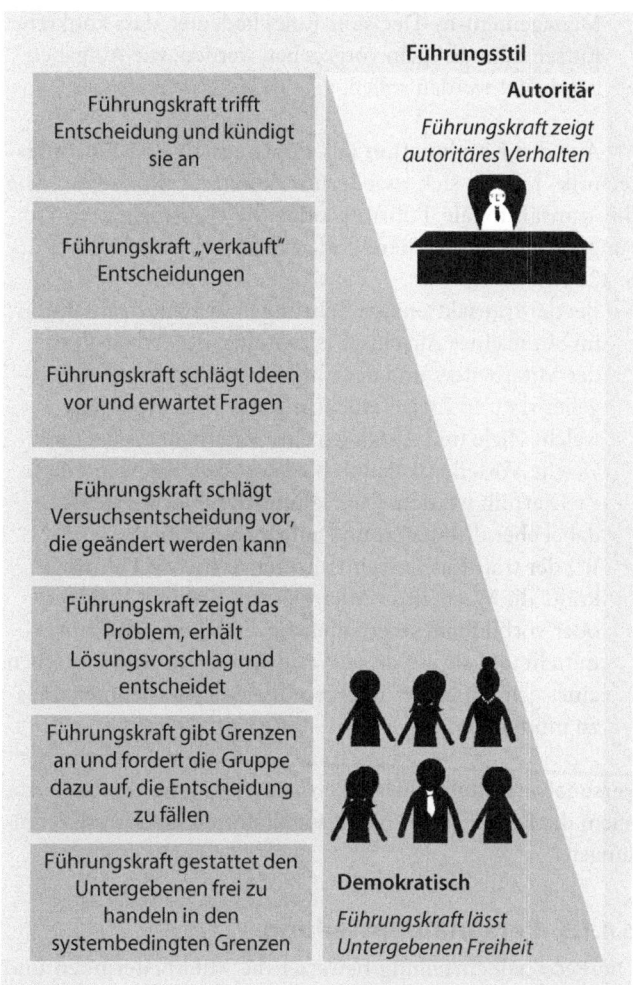

Abb. 5.40 Kontinuum der Führungsstile (Tannenbaum und Schmidt 1958)

rungshilfen für Manager, die sie bei der Ausübung ihrer Führungstätigkeit unterstützen sollen (vgl. Stähle 1999, S. 865).

Besonders bekannt sind die folgenden Führungstechniken:
- Management-by-Objectives bedeutet, dass durch Zielvereinbarungen zwischen Führungskraft und Mitarbeitern konkret messbare Ziele festgelegt werden. Diese Ziele werden von den Unternehmenszielen abgeleitet (vgl. Drucker 1954).
- Management-by-Exception bedeutet, dass Führungskräfte nur im Falle von Ausnahmen einbezogen werden. Routineaufgaben werden von den Mitarbeitern selbstständige bearbeitet.

Management-by-Techniken

– Management-by-Decision-Rules bedeutet, dass konkrete Entscheidungsregeln vorgegeben werden, wie Aufgaben bearbeitet werden sollen.

Aus der Kombination aus Führungsstil und Führungstechnik haben sich wiederum konkrete Konzepte, wie die transaktionale Führung oder die transformative Führung, herauskristallisiert (vgl. Schreyögg und Koch 2015, S. 420 f.):

Transaktionale und transformative Führung

– Bei der transaktionalen Führung findet eine Transaktion im Sinne eines Austausches zwischen der Arbeitskraft des Mitarbeiters und der Entlohnung durch den Arbeitgeber statt. In Zielvereinbarungen wird z. B. geklärt, welche Ziele und Aufgaben eine Mitarbeiterin hat und welche Vorteile sie dadurch zu erwarten hat, wenn diese Ziele erfüllt werden. Die Haltung der Führungskraft ist dabei eher distanziert und aufgabenorientiert.
– Bei der transformativen Führung versuchen Führungskräfte die Werte ihrer Mitarbeiter z. B. durch Visionen oder vorbildhaftes Verhalten zu verändern, Sinn zu vermitteln und sie auf diese Weise intrinsisch zum Erreichen eines gemeinsamen, übergeordneten Unternehmensziels zu motivieren.

Personalverwaltung Die Personalverwaltung umfasst vor allem die Bearbeitung von Personalinformationen und Vergütungen.

5.4.1.3 Personalbeurteilung

Leistungsbeurteilung als Grundlage für Bonuszahlungen

Die Personalbeurteilung bewertet die Mitarbeiterinnen und Mitarbeiter hinsichtlich ihrer Arbeitsergebnisse, ihres Leistungs-, Führungs- und sozialen Verhaltens sowie hinsichtlich ihres Potenzials (Vahs und Schäfer-Kunz 2015, S. 319).

Die Personalbeurteilung findet häufig in Form von Mitarbeitergesprächen statt. Mitarbeiter erhalten ein ausführliches Feedback und können selbst Feedback an die Führungskraft geben. Die Beurteilung ist dann oft Grundlage für Leistungszulagen oder Boni.

In den meisten großen Unternehmen wird die Einstufungsmethode angewandt. Hier gibt es festgelegte Kriterien wie Arbeitsverhalten, persönliches Auftreten oder Verhalten gegenüber Kollegen und Vorgesetzten. Diese Kriterien werden auf einer Skala angekreuzt, um die Ausprägung anzugeben.

5.4.1.4 Personalentwicklung

Die Personalentwicklung umfasst alle Maßnahmen zur Weiterqualifikation der Belegschaft, um die Unternehmensziele zu erreichen.

Durch Schulungen, Coachings, berufsbegleitendes MBA-Studium werden so fachliche (z. B. Softwareschulung), methodische (z. B. Projektmanagement-Schulung), soziale (z. B. Führungsseminar) und Selbstkompetenzen (z. B. Zeitmanagement) weiterentwickelt.

Fachliche, methodische und personale Weiterqualifikation der Belegschaft

5.4.1.5 Personalfreisetzung

Durch Personalfreisetzung kann zu viel Personal reduziert oder können Arbeitsverhältnisse gelöst werden, wo sich die Anforderungen an die betreffende Person nicht erfüllt haben.

Die interne Freisetzung geschieht durch Versetzungen oder zeitliche Maßnahmen wie Kurzarbeit oder Teilzeitarbeit.

Die externe Freisetzung geschieht z. B. durch vorzeitige Pensionierung, Nichtverlängerung von befristeten Verträgen, Aufhebungsverträge und zuletzt durch Kündigung von Arbeitnehmern.

5.4.2 Organisation

> Zweck und Ziel der Organisation ist es, die Stärken der Menschen produktiv zu machen und ihre Schwächen unwesentlich.
> Peter F. Drucker

Diese Meldung haben Sie auch schon in den Nachrichten gehört: „Der neue Vorstandsvorsitzende der XY AG kündigt einen radikalen Umbau der Unternehmensorganisation an." Die neue Führungsperson möchte also Strukturen und Abläufe ändern. Mit der Organisation steht der Unternehmensführung damit ein Instrument zur Umsetzung und Durchsetzung ihres Willens zur Verfügung.

Organisieren zur Umsetzung des Willens der Unternehmensführung

Dabei kennt der Begriff der Organisation unterschiedliche Auslegungen (vgl. Thommen et al. 2017, S. 434):
1. Das Unternehmen wird organisiert (gestalterischer/funktionaler Aspekt).
2. Das Unternehmen hat eine Organisation, um die Ziele des Unternehmens zu erreichen (instrumentaler Aspekt).
3. Das Unternehmen ist eine Organisation (institutionaler Aspekt).

> **Organisieren** bedeutet, die Leistungserstellung im Unternehmen durch die Schaffung einer Ordnung effizienter zu gestalten. Dies geschieht z. B. durch Regeln, die die Aufgabenzuteilung, Informationsweitergabe oder Zeichnungsbefugnisse festlegen (vgl. Schreyögg 2016, S. 15).

5.4.2.1 Formale und informale Organisation

Eine Grafikdesignerin gründet eine Werbeagentur. Am Anfang arbeitet sie alleine, d. h. sie übernimmt alle anfallenden Aufgaben selbst: von der Akquisition von Aufträgen über die Ausführung bis hin zur Rechnungsstellung.

Da ihre Agentur wächst, stellt sie eine weitere Designerin ein. Jetzt gilt es Absprachen zu treffen, sich zu organisieren. Wer übernimmt welche Tätigkeit: Soll man sich die Kunden aufteilen, oder soll man den Kundenauftragsprozess aufteilen? Soll die neue Mitarbeiterin z. B. nur für die Ausführung zuständig sein, ohne zu akquirieren? Die Inhaberin der Werbeagentur kann als Arbeitgeberin und als Führungskraft nun formale Regeln festlegen.

Formale Regeln müssen eingehalten werden, denn dieses Recht leitet sich aus der Direktionsbefugnis des Arbeitgebers ab. Dieser kann die Art, die Zeit und den Ort der Leistungserbringung festschreiben (vgl. Schreyögg 2016, S. 15).

Formale Organisation zeigt sich z. B. in Organigrammen und Handbüchern

Neben der formalen Organisation, die sich in Stellenbeschreibungen und Organigrammen erkennen lässt, gibt es auch immer eine informale Organisation, die zwar nirgends geschrieben steht, die aber im Alltag gelebt wird.

Unternehmen sind wie ein Eisberg

Das Verhältnis von formaler und informaler Organisation wird häufig durch das Eisberg-Modell von Hall dargestellt, das er für die Kulturwissenschaften entwickelte (vgl. Hall 1973). Das Modell drückt aus, dass Organisationen, vergleichbar einem Eisberg, aus einem sichtbaren und einem unsichtbaren Teil bestehen. Die sichtbaren Erscheinungen sind nur die Spitze des Eisbergs. Der unsichtbare Teil des Eisbergs ist die eigentliche Basis (vgl. ◘ Abb. 5.41). Denn die nicht sichtbaren Elemente leiten und beeinflussen die formale Organisation.

Informale Organisation zeigt sich in Machtstrukturen und persönlichen Beziehungen

Der sichtbare Teil des Eisbergs beschreibt die formalen Elemente einer Organisation, wie Stellenbeschreibungen, Regeln oder Organigramme. Der wesentlich größere Teil des Eisbergs, der unter Wasser liegt, verdeutlicht die informalen und damit verborgenen Strukturen der Organisation, wie Machtverhältnisse, persönliche Beziehungen oder Teamverhalten.

5.4 · Dispositiver Bereich: Strategie, Systeme und Strukturen

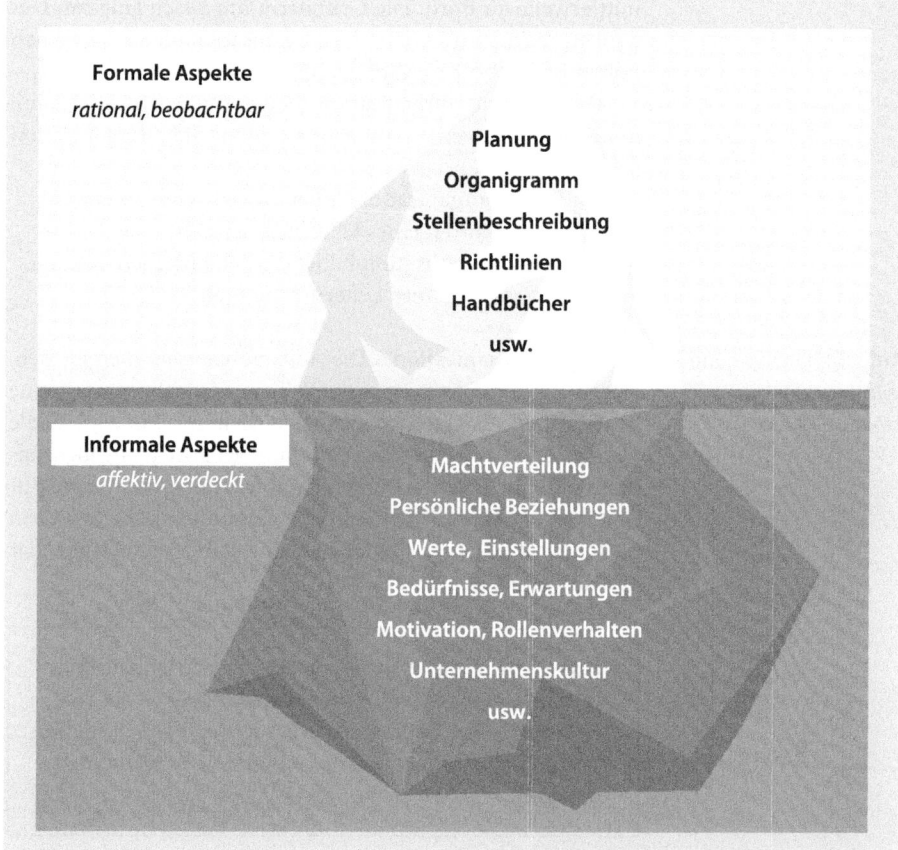

◘ Abb. 5.41 Formale und informale Organisation (modifiziert nach Hall 1973)

Häufig entsteht die informale Organisation als Ergänzung oder als Korrektiv zur formalen Organisation. Die Belegschaft entwickelt dann in Eigenregie informelle Kommunikationswege, eigene Normen, Sanktionssysteme oder Führungsstrukturen (vgl. Schreyögg 2016, S. 141 ff.). Neue Mitglieder einer Organisation reiben sich oftmals verwundert die Augen, bis sie die informellen Muster verstanden haben.

Erfolgreiche Veränderungen in Unternehmen können deshalb nur gelingen, wenn auch die informalen Aspekte einer Organisation wahrgenommen und betrachtet werden. Diese Veränderungen, die Organisationen mit ihren formalen und ihren informalen Aspekten betreffen, werden als Change Management bezeichnet.

5.4.2.2 Aufbau- und Ablauforganisation

Die Werbeagentur aus unserem Anfangsbeispiel ist weiter gewachsen: Zwölf Mitarbeiterinnen und Mitarbeiter sind mittlerweile an Bord. Die Gründerin muss sich langsam Gedanken machen über eine Neuorganisation, da es nun einen hohen Bedarf an Koordination gibt.

Die formale Organisation eines Unternehmens kann unterschieden werden in Aufbau- und Ablauforganisation (vgl. ◘ Abb. 5.42):
- Die Aufbauorganisation bildet die statischen, hierarchischen Strukturen eines Unternehmens ab.
- Die Ablauforganisation bildet die dynamischen, zeitlogischen Prozesse eines Unternehmens ab.

Aufgabenanalyse und -synthese für die Stellenbildung

Die Aufbauorganisation Die Aufbauorganisation ergibt sich, indem die gesamte Leistungserstellung (Aufgabe) in einzelne Teilaufgaben zerlegt wird (Aufgabenanalyse). Für eine Stelle werden dann die Aufgaben zusammengefasst (Aufgabensynthese). Mehrere Stellen werden zu Abteilungen oder Teams zusammengefasst. Der hierarchische Zusammenhang zwischen Stellen wird in einem Organigramm – stark vereinfacht – dargestellt (vgl. ◘ Abb. 5.43).

> Eine **Stelle** ist die kleinste organisatorische Einheit eines Unternehmens. Sie führt mehrere Teilaufgaben aus (z. B. Schreiben, Telefonieren, Daten eingeben), die einen bestimmten Aufgabenkomplex bilden (z. B. Sekretariatsarbeiten).

Aufbauorganisation	Ablauforganisation
▪ Definition von Aufgabenbereichen und Bildung von Stellen ▪ Zusammenfassung der Stellen zu größeren Einheiten (z. B. Sparten) ▪ Darstellung der Organisationsstruktur in einem Organigramm	▪ Festlegung von Abläufen ▪ Festlegung des zeitlichen Aspekts einer Tätigkeit (wann) ▪ Festlegung der Reihenfolge verschiedener Tätigkeiten ▪ Abstimmung und Koordination von Teilaufgaben

◘ **Abb. 5.42** Aufbau- und Ablauforganisation (Capaul und Steingruber 2010, S. 156)

5.4 · Dispositiver Bereich: Strategie, Systeme und Strukturen

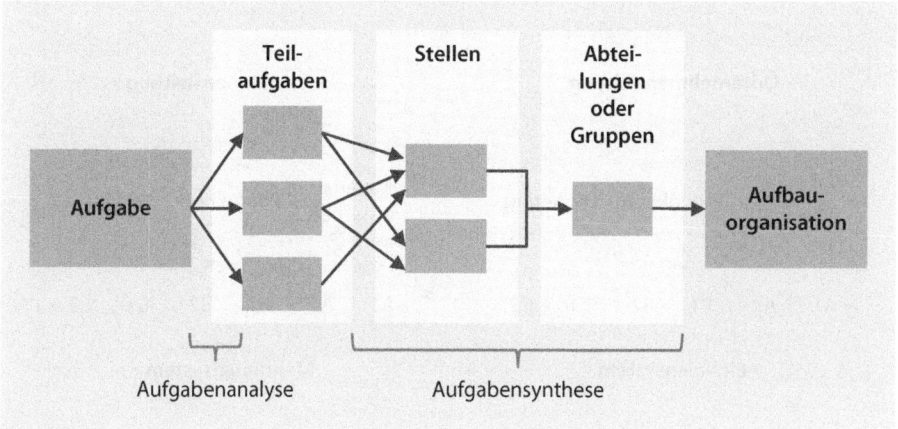

☐ Abb. 5.43 Aufgabenanalyse und -synthese für die Stellenbildung

Stabsstellen werden zur Entlastung und Unterstützung von Geschäfts- und Bereichsleitern für Nachforschungen und Planungsarbeiten eingesetzt. Ihr Ziel ist, Entscheidungen vorzubereiten.

Stabsstellen entlasten und unterstützen Führungskräfte

Stellenbeschreibungen dienen internen Zwecken und beschreiben die Stellen zur Abgrenzung von anderen Stellen oder zur Dokumentation.

Das klassische Organigramm geht fast immer von der Unternehmensleitung („oben") zu den operativen Stellen („unten") und ist meist pyramidenförmig angelegt. Die Kontrollspanne bezeichnet dabei die Anzahl der einem Vorgesetzten unterstellten Mitarbeiter.

Klassische Gliederungsebenen sind:
- Unternehmensleitung (Vorstand, Geschäftsführung),
- Bereichsleiter, auch Hauptabteilungsleiter genannt,
- Abteilungsleiter,
- Gruppenleiter sowie Meister,
- Sachbearbeiter und gewerbliche Mitarbeiter.

Die Aufbauorganisation kennt eindimensionale und mehrdimensionale Formen (vgl. ☐ Abb. 5.44).

Eindimensionale vs. mehrdimensionale Formen

Eindimensionale Formen können unterteilt werden in funktionale und divisionale Organisationen (vgl. ☐ Abb. 5.45).

Bei der funktionalen Organisationsstruktur, auch Linienorganisation genannt, erfolgt die Bildung von Abteilungen nach Funktionen. Die Aufgabenanalyse erfolgt also verrichtungsorientiert. Die Baumstruktur visualisiert, dass jede Stelle genau einen Vorgesetzten hat. Vorgesetzte können mehrere Mitarbeiterinnen und Mitarbeiter haben (vgl. ☐ Abb. 5.45).

Funktionale Organisation

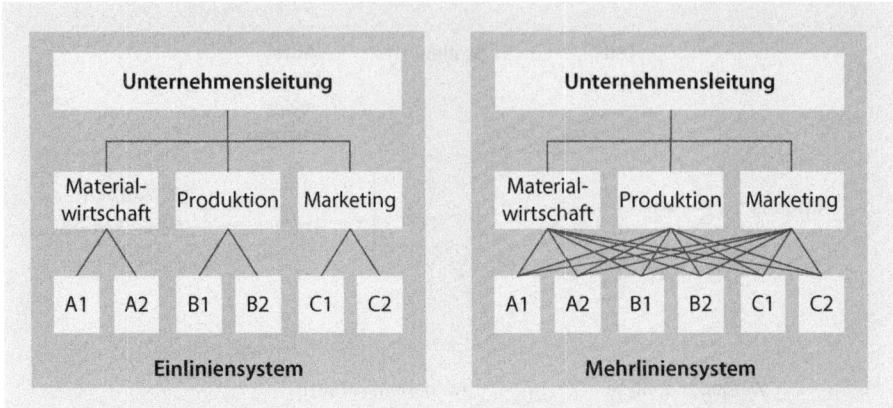

● Abb. 5.44 Eindimensionale und mehrdimensionale Organisation (Wöhe et al. 2016a, S. 110)

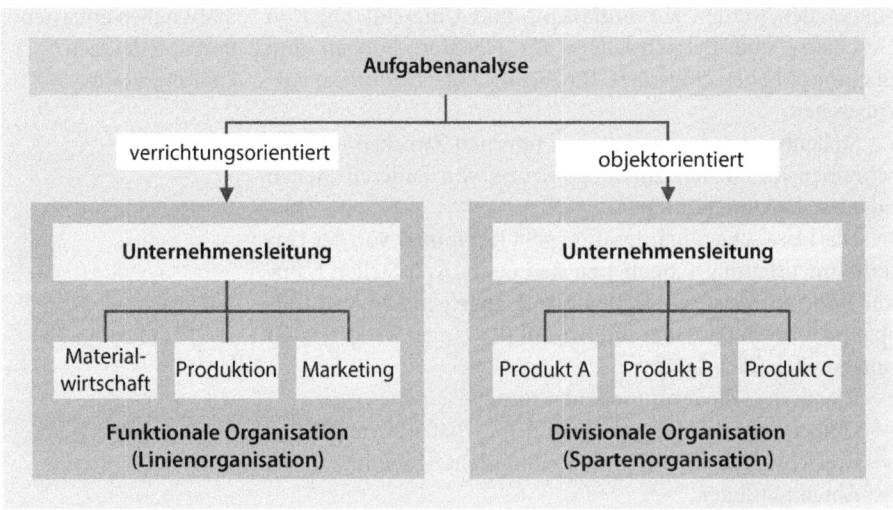

● Abb. 5.45 Funktionale und divisionale Organisation (Wöhe et al. 2016a, S. 104)

Divisionale Organisation/ Spartenorganisation
: Bei der divisionalen Organisation erfolgt die Bildung von Abteilungen nach Objekten wie Produkten, Kunden oder Ländern. Dadurch entstehen Divisionen oder Sparten. Die Spartenorganisation führt häufig zu *Unternehmen im Unternehmen*.

Holding-Struktur als Spartenorganisation
: Die Holding-Struktur ist beispielsweise eine spezielle Form der divisionalen Organisation. Hier hält ein Mutterunternehmen Anteile an vielen Tochterunternehmen. Das Unternehmen im Unternehmen wird durch rechtlich eigenständige Tochterunternehmen realisiert.

5.4 · Dispositiver Bereich: Strategie, Systeme und Strukturen

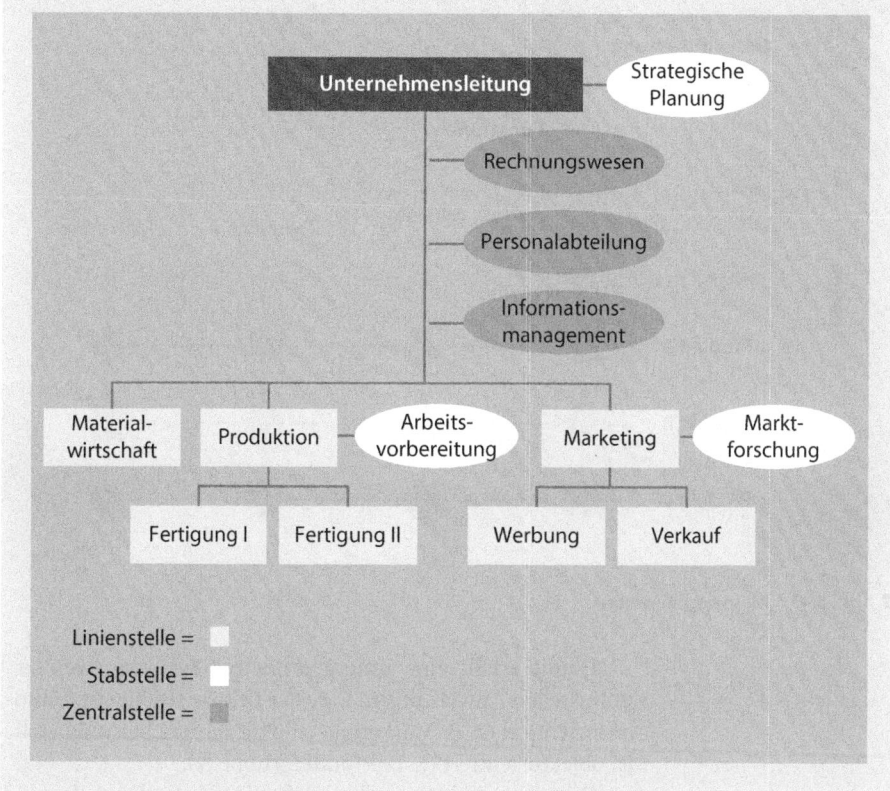

Abb. 5.46 Stablinienorganisation mit Zentralstellen (vgl. Wöhe et al. 2016a, S. 111)

Bei der Stablinienorganisation wird die Linienorganisation ergänzt durch Stäbe, die losgelöst von operativen Tätigkeiten sind. Ihre Aufgabe ist es, für die Geschäftsführung Entscheidungsgrundlagen für besonders komplexe Themen zu erarbeiten. Die Linienvorgesetzten werden damit entlastet.

Zusätzlich zu Stabstellen können Zentralstellen gebildet werden. Diese werden etabliert, um allgemeine Aufgaben wie Rechnungswesen oder Personalmanagement zentral zu lösen. Sie haben Entscheidungsbefugnis in ihrem Funktionsbereich, können aber nicht über untergeordnete Stellen entscheiden (vgl. Abb. 5.46).

Mehrdimensionale Organisationsformen kombinieren die Ansätze der eindimensionalen Organisationen. Ein typisches Beispiel ist die Matrixorganisation (vgl. Abb. 5.47). Aus der einen Perspektive ist sie eine funktionale, aus der anderen Perspektive eine divisionale Organisation. Eine Stelle bildet damit einen Knotenpunkt zwischen einer Sparten- und einer Funktionsleitung.

Stablinienorganisation

Zentralstellen

Die Matrix benötigt viel Kommunikation

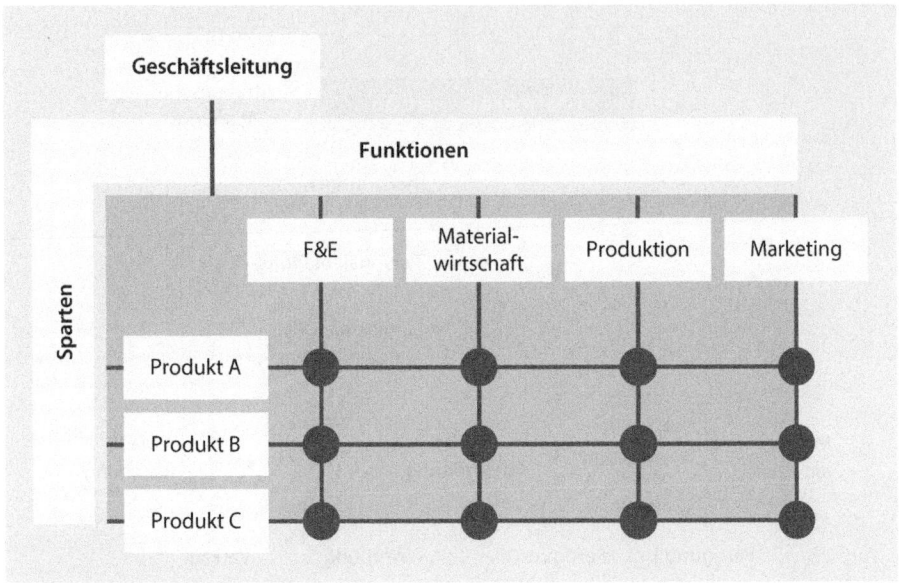

◘ Abb. 5.47 Matrixorganisation

Damit erhält eine untergeordnete Stelle von zwei Leitungsstellen Anweisungen. Eine der Leitungsstellen ist funktionsorientiert (z. B. Marketing) und die andere Leistungsstelle ist objektorientiert (z. B. Produktgruppe A).

Damit versucht man die Nachteile von funktionaler und divisionaler Organisation zu vermeiden. Allerdings entstehen dadurch neue Herausforderungen, die nur durch viel Kommunikation gemeistert werden können.

Ablauforganisation und Geschäftsprozesse zur Koordination von Teilaufgaben

Ablauforganisation Bei der Ablauforganisation wird das Unternehmen aus einer anderen Perspektive organisiert. Nachdem Strukturen und Hierarchien in der Aufbauorganisation definiert wurden, ist es notwendig, die Prozesse zu gestalten. Denn Leistungen von Unternehmen werden in Prozessen erstellt (vgl. ◘ Abb. 5.48).

> Ein **Geschäftsprozess** besteht aus der funktionsüberschreitenden Verknüpfung von Aktivitäten, die von Kunden erwartete Leistungen erzeugen. Prozesse bündeln die Aktivitäten vieler Abteilungen (vgl. Schmelzer und Sesselmann 2013, S. 53 f.).

Prozesse werden modelliert

In der Praxis haben sich viele Methoden herausgebildet, um die zeitlogischen Aspekte von Prozessen zu dokumentieren.

5.4 · Dispositiver Bereich: Strategie, Systeme und Strukturen

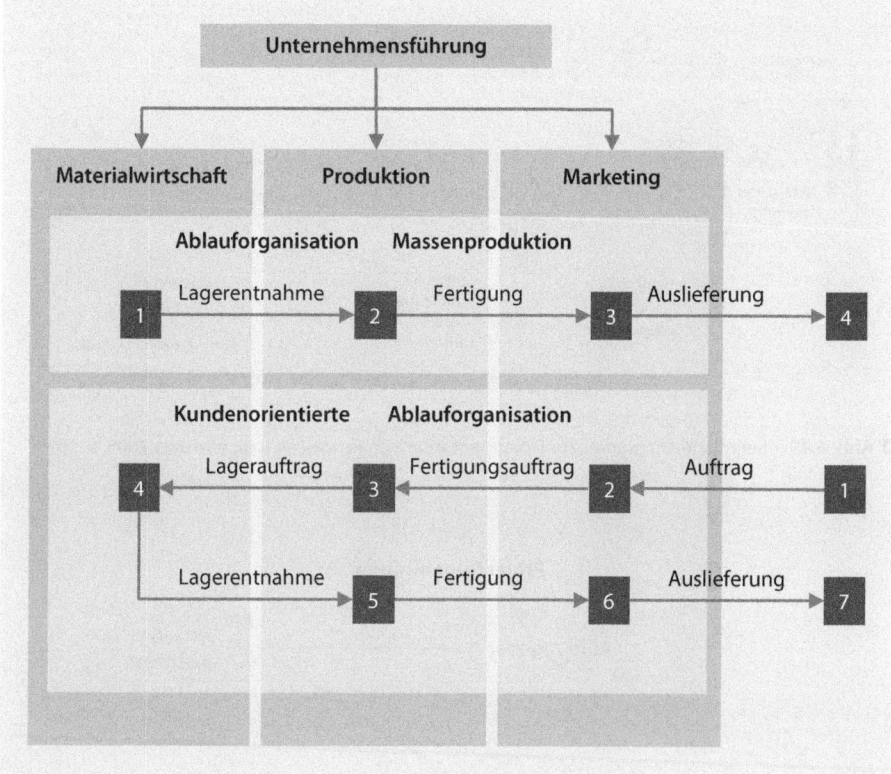

◘ **Abb. 5.48** Ablauforganisation (Hutzschenreuter 2015, S. 447)

Die Prozesslandkarte wurde in ▶ Abschn. 2.3.5 erläutert. Für die Modellierung von Prozessen auf einer operativeren Ebene eignet sich z. B. die Ereignisgesteuerte Prozesskette (EPK) oder die Methode der Business Process Model and Notation (BPMN), die in ◘ Abb. 5.49 am Beispiel einer Stellenausschreibung dargestellt wird.

5.4.2.3 Projektorganisation

Von der dauerhaften Aufbauorganisation zu unterscheiden ist die Projektorganisation. Sie wird je nach Bedarf nur für die Erreichung von Projektzielen ins Leben gerufen, z. B. die Einführung einer neuen, unternehmensweiten Software.

Projekte sind einmalig und neuartig

> Ein **Projekt** ist eine neuartige, einmalige, komplexe sowie zeitlich begrenzte Aufgabe in einem Unternehmen, an deren Planung und Durchführung meist mehrere Bereiche beteiligt sind. Die Planung, Steuerung und Durchführung von Projekten wird Projektmanagement genannt.

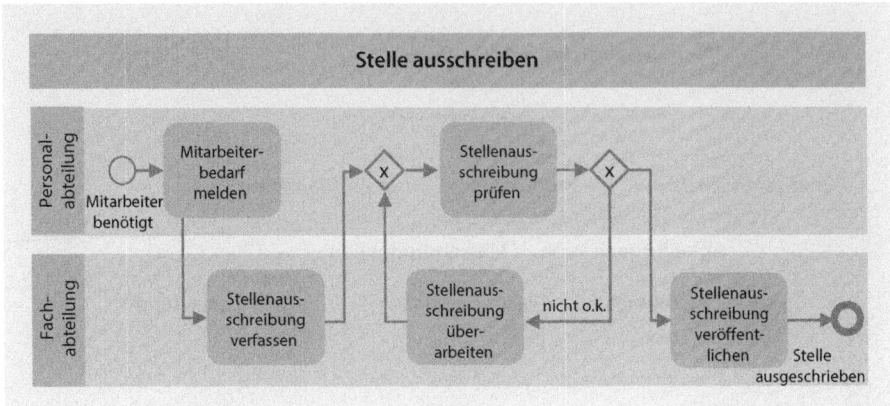

● Abb. 5.49 Swimlane-Diagramm zur Dokumentation von Prozessen (vgl. Allweyer 2009, S. 16)

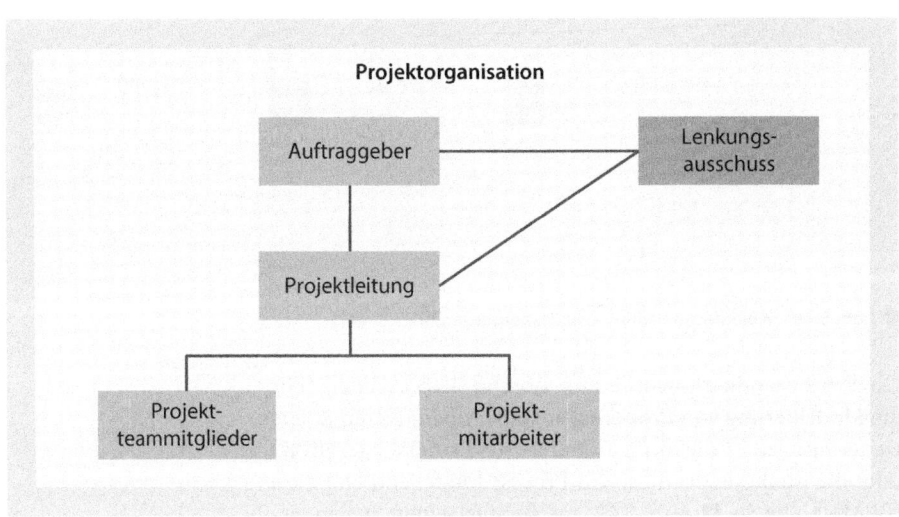

● Abb. 5.50 Projektorganisation (Capaul und Steingruber 2010, S. 173)

Projektorganisation existiert neben Aufbau- und Ablauforganisation

Projektorganisationen weisen eigene Strukturen auf, welche neben der primären Struktur (d. h. Aufbau- und Ablauforganisation) existieren (vgl. ● Abb. 5.50).

Beim Start eines Projektes werden Mitarbeiter zu einem Projektteam formiert (vgl. Capaul und Steingruber 2010, S. 171 ff.):

— Die Projektleitung übernimmt die Gestaltung und Durchführung des Projektes. Projektleitung erfordert sehr unterschiedliche methodische und personale Kompetenzen, wie die Fähigkeit zur Motivation, Konfliktlösung, Kommunikation und Teamführung.

- Ein Auftraggeber, wie die Geschäftsleitung, erteilt der Projektleitung den sogenannten Projektauftrag, der z. B. Ziele und Budget umreißt.
- Projektmitarbeiter und Projektteammitglieder sind für Aufgaben im Rahmen des Projektes zuständig, wobei Projektmitarbeiter vorwiegend noch ihrer Linienaufgabe nachgehen, während Teammitglieder stärker für den Projekterfolg verantwortlich gemacht werden.
- Ein Lenkungsausschuss (Steering Commitee oder Controlboard genannt) überwacht das Projekt und trifft gegebenenfalls wichtige Entscheidungen, die über die Kompetenzen der Projektleitung hinausgehen. Er setzt sich meist aus hochrangigen Vertretern von Auftraggeber und -nehmern zusammen.

5.4.3 Informationsmanagement

> The most profound technologies are those that disappear. They weave themselves into the fabric of everyday life until they are indistinguishable from it. Mark Weiser 1991

Wir leben heute in einer Informations- und Wissensgesellschaft. Vermutlich haben nur wenige Erfindungen in so kurzer Zeit Gesellschaft und Wirtschaft so verändert wie das Smartphone. Jedoch haben viele andere Innovationen wie das World Wide Web (WWW) in den vergangenen Jahren die Basis für diesen rapiden digitalen Wandel gelegt.

In diesem Abschnitt wird zuerst die Begriff Informationsmanagement und Informationssysteme erläutert. Danach wird ein kurzer Abschnitt über die Historie der IT gegeben. Anschließend wird ein Überblick über die drei Ebenen von Informationssystemen gegeben: IT-Strategie, IT-Anwendungen und IT-Infrastruktur.

5.4.3.1 Informationen managen mit Informationssystemen

Jedes Unternehmen muss in der Informations- und Wissensgesellschaft die Bestrebung haben, den vierten Produktionsfaktor *Information* – neben Betriebsmitteln, Materialen und Mitarbeitern – optimal einzusetzen. Dies ist die Aufgabe des Informationsmanagements.

Informationsmanagement

> Das **Informationsmanagement** hat die Aufgabe, den optimalen Einsatz der Ressource Information im Hinblick auf die Unternehmensziele zu sichern (vgl. Krcmar 2015, S. 109).

Informationssyteme

Zu diesem Zweck dienen betriebliche Informationssysteme (IS). Es handelt sich um künstliche, konkrete Systeme, die aus maschinellen und natürlichen Elementen (= Menschen) bestehen und die Nutzerinnen und Nutzer mit Informationen versorgen (vgl. Alpar et al. 2016, S. 25).

> **Informationssysteme** unterstützen Anwendungen und dienen der Erfassung, Speicherung, Übertragung und Transformation von Informationen. Ziel betrieblicher Informationssysteme ist, den Stakeholdern eines Unternehmens die richtige Information, in der richtigen Menge, in der richtigen Form, zur richtigen Zeit sowie am richtigen Ort zur Verfügung zu stellen (vgl. Abts und Mülder 2017, S. 16).

Informationsmanagement wird in diesem Abschnitt anhand von drei Ebenen erläutert (vgl. ◘ Abb. 5.51). Es umfasst

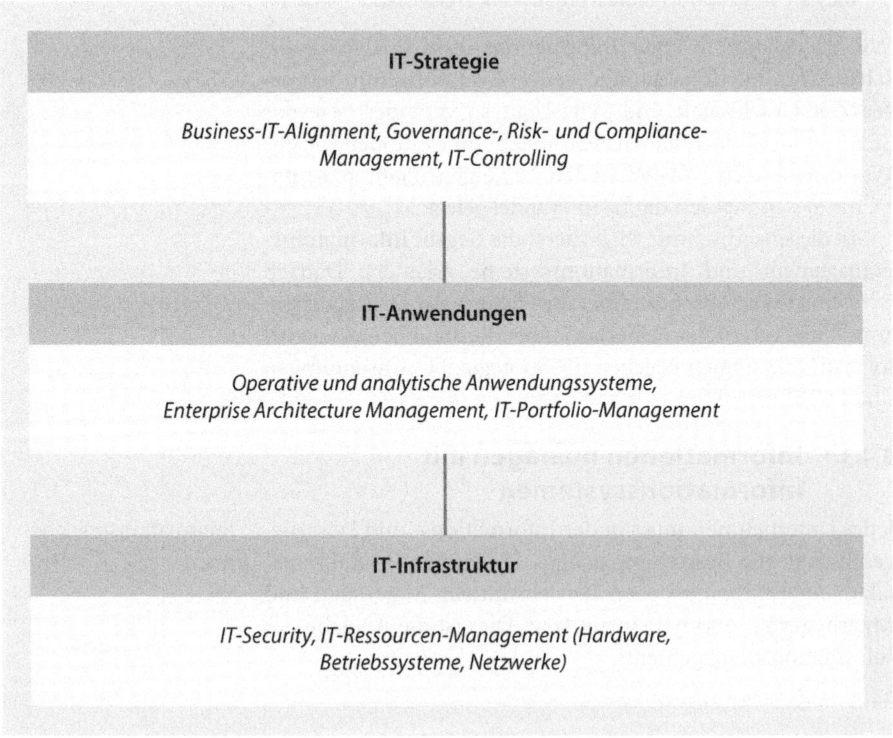

IT-Strategie

Business-IT-Alignment, Governance-, Risk- und Compliance-Management, IT-Controlling

IT-Anwendungen

Operative und analytische Anwendungssysteme, Enterprise Architecture Management, IT-Portfolio-Management

IT-Infrastruktur

IT-Security, IT-Ressourcen-Management (Hardware, Betriebssysteme, Netzwerke)

◘ Abb. 5.51   Ebenen im Informationsmanagement

5.4 · Dispositiver Bereich: Strategie, Systeme und Strukturen

- die strategische Planung für die Informationsversorgung und die Erkennung der Potenziale der IT (IT-Strategie),
- die Nutzung von Informationen durch operative und analytische Anwendungssysteme (IT-Anwendungen) sowie
- den Einsatz von Ressourcen wie Hardware und Netzwerken (IT-Infrastruktur).

Bevor die drei Ebenen erläutert werden, gibt es einen kurzen historischen Überblick darüber, wie sich in den vergangenen Jahrzehnten der Weg ins digitale Zeitalter gestaltete.

5.4.3.2 Der Weg ins digitale Zeitalter

Die Rolle von Informationssystemen hat sich in den vergangenen 60 Jahren stark gewandelt.

In den Anfängen der IT hatten nur Spezialisten Zugang zu Rechnern. Es ging vor allem darum, Kosten- und Zeitvorteile zu erlangen. Der Film *Hidden Figures* erzählt eindrucksvoll, wie durch den Einsatz des ersten IBM-Großrechners bei der NASA in den 1960er-Jahren hunderte von Mathematikerinnen (die sogenannten Computers) entlassen wurden, da all die Rechenoperationen nun binnen Sekunden durch den Rechner ausgeführt wurden. Auch der Vorläufer des Internets wurde in den 1960er-Jahren gegründet. Aber auch dieses Netzwerk war wissenschaftlichen und militärischen Experten vorbehalten.

1960er: IT aus Kosten- und Zeitgründen

Durch die Verbreitung des PCs in den 1980er-Jahren sind Computer ein wesentlicher Bestandteil unseres privaten Lebens und des Geschäftslebens geworden. Bill Gates' Vision von einem Computer auf jedem Schreibtisch wird wahr.

1980-er: IT wird Bestandteil unseres Lebens, IBM PC wird *Man of the Year*

Das World Wide Web mit seiner benutzerfreundlichen Oberfläche führt ab 1993 dazu, dass das Internet von allen genutzt werden kann (vgl. CERN 2018). Damit öffnen sich Unternehmensgrenzen hin zum E-Business mit kollaborativen Lösungen. Internetbasierte Informationssysteme werden nach und nach zur Kundenschnittstelle (vgl. ◘ Abb. 5.52).

1990er: IT als Kundenschnittstelle, das WWW macht's möglich

Ab 2005 wird vom Web 2.0 gesprochen: Nutzer werden zu Mitgestaltern im Web durch das Teilen von multimedialen Inhalten in sozialen Netzwerken (vgl. O'Reilly 2005). Seit 2000 ist das Internet mobil und schafft durch das iPhone im Jahre 2007 seinen Durchbruch.

2000er: Web 2.0: Das Mitmach-Internet

Das *Internet der Dinge* bezeichnet die Idee eines erweiterten Internets. Erste Konzepte zum Ubiquitous Computing skizziert schon Mark Weiser Anfang der 1990er-Jahre (vgl. Weiser 1991, S. 94).

2010er: Internet of Things, Internet of Everything

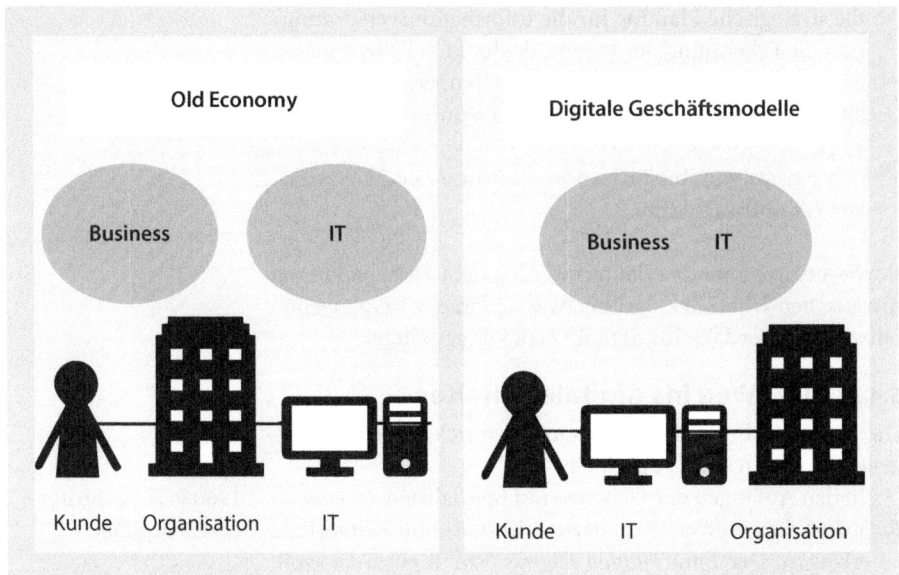

Abb. 5.52 Rolle der IT

Die Zahnbürste meldet Putzergebnisse an die Krankenkasse

Das *Internet der Dinge* bindet zusätzlich zu Rechnern und mobilen Endgeräten auch beliebige physische Gegenstände in seine Infrastruktur ein. Da diese *Dinge* oder im Extremfall *Alles/Everything* mit Sensorik und Prozessoren ausgestattet ist, werden sie zu „smarten" Gegenständen, z. B. die vernetzte Zahnbürste, die der Krankenversicherung via Internet die täglichen Daten zur Zahnpflege übermittelt.

Digitale Transformation

Die digitale Transformation ist in vollem Gange und so ist jedes Unternehmen aufgefordert, seine IT-Strategie für die kommenden Jahre zu entwickeln und umzusetzen.

5.4.3.3 IT-Strategie und strategische Rolle von Informationssystemen

Digitalisierung erfordert IT-Know-how

Die digitale Transformation der Wirtschaft erfordert es von jedem Unternehmen, die strategischen Potenziale von IT zu erkennen und diese zur Sicherung der Wettbewerbsfähigkeit im Rahmen der Unternehmensstrategie umzusetzen.

Informationssysteme haben eine strategische Rolle (vgl. ◘ Abb. 5.52): Sie haben den Wettbewerb zwischen Unternehmen verändert. Sie sind zur Kundenschnittstelle geworden und revolutionieren ganze Branchen, z. B. Handel (Amazon), Entertainment (Streaming), Banken (M-Banking), Tourismus (Airbnb) und Bildung (E-Learning). Die Potenziale der Künstlichen Intelligenz (KI) sind derzeit mit Sprachassistenten, Robotern oder Chat Bots noch in den Kinderschuhen.

5.4 · Dispositiver Bereich: Strategie, Systeme und Strukturen

Besonders aus dem Silicon Valley stammende Gründer wie Elon Musk (PayPal, Space X) oder Steve Jobs (iPhone, iTunes) haben die Potenziale von IT erkannt und greifen mit ihren Innovationen traditionelle Geschäftsmodelle an oder ermöglichen neue Geschäftsmodelle.

> Die **IT-Strategie** plant die zukünftige Entwicklung der betrieblichen und überbetrieblichen Informationssysteme (vgl. Abts und Mülder 2017, S. 575).

IT-Strategie

Das Schnittstellenmanagement zwischen der Unternehmensstrategie und der IT-Strategie ist eine der zentralen Aufgaben des Informationsmanagements. Die Abstimmung von Unternehmensstrategie und IT-Strategie wird als Business-IT-Alignment oder als IT-Alignment bezeichnet. Dabei geht es darum, dass die Informationssysteme die Unternehmensziele sowie die Unternehmensstrategie unterstützen.

Business-IT-Alignment

Das Governance-, Risk- und Compliance-Management (IT-GRC-Management) dient dazu, die IT transparent und verantwortbar zu machen, Risiken zu planen und sicherzustellen, dass die IT sich gesetzeskonform (= compliant) zu externen Regelwerken wie Gesetzen verhält (vgl. Gabler Wirtschaftslexikon 2018c).

Auch die IT muss verantwortungsbewusst gemanagt werden

Das IT-Controlling versorgt die IT-Führungskräfte mit relevanten Kennzahlen, um den IT-Bereich zu planen, zu steuern und zu kontrollieren (vgl. Alpar et al. 2016, S. 44 ff.).

Dabei gibt es unterschiedliche Wirkungsgrade von IT, je nachdem wie hoch das Potenzial ist und ob die Reichweite das eigene Unternehmen überwindet (vgl. ◘ Abb. 5.53). In der derzeitigen digitalen Transformation können Unternehmen Veränderungen auf allen Stufen erzielen bzw. sind durch die Veränderung von Geschäftsmodellen dramatisch betroffen (vgl. Mertens et al. 2017, S. 190).

Die erste Stufe bezieht sich auf Veränderungen in einem lokalen Anwendungsbereich. Dies kann z. B. die Einführung neuer Anwendungssysteme in einer einzelnen Abteilung wie Personal oder im Callcenter sein.

Stufe 1: Lokale Veränderungen

Die zweite Stufe der unternehmensweiten Integration führt z. B. Daten verschiedener Anwendungssysteme in einer zentralen Datenbank zusammen. Abläufe im Unternehmen bleiben jedoch noch weitestgehend erhalten.

Stufe 2: Unternehmensweite Integration

Die dritte Stufe führt zu Veränderungen bei den Kernprozessen, d. h. kundenrelevante Prozesse werden neu aufgesetzt, z. B. im Rahmen von Business Process Reengineering. Dies geschieht z. B. bei der Einführung neuer unternehmensweiter

Stufe 3: Kernprozesse verändern

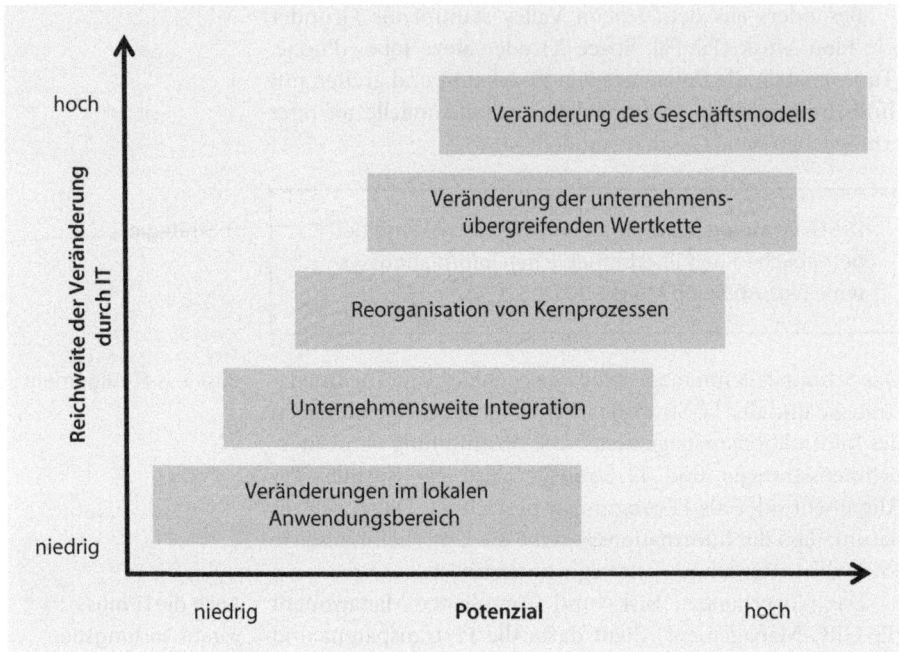

◘ Abb. 5.53 Wirkungsstufen der IT (vgl. Venkatraman 1994, S. 74)

Standardsoftware wie ERP-Systeme. Viele Mitarbeiterinnen und Mitarbeiter, eventuell Lieferanten oder andere Stakeholder sind von diesen Veränderungen betroffen. Das Unternehmen kann – nach einer Übergangsphase – meist hohe Effizienzsteigerungen verbuchen.

Stufe 4: Wertschöpfungskette verändern

Die vierte Stufe überwindet die Grenzen eines einzelnen Unternehmens und macht eine Veränderung der Wertschöpfungskette möglich, z. B. durch IT-basierte Kooperationen, die auf Supply-Chain-Management-Systemen basieren.

Stufe 5: Geschäftsmodelle verändern

Die fünfte Stufe, wo neue Geschäftsmodelle ermöglicht werden, erleben wir zurzeit in vielen Bereichen, z. B. im Tourismus (Airbnb), im Entertainmentbereich (Streaming von Musik und Videos), im Handel (Amazon), im Werbebereich (YouTuber Influencer) oder in der Industrie 4.0.

5.4.3.4 IT-Anwendungen

IT-Anwendungen helfen, Aufgaben zu bewältigen

Die strategischen Überlegungen werden in konkrete Anwendungssysteme überführt. Anwendungen sind das Herzstück von Informationssystemen.

Ein Anwendungsprogramm oder Anwendungssystem wird verkürzt als *Anwendung* bezeichnet. Da es im Englischen *Application Software* heißt, spricht man im IT-Jargon auch von *Applikation*.

5.4 · Dispositiver Bereich: Strategie, Systeme und Strukturen

App ist die Kurzform von Application. Apps sind Anwendungsprogramme für Smartphones und Tablets, welche z. B. über einen Onlineshop wie dem App Store von Apple oder dem Google Play Store bezogen und auf dem Smartphone installiert werden (vgl. Mertens et al. 2017, S. 16).

> **Anwendungssoftware** umfasst alle Programme, die fachliche Aufgabenstellungen und betriebliche Prozesse eines Anwenders bzw. einer Anwendergruppe unterstützen (vgl. Alpar et al. 2016, S. 169).

Im IT-Programm- und Portfolio-Management werden die Anwendungssysteme gruppiert und auf die Anforderungen der Kunden abgestimmt. Um allen Elementen einen einheitlichen und konsistenten Rahmen zu geben und um das Zusammenspiel zwischen den Elementen sicherzustellen, wird eine unternehmensweite Architektur eingesetzt. Dies ist Aufgabe des Enterprise Architecture Managements (vgl. Winter und Aier 2012).

Anwendungssoftware kann nach vielen unterschiedlichen Kriterien unterschieden werden, z. B. Individual- oder Standardsoftware, Privatkunden- oder Business-Software, Einzelplatz- oder Team-Software. Eine gebräuchliche Unterteilung betrachtet die Art des Einsatzes (vgl. ◘ Abb. 5.54).

Anwendungssysteme im Unternehmen			
Büroanwendungen	**Kommunikationsanwendungen**	**Business Anwendungen**	**E-Business Anwendungen**
stellen lokal benötigte Grundfunktionen bereit	unterstützen Teams und Gruppen	unterstützen Funktionen und Prozesse im Unternehmen	unterstützen unternehmensübergreifende Zusammenarbeit
Beispiel	*Beispiel*	*Beispiel*	*Beispiel*
Textverarbeitung Tabellenkalkulation Präsentationssoftware	E-Mail Shared Kalender Workflow Management Content Management Social Software	ERP-Systeme Business Intelligence Wissensmanagement	Customer Relationship Management Supply Chain Management E-Commerce

◘ **Abb. 5.54** Anwendungssysteme nach Art des Einsatzes (modifiziert nach Gadatsch 2010, S. 287)

Software, die fast jeder Arbeitsplatz benötigt	**Büroanwendungen** Büroanwendungen dienen der arbeitsplatzunabhängigen Bereitstellung von lokal benötigten Grundfunktionen. Es handelt sich z. B. um Programme zur Textverarbeitung, zum Erstellen von Präsentationen, zur Tabellenkalkulation, die in Softwarepaketen wie MS Office oder Open Office verfügbar sind.
Software, die Teams und Gruppen unterstützt	**Kommunikationsanwendungen** Kommunikationsanwendungen dienen der Unterstützung von arbeitsplatzübergreifenden Aufgaben. Dafür hat sich der Begriff Computer-Supported Cooperative Work (CSCW) etabliert. CSCW ist die IT-Unterstützung von Menschen, die in Gruppen und über Arbeitsplätze hinweg zusammenarbeiten und kommunizieren. Man unterscheidet zwischen gut strukturierbaren und weniger strukturierbaren Prozessen bei der Zusammenarbeit.
Workflow-Management-System für schnelle Prozessabwicklung	Workflow-Management-Systeme (WFMS) sind Programme, die bei gut strukturierbaren Prozessen, wie der Antragsbearbeitung eines Sofortkredits, eingesetzt werden. Zur Reduzierung der Bearbeitungsdauer werden die Übergänge zwischen den Prozessbeteiligten automatisch, d. h. IT-basiert gesteuert.
Content-Management-System (CMS) für Webseiten	Content-Management-Systeme (CMS) ermöglichen die gemeinsame Erstellung und Pflege von Webseiten und ihren Inhalten wie Text, Bilder oder Audio-Dateien. Hauptmerkmal von CMS-Systemen ist die Trennung von Layout, Struktur und Inhalt. Designer legen das Layout fest, die Navigationsstruktur wird unternehmensindividuell festgelegt und der Inhalt (= Content) kann von den einzelnen Mitarbeiter/innen eingepflegt und aktualisiert werden.
Groupware für schwach strukturierte Abläufe im Team	Groupware bezeichnet Anwendungen, die die Zusammenarbeit im Team unterstützen bei schwer strukturierbaren Abläufen, z. B. im Projektmanagement durch E-Mail zum Austausch von Nachrichten oder durch einen geteilten Kalender mit Ressourcenverwaltung.
Social Software	Mehr und mehr an Bedeutung gewinnt Social Software. Es handelt sich um webbasierte Groupware, wie Wikis, soziale Netzwerke, Mehrautorensysteme und Videokonferenzsysteme.
Software, die alle Produktionsfaktoren im Blick hat	**Business-Anwendungen** Business-Anwendungen unterstützen Funktionen und Prozesse innerhalb eines Unternehmens. Es wird zwischen operativen und analytischen Anwendungen unterschieden.
Operative Systeme für das Tagesgeschäft	Operative Anwendungssysteme unterstützen die tagtäglichen, administrativen Aufgaben in allen betriebswirtschaft-

5.4 · Dispositiver Bereich: Strategie, Systeme und Strukturen

lichen Bereichen, wie Teile bestellen in der Beschaffung, Rechnungen begleichen im Rechnungswesen oder Personalabrechnungen erstellen sowie den Prozess der Kundenauftragsbearbeitung.

In den meisten Unternehmen werden heute ERP-Systeme eingesetzt. ERP steht für Enterprise Resource Planning, d. h. Produktionsfaktoren (= Unternehmensressourcen) wie Material, Maschinen und Mitarbeiter werden mit den zugehörigen Modulen wie Materials Management oder Human Resource Management verwaltet.

Typisch für ERP-Systeme ist die Integration aller Funktionen eines Unternehmens in einer gemeinsamen operativen Datenbank. Erbringt z. B. eine Mitarbeiterin in der Produktion Überstunden, wird dies durch die Zeiterfassung in der Datenbank verbucht. Diese Daten stehen dann auch der Personalabteilung für die kommende Lohnabrechnung zur Verfügung.

> **ERP-Systeme** sind integrierte Informationssysteme. Sie sind modular aufgebaut und unterstützen die operativen Aufgaben und Prozesse eines Unternehmens. Typisch ist die Integration der Aufgaben in einer gemeinsamen operativen Datenbank.

In ◘ Abb. 5.55 werden die Aufgaben eines ERP-Systems durch die unteren beiden Ebenen der Pyramide veranschaulicht: Hier befinden sich mengenorientierte Systeme wie Beschaffung sowie wertorientierte Systeme wie Rechnungswesen.

Die Daten der operativen Systeme werden nun verdichtet, um sie zu analytischen und planerischen Zwecken im Bereich der Führung einzusetzen. Ebene 3 und 4 der Pyramide werden deshalb auch als analytische Anwendungssysteme oder Business Intelligence (BI) bezeichnet. Analytische Systeme greifen auf analytische Datenbanken zu. Diese Datenbanken werden als Data Warehouse bezeichnet.

Analytische Systeme für Entscheidungen

Mithilfe von Business Intelligence werden Informationen transparent aufbereitet, häufig auch durch Visualisierung in Grafiken oder Dashboards. Aus den BI-Systemen werden auch Berichte (Reports) und Data-Mining-Analysen für Managementzwecke generiert.

Business Intelligence (BI)

Data Mining bedeutet – in Analogie zum Bergbau – nach verborgenen, bislang unbekannten Sachverhalten im Data Warehouse zu suchen. Diese Zusammenhänge können so

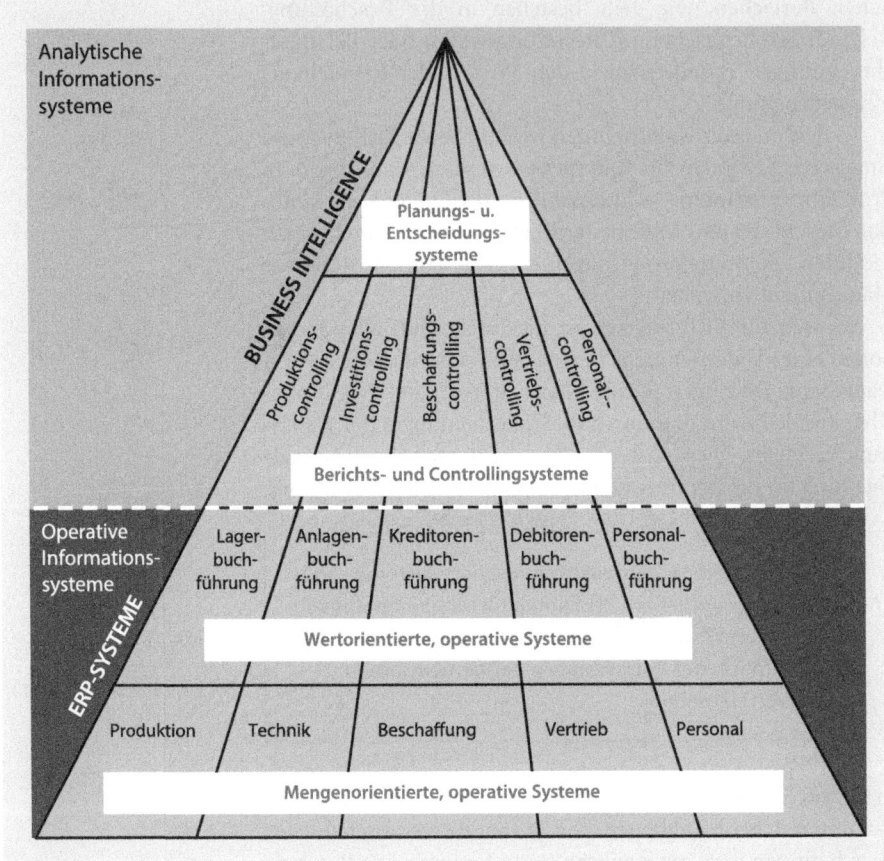

◘ **Abb. 5.55** Business Anwendungen als integrierte Informationssysteme (modifiziert nach Scheer 1995, S. 47)

wertvoll sein, dass auch der Begriff des Knowledge Discovery dafür verwendet wird (Chamoni 2016). Ein typisches Beispiel ist die Warenkorbanalyse im E-Commerce. Durch das Vergleichen der Warenkörbe werden Kundinnen und Kunden z. B. Kaufvorschläge unterbreitet.

> **Analytische Anwendungssysteme,** auch Business Intelligence (BI) genannt, umfassen IT-basierte Instrumente, zu denen Data Warehouse, Reporting oder Data Mining zählen. Ziel ist es, aufgrund neuer Erkenntnisse aus vorhandenen Daten bessere Entscheidungen zu treffen und das Unternehmen wirkungsvoll zu steuern (vgl. z. B. Abts und Mülder 2017, S. 270).

5.4 · Dispositiver Bereich: Strategie, Systeme und Strukturen

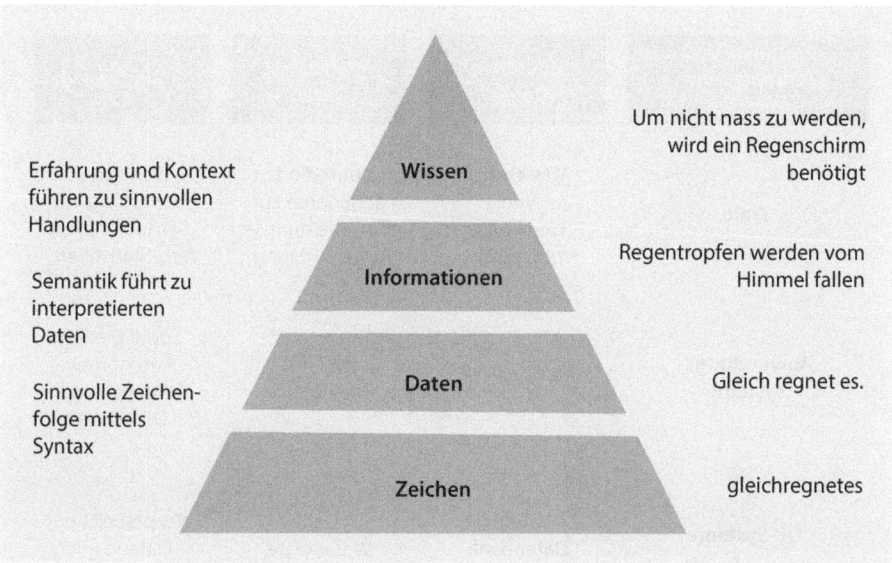

Abb. 5.56 Daten, Informationen und Wissen

Im Idealfall soll mit Business Intelligence (BI) also sogar neues Wissen generiert werden. Wissen bedeutet, Informationen durch Erfahrung und Kontext so zu nutzen, dass dadurch zielführende Handlungen entstehen.

Wissen baut auf der Verfügbarkeit von Daten und Informationen auf (vgl. Abb. 5.56).

Ziel des Wissensmanagements ist, aus Informationen Wissen zu generieren und dieses Wissen in Wettbewerbsvorteile und Geschäftserfolge umzusetzen. Dazu muss Wissen systematisch beschafft, gespeichert, weiterentwickelt und geteilt werden (vgl. North 2016, S. 3–4).

<small>Aus Daten Wissen schaffen, aus Wissen Wettbewerbsvorteile schaffen</small>

Im Wissensmanagement gilt es dabei zwei Arten von Wissen zu unterscheiden:

- Explizites Wissen lässt sich in Worte fassen und kann codiert werden, z. B. in Form eines Projektberichts oder in Form eines Buches. Es kann damit durch Informationssysteme gespeichert und geteilt werden.

<small>Explizites Wissen kann man in Worte fassen, implizites Wissen weniger</small>

- Implizites Wissen lässt sich schwer artikulieren und ist an Personen gebunden, z. B. Erfahrungswissen über die Führung von internationalen Verhandlungen oder Talent. Diese Wissenskategorie muss durch eine Personalisierungsstrategie von Mensch zu Mensch weitergegeben werden, z. B. durch sogenannte Communities of Practice. Hier können Informationssysteme nur unterstützend wirken, um z. B. durch gelbe Seiten im Unternehmen Wissensträger zu vernetzen.

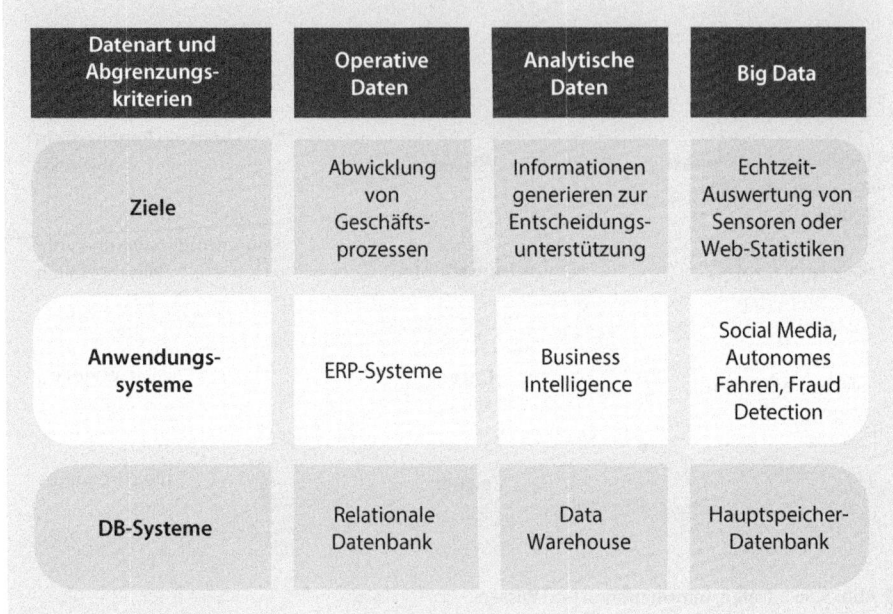

 Abb. 5.57   Datenarten

Das Internet-of-Everything schafft Big Data und damit neue Herausforderungen der Verarbeitung

Doch das Wissensmanagement steht durch das Internet of Everything, wo Millionen von Sensoren in Haushalten und Fabriken ständig Daten generieren, neuen Herausforderungen gegenüber. Auch Anwendungen wie Social Media, autonomes Fahren oder Betrugsaufdeckung (Fraud Detection) führen zu großen, ungeahnten Datenmengen, Big Data genannt. Big Data unterscheidet sich in mehreren Punkten von herkömmlichen operativen und analytischen Daten (vgl. Abb. 5.57).

> **Big Data** beschreibt Datenbestände, die aufgrund ihres Umfangs, ihrer Unterschiedlichkeit oder ihrer Schnelllebigkeit nur begrenzt durch aktuelle Datenbanken und Daten-Management-Tools verarbeitet werden können (Plattner 2017).

Die Herausforderung von Big Data ist, die in den Daten vorhandenen Informationen in Echtzeit zu extrahieren und ggfs. zu visualisieren. Um dies zu bewerkstelligen, werden klassische relationale Datenbanksysteme zunehmend durch Hauptspeicherdatenbanken ergänzt oder vollständig ersetzt (vgl. Plattner 2017).

5.4 · Dispositiver Bereich: Strategie, Systeme und Strukturen

E-Business-Anwendungen Durch das World Wide Web (WWW) entwickelten sich viele unternehmensübergreifende Formen der Zusammenarbeit: E-Business bezeichnet Unternehmen, die ihre zentralen Informationssysteme den Kunden, Mitarbeitern, Partnern und Lieferanten über Intranets, Extranets und das Web zugänglich machen (vgl. Gersch 2016).

E-Business kennt verschiedene Anwendungen, die im Folgenden erläutert werden. M-Business ist dabei eine Unterkategorie, die auf Anwendungen und Prozesse fokussiert, bei denen mobile Endgeräte wie Smartphones und Tablets eingesetzt werden. Die Ortsunabhängig steht damit im Vordergrund.

Customer Relationship Management (CRM) ist ein Managementkonzept zur Anbahnung und Pflege von profitablen und langfristigen Geschäftsbeziehungen mit Kunden nach dem Tante-Emma-Prinzip. Daten von multiplen Kundenkontaktpunkten (Touch Points) werden integriert, analysiert und visualisiert. Der Kunde soll das Unternehmen als eine einheitliche *Person* wahrnehmen.

E-Commerce ist der Handel mit Waren über elektronische Medien. Die Marktformen im E-Commerce sind z. B. Web-Shops, Auktionen, Ausschreibungen oder Börsen.

Supply Chain Management (SCM) bezeichnet die unternehmensübergreifende Planung und Optimierung der Lieferkette. Ziel ist es, den Fluss von Gütern, Informationen und Finanzen optimal zu steuern, so dass alle Partner im Netzwerk ihre Lagerbestände und ihre Produktion unter Kosten-, Zeit- und Qualitätsaspekten managen können.

> Electronic Business (E-Business)
>
> Mobile Business (M-Business)
>
> CRM will Tante Emma im Internet abbilden
>
> E-Commerce und M-Commerce haben das Einkaufsverhalten verändert
>
> SCM zur Unterstützung von Unternehmensnetzwerken

Standardsoftware oder Individualsoftware Unternehmen müssen sich im Rahmen einer *Make-or-buy-Entscheidung* für Individualsoftware (make) oder Standardsoftware (buy) festlegen. Es gilt vielzählige Argumente abzuwägen (vgl. ◘ Abb. 5.58). Aufgrund der hohen Entwicklungskosten von Individualsoftware ist ein Trend hin zu Standardsoftware zu beobachten (vgl. Mertens et al. 2017, S. 132 ff.).

> Make-or-buy-Entscheidung

- Individualsoftware wird für eine spezielle betriebliche Anforderung mit der zugehörigen Hard- und Softwareumgebung individuell programmiert. Die Individualsoftware wird entweder selbst produziert oder fremdbezogen.
- Standardsoftware umfasst Produkte, die für den Massenmarkt konzipiert wurden. In der Regel werden sie mit Selbstinstallationsroutinen ausgeliefert und ermöglichen oft nur geringe, bei komplexeren Produkten wie ERP-Systemen jedoch auch größere, Anpassungen an die individuellen Bedürfnisse.

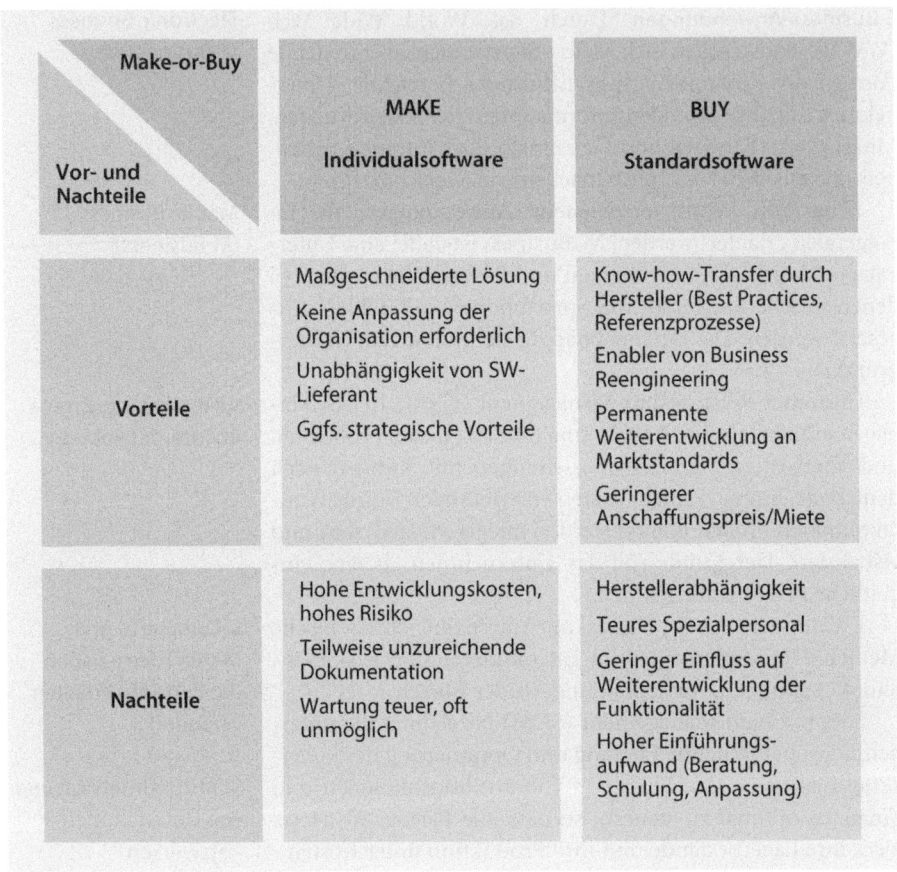

○ Abb. 5.58 Standard- oder Individualsoftware (modifiziert nach Gadatsch 2010, S. 325–327)

5.4.3.5 IT-Infrastruktur

Um die Anwendungen zu betreiben, wird eine zuverlässige IT-Infrastruktur benötigt. Unter IT-Infrastruktur versteht man in technischer Hinsicht Hardware, Systemsoftware sowie bauliche Einrichtungen (z. B. Rechenzentrum, unterbrechungsfreie Stromversorgung, Racks) und Netzwerke (vgl. Patig et al. 2012).

Zusätzlich zur technischen Sicht gibt es eine organisatorische Sicht, um den Rechenzentrumsbetrieb rechtlich (z. B. Datenschutzrichtlinien), organisatorisch (z. B. Serviceprozesse anhand von ITIL) und personell (z. B. Administratoren) sicherzustellen.

5.4 · Dispositiver Bereich: Strategie, Systeme und Strukturen

> **IT-Infrastruktur** bezeichnet alle materiellen und immateriellen Güter sowie organisatorische Strukturen, die den Betrieb von Anwendungssoftware ermöglichen, z. B. Hardware, Betriebssystemsoftware, bauliche Einrichtungen sowie IT-Serviceprozesse.

Hardware Hardware umfasst alle physischen Komponenten und Geräte, aus denen sich ein Computer oder Rechnernetzwerke zusammensetzen, z. B. PC, Drucker, Kabel und Switch.

Hardware ist greifbar

Rechner können in unterschiedliche Klassen eingeteilt werden (vgl. Mertens et al. 2017, S. 19–21; Abts und Mülder 2017, S. 50 f. und ◘ Abb. 5.59).

Rechnerklassen für alle Bedarfe

Superrechner sind die schnellsten Rechner ihrer Zeit und werden im Militär, für Simulationen in der Wissenschaft oder Wettervorhersagen genutzt. Eindrucksvolle Modelle sind z. B. unter ► www.cray.com zu bewundern.

Großrechner werden auch Host oder Mainframe genannt. Sie bieten große Rechen- und Speicherkapazitäten für den

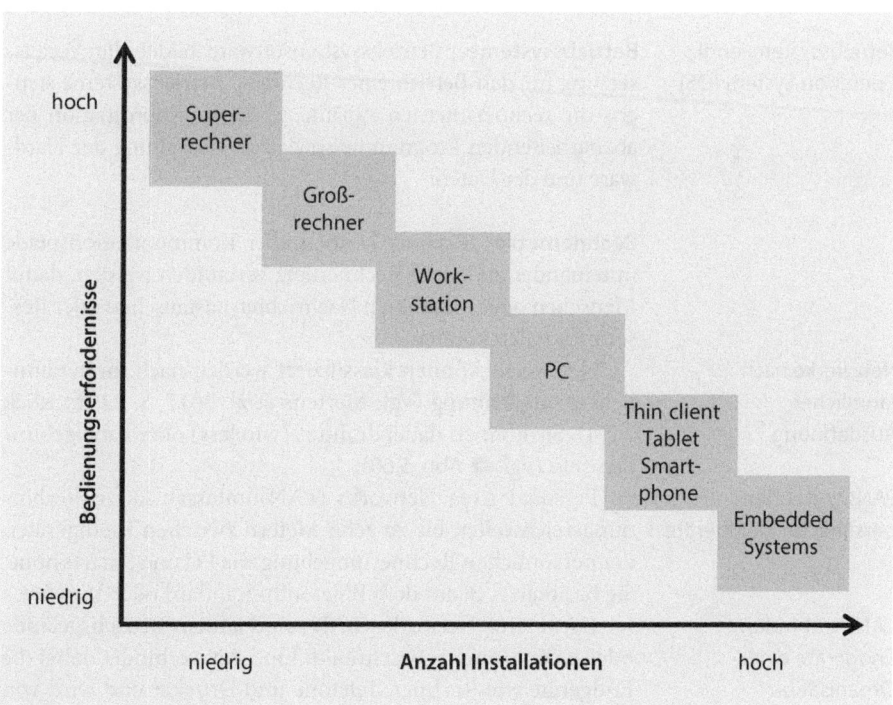

◘ Abb. 5.59 Rechnerklassen

Multiuser-Betrieb an und werden in Banken, Reisebüros oder im E-Commerce genutzt. Einer der Marktführer ist ► www.ibm.com. Workstations sind selbstständige, sehr leistungsfähige Arbeitsplatzrechner, z. B. für anspruchsvolle technische Aufgaben, wie Computer Aided Design (► store.hp.com).

Personal Computer (PC), auch Mikrocomputer genannt, sind Einzelplatzrechner für Wirtschaft, Verwaltung und Privathaushalte. (► www.lenovo.com oder ► www.dell.com).

Thin clients sind Netzwerkcomputer (NC). Diese preisgünstigen Rechner mit geringerer Leistungsfähigkeit und teils ohne Festplatte sind konzipiert für den Betrieb in Netzen. Die zentrale Administration reduziert Kosten für die Pflege der Systeme. Zu dieser Rechnerklasse werden in dieser Abbildung auch mobile Endgeräte wie Smartphones und Tablets gezählt.

Embedded Systems sind spezialisierte Rechner mit einem reinen Anwendungsprogramm, welche Teil eines größeren Systems oder Gerätes sind. Sie werden oft nicht als Computer wahrgenommen, z. B. Antiblockiersysteme (ABS) für Kraftfahrzeuge. Werden diese Embedded Systems ins Internet eingebunden, so dass sie ihre Sensorenwerte übertragen können, spricht man vom *Internet of Everything*.

> Betriebssystem, engl.: Operation System (OS)

Betriebssysteme Betriebssystemsoftware bildet die Voraussetzung für den Betrieb eines Rechners. Betriebssysteme steuern die rechnerinternen Abläufe, z. B. zur Koordination der abzuarbeitenden Programme sowie zur Verwaltung der Hardware und der Daten.

Rechnernetze Rechner können über Kommunikationspfade miteinander zu einem Rechnernetz verbunden werden, damit Menschen oder Maschinen Nachrichten austauschen oder Ressourcen teilen können.

> Netzwerke nach räumlicher Ausdehnung

Netzwerke können klassifiziert werden nach ihrer räumlichen Ausdehnung (vgl. Mertens et al. 2017, S. 22 ff.; Röck 2014). Sie können dabei drahtlos (wireless) oder kabelgebunden sein (vgl. ◘ Abb. 5.60).

> PANs verbinden persönliche Kleingeräte

Personal Area Networks (PAN) umfassen kurze Verbindungsreichweiten bis zu zehn Metern zwischen Kleingeräten der persönlichen Rechnerumgebung wie PC und Smartphone. Sie basieren z. B. auf dem Bluetooth-Standard oder Wirefire.

> LANs verbinden Endgeräte einer Organisation

Local Area Networks (LAN) sind auf ein Betriebsgelände oder einen Campus beschränkt. Ein LAN verbindet dabei die Endgeräte wie Rechner, Telefone und Drucker und wird von dieser Organisation verwaltet.

> MANs verbinden lokale Netzwerke

Metropolitan Area Networks (MAN) haben eine regionale Reichweite und verbinden die lokalen Netzwerke von Bürozentren miteinander.

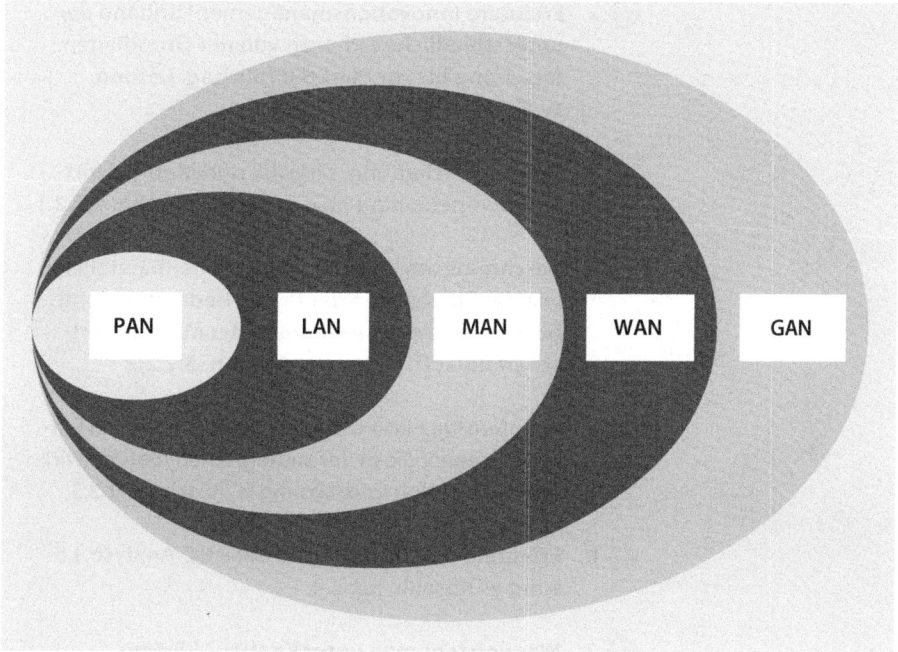

□ Abb. 5.60 Rechnernetze

Ein Weitverkehrsnetz (Wide Area Network, WAN) ist ein Rechnernetz, das einen sehr großen geografischen Bereich (Land, Kontinent oder die ganze Welt) abdeckt. Bekanntestes Beispiel ist das weltumspannende Internet: Es ist ein Verbund aus vielen zehntausenden Computernetzen, die miteinander verbunden sind und die auf der Basis des gemeinsamen Kommunikationsstandards TCP/IP Daten miteinander austauschen können.

WANs können weltumspannend sein

Global Area Network (GAN) bezeichnet ein Netz, das über unbegrenzte geografische Entfernungen mehrere Wide Area Networks verbindet, z. B. bei internationalen Konzernen. Hier kann auch der Einsatz von Satellitenübertragung stattfinden.

GANs sind weltumspannend

5.5 Wiederholungsfragen

1. Erläutere, welche Arten von Innovationen man unterscheiden kann und gib jeweils ein Beispiel Deiner Wahl an. Lösung Abschn. 5.2.1.1

❓ 2. Erläutere Innovationsmanagement anhand der unterschiedlichen Phasen von der Grundlagenforschung bis zur Markteinführung. Lösung ▶ Abschn. 5.2.1.3

❓ 3. Grenze Beschaffung, Logistik und Materialwirtschaft voneinander ab. Lösung ▶ Abschn. 5.2.2.1

❓ 4. Beschreibe am Beispiel eines Küchenherstellers, wie der Prozess von der Primärbedarfsplanung bis zur Rechnungsstellung in der Materialwirtschaft abläuft. Lösung ▶ Abschn. 5.2.2.2

❓ 5. Erläutere kurz und prägnant die wesentlichen Entscheidungen, die in der strategischen Materialwirtschaft zu treffen sind. Lösung ▶ Abschn. 5.2.2.3

❓ 6. Erläutere den Hintergrund der ABC-Analyse. Lösung ▶ Abschn. 5.2.2.4

❓ 7. Was versteht man unter Kanban? Lösung ▶ Abschn. 5.2.2.4

❓ 8. Was versteht man unter Smart Factory? Lösung ▶ Abschn. 5.2.3.1

❓ 9. Welche Bereiche umfasst die strategische Produktionswirtschaft? Lösung ▶ Abschn. 5.2.3.2

❓ 10. Erläutere die Funktionsweise von PPS-Systemen. Lösung ▶ Abschn. 5.2.3.3

❓ 11. Visualisiere, wie die normative Ebene eines Unternehmens, die Marketingstrategie und der Marketing-Mix zusammenhängen. Lösung ▶ Abschn. 5.2.4.2

❓ 12. Erläutere, was Marktforschung, Konsumentenverhalten und Markenführung bedeuten. Lösung ▶ Abschn. 5.2.4.2

❓ 13. Erläutere das Marketing-Mix anhand der 4 Ps. Lösung ▶ Abschn. 5.2.4.3

❓ 14. Welche weiteren Ps kennt das Dienstleistungsmarketing und warum sind sie erforderlich? Lösung ▶ Abschn. 5.2.4.3

5.5 · Wiederholungsfragen

? 15. Grenze die Rechnungsgrößen Auszahlung, Ausgabe, Aufwand und Kosten anhand von selbst gewählten Beispielen voneinander ab. Lösung ▶ Abschn. 5.3.1

? 16. Vergleiche externes und internes Rechnungswesen anhand von drei selbst gewählten Kriterien. Lösung ▶ Abschn. 5.3.2

? 17. Erläutere, warum Kaufleute einen Jahresabschluss erstellen müssen. Lösung ▶ Abschn. 5.3.3.1

? 18. Skizziere den Aufbau einer Bilanz mit ihren wesentlichen Elementen. Lösung ▶ Abschn. 5.3.3.2

? 19. Skizziere den prinzipiellen Aufbau einer Gewinn- und Verlustrechnung. Lösung ▶ Abschn. 5.3.3.3

? 20. Erläutere den Begriff des Cashflow. Lösung ▶ Abschn. 5.3.3.4

? 21. Zeige auf, in welche Bereiche man die interne Kostenrechnung unterteilen kann. Lösung ▶ Abschn. 5.3.4

? 22. Erläutere die Break-even-Analyse. Lösung ▶ Abschn. 5.3.4.2

? 23. Wie hängen Finanzierung und Investition zusammen? Lösung ▶ Abschn. 5.3.5.1

? 24. Erläutere vier Finanzierungsarten Deiner Wahl. Lösung ▶ Abschn. 5.3.5.2

? 25. Was versteht man unter dem Kapitalwert und wie wird er berechnet? Lösung ▶ Abschn. 5.3.5.3

? 26. Erläutere kurz und prägnant die Aufgabenfelder des Personalmanagements. Lösung ▶ Abschn. 5.4.1

? 27. Erläutere anhand einer Analogie den Unterschied zwischen formaler und informaler Organisation. Lösung ▶ Abschn. 5.4.2.1

? 28. Skizziere wesentliche Formen der Aufbauorganisation, wie Linienorganisation, Spartenorganisation, Stablinienorganisation und Matrixorganisation. Lösung ▶ Abschn. 5.4.2.2

29. Wodurch unterscheidet sich Aufbau- und Ablauforganisation? Lösung ▶ Abschn. 5.4.2.2

30. Skizziere, wie eine Projektorganisation aufgebaut ist. Lösung ▶ Abschn. 5.4.2.3

31. Erläutere die Begriffe Informationsmanagement und Informationssystem. Welche Ebenen kennt das Informationsmanagement? Lösung ▶ Abschn. 5.4.3.1

32. Erläutere die strategische Rolle von Informationssystemen. Lösung ▶ Abschn. 5.4.3.3

33. Skizziere die unterschiedlichen Anwendungssysteme nach der Art ihres Einsatzes. Lösung ▶ Abschn. 5.4.3.4

34. Erläutere die unterschiedlichen Rechnerklassen. Lösung ▶ Abschn. 5.4.3.5

5.6 Vertiefungs- und Übungsfragen

1. ABC-Analyse Du wirst als Assistent der Geschäftsführung des innovativen Fensterbau-Unternehmens *Glas Heinrich GmbH* eingestellt. Eine Deiner ersten Aufgaben besteht darin, eine ABC-Analyse durchzuführen, um herauszufinden, welche Teile im Rahmen der Materialwirtschaft einer detaillierten Planung bedürfen.

Deine Kollegin aus dem Controlling händigt Dir die folgenden Informationen als Grundlage für Deine ABC-Analyse aus (vgl. Wöhe et al. 2016b, S. 165–168).

◘ Materialarten mit Materialverbrauch und Preis		
Material-art Nr.	Materialverbrauch in Mengeneinheiten (ME) pro Periode	Preis pro Mengeneinheit
1	156	96,00 €
2	728	5,00 €
3	104	375,00 €
4	208	21,75 €
5	156	62,50 €

5.6 · Vertiefungs- und Übungsfragen

(Fortsetzung)

Material-art Nr.	Materialverbrauch in Mengeneinheiten (ME) pro Periode	Preis pro Mengeneinheit
6	312	3,75 €
7	130	200,00 €
8	520	2,00 €
9	260	15,00 €
10	26	3500,00 €

2. Marketing-Mix Du arbeitest als Marketingmanagerin beim Unternehmen *Fair Beauty GmbH & Co. KG*, das bislang konventionelle Kosmetika herstellt. Aufgrund des überdurchschnittlichen Marktwachstums im sogenannten Segment *Lifestyle of health and sustainability* (LOHAS) möchte Dein Unternehmen Produkte für dieses Segment produzieren. Die Zielgruppe dieses Segments orientiert sich an Werten wie Gesundheit und Nachhaltigkeit. Das Lebensmotto könnte beschrieben werden als „Kauf dir eine bessere Welt". Welche Folgen hätte dies für den Marketing-Mix? Entwickle geeignete Maßnahmen zur Bearbeitung dieses Segments (vgl. Scharf et al. 2015, S. 525).

3. Bilanz Simon und Petra sind die Vorstände des E-Bike-Herstellers *Flash AG*. Zum 31.12. wollen sie ihre Bilanz erstellen und finden die folgenden Positionen vor. Hilf den beiden, die Positionen so zu sortieren, dass Anlage- und Umlaufvermögen sowie Eigen- und Fremdkapital klar ersichtlich sind. Natürlich müssen am Ende Aktiva und Passiva die identische Höhe haben, damit die Bilanz ausgeglichen ist (Tab. 5.1).

4. Gewinn- und Verlustrechnung Gegeben ist die Gewinn- und Verlustrechnung (GuV) des Automobilzulieferers Opti Getriebe GmbH. Ergänze die Kennzahlen, Bruttoergebnis, Betriebsergebnis, Ergebnis vor und nach Steuern. Berechne zusätzlich EBIT und EBITDA (Tab. 5.2).

5. Break-even-Analyse (vgl. Capaul und Steingruber 2010, S. 387) Du bist Produktmanagerin bei der Silky Touch OHG, die hochwertige Dekoartikel herstellt. Für ein neues Produkt *Seidenblumenarrangement* liegen folgende Daten vor. Ermittle den Break-even-Point (Gewinnschwelle), also die Menge an Produkten, die das Unternehmen verkaufen muss, um einen Gewinn zu erzielen (Tab. 5.3).

Tab. 5.1 Positionen für die Bilanz der Flash AG

Position	in Euro
Kasse	6000
Immobilien	220.000
Hypotheken	135.000
Gezeichnetes Kapital	287.500
Einrichtungen	80.000
Kreditoren	12.000
Darlehen	112.000
Bank	18.000
Debitoren	6500
Fahrzeuge	166.000
Vorräte	12.000
Jahresüberschuss	28.000
Maschinen	66.000

Tab. 5.2 Lückenhafte Gewinn- und Verlustrechnung (GuV) der Opti Getriebe GmbH

Kennzahl	in Mio. EUR
Umsatzerlöse	14.000
Umsatzkosten (davon Abschreibungen auf Maschinen in Höhe von 930)	−11.000
Vertriebskosten	−400
Allgemeine Verwaltungskosten	−600
Sonstige betriebliche Erträge	60
Sonstige betriebliche Aufwendungen	−60
Ergebnis aus Finanzinvestitionen	10
Abschreibungen auf Finanzvermögen	−70
Zinserträge	0
Zinsaufwendungen	−40
Ertragsteuern	−500

Tab. 5.3 Erlöse und Kosten für Seidenblumenarrangement

Erlöse und Kosten	in Euro
Verkaufspreis pro Stück	100,00
Variable Materialkosten pro Stück	25,00
Materialgemeinkosten	37.500,00
Fertigungsgemeinkosten	125.000,00
Variable Fertigungskosten pro Stück	10,00
Verwaltungsgemeinkosten	40.000,00
Vertriebsgemeinkosten	22.500,00
Variable Vertriebskosten pro Stück	2,50

6. Kapitalwertmethode Die Reederei Carribean SE überlegt sich, ob sie für 24 Mio. Euro ein neues Schiff erwerben soll.

Das Schiff wird voraussichtlich in den ersten acht Jahren jährlich 4,0 Mio. Euro Nettoeinzahlungen einbringen. Für die darauffolgenden zwölf Jahre werden nur noch 1,3 Mio. Euro Nettoeinzahlungen erwartet. Der Zinssatz auf dem Geld- und Kapitalmarkt beträgt 10 %.

1. Würdest Du nach der Kapitalwertmethode zum Erwerb des Schiffs raten?
2. Ein russischer Schrotthändler bietet an, das Schiff am Ende der 20-jährigen Nutzungsdauer zu einem Schrottwert von mindestens 500.000 Euro abzukaufen. Ändert dies etwas an der Entscheidung der Carribean SE?

5.7 Musterlösungen

1. ABC-Analyse Glas Heinrich GmbH Die Vorgehensweise bei der Erstellung einer ABC-Analyse ist wie folgt. Am besten man trägt die Basisdaten in ein Excel-Sheet ein und bearbeitet die folgenden Schritte mit der Hilfe von Formeln. Das ist auch eine gute Gelegenheit, um relative und absolute Bezüge in Excel zu üben. In den folgenden Tabellen steht ME für Mengeneinheiten und GE für Geldeinheiten.

1. Bedarfe und Stückkosten aller Produkte oder Teile ermitteln (diese Informationen liegen hier bereits vor).
2. Periodenverbrauche pro Teil errechnen (vgl. in der folgenden Tabelle Spalte e).
3. Sortierung in absteigender Reihenfolge nach Periodenverbrauch.

4. Summe der Produktanzahl und Summe der Periodenbedarfe bilden (vgl. in der folgenden Tabelle Spalte b und Spalte e).
5. Relative Anteile pro Teil errechnen (vgl. in der folgenden Tabelle Spalte c und Spalte f).

◻ Ermittlung der Mengen- und Werteanteile bei der ABC-Analyse

a	b	c	d	e	f	g
Materialart Nr.	Materialverbrauch pro Periode in ME	Materialverbrauch pro Periode in %	Preis pro ME	Wert des Gesamtverbrauchs in GE	Wert des Gesamtverbrauchs in %	Rang
10	26	1,0%	3.500,00 €	91.000,00 €	46,7%	1
3	104	4,0%	375,00 €	39.000,00 €	20,0%	2
7	130	5,0%	200,00 €	26.000,00 €	13,3%	3
1	156	6,0%	96,00 €	14.976,00 €	7,7%	4
5	156	6,0%	62,50 €	9.750,00 €	5,0%	5
4	208	8,0%	21,75 €	4.524,00 €	2,3%	6
9	260	10,0%	15,00 €	3.900,00 €	2,0%	7
2	728	28,0%	5,00 €	3.640,00 €	1,9%	8
6	312	12,0%	3,75 €	1.170,00 €	0,6%	9
8	520	20,0%	2,00 €	1.040,00 €	0,5%	10
	2600	100,00%		195.000,00 €	100,00%	

5.7 · Musterlösungen

1. Kumulierten Mengenverbrauch und Werteverbrauch bilden (vgl. in der folgenden Tab. Spalte c und Spalte e)
2. Nach Festlegung der Grenzwerte erhält man folgende Klassifizierung in A-, B- und C-Teile (vgl. in der folgenden Tabelle Spalte f)

◘ Bildung kumulierter Mengen und Werte sowie Grenzwertfestlegung

a	b	c	d	e	f	g
Materialart Nr.	Materialverbrauch pro Periode	Kumulierter Mengenverbrauch in %	Wert des Gesamtverbrauchs in %	Kumulierter Wertverbrauch in %	Rang	Teileart
10	1,0%	1,0%	46,7%	46,7%	1	
3	4,0%	5,0%	20,0%	66,7%	2	A
7	5,0%	10,0%	13,3%	80,0%	3	
1	6,0%	16,0%	7,7%	87,7%	4	
5	6,0%	22,0%	5,0%	92,7%	5	B
4	8,0%	30,0%	2,3%	95,0%	6	
9	10,0%	40,0%	2,0%	97,0% 98,9%	7	
2	28,0%	68,0%	1,9%	99,5%	8	C
6	12,0%	80,0%	0,6%	100,0%	9	
8	20,0%	100,0%	0,5%		10	
	100%		100%			

Dieses Ergebnis lässt sich anhand einer Lorenz-Kurve darstellen und präsentieren (vgl. die folgende Abbildung).

Die Materialien Nr. 3, 7 und 10 sind A-Teile. Sie sollten unbedingt deterministisch disponiert werden, da sie einen sehr hohen wertemäßigen Verbrauch haben. Dies bedeutet, dass z. B. anhand einer Stückliste der genaue Bedarf abgeleitet wird, um hohe Kapitalbindungskosten im Lager zu vermeiden. Diese Art der Disposition ist zwar aufwendiger, aber durch den hohen Werteverbrauch gerechtfertigt.

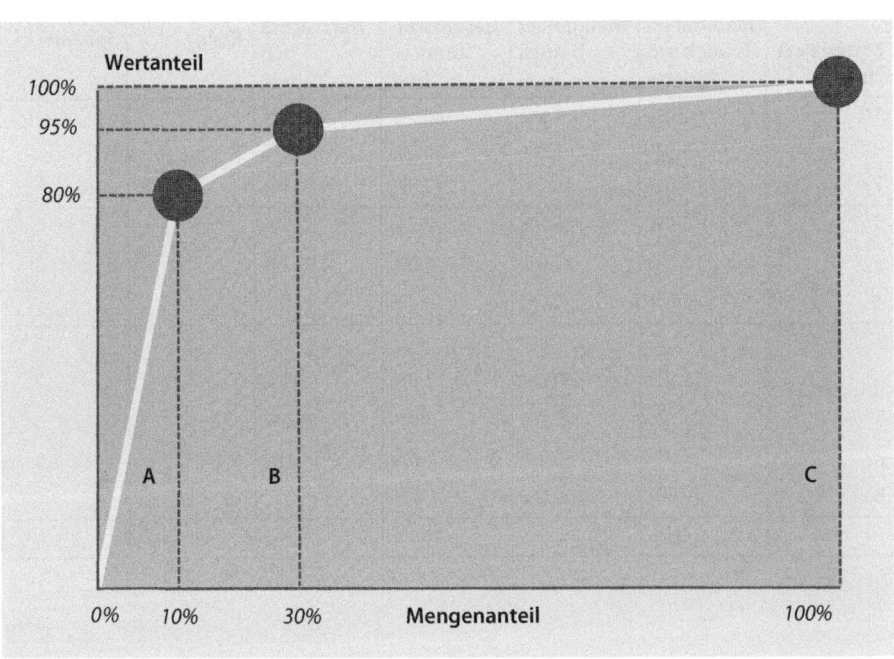

Lorenz-Kurve als Ergebnis der ABC-Analyse bei Glas Heinrich GmbH

Die Materialien Nr. 1, 4 und 5 sind B-Teile. Ihr Bedarf wird am besten mit stochastischen Methoden ermittelt. Das bedeutet, das auf der Basis von Verbrauchsdaten der Vergangenheit eine Prognose für den zukünftigen Bedarf errechnet wird.

Die Materialien Nr. 2, 6, 8 und 9 sind C-Teile. Sie können mit heuristischen Methoden (Schätzmethoden) ermittelt werden. Sie machen nur einen sehr kleinen Teil am periodischen Wertverbrauch aus.

2. Marketing-Mix der Fair Beauty AG

Absatzpolitisches Instrument	Mögliche Maßnahmen für das LOHAS-Segment
Produktpolitik	Hautverträgliche Wirkstoffe Umweltverträgliche Verpackung
Preispolitik	Vergleichsweise hoher Preis
Kommunikationspolitik	Abbildung des Lebensstils der LOHAS-Zielgruppe in der Werbung Umweltsponsoring Nachhaltigkeit als Bestandteil der Corporate Identity
Distributionspolitik	Fairer Handel Ökologische Supermärkte Onlinevertrieb über LOHAS-Vertriebskanäle

◘ Marketing-Mix im LOHAS-Segment

3. Bilanz der Flash AG

Aktiva		Passiva	
Anlagevermögen		**Eigenkapital**	
Immobilien	200.000	Gezeichnetes Kapital	287.500
Maschinen	66.000	Jahresüberschuss	28.000
Einrichtungen	80.000		
Fahrzeuge	166.000		315.500
	532.000		
Umlaufvermögen		**Fremdkapital**	
Vorräte	12.000	Hypotheken	135.000
Debitore	6.500	Darlehen	112.000
Bank	18.000	Kreditoren	12.000
Kasse	6.500		259.000
	42.500		
	574.500		**574.500**

◘ Bilanz der Flash AG zum 31.12.

4. GuV der Opti Getriebe GmbH

◘ Gewinn- und Verlustrechnung der Opti Getriebe GmbH

Kennzahl	inMio. EUR
Umsatzerlöse	14.000
Umsatzkosten (davon Abschreibungen auf Maschinen in Höhe von 930)	-11.000
Rohertrag/Bruttoergebnis	**3.000**
Vertriebskosten	-400
Allgemeine Verwaltungskosten	-600
Sonstige betriebliche Erträge	60
Sonstige betriebliche Aufwendungen	-60
Betriebsergebnis	**2.000**
Ergebnis aus Finanzinvestitionen	10
Abschreibungen auf Finanzvermögen	-70
Zinserträge	0
Zinsaufwendungen	-40
Ergebnis vor Steuern	**1.900**
Ertragsteuern	-500
Ergebnis nach Steuern	**1.400**

EBIT = Ergebnis nach Steuern + Zinsaufwendungen = 1900 + 40 = 1940

EBITDA: EBIT + Abschreibungen = 1940 + 70 + 930 = 2940

5. Break-even-Analyse für Silky Touch OHG Für die Break-even-Analyse ist es wichtig, sich an die grundlegende Formel zu erinnern. Gesucht wird die Ausbringungsmenge (x_b), für die gilt: Umsatz = Gesamtkosten. Die Gesamtkosten setzen sich dabei aus den Fixkosten K_{fix} sowie aus den variablen Kosten zusammen. Die Formel wird dann aufgelöst, um die Ausbringungsmenge zu ermitteln.

$$p^* x_b = K_{fix} + k_{var}^* x_b$$
$$x_b = K_{fix} / (p - k_{var})$$

Dazu müssen zuerst die gesamten Fixkosten (K_{fix}) sowie die variablen Kosten pro Einheit (k_{var}) ermittelt werden.

◘ Ermittlung der Fixkosten Seidenblumenarrangement

Berechnung der Fixkosten	in Euro
Materialgemeinkosten	37.500,00
Fertigungsgemeinkosten	125.000,00
Verwaltungsgemeinkosten	40.000,00
Vertriebsgemeinkosten	22.500,00
Summe	225.000,00

◘ Ermittlung der variablen Kosten pro Seidenblumenarrangement

Berechnung der variablen Kosten	in Euro
Variable Materialkosten pro Stück	25,00
Variable Fertigungskosten pro Stück	10,00
Variable Vertriebskosten pro Stück	2,50
Summe	**37,50**

Nun kann die kritische Ausbringungsmenge ermittelt werden:

$$x_b = 225.000,00 / (100 - 37{,}50) = 3600$$

Es müssen mindestens 3600 Seidenblumenarrangements verkauft werden, bis das Unternehmen in die Gewinnzone kommt.

6. Kapitalwertmethode

1. Für die Kapitalwertmethode müssen alle Ein- und Auszahlungen auf die Gegenwart abgezinst, d. h. diskontiert werden. Für die Berechnung wird eine Excel-Tabelle verwendet (vgl. die folgende Tabelle). Spalte d enthält den Abzinsungsfaktor, der sich aus dem Zinssatz von 10 % und dem Zeitfaktor t ergibt, z. B. werden die Zahlungen des zweiten Jahres abgezinst um den Faktor $(1 + 0{,}1)^{-2}$ = 0,826. Deshalb ist die Einzahlung von 4 Millionen, die zum Ende des zweiten Jahres stattfindet, zum Zeitpunkt der Gegenwart nur 3.305.259,20 Euro wert. Summiert man alle diskontierten Nettoeinzahlungen auf, ergibt sich ein Kapitalwert von 1.417.933,57 Euro. Dies bedeutet, dass eine höhere Rendite erzielt werden kann als am Kapitalmarkt. Die Carribean SE sollte die Investition unter diesen Voraussetzungen tätigen.

◘ Kapitalwert für ein neues Schiff der Carribean SE

t	Ein-/Auszahlung	Summe	Abzinsungsfaktor	Barwert
0	Auszahlung	24.000.000,00		-24.000.000,00
1	Einzahlungen	4.000.000,00	0,909	3.636.363,64
2	Einzahlungen	4.000.000,00	0,826	3.305.785,12
3	Einzahlungen	4.000.000,00	0,751	3.005.259,20
4	Einzahlungen	4.000.000,00	0,683	2.732.053,82
5	Einzahlungen	4.000.000,00	0,621	2.483.685,29
6	Einzahlungen	4.000.000,00	0,564	2.257.895,72
7	Einzahlungen	4.000.000,00	0,513	2.052.632,47
8	Einzahlungen	4.000.000,00	0,467	1.866.029,52
9	Einzahlungen	1.300.000,00	0,424	551.326,90
10	Einzahlungen	1.300.000,00	0,386	501.206,28
11	Einzahlungen	1.300.000,00	0,350	455.642,07
12	Einzahlungen	1.300.000,00	0,319	414.220,06
13	Einzahlungen	1.300.000,00	0,290	376.563,69
14	Einzahlungen	1.300.000,00	0,263	342.330,63
15	Einzahlungen	1.300.000,00	0,239	311.209,66
16	Einzahlungen	1.300.000,00	0,218	282.917,88
17	Einzahlungen	1.300.000,00	0,198	257.198,07
18	Einzahlungen	1.300.000,00	0,180	233.816,43
19	Einzahlungen	1.300.000,00	0,164	212.560,39
20	Einzahlungen	1.300.000,00	0,149	193.236,72
	KAPITALWERT			1.471.933,57

10% Zinssatz

2. Auch die Restzahlung in Höhe von 500.000 Euro muss auf den gegenwärtigen Zeitpunkt diskontiert werden. 500.000 $(1 + 0{,}1)^{-20} = 267.558{,}53$ €. Damit erhöht sich der Kapitalwert der Investition auf 1.685.492,10 Euro und macht die Investition nach dieser Berechnungsmethode noch rentabler.

Literatur

Abts, D., & Mülder, W. (2017). *Grundkurs Wirtschaftsinformatik. Eine kompakte und praxisorientierte Einführung* (9., erw. u. ak. Aufl.). Wiesbaden: Springer Gabler.

Allweyer, T. (2009). *BPMN 2.0. Business Process Model and Notation. Einführung in den Standard für die Geschäftsprozessmodellierung* (2., ak. u. erw. Aufl.). Norderstedt: Books on Demand.

Alpar, P., et al. (2016). *Anwendungsorientierte Wirtschaftsinformatik. Strategische Planung, Entwicklung und Nutzung von Informationssystemen* (8., überarb. Aufl.). Wiesbaden: Springer Vieweg.

Becker, J. (2013). *Marketing-Konzeption. Grundlagen des ziel-strategischen und operativen Marketing-Managements* (10., überarb. u. erw. Aufl.). München: Vahlen.

Capaul, R., & Steingruber, D. (2010). *Betriebswirtschaft verstehen. Das St. Galler Management-Modell*. Oberentfelden: Sauerländer.

CERN. (2018). The birth of the web. http://home.cern/topics/birth-web. Zugegriffen am 02.05.2018.

Chamoni, P. (2016). Data mining. http://www.enzyklopaedie-der-wirtschaftsinformatik.de/lexikon/daten-wissen/Business-Intelligence/Analytische-Informationssysteme%2D%2DMethoden-der-/Data-Mining. Zugegriffen am 31.05.2018.

Christensen, C., et al. (2011). *The Innovator's Dilemma: Warum etablierte Unternehmen den Wettbewerb um bahnbrechende Innovationen verlieren*. München: Vahlen.

Corsten, H. (2008). Beschaffung. In: H. Corsten & M. Reiß (Hrsg.), *Betriebswirtschaftslehre* (Bd. 1, 4., vollst. überarb. u. wesentl. erw. Aufl., S. 347–441). München Wien: Oldenburg.

Drucker, P. F. (1954). *The practice of management*. New York: Harper & Row.

Dudenredaktion. (o. J.). Stichwort „Innovation". https://www.duden.de/node/651896/revisions/1643070/view. Zugegriffen am 06.03.2018.

Esch, F.-R., et al. (2017). *Marketing. Eine managementorientierte Einführung* (5., überarb. Aufl.). München: Vahlen.

Gabler Wirtschaftslexikon. (2018a). Beschaffungsmarktforschung. https://wirtschaftslexikon.gabler.de/definition/beschaffungsmarktforschung-27906/version-251547. Zugegriffen am 24.03.2018.

Gabler Wirtschaftslexikon. (2018b). Logistik. https://wirtschaftslexikon.gabler.de/definition/logistik-40330/version-263718. Zugegriffen am 24.03.2018.

Gabler Wirtschaftslexikon. (2018c). IT-Management. https://wirtschaftslexikon.gabler.de/definition/it-management-52753/version-275868. Zugegriffen am 22.05.2018.

Gadatsch, A. (2010). *Grundkurs Geschäftsprozessmanagement. Methoden und Werkzeuge für die IT-Praxis* (6., ak. Aufl.). Wiesbaden: Vieweg + Teubner.

Gersch, M. (2016). Electronic business. http://www.enzyklopaedie-der-wirtschaftsinformatik.de/lexikon/informationssysteme/crm-scm-und-electronic-business/Electronic-Business. Zugegriffen am 31.05.2018.

GfK. (2017). Unterstützung eines Smartphone-Herstellers bei der Ausarbeitung seines Expansions-Ansatzes in Europa. https://www.gfk.com/fileadmin/user_upload/website_content/Images/Success_Stories/Smartphone_manufacturer_MOI_case_study_DE.pdf. Zugegriffen am 16.06.2018.

Graning, P., & Perusch, S. (2012). *Innovationsrisikomanagement im Krankenhaus. Identifikation, Bewertung und Strategien*. Wiesbaden: Springer Gabler.

Hall, E. T. (1973). *The silent language*. New York: Anchor Books Editions.

Hauschild, J., et al. (2016). *Innovationsmanagement* (6., überarb. u. ak. Aufl.). München: Vahlen.

Hutzschenreuter, T. (2015). *Allgemeine Betriebswirtschaftslehre. Grundlagen mit zahlreichen Praxisbeispielen* (6., überarb. Aufl.). Wiesbaden: Springer Gabler.

Literatur

Kerth, K., et al. (2015). *Die besten Strategietools in der Praxis* (6., überarb. u. erw. Aufl.). München: Hanser.

Kletti, J. (2015). MES als Werkzeug für die perfekte Produktion. In J. Kletti (Hrsg.), *MES – Manufacturing Execution System. Moderne Informationstechnologie unterstützt die Wertschöpfung* (2. Aufl., S. 19–30). Berlin/Heidelberg: Springer Vieweg.

Kotler, P. (1967). *Marketing management: Analysis, planning, and control.* Englewood Cliffs: Prentice-Hall.

Kotler, P., et al. (2016). *Grundlagen des Marketing* (6., ak. Aufl.). Hallbergmoos: Pearson.

Krcmar, H. (2015). *Informationsmanagement* (6., überarb. Aufl.). Wiesbaden: Springer Gabler.

Kroeber-Riel, W., & Gröppel-Klein, A. (2013). *Konsumentenverhalten* (10., überarb., ak. u. erg. Aufl.). München: Vahlen.

McCarthy, J. (1960). *Basic marketing: A managerial approach.* Homewood: Irvin.

Meffert, H., et al. (2015a). *Marketing. Grundlagen marktorientierter Unternehmensführung* (12., überarb. u. ak. Aufl.). Wiesbaden: Springer Gabler.

Meffert, H., et al. (2015b). *Dienstleistungsmarketing. Grundlagen – Konzepte – Methoden* (8., völlig überarb. u. erw. Aufl.). Wiesbaden: Springer Gabler.

Mertens, P., et al. (2017). *Grundzüge der Wirtschaftsinformatik* (12., grundlegend überarb. Aufl.). Wiesbaden: Springer Gabler.

Meyer, J.-U. (2012). *Radikale Innovation. Das Handbuch für Marktrevolutionäre.* Göttingen: BusinessVillage.

Mohammed, R., et al. (2004). *Internet marketing. Building advantage in a networked economy* (2. Aufl.). New York: McGraw-Hill Irwin.

Müller, A. (2005). Brauchen wir Grundlagenforschung? https://www.spektrum.de/astrowissen/grundlagen.html. Zugegriffen am 12.03.2018.

North, K. (2016). *Wissensorientierte Unternehmensführung: Wissensmanagement gestalten* (6., ak. u. überarb Aufl.). Wiesbaden: Springer Gabler.

O'Reilly, T. (2005). What is Web 2.0. http://www.oreilly.com/pub/a/web2/archive/what-is-web-20.html. Zugegriffen am 02.05.2018.

Patig, S., et al. (2012). IT-Infrastruktur. In: Enzyklopädie der Wirtschaftsinformatik. http://www.enzyklopaedie-der-wirtschaftsinformatik.de/lexikon/daten-wissen/Informationsmanagement/IT-Infrastruktur. Zugegriffen am 31.05.2018.

Plattner, H. (2017). Big Data. http://www.enzyklopaedie-der-wirtschaftsinformatik.de/lexikon/daten-wissen/Datenmanagement/Datenmanagement--Konzepte-des/Big-Data. Zugegriffen am 07.02.2019.

Pleschak, F., & Sabisch, H. (1996). *Innovationsmanagement.* Stuttgart: Schäffer-Poeschel.

Plowman, G. E. (1964). *Elements of business logistics.* Stanford University.

Promotorengruppe Kommunikation der Forschungsunion Wirtschaft – Wissenschaft. (2013). Deutschlands Zukunft als Produktionsstandort sichern. Umsetzungsempfehlungen für das Zukunftsprojekt Industrie 4.0. Abschlussbericht des Arbeitskreises Industrie 4.0. https://www.bmbf.de/files/Umsetzungsempfehlungen_Industrie4_0.pdf. Zugegriffen am 30.03.2018.

Röck, H. (2014). Wireless network. In *Enzyklopädie der Wirtschaftsinformatik.* http://www.enzyklopaedie-der-wirtschaftsinformatik.de/lexikon/technologien-methoden/Rechnernetz/Wireless-Network. Zugegriffen am 25.05.2018.

Scharf, A., et al. (2015). *Marketing: Einführung in Theorie und Praxis* (6., erw. u. ak. Aufl.). Stuttgart: Schäffer Poeschel.

Scheer, A.-W. (1995). *Wirtschaftsinformatik. Referenzmodelle für industrielle Geschäftsprozesse* (6., durchgesehene Aufl.). Berlin: Springer.
Scheer, A.-W. (2015). Industrie 4.0: Von der Vision zur Implementierung. Whitepaper. Saarbrücken. https://www.scheer-group.com/whitepaper-industrie-4-0/. Zugegriffen am 31.03.3018.
Schmelzer, H. J., & Sesselmann, W. (2013). *Geschäftsprozessmanagement in der Praxis* (8., überarb. u. erw. Aufl.). München: Hanser.
Scholz, C. (2014). *Grundzüge des Personalmanagements* (2., überarb. Aufl.). München: Vahlen.
Schreyögg, G. (2016). *Grundlagen der Organisation. Basiswissen für Studium und Praxis* (2., ak. Aufl.). Wiesbaden: Springer Gabler.
Schreyögg, G., & Koch, J. (2015). *Grundlagen des Managements. Grundlagen für Studium und Praxis* (3., überarb. u. erw. Aufl.). Wiesbaden: Springer Gabler.
Schumpeter, J. A. (1911). Theorie der wirtschaftlichen Entwicklung: eine Untersuchung über Unternehmergewinn, Kapital, Kredit, Zins und den Konjunkturzyklus.
Specht, G., et al. (2002). *F&E-Management: Kompetenz im Innovationsmanagement* (2. Aufl.). Stuttgart.
Stähle, W. H. (1999). *Management* (8. Aufl.). München: Vahlen.
Straub, T. (2015). *Einführung in die Allgemeine Betriebswirtschaftslehre* (2., ak. u. erw. Aufl.). Hallbergmoos: Pearson.
Tannenbaum, R., & Schmidt, W. H. (1958). How to choose a leadership pattern. *Harvard Business Review, 36*(2), 95–101.
Thommen, J.-P., et al. (2017). *Allgemeine Betriebswirtschaftslehre* (8., vollst. überarb. Aufl.). Wiesbaden: Springer Gabler.
Troßmann, E. (2006). Beschaffung und Logistik. In: F. X. Bea, et al. (Hrsg.), *Allgemeine Betriebswirtschaftslehre* (Bd. 3. Leistungsprozess, 9., neu bearb. u. erw. Aufl., S. 113–181). Stuttgart: Lucius & Lucius.
Vahs, D., & Schäfer-Kunz, J. (2015). *Einführung in die Betriebswirtschaftslehre* (7., überarb. Aufl.). Stuttgart: Schäffer-Poeschel.
Venkatraman, N. (1994). IT-enabled business transformation: From automation to business scope redefinition. *Sloan Management Review, 35*(2), 73–86.
Weber, W., et al. (2014). *Einführung in die Betriebswirtschaftslehre* (9., ak. u. überarb. Aufl.). Wiesbaden: Springer Gabler.
Weiser, M. (1991). The computer for the twenty-first century. *Scientific American*, September, S. 94–105.
Winter, R., & Aier, S. (2012). Informationssystem-Architektur. http://www.enzyklopaedie-der-wirtschaftsinformatik.de/lexikon/daten-wissen/Informationsmanagement/Information-/Informationssystem-Architektur. Zugegriffen am 31.05.2018.
Wöhe, G., et al. (2016a). *Einführung in die Allgemeine Betriebswirtschaftslehre* (26., überarb. u. ak. Aufl.). München: Vahlen.
Wöhe, G., et al. (2016b). *Übungsbuch zur Allgemeinen Betriebswirtschaftslehre* (15., überarb. u. ak. Aufl.). München: Vahlen.

Methoden-Kit

6.1 Werkzeuge für die BWL – 325

6.2 ABC-Analyse – 326

6.3 Ansoff-Matrix – 328

6.4 Branchenstrukturanalyse nach Porter – 329

6.5 Break-even-Analyse – 330

6.6 Lebenszyklusanalyse – 332

6.7 Mind-Mapping – 334

6.8 Morphologische Analyse – 336

6.9 Nutzwertanalyse – 338

6.10 Portfolio-Analyse – 340

6.11 Prozesslandkarte – 342

6.12 SWOT-Analyse – 345

6.13 Visualisierung – 347

6.14 Wertkette nach Porter – 347

6.15 Wertschöpfungskette – 350

Literatur – 353

© Springer-Verlag GmbH Deutschland, ein Teil von Springer Nature 2019
C. Kocian-Dirr, *Betriebswirtschaftslehre – Schnell erfasst*, Wirtschaft – Schnell erfasst,
https://doi.org/10.1007/978-3-662-54290-3_6

Es gibt nichts Praktischeres als eine gute Theorie
Kurt Lewin

Wie bekommt man eine Giraffe und einen Elefanten in den Kühlschrank?

Einige berühmte Menschen unterstützen Lewins These, es gäbe nichts Praktischeres als eine gute Theorie. Und sie haben vollkommen recht, da theoretisch fundierte Methoden große Dienste bei der Lösung von praktischen Problemen leisten. Denn darum geht es im Management: betriebliche Probleme zu lösen und die Weichen für die Zukunft zu stellen.

Das Methoden-Kit zeigt Ihnen anhand von 14 Methoden – wie ABC-Analyse, Mind-Mapping, SWOT-Analyse, Portfolio-Analyse oder Wertschöpfungskette – auf, wie betriebliche Probleme strukturiert, analysiert und Lösungsansätze gefunden werden können.

Lernziele dieses Kapitels

Studierende können folgende Methoden erläutern und anwenden:
- ABC-Analyse,
- Ansoff-Matrix,
- Branchenstrukturanalyse,
- Break-even-Analyse,
- Lebenszyklus-Analyse,
- Mind-Mapping,
- Morphologische Analyse,
- Nutzwertanalyse,
- Portfolio-Analyse,
- Prozesslandkarte,
- SWOT-Analyse,
- Visualisierung,
- Wertkette nach Porter,
- Wertschöpfungskette.

Cartoon: © Dirk Meissner

6.1 Werkzeuge für die BWL

Dieses Methoden-Kit beinhaltet Methoden, die zu den Basics im Management gehören. Damit haben auch Anfängerinnen und Anfänger erstes Handwerkszeug für die Lösung von betrieblichen Problemen.

Methodenkompetenz aufzubauen und ein Repertoire an Werkzeugen zu haben ist wichtig, um betriebliche Situationen analysieren zu können. Auf der Basis einer guten Analyse können dann Ideen generiert, Strategien entwickelt und fundierte Entscheidungen getroffen werden (vgl. z. B. Schawel und Billing 2012; Scherer 2007).

Dabei kommt es immer auch auf die Wahl der richtigen Methode an, wie die Auflösung der Eingangsfrage mit einem Augenzwinkern aufzeigen soll.

Wie bekommt man eine Giraffe in den Kühlschrank? Die Methode ist einfach: Tür auf, Giraffe rein, Tür zu. Damit kommen wir zum nächsten Problem: Wie bekommt man einen Elefanten in den Kühlschrank? Jetzt Vorsicht, denn Methoden lassen sich nicht wahllos duplizieren, sondern jede Ausgangssituation benötigt einen anderen methodischen Ansatz. Sie denken: Tür auf, Elefant rein, Tür zu? Ganz so einfach ist es nicht. Die richtige Antwort lautet: Tür auf, Giraffe raus, Elefant rein, Tür zu! (vgl. Andersen Consulting, zitiert in Aaker Smith 2011, S. 71)

6.2 ABC-Analyse

Shoot for dollars, not for cents!

Die ABC-Analyse dient dazu, Wichtiges von weniger Wichtigem zu unterscheiden, ganz nach der Devise von H. F. Dickie, der diese Methode im Bereich der Materialwirtschaft prägte: „Shoot for dollars, not for cents!"

ABC-Analyse hilft zu priorisieren

Ziel der ABC-Analyse in Betrieben ist, das Augenmerk auf Bereiche zu richten, die höchste wirtschaftliche Bedeutung haben. Es geht also um die Priorisierung (vgl. Kerth et al. 2015, S. 2 ff.).

> Die **ABC-Analyse** klassifiziert Teile in A-, B- und C-Teile. Sie basiert auf der Erfahrung, dass eine geringe Anzahl an Materialien einen hohen Anteil am wertmäßigen Gesamtverbrauch des Materials aufzeigt. Diese sogenannten A-Teile sind dann detaillierter und genauer zu planen (vgl. Corsten 2008, S. 396).

Dabei erreichen Teile der Klasse A bei einem geringen Mengenanteil von 5 bis 20 Prozent einen Wertanteil von ca. 60 bis 85 Prozent. Klasse C benötigt für einen hohen Mengenanteil von bis zu 70 Prozent nur fünf bis 15 Prozent des Wertanteils. Die B-Teile liegen dazwischen (vgl. Troßmann 2006, S. 163).

6.2 · ABC-Analyse

Die Festlegung der Klassengrenzen erfolgt dabei subjektiv und fallspezifisch. ◘ Abb. 6.1 veranschaulicht die Verhältnisse grafisch in Form der konkav geformten Lorenz-Kurve, die nach dem amerikanischen Statistiker Max O. Lorenz benannt wurde (vgl. Wöhe et al. 2016, S. 324).

Bei einem Flugzeughersteller werden wertvolle A-Güter wie Turbinen z. B. deterministisch geplant, d. h. anhand einer Stückliste wird jedes einzelne zu beschaffende Teil ermittelt.

Weniger wertvolle B- und C-Güter werden stochastisch (mit statistischen Methoden) geplant, z. B. mit Mittelwertbildung, exponentieller Glättung, Regressionsanalyse oder mit heuristischen Verfahren (Schätzverfahren).

Die ABC-Analyse wird in der Materialwirtschaft verwendet, um Teile und Lieferanten zu klassifizieren. Sie kann aber auch in anderen Bereichen verwendet werden, z. B. im Vertrieb zur Kunden- oder Produktanalyse.

In ▶ Abschn. 5.6 befindet sich eine detaillierte Übungsaufgabe zur ABC-Analyse mit einer schrittweisen Musterlösung, die auch in Excel umgesetzt werden kann.

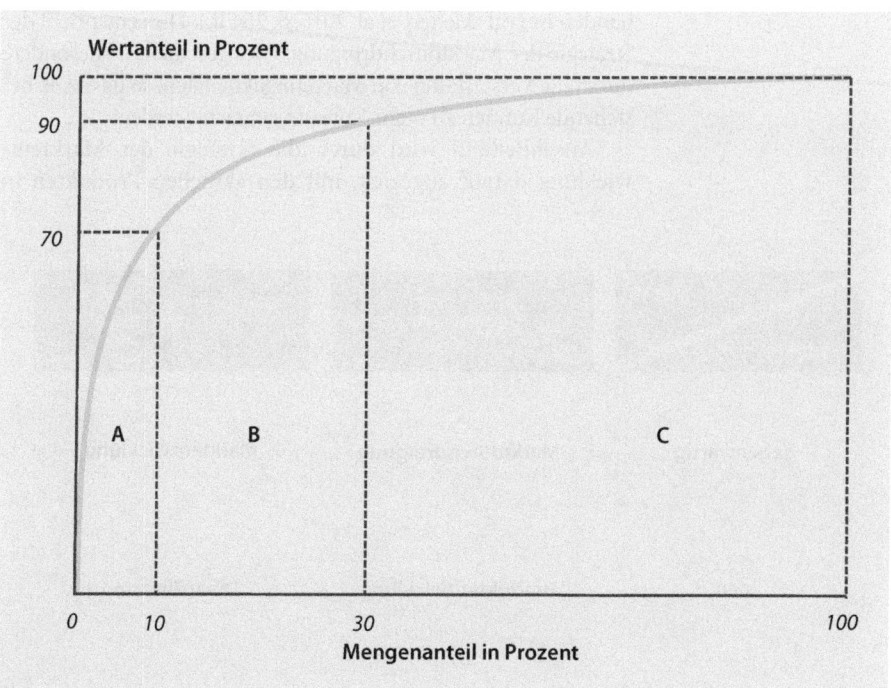

◘ **Abb. 6.1** Lorenz-Kurve als Ergebnis der ABC-Analyse (vgl. Troßmann 2006, S. 163)

6.3 Ansoff-Matrix

Neue Wachstumsmöglichkeiten auffinden

Die Ansoff-Matrix dient Unternehmen dazu, neue Wachstumsmöglichkeiten zu finden, also mehr Umsatz zu machen und mehr Gewinn zu erwirtschaften. Sie wird vor allem im strategischen Management und im Marketing eingesetzt (vgl. Meffert et al. 2015, S. 254 ff.).

Ansoff-Matrix, Wachstumsstrategien

Igor Ansoff entwickelte 1966 die nach ihm benannte Matrix, auch Produkt-Markt-Matrix genannt (vgl. Ansoff 1966). Insgesamt ergeben sich aus der Matrix vier mögliche Normstrategien (vgl. ◘ Abb. 6.2).

> Die **Ansoff-Matrix** ist ein Schema zur Darstellung von unternehmerischen Wachstumsmöglichkeiten, indem bestehende und neue Produkte mit bestehenden und neuen Märkten kombiniert werden.

Ausgangspunkt der Matrix ist die Frage, ob sich mit dem aktuellen Produktangebot weitere Marktanteile in den aktuell bearbeiteten Märkten gewinnen lassen oder ob noch Marktpotenzial vorhanden ist (vgl. Meffert et al. 2015, S. 254 ff.). Dies entspricht der Strategie der Marktdurchdringung. Dies geschieht insbesondere durch die Verstärkung von Marketingaktivitäten, so dass z. B. bestehende Kunden zu mehr Konsum gebracht werden.

Anschließend wird durch die Strategie der Marktentwicklung darauf abgezielt, mit den aktuellen Produkten in

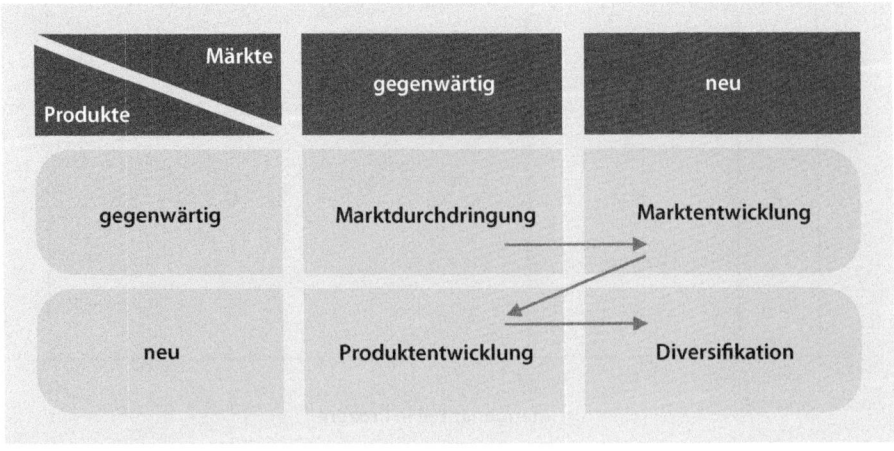

◘ Abb. 6.2 Ansoff-Matrix (Produkt-Markt-Analyse)

neue oder bisher nicht bearbeitete Märkte vorzudringen, z. B. durch Gewinnung von Auslandsmärkten.

In einem dritten Schritt werden mit der Strategie der Produktentwicklung neue Produkte für bestehende Märkte, d. h. für den aktuellen Kundenkreis entwickelt, z. B. durch Innovationen oder Modifikationen.

Bei der Strategie der Diversifikation wird mit neuen Produkten in neue Märkte vorgestoßen. Diese Strategie ist mit dem größten Risiko verbunden, da hierbei im Unternehmen weder Erfahrungen mit dem Produkt noch mit dem Markt vorliegen (vgl. Meffert et al. 2015, S. 254 ff.).

Weitere Beispiele zur Ausgestaltung der vier Wachstumsstrategien finden sich in ▶ Abschn. 4.1.4.5. Eine Übungsaufgabe mit Musterlösung befindet sich in ▶ Abschn. 4.5.

6.4 Branchenstrukturanalyse nach Porter

Die Branchenstrukturanalyse nach Porter dient dazu, Wirtschaftszweige (Branchen, engl.: Industries) zu analysieren, um die Spielregeln zu verstehen und um die Attraktivität einer Branche einschätzen zu können. Sie ist ein Werkzeug für das strategische Management und für das Marketing.

Die Spielregeln einer Branche verstehen und ihre Attraktivität einschätzen

Porter ist ein Vertreter des Market-Based View (MBV). Dieser marktbasierte Ansatz besagt, dass Unternehmen nur durch Kenntnis der ökonomischen Struktur einer Branche und durch Kenntnis der Wettbewerbskräfte eine erfolgreiche Positionierung auf Märkten gelingen kann.

Zur Analyse von Branchen hat Porter das Konzept der fünf Wettbewerbskräfte (Five Forces Model) entwickelt (vgl. Porter 2013, S. 35–72).

Porters Five Forces

Die fünf Wettbewerbskräfte nach Porter sind (vgl. ◨ Abb. 6.3):
1. Potenzielle neue Konkurrenten und die Gefahren ihres Markteintritts, die zu höherer Wettbewerbsintensität und zu sinkenden Gewinnen führen,
2. die Lieferanten und ihre Verhandlungsmacht, indem sie Preise erhöhen oder die Qualität senken,
3. die Kunden und ihre Verhandlungsmacht,
4. Ersatzprodukte und ihr Bedrohungspotenzial, die stark von der Produktloyalität und den Umstiegskosten abhängen,
5. die Rivalität unter den existierenden Konkurrenten, die stark von der Reife des Marktlebenszyklus abhängt (vgl. ▶ Abschn. 4.1.4.1).

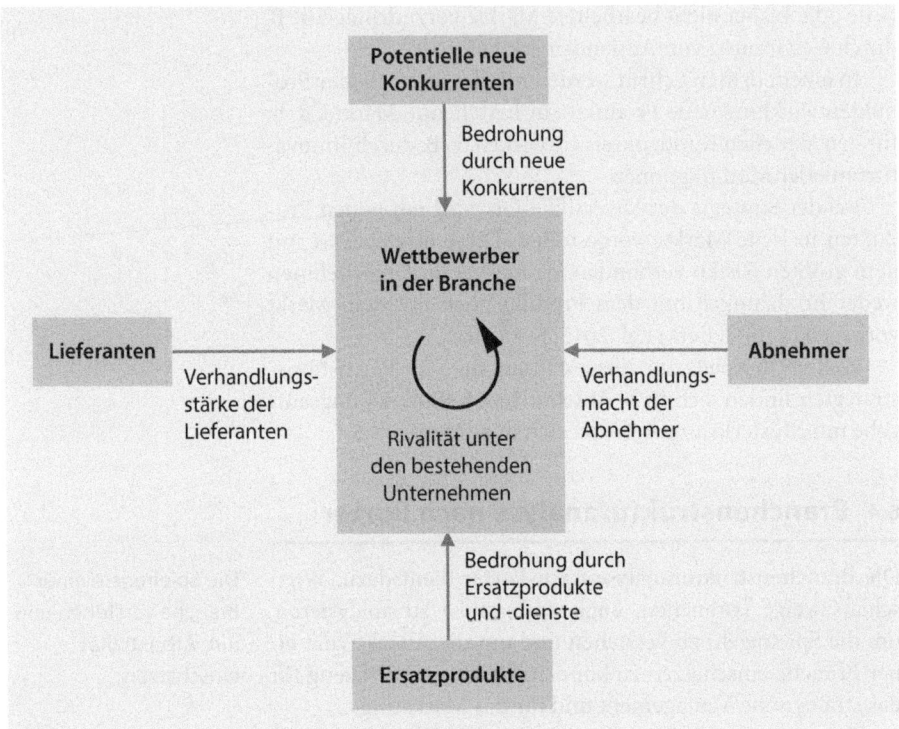

Abb. 6.3 Analyse der Branchenstruktur nach Porter (Porter 2013, S. 36)

Sich in der Branche positionieren mit einer Normstrategie	Nach der Branchenstrukturanalyse erfolgt nach Porter typischerweise eine Positionierung des Unternehmens in der Branche bzw. gegenüber den Hauptkonkurrenten (vgl Porter 2010). Dazu bietet Porter Normstrategien, wie die Kostenführerschaft oder die Differenzierungsstrategie, an (vgl. ▶ Abschn. 4.1.4.6).
Kostensenkungs- oder Differenzierungspotenziale auffinden	Im letzten Schritt bietet Porter seine Wertkette an, um die Aktivitäten eines Unternehmens auf Kostensenkungs- oder Differenzierungspotenziale hin zu untersuchen (vgl. ▶ Abschn. 6.14).

6.5 Break-even-Analyse

Erkennen, ab wann das Unternehmen Gewinn erzielt	Die Break-even-Analyse wird z. B. im Marketing und in der Kostenrechnung eingesetzt. Durch ihren Einsatz kann ein Unternehmen erkennen, ab welcher Absatzmenge eine Vollkostendeckung eintritt und somit Gewinn erzielt wird (vgl. Capaul und Steingruber 2010, S. 380 ff.).

6.5 · Break-even-Analyse

Der Break-even-Point ist die Gewinnschwelle oder der Kostendeckungspunkt. Wird die Gewinnschwelle überschritten, macht man Gewinne, wird sie unterschritten, macht man Verluste. Die Gewinnschwelle wird genau dann erreicht, wenn Umsatz und Gesamtkosten eines Produktes gleich hoch sind.

> Die **Break-even-Analyse** ermittelt die Absatzmenge, bei deren Überschreiten die Verlustzone verlassen wird und die Gewinnzone beginnt (vgl. Wöhe et al. 2016, S. 837).

Die Break-even-Analyse kann nur durchgeführt werden, wenn eine Gliederung der Kosten in fixe und variable Kosten vorliegt und der Deckungsbeitrag (DB) bekannt ist (◘ Abb. 6.4).

Für die Berechnung des Break-even-Punktes werden die folgenden Größen benötigt:

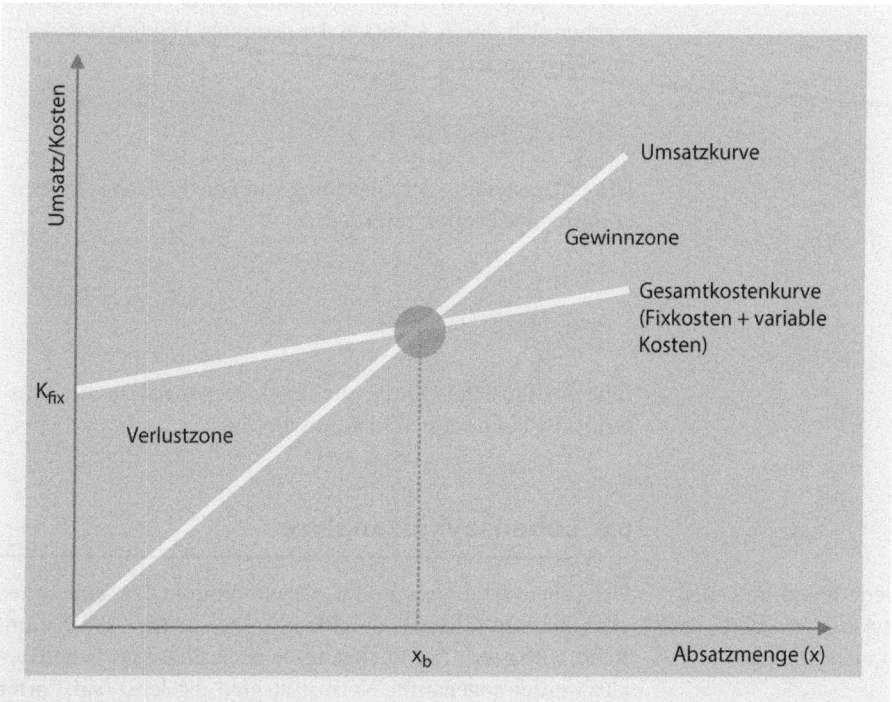

◘ Abb. 6.4 Break-even-Analyse

U = Umsatz

K = Gesamtkosten

K_{fix} = fixe Gesamtkosten

x_b = kritische Ausbringungsmenge

p = Preis pro Stück

k_{var} = variable Kosten pro Stück

$p - k_{var}$ = Deckungsbeitrag pro Stück

Rechnerisch ergibt sich die Ermittlung des Break-even-Points wie folgt, da der Wert gesucht wird, wo Umsatz und Gesamtkosten gleich hoch sind:

$$U = K$$

Für Umsatz und Gesamtkosten kann nun eine Formel hinterlegt werden, da sich der Umsatz ergibt aus Preis multipliziert mit der gesuchten Ausbringungsmenge. Die Gesamtkosten ergeben sich durch Addition der gesamten Fixkosten und der variablen Kosten:

$$p^* x_b = K_{fix} + k_{var}^* x_b$$

Durch Umstellung der Gleichung kann die kritische Ausbringungsmenge ermittelt werden:

$$K_{fix} = x_b (p - k_{var})$$
$$x_b = K_{fix} / (p - k_{var})$$

Eine ausführliche Übung zur Break-even-Analyse mit Musterlösung befindet sich in ▶ Abschn. 5.6.

6.6 Lebenszyklusanalyse

Jede Phase im Lebenszyklus erfordert eine andere Strategie

Der Lebenszyklus beschreibt, wie ein Produkt bzw. eine Branche mehrere Phasen durchläuft: Einführung, Wachstum, Reife, Sättigung und Rückgang. Je nach Phase im Lebenszyklus werden sogenannte Normstrategien abgeleitet (vgl. Porter 2013, S. 214 ff.).

6.6 · Lebenszyklusanalyse

> Die Hypothese des **Lebenszyklus** besagt, dass ein Produkt bzw. eine Branche mehrere Phasen durchläuft: Einführung, Wachstum, Reife, Sättigung und Rückgang.

Je nach Phase im Lebenszyklus (vgl. ◘ Abb. 6.5) empfiehlt Porter unterschiedliche Normstrategien (vgl. Porter 2013, S. 217 ff.):

- In der Einführungsphase muss die Trägheit der Käufer überwunden werden. Dadurch ist der Aufwand für Forschung und Entwicklung sowie für Marketing hoch (Bsp.: Sprachassistenten im Jahr 2018). Dennoch ist dies die beste Phase, um den Marktanteil auszudehnen.
- In der Wachstumsphase ist Marketing die Schlüsselfunktion. Käufergruppen nehmen zu, aber auch neue Wettbewerber kommen hinzu.
- In der Reife- und Sättigungsphase wird das schnelle Wachstum gestoppt. Der Erstbedarf ist befriedigt. Der Massenmarkt segmentiert sich (Bsp.: Bier, Autos,

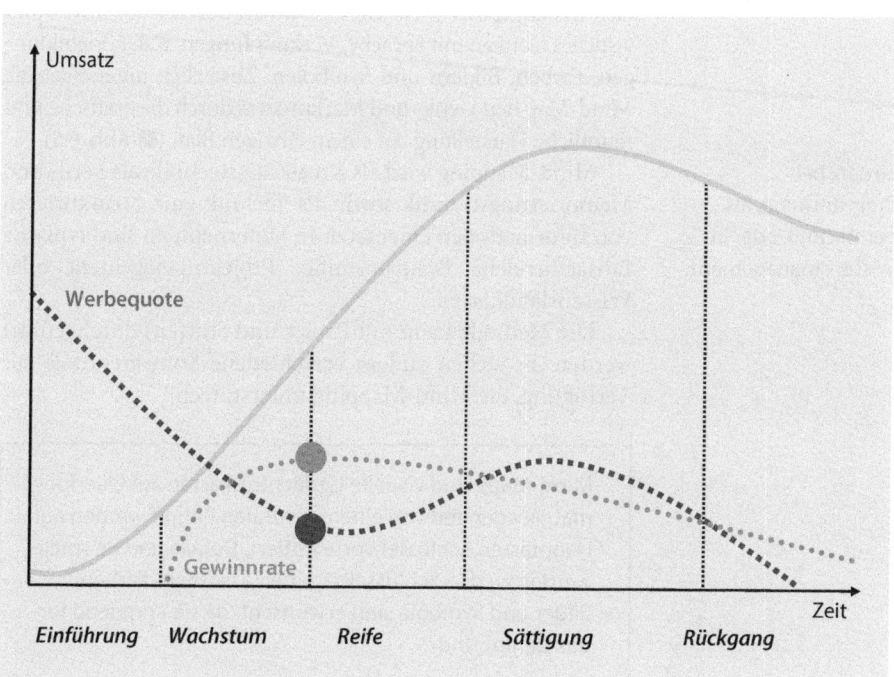

◘ **Abb. 6.5** Lebenszyklus (vgl. z. B. Meffert et al. 2015, S. 65, 431)

Kosmetika). Eine Markenvielfalt entsteht. Es kommt zum Preiswettbewerb. Die Margen (Gewinnspannen) sinken.
- In der Rückgangsphase ist die Kostenkontrolle entscheidend. Es kommt zu Austritten von Wettbewerbern. Die Kunden sind erfahren und anspruchsvoll beim Kauf des Produkts.

6.7 Mind-Mapping

Themengebiete visuell erschließen

Mind-Map bedeutet Gedächtniskarte oder Gedankenkarte. Sie dient zur kognitiven Erschließung und visuellen Darstellung eines Themengebietes. Mind-Mapping wurde seit den 1960er-Jahren vom britischen Lernforscher Tony Buzan entwickelt und 1974 erstmals in seinem Buch *Use Your Head* vorgestellt.

Assoziieren mit Wörtern, Bildern und Symbolen

Die Grundidee besteht darin, ausgehend von einem zentralen Thema frei zu assoziieren und ein Geflecht aus Wörtern, Bildern und Symbolen um dieses Thema zu erstellen (Buzan und Buzan 2005).

Mind-Mapping ist eine hirngerechte Methode, da die Organisation von Ideen und Informationen der Funktionsweise des Gehirns angepasst wird. Dies geschieht durch assoziatives und visuelles Denken mit Sprache, Verknüpfungen, Kategoriebildungen, Farben, Bildern und Symbolen. Zusätzlich unterstützt die Mind-Map den Denk- und Merkprozess durch die grafische und räumliche Darstellung auf einem einzigen Blatt (◘ Abb. 6.6).

Einsatz bei Brainstorming, als Lerntechnik oder im Wissensmanagement

Mind-Mapping wird als Kreativitätstechnik, als Lern- und Memorierungstechnik sowie als Technik zum Strukturieren von Informationen eingesetzt. In Unternehmen sind typische Einsatzbereiche Brainstorming, Projektmanagement oder Wissenslandkarten.

Die Methode kann mit Papier und Stift(en) durchgeführt werden. Es stehen zudem verschiedene Software-Tools zur Verfügung, die Mind-Mapping unterstützen.

> **Mind-Maps** sind visuelle Gedächtniskarten auf Querformat. Ausgehend von einem zentralen Begriff werden auf Hauptästen Schlüsselworte notiert. Details und Beispiele werden zu den Schlüsselbegriffen assoziiert. Farben, Bilder und Symbole sind erwünscht, da sie anregend für das Gehirn sind.

Mind-Maps sind im Vergleich zu Listen oder Aufzählungen leichter zu ergänzen. Ein Vorteil gegenüber einer linearen Ta-

6.7 · Mind-Mapping

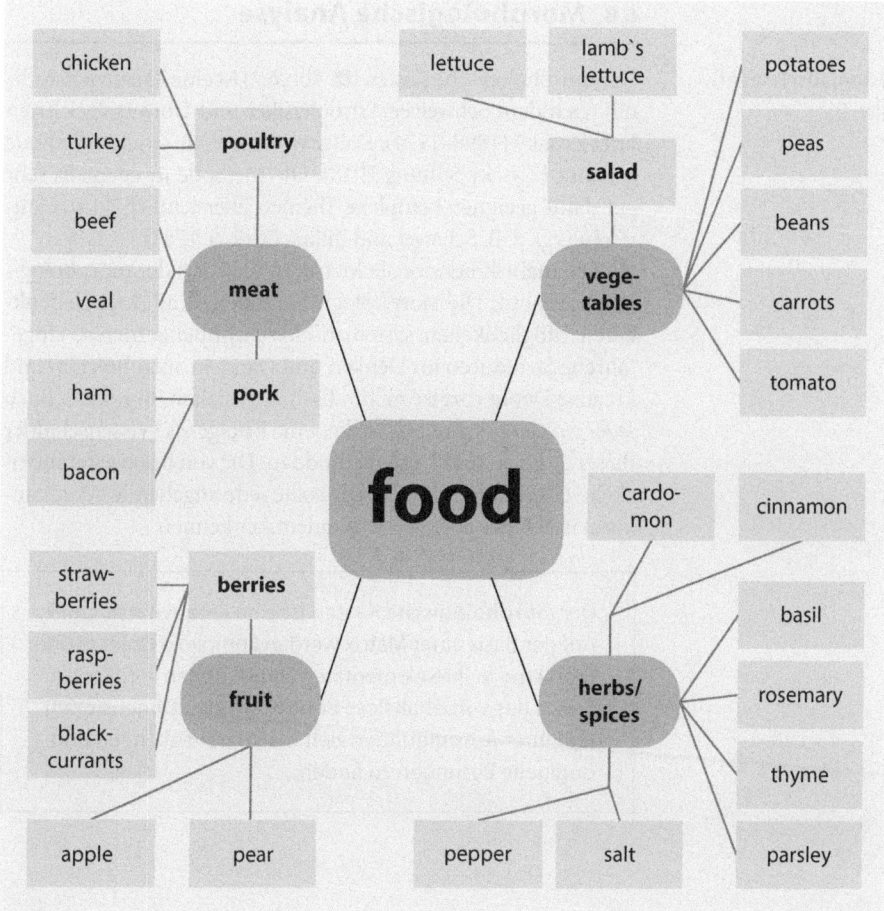

Abb. 6.6 Mind-Map zu englischen Vokabeln aus dem Bereich *Food*

bellenform liegt darin, dass Verknüpfungen der Begriffe aufgezeigt werden können.

Eine Mind-Map ist ein persönliches Werkzeug, denn jeder Mensch hat andere Gehirnstrukturen und erstellt damit individuelle Mind-Maps.

Das bedeutet, dass eine eigens erstellte Mind-Map nicht als alleiniges Kommunikationsmittel verwendet werden kann, sondern einem Empfänger erklärt werden sollte.

Vorgehensweise:
1. Zentrales Thema in der Mitte eines leeren Blattes platzieren.
2. Freie Assoziation durch Schlüsselworte auf Hauptästen.
3. *Think fast*: Ein Mind Burst dauert max. sieben Minuten!
4. Hauptäste verfeinern.
5. Symbole und Bilder einfließen lassen.

6.8 Morphologische Analyse

Systematisch kreativ sein

Der morphologische Kasten (◘ Abb. 6.7) ist eine Kreativitätstechnik nach dem Schweizer Astrophysiker und Universalgelehrten Fritz Zwicky (1898–1974). Daher wird sie auch Zwicky-Methode genannt (Zwicky Stiftung 2018). Die Methode ist ebenfalls sehr gut dafür geeignet, komplexe Themen übersichtlich zu strukturieren (vgl. z. B. Schawel und Billing 2012, S. 174 ff.)

Die mehrdimensionale Matrix ist die Basis der morphologischen Analyse. Die Morphologie hat zum Ziel, alle logisch denkbaren Möglichkeiten systematisch zusammenzutragen, eingefahrene Strukturen im Denken und Handeln aufzubrechen und kreative Denkprozesse methodisch zu gestalten. In seinem Buch *Jeder ein Genie* schreibt Zwicky seine Erfolge als Wissenschaftler dieser Arbeits- und Denkmethode zu. Die von ihm weiterentwickelte *Goethesche Morphologie* sollte jede angehende Akademikerin und jeder angehende Akademiker kennen.

> Der **morphologische Kasten** ist eine Kreativitätstechnik. Auf der Basis einer Matrix werden komplexe Objekte oder Probleme in ihre elementaren Dimensionen zergliedert. Durch das vorbehaltslose Betrachten aller Dimensionen und ihrer Ausprägungen zielt man darauf ab, neue und originelle Lösungen zu finden.

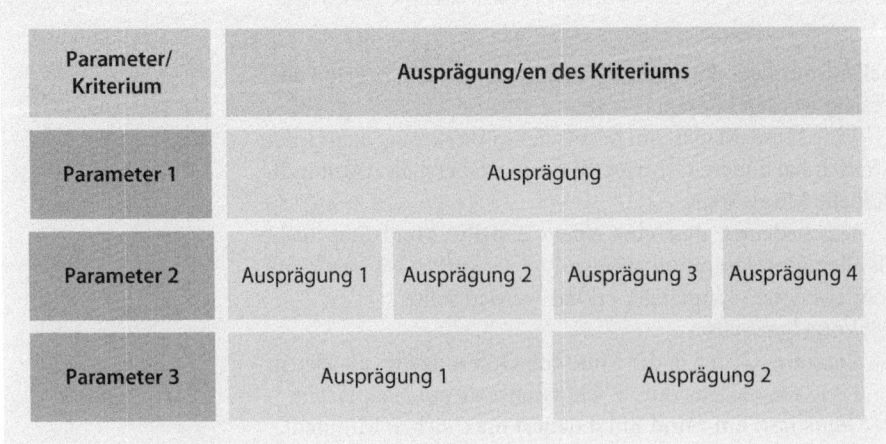

◘ Abb. 6.7 Morphologischer Kasten (morphologische Analyse)

6.8 · Morphologische Analyse

Die morphologische Analyse kann alleine durchgeführt werden. Gute Ergebnisse können auch im Team erzielt werden, weil jedes Teammitglied Wissen und Ideen einbringt.

Für Anfänger besteht das Problem meist darin, geeignete Parameter zur Beschreibung eines Objektes zu finden. Es hilft, konsequent ein Beispiel vor Augen zu haben und analog zu diesem die eigene Aufgabenstellung zu bearbeiten.

Vorgehensweise:
1. Objekt definieren.
2. Dimensionen/Parameter erarbeiten.
3. Ausprägungen für die Parameter finden.
4. Kombinationen entwickeln.

Eine Autorin für Kriminalromane muss in wenigen Wochen einen neuen Band an ihren Verlag liefern. Derzeit leidet sie jedoch an einer Schreibblockade. Eine befreundete Kollegin erzählt ihr von der morphologischen Analyse, wo auf der Basis eines morphologischen Kastens neue Plots entwickelt werden können. Jeder Kriminalroman hat Parameter wie Tatort, Tatmotiv, Kommissar, Täter oder Täterin, Opfer, Todesursache, etc. (◘ Abb. 6.8).

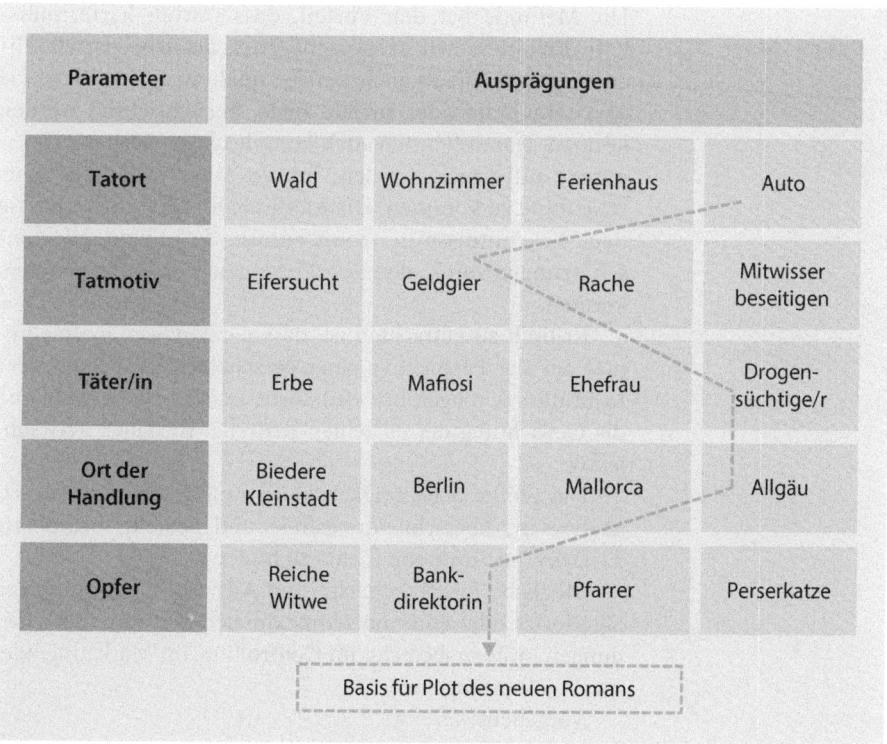

◘ **Abb. 6.8** Morphologischer Kasten als Kreativitätstechnik

Weitere Beispiele befinden sich in ▶ Abschn. 1.7 sowie in ▶ Abschn. 3.5.

6.9 Nutzwertanalyse

Entscheidungen treffen und dabei mehrere Kriterien berücksichtigen

Die Nutzwertanalyse wird eingesetzt bei der Vorbereitung von Entscheidungen und insbesondere bei der Entscheidungsfindung. Die Nutzwertanalyse wird auch als Punktwertverfahren, Scoring-Modell oder im Englischen Multi Criteria Analysis (MCA) bezeichnet.

> Die **Nutzwertanalyse** dient der Vorbereitung von Entscheidungen und insbesondere der Entscheidungsfindung. Berücksichtigt werden z. B. monetäre, technische, psychologische und soziale Bewertungskriterien. Die Bewertung findet auf der Basis eines Punktmodells statt.

Die Methode hat den Vorteil, dass sowohl harte, messbare Kriterien, wie technische oder betriebswirtschaftliche Kennzahlen, als auch weiche, qualitative Kriterien, wie psychologische oder soziale Ziele, berücksichtigt werden können. Damit können auch komplexe Sachverhalte transparent aufbereitet werden, um zu einer rationalen Entscheidung zu kommen. Die Methode fördert zudem häufig neue Erkenntnisse in Teams zutage, da individuelle Einschätzungen von Zielen zweckbezogener diskutiert werden können.

Kritisch zu betrachten ist, dass die Nutzwertanalyse immer aus der Perspektive einer entscheidenden Person oder Institution durchgeführt wird. Insbesondere die Auswahl und die Gewichtung der einzelnen Kriterien ist daher stets subjektiv.

Die größte Schwierigkeit beim Aufbau einer Nutzwertanalyse ist, überschneidungsfreie und korrekt formulierte Kriterien im Sinne von Zielen zu finden.

Mögliche Einsatzbereiche sind Auswahl eines optimalen Standortes oder einer nutzenmaximalen Software, Entscheidungen im Vergaberecht, im Controlling, im Marketing oder im Projektmanagement.

Vorgehensweise:
1. Ziel der Nutzwertanalyse festlegen.
2. Ausschlusskriterien (K. o.-Kriterien) definieren.

6.9 · Nutzwertanalyse

3. Auswahlkriterien – überschneidungsfrei – definieren.
4. Kriterien gewichten.
5. Alternativen mithilfe einer Punkteskala bewerten.
6. Teilnutzwerte berechnen.
7. Gesamtnutzwert aufaddieren.
8. Entscheidung treffen.

Der Vorstand eines Sportartikelherstellers hat ein interdisziplinäres Team des Innovationsmanagements damit beauftragt, neue modische Sportschuhe zu konzipieren. Das Team stellt die zwei neuen Modelle Blade Runner und Star Trek vor, die beide sehr vielversprechend sind. Aufgrund von Produktionskapazitäten sowie Kürzungen im Marketingbudget kann jedoch nur eines der beiden Modelle produziert und vermarktet werden.

◘ Abb. 6.9 zeigt die Vorgehensweise zur Alternativenbewertung und Entscheidungsfindung auf. Der Vorstand erarbeitet vier Kriterien, die die Ziele des Unternehmens bei der Neueinführung des Produktes widerspiegeln: Wie hoch ist der Deckungsbeitrag (monetäres, hartes Kriterium)? Wie hoch ist der Innovationsgrad und damit der Beitrag zum Image (emotionales, weiches Kriterium)? Wie sind unsere Kompetenzen im Unternehmen bei der Produktion und beim Absatz dieses Produktes (technologische und organisatorische, also weiche Kriterien)? Wie gut ergänzt das neue Produkt unser bestehendes Sortiment (weiches Kriterium aus dem Marketing)?

Produktideen		Blade Runner		Star Trek	
Kriterium	Gewichtung	Bewertung	Teilnutzwert	Bewertung	Teilnutzwert
1 Deckungsbeitrag	40%	5	2	8	3.2
2 Innovationsgrad/Image	30%	9	2.7	3	0.9
3 Kompetenzen	20%	7	1.4	10	2
4 Ergänzung des Sortiments	10%	5	0.5	9	0.9
Gesamtnutzen	100%		6.6		7
Präferenzordnung			2		1

◘ **Abb. 6.9** Nutzwertanalyse zur Auswahl von Produktideen

Die Kriterien werden gewichtet. Der Deckungsbeitrag hat mit 40 % das größte Gewicht. Anschließend wird jedes Produkt bewertet. Die Skala reicht in diesem Beispiel von null bis zehn Punkte. Null entspricht keinem Beitrag zur Zielerreichung. Zehn entspricht einer sehr hohen Zielerreichung.

Für jedes Produkt wird für jedes Kriterium der Teilnutzwert berechnet. Diese Teilnutzwerte werden aufaddiert. Anhand des Gesamtnutzens kann nun eine Präferenzordnung festgelegt und die Entscheidung getroffen werden. In diesem Fall entscheidet sich der Sportartikelhersteller für das Modell Star Trek.

Eine Übungsaufgabe mit Musterlösung befindet sich in ▶ Abschn. 3.7.

6.10 Portfolio-Analyse

Überblick erhalten und ausgewogene Mischung erzielen

Die Portfolio-Analyse zählt zu den verbreitetsten Analyse- und Planungsinstrumenten des strategischen Managements. Das Vorgehen besteht darin, die bestehende Situation (Ist-Situation) auf aggregierter Ebene zu analysieren, um daraus sogenannte Normstrategien abzuleiten.

Portfolio-Analyse

Der Portfolio-Ansatz stammt aus der Finanzwirtschaft. Portfolio (italienisch) oder portefeuille (französisch) bedeutet wörtlich übersetzt Geldmappe und sinngemäß übersetzt Wertpapierbündel. Mit einer durchdachten Mischung aus Wertpapieren – dem Portfolio – lässt sich das Risiko von Verlusten minimieren, ohne dabei Renditeeinbußen zu haben (vgl. Markowitz 1952).

Anfang der 1970er-Jahre wurde die Portfolio-Analyse auf Unternehmen übertragen, um einen systematischen Überblick über alle strategischen Geschäftseinheiten (SGE) oder Produkte eines Unternehmens zu haben. Entwickelt wurde der Ansatz vom Beratungshaus Boston Consulting Group (BCG). Ihr Ansatz wurde später von McKinsey und anderen ausgebaut und variiert (vgl. Müller-Stewens und Lechner 2016, S. 281 ff.).

BCG-Matrix

> Die **4-Felder-Matrix** der Boston Consulting Group (BCG) ist auch als BCG-Matrix bekannt. Diese Portfolio-Analyse visualisiert alle strategischen Geschäftseinheiten (SGE) oder Produkte eines Unternehmens bezüglich ihrer Marktattraktivität. Ziel ist eine ganzheitliche und ausgewogene Planung über alle Einheiten hinweg (vgl. Müller-Stewens und Lechner 2016, S. 281).

6.10 · Portfolio-Analyse

Die BCG-Matrix zieht zwei Bewertungskriterien heran: Relativer Marktanteil und Marktwachstum (vgl. ◘ Abb. 6.10).

Das erste Kriterium *relativer Marktanteil* bewertet auf der x-Achse den eigenen Marktanteil im Verhältnis zum größten Konkurrenten. Ein hoher relativer Marktanteil spricht – vereinfacht ausgedrückt – für eine gute Wettbewerbsposition und höhere Gewinne.

> Hoher relativer Marktanteil impliziert Economies of Scale, Erfahrungskurve und Marktmacht

Das zweite Kriterium *Marktwachstum* bewertet auf der y-Achse in einer vereinfachten Form die Attraktivität eines Marktes anhand des Marktlebenszyklus. Junge Märkte bieten Chancen, fordern Unternehmen aber aufgrund bestehender Unsicherheiten, z. B. hinsichtlich Technologiebeherrschung, heraus (vgl. Meffert et al. 2015, S. 265 f.). Reife Märkte sind durch eine hohe Wettbewerbsintensität mit gefährdeten Marktanteilen gekennzeichnet. Der Preisdruck verlangt die Beherrschung der Produktionskosten und führt zu Rationalisierungen.

> Marktwachstum

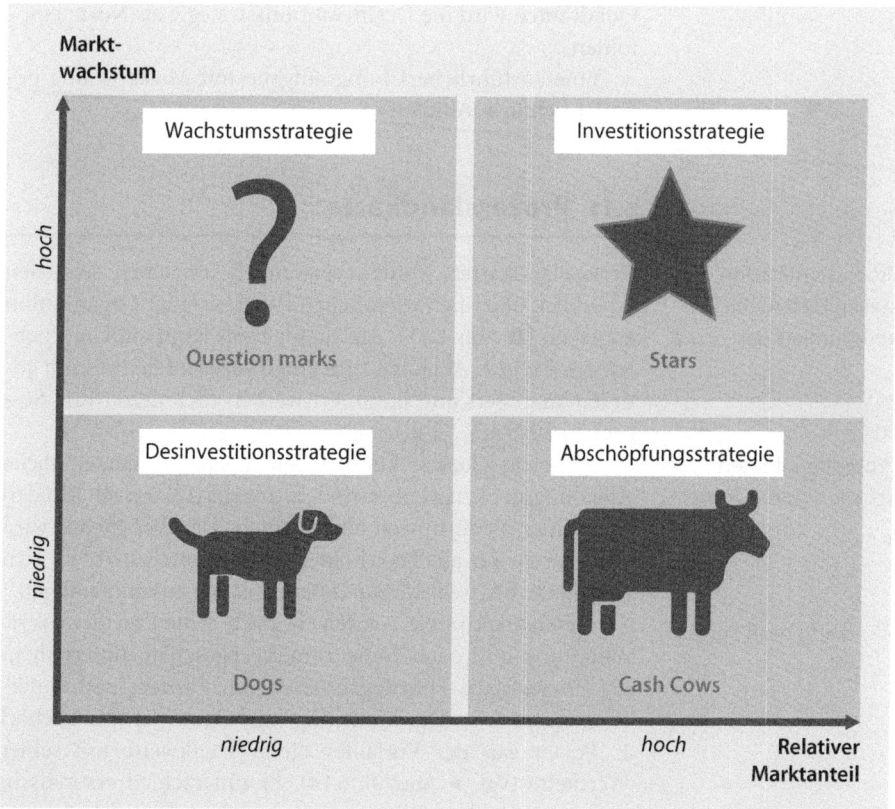

◘ **Abb. 6.10** 4-Felder-Matrix der Boston Consulting Group (BCG) (modifiziert nach Hedley 1977)

Aus dieser Marktwachstums-Marktanteils-Matrix ergeben sich vier Portfoliokategorien. Für jede Kategorie werden sogenannte Normstrategien abgeleitet. Diese machen Aussagen darüber, wie sich ein Unternehmen strategisch verhalten soll und welche Ressourcen eingesetzt werden sollen. Die vier Kategorien sind: *Stars, Cash Cows, Dogs* und *Question Marks*.

Cash Cows

Cash Cows (Melkkühe) sollen gemolken werden. Mit dieser Normstrategie, die Abschöpfungsstrategie genannt wird, können nun Geschäftsfelder wie Questions Marks finanziert werden.

Stars

Stars müssen verteidigt werden. Dies sorgt für einen hohen Finanzbedarf, so dass Stars meist nur sich selbst tragen. Die Normstrategie ist die Investitionsstrategie.

Question Marks

Question Marks (Fragezeichen) sind eine Herausforderung und benötigen finanzielle Mittel von den Cash Cows, um ihre Marktstellung zu sichern. Mit der Wachstumsstrategie kann aus dem Fragezeichen ein Star werden.

Dogs

Dogs (Arme Hunde) sind Problemprodukte mit niedrigem Marktanteil und geringem Marktwachstum. Für diesen Quadranten wird die Desinvestitionsstrategie als Norm empfohlen.

Eine ausführliche Übungsaufgabe mit Musterlösung befindet sich in ▶ Abschn. 4.5.

6.11 Prozesslandkarte

Prozesslandkarten stellen Unternehmen komprimiert dar

Prozesslandkarten werden verwendet, um einen schnellen Überblick über die wesentlichen Prozesse einer Organisation zu geben (◘ Abb. 6.11). Auf dieser Basis kann ein Unternehmen mit seinen Abläufen zum einen verstanden und zum anderen analysiert und optimiert werden (Schmelzer und Sesselmann 2013, S. 72 ff.).

Prozesslandkarten schaffen Transparenz

Prozesslandkarten können helfen, das kundenfeindliche Abteilungsdenken zu überwinden, um alle Abläufe am Kunden und seinen Bedürfnissen auszurichten. Darüber hinaus wird Transparenz für alle Stakeholder darüber geschaffen, wie sich einzelne Arbeitsschritte zur Gesamtleistung zusammenfügen.

Wertkette nach Porter

Geschäftsprozesse werden, je nach Anteil an der Wertschöpfung und nach Nähe zum Kerngeschäft, unterteilt in die Prozessarten Führungsprozess, Kernprozess und Unterstützungsprozess. Der Marketing- und Strategiepapst Michael E. Porter war der Vorläufer dieser Denkweise mit seiner Wertkette (vgl. ▶ Abschn. 6.14). Er unterschied erstmals in primäre und sekundäre Aktivitäten und zeigte auf, dass es be-

6.11 · Prozesslandkarte

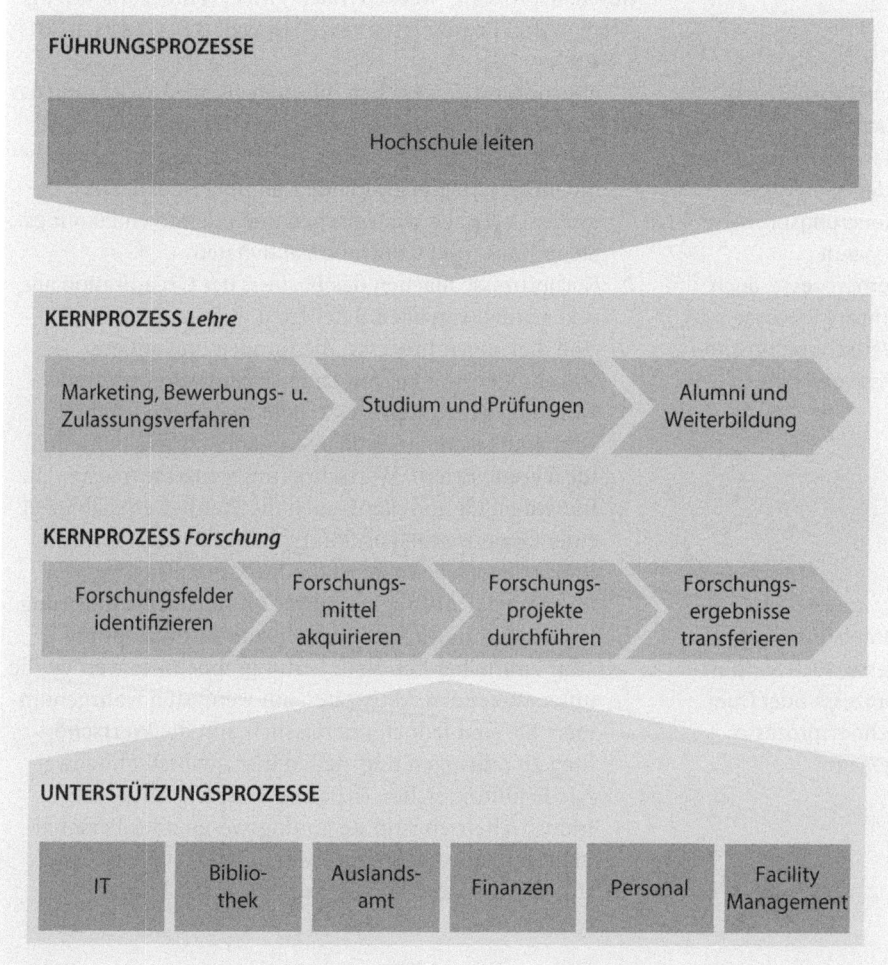

◘ Abb. 6.11 Prozesslandkarte einer Hochschule (vgl. Kocian 2007, S. 33)

sonders wettbewerbskritische Bereiche im Unternehmen gibt, die allerhöchste Priorität erfordern (vgl. Porter 1985).

> Eine **Prozesslandkarte** gibt einen Überblick über die wesentlichen Prozesse eines Unternehmens. Die Prozesslandkarte unterscheidet drei Prozessarten nach ihrer Nähe zur Wertschöpfung des Unternehmens: Führungs-, Kern- und Unterstützungsprozesse.

Geschäftsprozesse werden nach ihrer Nähe zum Kerngeschäft in drei Prozessarten eingeteilt (vgl. z. B. Gadatsch 2017, S. 84 ff.):

Führungsprozesse, auch Managementprozesse oder Steuerungsprozesse genannt

1. Führungsprozesse geben die strategische Ausrichtung der Organisation vor. Sie koordinieren das Zusammenspiel von Wertschöpfungs- und Unterstützungsprozessen, indem sie eine integrierende Klammer bilden. Dies umfasst z. B. alle strategischen und operativen Planungs-, Steuerungs- und Controllingaktivitäten.

Kernprozesse, auch primäre Prozesse oder Wertschöpfungsprozesse genannt

2. Kernprozesse machen das *Business* der Organisation aus und werden von allen Beteiligten wahrgenommen. Es sind diejenigen Prozesse, die Kunden und andere Stakeholder spontan mit einer Organisation verbinden. Am Ende der Kernprozesse steht immer ein Produkt oder eine Leistung, die das Kundenbedürfnis befriedigt. Ideal konfigurierte Wertschöpfungsprozesse machen die Individualität und damit auch die Wettbewerbsfähigkeit einer Organisation aus. Ein typisches Beispiel für ein Industrieunternehmen ist die Kundenauftragsbearbeitung von der Auftragsannahme bis hin zur Auslieferung.

Unterstützungsprozesse, auch Supportprozesse oder Querschnittsprozesse genannt

3. Unterstützungsprozesse tragen zur Wertschöpfung „nur" mittelbar bei. Vom Leitungsabnehmer werden die unterstützenden Aktivitäten am wenigsten wahrgenommen. Sie sind jedoch unerlässlich, um die Wertschöpfung zu erbringen und stellen ihre qualitativ hochwertige Erfüllung sicher. Typische Beispiele für einen Industriebetrieb sind Rechnungswesen oder Personalmanagement. Allgemein kann man sagen, dass Unterstützungsprozesse häufig funktional strukturiert werden.

Vorgehensweise (vgl. z. B. Appelfeller et al. 2016, S. 426):
1. Haupttätigkeiten einer Organisation erarbeiten.
2. Prozesse nach Nähe zur Wertschöpfung sortieren.
3. Bei Unklarheiten zu Kernprozesse stets die Frage stellen, ob der Prozess ein Kundenbedürfnis nach Informationen, Produkten oder Leistungen befriedigt.
4. Kernprozesse durch aktivitätenbasierten oder objektbasierten Ansatz bilden.
5. Prozesslandkarte visualisieren.

Beim aktivitätenbasierten Ansatz werden die Prozesse aus einzelnen Aktivitäten zusammengesetzt und es ergibt sich ein starker Bezug zum operativen Geschäft. Der objektorientierte Ansatz geht von Objekten wie Aufträgen, Kunden oder Pro-

6.12 SWOT-Analyse

Die SWOT-Analyse ist ein Analyseinstrument des strategischen Managements. Sie wird auch häufig im Marketing verwendet. SWOT steht dabei für Strengths (Stärken), Weaknesses (Schwächen), Opportunities (Chancen) and Threats (Risiken).

SWOT-Analyse bildet externe und interne Aspekte ab

> Die **SWOT-Analyse** kombiniert zwei Ansätze der strategischen Planung: den ressourcenbasierten Ansatz und den marktbasierten Ansatz. Dazu betrachtet sie Unternehmensfaktoren wie Stärken und Schwächen (Ressourcen) sowie Umweltfaktoren wie Chancen und Risiken in der Umwelt (Markt).

In einem ersten Schritt werden vier Listen gebildet (vgl. ◘ Abb. 6.12):
- Bei der internen, ressourcenbasierten Analyse werden Stärken (Strengths) und Schwächen (Weaknesses) betrachtet. Analysiert werden dabei die Ressourcen eines Unternehmens, wie Motivation, Kompetenzen, Finanzen oder Personal.
- Bei der externen, marktorientierten Analyse werden Chancen (Opportunities) und Risiken (Threats) betrachtet, die im Umfeld des Unternehmens erkennbar oder erwartbar sind. Es kann sich um Veränderungen im wirtschaftlichen, gesellschaftlichen, technologischen oder natürlichen Umfeld handeln. Die externen Faktoren sind nicht beeinflussbar.

In einem zweiten Schritt werden die Zusammenhänge aus externer und interner Sicht kombiniert, um strategische Optionen herzuleiten. Dies ist sicherlich der schwerste Schritt im Rahmen einer SWOT-Analyse, denn es gilt, die Aspekte zueinander in Beziehung zu setzen.

Umweltfaktoren / Unternehmensfaktoren	Chancen (Opportunities) 1. Neue Verteidigungsmärkte in Osteuropa 2. Zugang zu zivilen Märkten (Dual use products) 3. Paneuropäische Projekte (z. B. Eurofighter)	Risiken (Threats) 1. Reduktion der Militärbudgets 2. Neue Konkurrenten aus europäischen Ländern 3. Konzentrationstendenzen in der Branche
Stärken (Strengths) 1. Technologische Führerschaft 2. Gute Kontakte zu Militärbehörden 3. Starke Cash-Position	**SO-Strategien** • Entwicklung neuer Produkte (Satellitennavigation) und Dienstleistungen (Wetteraufklärung für Ernten) • Expansion in osteuropäische Märkte	**ST-Strategien** • Kooperationen oder Akquisitionen in Europa • Intensivierung der Marketingaktivitäten
Schwächen (Weaknesses) 1. Hohe Produktionskosten 2. Unflexible Aufbau- und Ablaufstrukturen 3. Nur nationale Vertriebspräsenz 4. Teilweise fehlende kritische Masse	**WO-Strategien** • Gründung von Vertriebseinheiten im Ausland • Gründung von New Ventures in Teilbereichen • Gründung von Joint Ventures	**WT-Strategien** • Schließung oder Outsourcing unrentabler Bereiche • Druck auf weitere Erhöhung der Effizienz (Business Process-Reengineering-Projekte)

Abb. 6.12 SWOT-Analyse mit Normstrategien (Müller-Stewens und Lechner 2016, S. 209)

Durch die Zusammenführung der Aspekte erhält ein Unternehmen den Überblick darüber, ob für Chancen in der Umwelt die benötigten Ressourcen vorhanden sind (vgl. Abb. 6.12). Falls dort Stärken vorhanden sind, muss ein Unternehmen das „strategische Fenster" nutzen, um in neue Märkte vorzudringen. Insgesamt ergeben sich vier Normstrategien: Ausbauen (SO-Strategien), ausgleichen (WO-Strategien), absichern (ST-Strategien) und vermeiden (WT-Strategien).

Das Beispiel zeigt die Situation eines Satellitenbauunternehmens nach dem Fall des Eisernen Vorhangs auf, wo die

Verteidigungsbudgets zum Teil halbiert wurden (vgl. Müller-Stewens und Lechner 2016, S. 209).

Größter Vorteil der SWOT-Analyse ist die integrierte Darstellung aller wesentlichen Faktoren. Nachteilig ist, dass keine Gewichtung zwischen den einzelnen Strategieoptionen vorgenommen wird und dass es dadurch zu Widersprüchen kommen kann (vgl. Müller-Stewens und Lechner 2016, S. 207 ff.).

6.13 Visualisierung

Visualisierung heißt, etwas *bildhaft darstellen*. Die bildhafte Darstellung hat das Ziel, Informationen leichter erfassbar zu machen, Wesentliches zu verdeutlichen und das Behalten zu fördern (vgl. z. B. Seifert 2017, S. 12 ff.; Wong 2012; Nussbaumer Knaflic 2017).

Ein Bild sagt mehr als tausend Worte

Viele Studierende, Dozentinnen und Dozenten quälen sich beim Lesen, Verstehen wollen und Lernen durch endlose Textseiten von Fachbüchern oder Skripten. Dabei ist es möglich, die Inhalte eigens zu visualisieren.

Visualisieren auf eine einfache Art und Weise kann jedermann, denn oft geht es vor allem darum, die wesentlichen Strukturen sichtbar zu machen (vgl. ◘ Abb. 6.13). Diese Strukturen, die man sich durch Visualisierung erarbeitet hat, lassen sich dann nicht nur besser einprägen, sondern auch sehr viel leichter präsentieren und kommunizieren.

Vorgehensweise:
1. Stoff sammeln (z. B. mit einer Mind-Map).
2. Grobauswahl der zu visualisierenden Inhalte treffen.
3. Medium (Papier, Beamer, Smartphone, etc.) und Zielgruppe bedenken.
4. Text, Grafik, Symbole, Diagramme auswählen.

Die vorliegende Abbildung visualisiert die Rechtsform der Kommanditgesellschaft (KG). Sie zeigt auf einen Blick, dass es zwei Arten von Gesellschaftern gibt, die Komplementäre sowie die Kommanditisten, und wie diese haften (vgl. ◘ Abb. 6.13).

6.14 Wertkette nach Porter

Für das Auffinden von Differenzierungs- oder Kostenquellen hat Porter das Instrument der Wertkette entwickelt (vgl. Porter 2010, S. 66 ff.). Die Wertkette gliedert eine Organisation in die Tätigkeiten, die diese zum Entwurf, zur Herstellung und zum Absatz ihrer Leistungen verfolgt. Sie zeigt

Wertkette nach Porter: Wo kann man Kosten sparen oder sich von Wettbewerbern unterscheiden?

☐ Abb. 6.13 Visualisierung anhand der Kommanditgesellschaft

den Gesamtwert (im Sinne von Umsatz) auf, der sich aus den Kosten für die ausgeführten Aktivitäten und der Gewinnspanne zusammensetzt.

Porter unterscheidet zwischen primären Aktivitäten sowie unterstützenden Aktivitäten und war damit Wegbereiter für die Prozesslandkarte (vgl. ▶ Abschn. 2.3.5 und ▶ Abschn. 6.11), wie sie heute oftmals verwendet wird (vgl. ☐ Abb. 6.14):

6.14 · Wertkette nach Porter

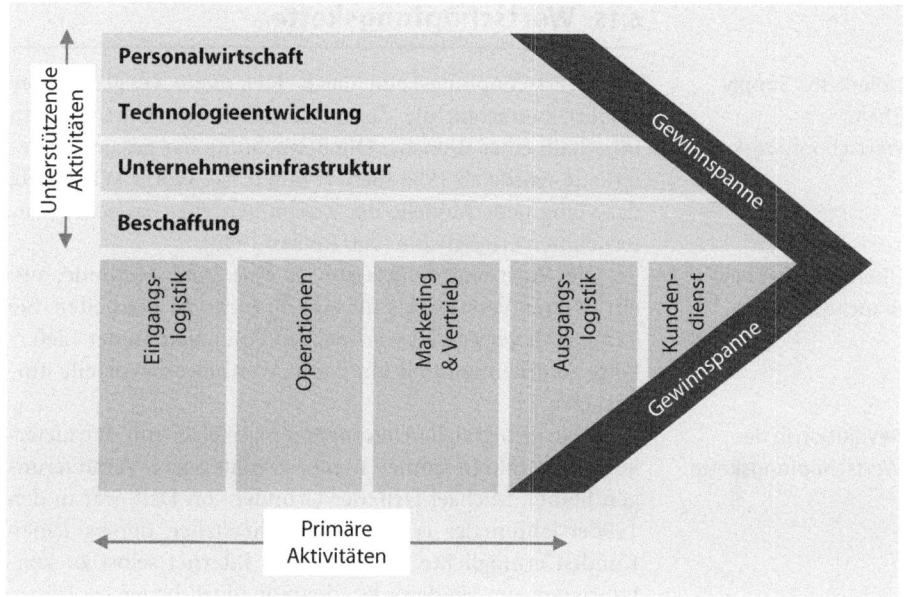

● Abb. 6.14   Porters Wertkette (Porter 2010, S. 66)

- Die primären Aktivitäten befassen sich mit Logistik, der physischen Herstellung des Produktes und dessen Verkauf und Übermittlung an Kunden sowie dem Kundendienst.
- Die unterstützenden Aktivitäten, wie Personalwirtschaft oder Infrastruktur, schaffen die Voraussetzung dafür, dass die primären Aktivitäten ausgeführt werden können.

Primäre und unterstützende Aktivitäten

Die Wertkette wird eingesetzt, nachdem das Unternehmen die Branche analysiert hat (mit Porters Five Forces in ▶ Abschn. 6.4). Auf dieser Kenntnis kann sich das Unternehmen nun mit einer Normstrategie (vgl. ▶ Abschn. 4.1.4.6) gegenüber den Hauptkonkurrenten positionieren. Wählt ein Unternehmen z. B. die Strategie der Kostenführerschaft, dient die Wertkette dem Auffinden von Kostensenkungspotenzialen innerhalb der einzelnen Aktivitäten.

Aus der Kostenstruktur und aus dem Differenzierungspotenzial aller Wertaktivitäten lassen sich bestehende und potenzielle Wettbewerbsvorteile eines Unternehmens ermitteln.

Die Wertketten der einzelnen Unternehmen setzen sich unternehmensübergreifend zusammen zur Wertschöpfungskette. Porter bezeichnet diese als Wertsystem (Porter 2010, S. 64).

6.15 Wertschöpfungskette

Lieferkette, Supply Chain, Wertschöpfungskette

Die Wertschöpfungskette, auch Lieferkette (engl.: Supply Chain), betrachtet die Zusammenarbeit von Unternehmen innerhalb einer Branche. Die Betrachtung der gesamten Lieferkette wurde ab 1993 forciert durch das World Wide Web, das völlig neue Modelle der Zusammenarbeit zwischen Unternehmen ermöglichte (vgl. Kocian 1999).

Überblick über eine Branche erhalten

Die Wertschöpfungskette ist eine gute Methode, um ein tieferes Verständnis für eine Branche zu erarbeiten. Sie kann auch verwendet werden, um Potenziale in der Lieferkette zu erkennen und um damit Wettbewerbsvorteile umzusetzen.

Revolution in der Wertschöpfungskette

Viele erfolgreiche Unternehmen „spielen" mit der Lieferkette und führen immer wieder revolutionäre Veränderungen herbei. Michael Dell, der Gründer von Dell, war in den 1990er-Jahren der erste Computerhersteller, der es seinen Kunden ermöglichte, Computer im Internet selbst zu konfigurieren, um sie dann kundenindividuell bauen zu lassen. Steve Jobs von Apple revolutionierte ab 2005 die Musikbranche, indem er über den iPod kommend sämtliche Wertschöpfungsstufen der digitalen Musikvermarktung im iTunes-Store übernahm.

> Die **Wertschöpfungskette (Supply Chain)** bildet die logistische Kette vom ersten Lieferanten über alle Wertschöpfungsstufen hinweg bis zum Endverbraucher ab.

Wertschöpfung, Produktionsstufen, Branchengliederung

Innerhalb einer Branche (Wirtschaftszweig, z. B. Mineralölindustrie, PC-Industrie, Bekleidungsbranche) können verschiedene Produktionsstufen, auch Wertschöpfungsstufen genannt, unterschieden werden. Gemeinsam bilden sie die Lieferkette oder auch Wertschöpfungskette (engl.: Supply Chain). Die Wertschöpfung einer Stufe ist die Differenz zwischen Produktionswert und Vorleistungen.

◘ Abb. 6.15 zeigt auf, wie eine Branche grundsätzlich strukturiert werden kann.

Wertschöpfungsnetz

Da in der Realität jedes Unternehmen meist mehrere Lieferanten und mehrere Abnehmer hat, spricht man auch vom Wertschöpfungsnetz (vgl. Eßig 2017, S. 11 ff.).

Wertschöpfung entsteht also in der Lieferkette (Supply Chain), indem Rohstoffe bis hin zu einem Endprodukt trans-

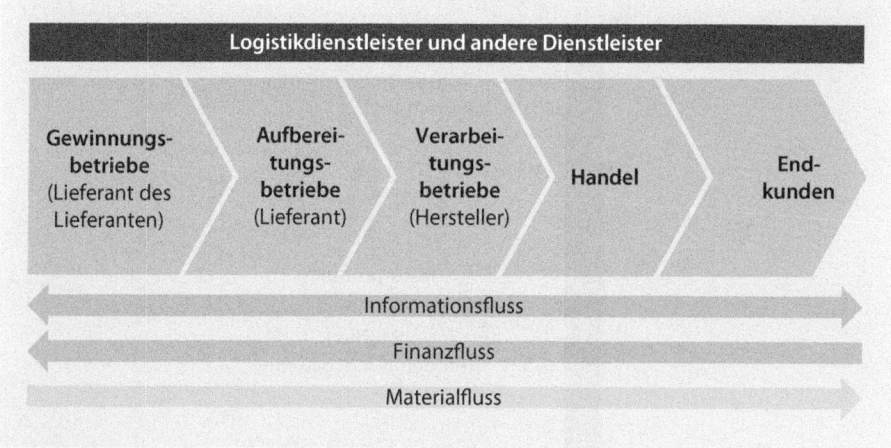

◘ **Abb. 6.15** Wertschöpfungskette (modifiziert nach Knolmayer et al. 2009, S. 2 und Thommen et al. 2017, S. 24)

formiert werden. Jede einzelne Stufe führt zu einer Wertsteigerung.

Für die Darstellung der Wertschöpfungskette gibt es unterschiedliche Darstellungsformen. ◘ Abb. 6.15 ist die moderne, horizontale Darstellung.

Doch auch die traditionelle Darstellung *von oben nach unten* (engl.: *downstream*) sollte bekannt sein, da diese Darstellung einige Begriffe in der Betriebswirtschaftslehre beeinflusst hat.

Deshalb wird die traditionelle Darstellungsweise anhand eines Beispiels dargestellt und erläutert (vgl. ◘ Abb. 6.16):

- In Gewinnungsbetrieben werden Naturprodukte gewonnen. Bsp.: Ein Landwirt baut Getreide an und verkauft dieses an eine Mühle.
- Aufbereitungsbetriebe bereiten das Naturprodukt zu einem Zwischenprodukt auf. Bsp.: Eine Mühle stellt aus dem Getreide Mehl her und verkauft dieses an eine Brotfabrik.
- Verarbeitungsbetriebe verwenden die Zwischenprodukte, um ein Endprodukt herzustellen. Bsp.: Ein Brothersteller produziert Toastbrot aus Mehl und anderen Inhaltsstoffen.
- Im Handel wird das Endprodukt an den Kunden verkauft.
- Logistikdienstleister stellen den Materialfluss über die Wertschöpfungsstufen hinweg sicher. Andere Dienstleister wie Banken unterstützen den Finanzfluss.

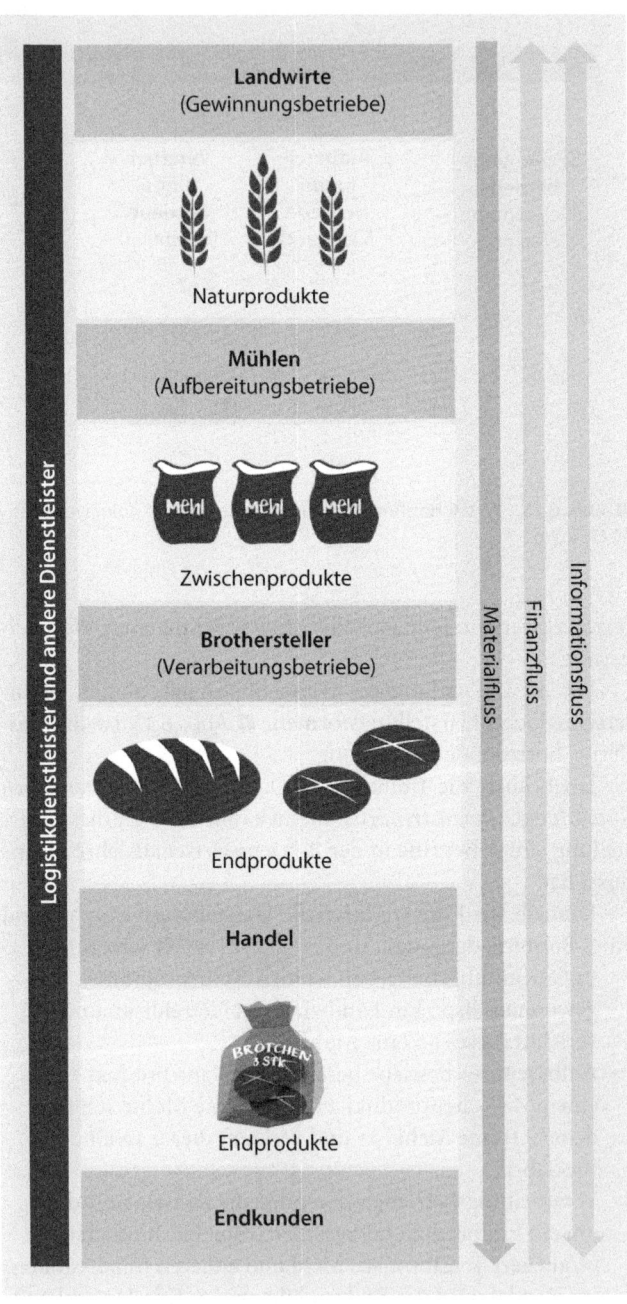

☐ Abb. 6.16 Traditionelle Darstellung der Lieferkette am Beispiel „Brot"

- Während der Materialfluss *downstream* verläuft, sind Informations- und Finanzfluss in die andere Richtung verlaufend, nämlich *upstream*.

Eine Übungsaufgabe mit Musterlösung befindet sich in ▶ Abschn. 2.7.

Literatur

Aaker Smith, J. (2011). *The Happy Classroom. From Ha-Ha to A-Ha!* Marion: Pieces of Learning.

Ansoff, H. I. (1966). *Management-Strategie*. München: Moderne Industrie.

Appelfeller, W., et al. (2016). Prozesslandkarten entwickeln. Vorgehen, Qualitätskriterien und Nutzen. *zfo-Zeitschrift für Organisation, 85*(6), 425–431.

Buzan, T., & Buzan, B. (2005). *Das Mind-Map-Buch. Die beste Methode zur Steigerung Ihres geistigen Potenzials* (5., akt. Aufl.). Landsberg am Lech: mvg.

Capaul, R., & Steingruber, D. (2010). *Betriebswirtschaft verstehen. Das St. Galler Management-Modell*. Oberentfelden: Sauerländer.

Corsten, H. (2008). Beschaffung. In: H. Corsten & M. Reiß (Hrsg.), *Betriebswirtschaftslehre* (Bd. 1, 4., vollst. überarb. u. wesentlich erw. Aufl., S. 347–441). München/Wien: Oldenburg.

Eßig, M. (2017). *Supply chain management*. München: Vahlen.

Gadatsch, A. (2017). *Grundkurs Geschäftsprozess-Management* (8., vollst. überarb. Aufl.), Wiesbaden: Springer Vieweg.

Hedley, B. (1977). Strategy and the „business portfolio". *Long Range Planning, 10*(1), 9–15.

Kerth, K., et al. (2015). *Die besten Strategietools in der Praxis* (6., überarb. u. erw. Aufl.). München: Hanser.

Knolmayer, G., et al. (2009). *Supply chain management based on SAP systems*. Berlin: Springer.

Kocian, C. (1999). *Virtuelle Kooperationsmodelle im Mittelstand*. Wiesbaden: Gabler.

Kocian, C. (2007). Prozesslandkarte für Hochschulen. *Die neue Hochschule (DNH), 2*, 32–36.

Markowitz, M. H. (1952). Portfolio selection. *The Journal of Finance, 7*(1), 77–91. http://www.jstor.org/stable/2975974?seq=1#page_scan_tab_contents. Zugegriffen am 24.02.2018.

Meffert, H., et al. (2015). *Marketing. Grundlagen marktorientierter Unternehmensführung* (12., überarb. u. akt. Aufl.) Wiesbaden: Springer Gabler.

Müller-Stewens, G., & Lechner, C. (2016). *Strategisches Management. Wie strategische Initiativen zum Wandel führen* (4., überarb. Aufl.). Stuttgart: Schäffer-Poeschel.

Nussbaumer Knaflic, C. (2017). *Storytelling mit Daten. Die Grundlagen der effektiven Kommunikation und Visualisierung mit Daten*. München: Vahlen.

Porter, M. E. (1985). *Competitive advantage*. New York: Free Press.

Porter, M. E. (2010). *Wettbewerbsvorteile: Spitzenleistungen erreichen und behaupten* (7. Aufl.). Frankfurt a. M./New York: Campus.

Porter, M. E. (2013). *Wettbewerbsstrategie: Methoden zur Analyse von Branchen und Konkurrenten* (12., akt. u. erw. Aufl.). Frankfurt a. M./New York: Campus.

Schawel, C., & Billing, F. (2012). *Top 100 management tools* (4., überarb. Aufl.). Wiesbaden: Springer Gabler.

Scherer, J. (2007). *Kreativitätstechniken*. Offenbach: Gabal.

Schmelzer, H. J., & Sesselmann, W. (2013). *Geschäftsprozessmanagement in der Praxis* (8., überarb. u. erw. Aufl.). München: Carl Hanser.

Seifert, L. (2017). *Visualisieren, präsentieren, moderieren. Der Klassiker* (38. Aufl.). Offenbach: Gabal.

Thommen, J.-P., et al. (2017). *Allgemeine Betriebswirtschaftslehre* (8., vollst. überarb. Aufl.). Wiesbaden: Springer Gabler.

Troßmann, E. (2006). Beschaffung und Logistik. In: F. X. Bea et al. (Hrsg.), *Allgemeine Betriebswirtschaftslehre* (Bd. 3: Leistungsprozess, 9., neu bearb. u. erw. Aufl., S. 113–181). Stuttgart: Lucius & Lucius.

Wöhe, G., et al. (2016). *Einführung in die Allgemeine Betriebswirtschaftslehre* (26., überarb. u. akt. Aufl.). München: Vahlen.

Wong, D. M. (2012). *Die perfekte Infografik. Wie man Zahlen, Daten, Fakten richtig präsentiert – und wie nicht*. München: Redline.

Zwicky Stiftung. (2018). Auswahl aus den ca. 70 Publikationen von Fritz Zwicky. http://www.zwicky-stiftung.ch/index.php?p=35|39|39&url=/Publik_Morph.htm. Zugegriffen am 18.06.2018.

The manufacturer's authorised representative in the EU is Springer Nature Customer Service Centre GmbH, Europaplatz 3, 69115 Heidelberg, Germany. If you have any concerns regarding our products, please contact ProductSafety@springernature.com

Printed and bound by CPI Group (UK) Ltd, Croydon, CR0 4YY

25/03/2026

02078218-0006